计划 总结
述职报告 就该这么写

JIHUA ZONGJIE SHUZHIBAOGAO
JIUGAI ZHEMEXIE

夏 欣◎编著

中国纺织出版社

国家一级出版社 全国百佳图书出版单位

内 容 提 要

本书专门为中层领导量身打造，选取了计划、总结和述职报告这三个中层领导干部最常用的文种，全面系统地阐述了这三个文种的行文结构、写作流程及写作要求；介绍了如何巧妙安排结构，如何规范用词，如何言简意赅地行文等方法；选配了来自党政机关、企事业单位、社会团体工作一线中的大量实用规范例文。本书是中层领导和广大秘书及办公室文员公文写作必备的最实用的工具书，读者可现查现用，稍加改动即可成文。

图书在版编目（CIP）数据

计划、总结、述职报告就该这么写 / 夏欣编著 .—
北京：中国纺织出版社，2018.1 （2023.2重印）
ISBN 978 – 7 – 5180 – 4248 – 7

Ⅰ.①计… Ⅱ.①夏… Ⅲ.①汉语—应用文—写作
Ⅳ.① H152.3

中国版本图书馆 CIP 数据核字（2017）第 265708 号

策划编辑：陈 芳　　特约编辑：刘禹明　　责任印制：储志伟

中国纺织出版社出版发行
地址：北京市朝阳区百子湾东里A407号楼　　邮政编码：100124
销售电话：010—67004422　传真：010—87155801
http://www.c-textilep.com
E-mail: faxing@c-textilep.com
中国纺织出版社天猫旗舰店
官方微博 http://weibo.com/2119887771
三河市延风印装有限公司印刷　　各地新华书店经销
2018年1月第1版　　2023年2月第10次印刷
开本：710×1000　1/16　印张：30.5
字数：463千字　定价：49.80元

前　言

众所周知，公文是各级领导者从事工作不可或缺的书面工具，而计划、总结与述职报告则是其中应用范围最广、使用频率最高的三个文种。

科学合理地制定"计划"，可使各级领导者对未来的工作心中有数，对工作每一阶段的目标及相应的措施步骤作出预先安排，使工作更为积极主动；全面系统地进行"总结"，则能够使领导者对以往的工作进行具体的梳理、分析、评价，从理性高度透视出其中的经验和教训，更好地指导今后的工作；同样，客观如实地作"述职报告"，也有助于任职者向选举或任命机构、上级机关或本单位群众实事求是地汇报自己履行岗位职责、实现责任目标的具体情况，接受相应的监督检查。毋庸置疑，任何机关单位的任何工作都离不开计划与总结，任何由选举或任命产生的领导者都必须熟练掌握述职报告。因此，计划、总结与述职报告可以称作是各级领导者必须重视、必须熟悉、必须用好的公文"三宝"。

本书即以介绍计划、总结与述职报告为内容。全书共分上中下三编，依次介绍了计划、总结与述职报告的用法与写法，每编又详细论述了该文种的含义、结构及写作流程、写作方法及注意事项，该文种的语言运用及相应文种的例文解析。本书采用"三编对应三文种"的写作体例，希望读者们能够更加清晰地把握全书结构、集中了解特定文种。

本书的最大特色就是为各级各类机关单位及其领导者提供大量的不同层次、不同系统、内容新颖、结构规范、篇幅适中的"三宝"例文，并就写作方法作出了针对性突出、言简意赅的解析，以便广大读者更加深入了解"三宝"基本用法、写作方式，撰制出"三宝"的上乘之作。

本书在例文的选取上遵循了格式规范、内容新颖、视角有别、篇幅适中的原则，尤其注意在赋予读者准确清晰的"三宝"写作知识与技巧的同时，使读者从例文中获取更多不同系统、不同行业与时俱进的全新知识。例文主要引自于国家权力机关和行政机关的公报、政报、有关的文件汇编及相关著述。由于条件有限，未能一一标注出所有文章的出处，在此特向制发机关及有关人员致以深深的谢意。

由于作者水平有限，书中疏漏之处在所难免，恳请同仁批评指正。

作　者

2016 年 9 月

目 录

上编 计划的写作

中编　总结的写作

下编　述职报告的写作

上编
计划的写作

第一章　计划概述

第一节　计划的概念和作用

一、计划的概念

计划是指党政机关、企事业单位、社会团体和个人，根据一定时期的方针和任务，结合实际情况，对未来一定时期内的工作目标、任务、措施和实现步骤等作出预测和设想，并把这些设想写成系统化、条理化的书面材料。正可谓"凡事预则立，不预则废"。只有具备明确的目标和进行周密的安排，才能有条不紊地开展工作，从而消除盲目性，提高工作效率。因此，计划在各类各级机关单位的工作中是必不可少的。

构成计划的基本要素有三个，即目标、措施和时限。目标是计划的前提，是计划的出发点和最后归宿。目标不仅告诉人们要"做什么"，而且本身就隐含着动机"为什么"。措施则是目标的引申和具体化，是达到目标的条件和手段，是计划实施的过程，也就是"怎么做"的过程。时限体现出计划进程，每个计划都可以按其内部关系划分为若干阶段，分别规定各阶段和总体完成的时间，这就保证计划做到统筹安排、有条不紊以及按时进行。

二、计划类公文

计划有多种别称，如规划，纲要，要点，方案，设想，打算，安排等。它们都是根据计划目标远近、时间长短、内容详略等差异而确定的名称，虽然都属于计划的范畴，但有一定差别。

（一）规划

规划，是一种较为全面而长远的发展计划，一般适用期为五年以上，应用范围较为广泛，是对全局性工作或涉及面比较广泛的重要项目的设想，目标很大，内容较为概括。规划是对全局或长远工作作出统筹规划及部署，以便明确方向、激发干劲、鼓舞斗志。相对于其它计划类公文而言，规划带有方向性、战略性和指导性的特点，因而在其内容上往往更具有严肃性、科学性和可行性。这就要求写作者必须进行深入的调查和周密的测算，在掌握大量真实可靠资料的基础上，根据党、国家和具体单位的方针政策确定发展远景和总体目标，充分吸收相关意见，经过多种方案的反复比较、研究和选择，以科学的态度最终确定各项指标和措施。如《环保局关于河流治理的规划》。

（二）纲要

纲要，是指既要有远景发展设想，又具有较强的政策性、思想性、指导性的提纲式计划性文种。它与其他计划性文种相比，突出的特点是：在时间上不像"设想"的跨度那么大，又不似"计划""安排"的跨度那么小，多在 5 至 10 年之间；在空间上，涉及面比较大，多用于全局或某一方面重要工作的发展设计；在内容上多倾向于经济和社会发展方面，文字表述多为条款式。和规划相同，它们都是各级领导机关根据战略方针，为实现总体目标对全局范围内的某项工作作出的总体规划，一般由级别较高的机关制定。和规划不同的是，纲要比规划更为原则和概括，一般只对工作方向、目标提出纲领式要求和指导性措施。如《教育部学习贯彻教育事业发展"十一五"规划纲要》。

（三）要点

要点，是指对某一工作计划的重点概括，是领导机关或部门以扼要的文字布置一定时期内主要工作或任务的计划。通常在一个时期的工作计划尚未正式出台（如年初需上报的"计划"）之前，先拿出一个"工作要点"发给下级，待正式的计划出台后，"要点"的使命即告完结，所以人们也称它为"准计划"。一般以文件形式下发的计划都采用"要点"的形式。如《社区公民保持健康体重知识要点》。

（四）方案

方案，是对既定的一个时期内工作计划的具体贯彻与分解，是计划中内容最为复杂的一种。由于一些有着某种职能的具体工作比较复杂，不作全面部署不足以说明问题，因而公文内容的构成势必要繁琐一些。它既可以是一种针对某项工作提出的具体周密且专业性、单一性较强的工作计划，也可以是从总体上对未来某一专门事项所做的最佳选择与安排。如《哈尔滨市平房区政府机构改革实施方案》。

（五）设想、打算

设想、打算，是对未来工作的初步考虑，有待于进一步完善的非正式计划。设想是各条战线的领导机关或个人，在提出改革的初步方案时所使用的一种公文样式。设想在严肃性、科学性和可行性方面的要求上相对低一些，因为它是为正式的规划或计划作准备，不是供上级领导审阅的，而是交与群众讨论的，不必考虑得过于周密，只要基本成形就可以，而且它在提出任务或目标时，往往只采取一些简短的论述语句。设想与纲要一样，在内容的写法上都是比较原则和概括，不可能也没有必要陈述得太细、太具体。打算也一样，它只是某一领导机关或个人就某一方面的改革提出假设，供讨论和制定计划时作为参考，并不是决定，属于工作的初步构想，是具有远景性、理想性、可变性的一个文种。如《民政局局长谈群众生活组下一步工作打算》。

（六）安排

安排，是对某一工作作出短时间内实施过程的具体部署，是一种时间短、范围小、内容非常具体的计划，它也是计划中最为具体的一种格式。由于其工作比较确切、单一，不做具体安排就不能达到写作目的，所以内容要写得详细一些，这样让人容易把握。如《哈尔滨市南岗区人事局2009年春节放假安排》。

三、计划的作用

在所有事务文书中，计划的应用范围极广。它是一种避免盲目性、保证各项任务顺利完成的重要措施。任何一个单位，为了做好工作，使之沿着预定轨道有效推进，都要制定适合自身特点的切实可行的计划。由于工作需要，中层领导干部就经常需要用到计划、方案、打算和安排，有了科学的计划，才能做到心中有全局，工作有目标，行动有方向，才能避免盲目性和被动性，增强自觉性，促使各项工作有条不紊地进行。在计划中预先估计到今后工作可能遇见的问题和困难，并制定出措施，争取主动解决，这样就可以提高工作效率。有了计划，还便于检查，从而总结和推动工作。由此可见，计划的重要作用不容忽视。具体来说，计划的作用有以下几个方面。

（一）计划具有指导和约束作用

计划是为指导实际工作而制定的，既体现政策要求，又结合实际情况，往往还经过充分的论证和领导层的决策，因而具有普遍的指导和约束作用。一方面，对于正式公布的计划，相关单位和个人必须遵照执行；另一方面，用建立在科学的分析预测基础上的计划指导工作，能够更合理地安排和使用人力、物力、财力，查漏补缺，进而增强工作的自觉性，使得各项工作按部就班地持续开展。

（二）计划具有激励和推动作用

切实可行的计划是开展工作的行动纲领和目标，不仅能使决策具体化，还能充分调动、发挥全员的工作积极性和主动性，而且可以理顺多方面的关系，实施高效管理，有力推动各项工作的开展。反之，事先没做任何打算和安排或者安排不周，工作就有可能遭受挫折，甚至归于失败。

（三）计划起到监督和检查作用

计划是实际工作中的重要环节，是检查实施者工作进度和考核其工作质量的现实依据，人们可以在计划的行政效力作用下按其提出的任务、步骤和要求等积极主动地去工作，有了计划就能做到事先统筹全局，心中有数。这样既便于掌握工作进度，又便于开展监督和检查工作。而根据计划的指标和要求进行检查，就可以清楚地评定工作优劣，挖掘出工作中的问题所在，及时总结经验教训，更好地指导日后的各项工作。

（四）计划使方针政策和上级工作部署得以更好地贯彻落实

计划可以通过对本单位的统计工作提出安排或打算，具体化地反映方针政策、任务要求等内容。既能避免发生对方针政策的轻视，又能通过实施计划推进政策和部署的贯彻落实，提高其目标实现的效果。

第二节　计划的特点

作为公文文种之一的计划，与其他文种相比，具有鲜明的自身特点。

一、科学的预见性

任何计划都是对未来一段时间预期目标的确定，这种确定既要符合党和国家的方针政策，又要符合社会发展的根本方向，具有未来发展的预见性。所谓预见性就是指计划具有前导性，是对将来一定时期内各类因素和可能性的估计和推断，如果缺乏预见性，计划就不能成立。但这种预想不是盲目的空想，而是按照上级部门的规定和指示，结合本单位的实际条件，以过去的成绩和问题为依据，在对今后的发展趋势作出科学预测之后形成的。计划建立在调查研究、核查上一个计划的执行情况基础之上，通过总结经验教训，充分掌握全局与局部、历史与现实的情况和内在联系，深入洞察事物发展的规律与趋势，进而对工作的目标、任务、措施、步骤等做出正确的设想。为了确保计划的科学性与成功率，写作前应对该项计划在数量、质量、时间、步骤、措施、内部与外部的工作条件等诸方面作出成功与不成功因素的分析，对所能达到的目标和可能出现的问题作出科学的预见。所以，在制定计划前，必须要有预见思想，这样才能使计划实现它的价值。

二、明确的目的性

目的性是指计划都有明确的目的，是为达到某个目标、完成某项任务而制定的，即在一定的时间内完成什么任务，获得什么效益，达到什么标准，都要规定得具体明确。没有明确的目的就谈不上计划，有预期目的才有努力的方向。计划的目标是经过努力后才能实现的，如果目标定得太高，经过努力也不能实现，这容易挫伤人们的主动性；相反目标定得太低，则不易调动人们的工作积极性。因此，要根据本单位、本部门的实际情况，针对形势发展和上级要求，拟定出切实可行并能实现的计划。由此可见，明确的目的性是制定计划的最初动力，也是计划存在意义的核心。计划有了明确的目的，才能将工作方向具体化，保证指挥者和工作人员明确目标，齐心协力完成任务。

三、措施的可行性

可行性是指为实现预期目标，计划必须有切实可行的措施与方法。计划不仅是具体执行的文书，而且也是进行具体活动的准则和纲领。因此，计划当中的措施、步骤和方法等必须切实可行，一个不可行的计划等同于一纸空文，它的可行性必须体现在目标的确定上，必须以主客观条件为基本依据，对各种有利因素和不利因素进行探究和论证，既要充分发挥人的主观能动性，也要考虑到客观的可能性。因此，制定计划要坚持实事求是的原则，要在调查研究的基础上进行，计划的每一项内容都为保证实现目标而服务。要从客观实际情况出发，从本地本单位的实际条件出发，留有一定的余地，使其具有可操作性，从而保证预期目标的实现。要集思广益，走群众路线，充分听取群众意见，为计划的实施提供有力保障。

四、指导性和约束性

计划是配合实际工作而提出的前瞻性方案，可以指导人们有目标、有秩序、有步骤地进行工作，而且计划一经上级机关审批后就具有权威性，是行动的方向，也是指导工作的依据，没有重大变化就应遵照执行。由此可见，制定计划的目的就是使工作有所依据、有所遵循。因此，计划制定出来以后，应该成为工作的方向和行动的指南，应该经常用于检查、衡量每一阶段任务的完成情况，从而在完成计划的同时促使工作稳步发展。计划的约束性是指计划一经法定批准或用公文正式印发，就要对完成任务的实际活动起到约束作用，并在其认定的范围内具有相应的约束力和一定的权威性。

五、创新性

不论是中、长期计划，还是近期计划，其内容都要有新意。如果每年的计划都是老套路，那么这个计划可以不要。对一个地区来说，在发展的规划、计划中，要有新项目、新指标、新措施、新的增长点，否则这个地区的经济建设只能望洋兴叹，不但不能前进，甚至会出现倒退。对一个企业来说，在发展的规划、计划中，要有新产品、新技术、新的经营战略，否则，这个企业不仅不能发展，而且连生存都难以为继。因此，写计划文书一定要坚持创新精神。

六、客观性

计划文书虽然是人们对未来进行主观的设想，但这种设想并不是幻想或胡思乱想，而是有依据、有实现可能的设想，它符合客观事物发展的规律。一般来说，在写作计划前，先要深入调查、充分占有资料、了解各种因素，在此基础上进行综合分析研究，提出切实可行的任务、指标和措施。因此，计划文书是主观和客观相统一的产物。

七、针对性和全面性

计划是针对本地区本单位实际情况、结合工作需要和主客观条件而制定的，是为了解决问题或达到特定目标而制定的，因此既具体又有可操作性。计划的全面性则体现在写计划前要对全局性的各项工作做全面合理的考虑安排，保证统筹兼顾，以免顾此失彼。

八、时间性

时间是计划的一个重要因素，不但要在计划前对任务与时间做全面考虑，更要在计划实施中强调阶段性的工作成果，这样才能掌控任务的进度，确保任务的按时完成。

全面了解计划的特点，有助于中层领导掌握计划写作的要领。

第三节　计划的类别

计划的应用范围很广，从不同的角度按不同的标准划分，有不同的种类。

一、按计划的时限划分

一切工作都有时限性和阶段性。计划按时限分，有长期计划、中期计划、短期计划。长期计划，一般指十年以上的远景规划，因此又叫远景规划或战略规划，是预测和影响组织前途进程的一种动态策划，是规定较长时期的发展方向、规模、目标以及战略性措施的纲领性计划。因而，长期计划具有战略性、综合性等特点，其目的在于帮助高层或中层管理人员确定、指挥和协调有关的重要活动。制定长期计划是工作成功的关键，因为长期计划明确勾勒了政府和企业的未来形象，使之能从战略高度观望未来，明确今后具体行动的步骤。中期计划，一般指五年计划。中期计划是介于长期计划和短期计划之间的一种"发展计划"，在长期计划和短期计划之间起着承上启下的作用。短期计划，一般指年度计划、季度计划、月份计划、学年计划、学期计划等。短期计划就是为了获得符合长期计划的短期成果，对具体活动（方案、日程、规划、预算等）所作的预见。

二、按计划的性质分类

按计划的性质分，有综合计划和专项计划。综合计划，是指一个机关、单位全面的工作计划。专项计划是指某一方面的工作计划或某一重点工作、中心工作的计划，这两种计划在实际使用中最为普遍。概括说来，综合计划是对社会再生产过程或企业生产经营过程所作出的整体安排，如国民经济计划、企业经营计划。其特点是从整体出发，强调综合性，目的是促使各部门、各环节的协调发展。综合计划和专项计划之间的关系是整体与局部的关系。而专项计划则是综合计划中某些重要项目的特殊安排，所以，制定专项计划必须以综合计划作为指导，从而避免同综合计划相脱节。

三、按计划范围分类

范围是指计划使用的界限。按计划的范围分类，计划有国家计划、地区计划、单位计划、部门计划、科室计划、班组计划、个人计划等。

四、按计划的内容分类

内容是指计划涉及方向。按计划的内容分类，计划有生产计划、工作计划、学习计划、科研计划等。

五、按计划执行的严格程度分类

按计划执行的严格程度分类，计划可分为指令性计划、指导性计划。指令性计划，是指国家或上级机关直接下达的，提供必要的条件和保证，强制执行的计划。指导性计划，是指通过有关政策和法令，遵循经济规律，利用经济杠杆等各种措施，提供所需信息和咨询服务等，给予必要的指导，使之纳入国家计划轨道的计划。指导性计划，不直接下达指标，也不强制执行。在社会主义市场经济条件下，各机关、单位使用指令性计划较少，使用指导性计划较多。

六、按计划外观形式分类

按计划外观形式分类，计划可分为文件式计划、表格式计划、文表结合式计划。文件式计划是主要用文字形式来叙述说明的计划，常常分若干条款或若干部分来阐述。这类计划又被称为"公文式计划"，一般由标题、前言、主体、结尾、落款组成。表格式计划主要用表格形式来反映有关项目和内容的计划，常常用数字和数据来表述，其中项目、内容基本上是固定的，数字数据则按表格填写。这种计划适用于时间较短、范围较小、方式变化不大、内容较单一的具体安排，如销售计划、值班计划等。文表结合式则既有文字叙述，又有表格体现，一般以数字、数据表格为主题，辅以简要文字说明。

另外，在具体制定计划时，由于工作内容的多面性，一个计划可以同时划归于几个不同的类型。如《××大学文学院2008年工作计划》，就可以分属于综合计划、年度计划、条文式计划、指导性计划等类型。

第二章　计划的结构及写作流程

第一节　计划的结构安排

由于计划的种类、范围、时限不同，具体的写作格式也有不同。一份完整的计划大体上由标题、正文和结尾（落款）三项基本内容组成。

一、标题

标题，即计划名称，拟定标题以简洁、明晰为原则，标题不宜过长，句式不宜用复杂句，应该反映出文章的主要内容。计划的标题一般有两种写作模式。

（一）公文式标题

公文式标题完整的形式是四项式，即制定机关（或适用范围）、适用时限、计划内容和文种。如《××区人事局2007年工作计划》。

这种标题还有两种变形写法。

1. 使用时限与计划内容互换位置，如《2008年××卫生局防治禽流感计划》。

2. 在标题中加入"关于……的"的介词结构，如《××教育局关于开展实践科学发展观的学习计划》。

3. 如果是基层单位制定的适用范围很窄的计划，其标题也可省略制定机关或单位名称，将其置于文尾，即由使用时间、事由和文种三要素构成，如《2006年度业务学习计划》。

（二）双行标题（又称新闻式标题）

双行标题由主题和副题构成。例如《迈向新世纪进行新选择——东莞市开展"第二次工业革命"建立高新技术产业区的战略构想》。有时也可以省略单位名称，但在落款处要写明单位名称。

这里应该注意，如果是"征求意见稿"、"草案"或"讨论稿"，则应在标题下用括号加以标注，以表明计划内容的成熟程度。

二、正文

计划的主要内容在于正文。正文是计划的主体和核心。一般围绕"做什么、为什么、怎样做、何时完成"几个问题展开，由引言、现状分析、目的和要求、措施和步骤、执行要求几个部分组成。这部分既要写总的原则，又要写具体的要求和措施。

（一）引言（或指导思想）

引言是计划全文的总起，也是正文的前言部分，一般表明制定计划的背景、指导思想、目的和依据等，并以"特制定本计划"等字样过渡到计划下一部分，要写得简明扼要，精炼概括。一般应交待出制定本计划的背景、依据、总体目标和指导思想。如国家的方针政策，上级的有关规定指示，当时的经济形势，本单位的实际情况、主客观条件等等，它用来引起下文。如《关于实施名牌带动战略工作意见》的引言："为贯彻落实党的'十六大'精神，走新型工业化道路，全面落实省委、省政府关于实施名牌带动战略的工作要求，提出 2003 年实施名牌带动战略的工作意见。"这段引言简洁明了，直陈此次计划的原因和依据。

（二）现状分析（或背景情况）

对现状或当前形势进行简要的分析，进一步阐明计划的意义或动因。对背景情况的介绍应着重对前段工作进行扼要总结，包括取得的成绩和经验、存在的问题等内容，文字要简洁，不可使用过多笔墨，以免冲淡主题。如果根据具体情况，当计划的执行者对前段工作状况较为熟悉时，则简略交代背景甚至不写；对依据的叙写主要是根据党和国家的有关方针政策和上级机关的有关文件、指示精神或者本地区、本单位的实际情况（包括主客观两方面情况）制定本计划；总体目标和指导思想则应主要写明通过该份计划的制定和实施要解决什么问题，达到怎样的效果。它是制定计划的出发点和归宿点，因此这部分交代至关重要。

例如某实验项目组领导制订《磁化节能燃烧技术研究计划》，对"研究试验的目的意义和国内外情况"进行了如下分析："在各种工业窑炉、锅炉以及内燃机等热设备中，改进燃料燃烧技术是节约能源的最根本途径。根据理论分析，磁场和电场对燃烧过程有明显影响，有可能强化燃烧和节约能源。最近的情况查明，日本已用磁化处理燃烧的办法在内燃机上获得大幅度节油效果。这是国外的新技术，应用尚不广泛。国内还未开始研究。"这段分析对开展磁化节能燃烧技术研究的必要性和迫切性作了有力的论证。但不是所有的计划都要有现状分析这部分，如果是需要上级审批的计划，它的依据和理由就必须说得很充分；如果是单位、部门的例行工作安排，这部分内容可以省略。

（三）目的和要求

作为计划的主要部分，它明确指出计划要达到什么目的，完成什么任务，完成任务的具体要求有哪些，也就是回答"做什么""做到什么程度""什么时间做完"的问题，我们应采用简洁、准确的文字把目标的这三个要素表达出来。

（四）措施和步骤

措施和步骤是正文的主体部分，这部分内容是计划的重点和核心，也是计划执行和如期实现的保证，主要是指落实计划的策略、方法、手段和步骤，包括完成任务的阶段，人力、物力、财力安排情况，采取的各项措施（诸如动用哪些力量，排除哪些困难，创造哪些条件，采取哪些手段，通过哪种途径，怎样明确与落实责任等）。在一些较大规模的计划里通常要制定原则性的措施，再由实施者根据实际情况制定具体的实施步骤。有的计划只有措施而不再设置步骤，有的计划则将措施和步骤都筹划好。

如果说目标是计划的主导，那么措施与方法就是计划实施的关键，缺乏具体措施与方法就是空头计划。这个部分篇幅较长，应该分层次、分条款写作。因此，撰写措施时应当紧紧围绕计划的目标进行阐述，做到明确、具体、条理清晰、不枝不蔓。既要写明"做什么"（即措施），又要交代清楚"怎样做"（步骤），意味着既有明确的方向，又有具体的操作规程，这样才能确保计划的顺利实施。其中在"做什么"环节中，一定要特别明确，包括具体的指标、任务、数量、质量方面的规定以及落实的时限要求等等都要交代清楚，否则势必造成执行过程中的困难，影响计划的实现。在"怎么做"环节，一定要将完成"做什么"所应采取的方法和步骤逐一写明，以便于理解和执行。此外，对计划执行落实情况的检查、评比以及奖惩制度等方面内容如有必要标注，也应予以载明。

在此部分的结构安排上，一般采用分条列项的方式，以序号标明层次，或依计划内容的主次轻重顺序，或依工作进程的时间推移顺序，将计划的措施与步骤有条不紊地加以阐述。切忌轻重倒置，主次不分，或者前后内容交叉重叠，这些都会直接影响计划目的的实现，给工作造成不应有的困难，甚至导致损失。

（五）执行要求

执行要求是计划正文的结语，它是为确保计划内容的实施而向有关单位和人员提出具有号召性的希望和要求，还包括注意事项和有关政策界限等，以激励人们为实现计划目标而努力奋斗。这一环节要特别注意讲求针对性，即必须依据计划内容提出执行要求，不要空喊口号，抑或写些无用的套话，给人以画蛇添足之感。

三、结尾（落款）

作为计划的收束部分，既可以重申计划的总目标及重大意义，也可以补充注意事项和检查计划执行的方法，还可以表明态度和决心或发出号召，鼓舞士气。有的内容简单的计划也可不写结语。

落款是计划的重要组成部分，一般应载明两项内容：一是制定计划的机关或单位名称，要写全称，并加盖公章，以示郑重严肃；二是制定计划的日期，要具体写明×××年××月××日，用汉字或数字书写。这部分写在正文右下方第三行末尾处。如果单位名称和日期在标题中已体现出来，在这里也可以省略。要是作为文件下达给下属机构，还必须在单位名称上加盖公章，否则无效。

第二节 计划的写作准备

一、明确写作计划的目的

把我国建设成为社会主义现代化强国是全体人民当前和长远的艰巨任务，我们的各项计划都是直接或间接地为实现这一总任务而制定的具体方法、步骤。因此，在写作计划时，我们必须明确承担的责任，注意处理好单位、个人和国家的关系、当前和未来的关系、局部和整体的关系，务必使计划切合党和国家以及人民的利益。

二、以国家大政方针为指向标

无论什么计划都要有明确的指导思想，那就是坚持党和国家的路线、方针、政策。因此在拟定计划之前，首先要学习国家的路线、方针、政策，包括当前国家颁布的一系列重要政策、条例、法规，特别是与计划内容相关的政策、法规必须进行深入学习、仔细研究，以充分领会其精神。计划是政策的具体落实，是工作的指南和努力方向，任何国家机关、社会团体、企事业单位制定的计划，都不能偏离和违背国家的方针政策和规章制度。

三、进行调查研究

在工作开展之前要树立科学的态度，进行深入细致的调查研究。这就要求我们充分了解客观存在的条件，认真总结以往的工作，包括成绩经验是什么，缺点错误是什么，现实情况如何等等，预计实际工作中可能出现的各种问题，研究可行的措施和办法，并结合当地地区、单位的具体情况，在认真综合分析的基础上制定的新计划才是切实可行的合适的计划。

四、一切从实际出发

制定计划一方面要从实际情况出发，务实求稳，预测目标和措施的可行性；另一方面也要具备敢于突破陈旧框架、解放思想、勇于创新的超越精神。制定计划的根本目的在于引导、激励执行者出色地完成工作，因此，目标的确立应该具有一定的高度和挑战性，需要经过努力和奋斗才能实现的，这才能激发执行者的进取心和创新精神。但值得注意的是目标也不能定得太高，以致脱离客观实际，挫伤执行者的积极性，最终适得其反，起不到好的效果。因此，制定计划的前提是一切从实际出发，从客观条件出发，避免出现主观臆造、脱离实际的情况。

五、坚持走群众路线

任何计划的制定与实施，如果缺少人民群众的广泛参与都是不可能实现的，因而相信群众、发动群众、团结群众、依靠群众，充分调动和发挥群众积极性与创造精神是制定计划的重要原则。走群众路线，虚心听取各方群众的意见，是一种很好的调查途径。为此，在计划制定的过程中，要发动群众一起研究讨论，广泛听取意见，在讨论过后写成计划草稿，再交予群众进一步深入讨论、修改和补充，最后集思广益，将计划制定得更为合理、可靠。

六、留有充分余地

在计划的制定过程中，对于一些细节的问题不可限制得过多，在具体安排上也应该给执行者留有发挥的余地，为他们的发展提供一定的空间。这是充分信任执行者的表现，有利于发掘其真正的干劲与潜力。反之，如果我们思前顾后，思想保守，不敢放手，这样的计划将不利于群众积极性的调动和工作的顺利进行。因此，为执行者留有余地，可以让其在实施过程中根据现实需要和具体情况加以调整、修改和补充，从而保证计划的完美实现。

七、内容明确具体

制定计划的目的不是为了应付上级检查，而是为了提高效率和完成任务。有些部门单位的领导，喜欢在计划中讲空话、大话、假话，他们认为这样做才有效果，其实恰恰相反，这样的计划在一定程度上助长了浮夸风气，危害严重。因此，对于计划中的任务要写得明确具体，就是本阶段究竟要完成一些什么样的具体任务，数量多少，质量要求达到什么标准，经济效益如何等等都要实事求是地提出来；主要措施和方法要得力，是指要完成任务、达到计划规定的目标，需交代清楚配备什么样的措施，由哪些具体部门协同配合，怎么样密切配合等等，只有内容具体明确，整体计划才能具有可操作性。

八、及时对照检查，相应调整计划

在执行计划中，会出现某些地方违背客观情况或客观情况发生变化的情况，所以部分地改变计划、方案的事是正常的，甚至全部改变计划的事也是存在的。如遇此种情况，要下决心对其进行修改或变更计划，以适应新形势的需要。可见，写作计划时经常进行对照检查是十分必要的。

九、熟悉和掌握计划的写作方法，注意文体色彩

计划的写作方法取决于写作内容。通常使用的方法有条款式、说明式和表格式，有时这三种可以配合使用。同时，计划是行动的纲领，属于公文的文种之一，因此它不同于诗歌、小说、戏剧、散文等文学体裁作品，语言应客观、正式、简洁、朴实，思路应清晰明了，并遵循一定的行文规则。

第三节 计划的写作流程

要想写好一份计划，其中包括许多环节，基本流程应为：计划写作前的准备——拟写计划初稿——修改、征求意见和审核——誊抄文稿和领导签发。这里着重谈谈计划写作流程中的一般程序步骤和方法。

一、计划写作前的准备

在上文中我们已分析过写作前的准备，这里归纳成主要几点。

（一）学习文件，吃透政策

在拟定计划前，首先要学习党和国家的路线、方针、政策，尤其是研究当前所要写作的计划必须遵循的精神，这样在制定计划中就有了明确的指导思想和政策依据。

（二）深入分析，吃透情况

对以前的工作要认真总结，通过对成绩经验、缺点教训、现实情况等各

方面的分析综合，才能进一步明确所要制定的新计划的目标和方向。

（三）广泛讨论、完善内容

为使计划更加完善、可行，应将计划的初步想法与全体员工讨论，广泛听取意见，特别要认真听取专家学者、行家的建议，集思广益，把计划拟定得更合理、更科学、更可靠。

二、拟写计划提纲

拟写计划提纲是在计划准备工作就绪的基础上，理顺思路、安排计划整体格局形式的过程。在一般情况下，计划的写作目的、计划主旨以及主要内容等都要在提纲中显示出来。

（一）计划的标题

计划的标题要准确概括该篇的主要内容。

（二）计划的组成部分

为了维护计划的权威性和有效性，其内容的各个组成部分必须完整。

（三）合理安排正文的表述顺序和各层次的主要内容

计划正文的次序要做到条理明晰，逻辑清楚，这样才能使公文内容紧凑，衔接紧密，方便人们阅读与理解。在安排表达顺序时，我们要灵活地根据正文的内容和反映信息的角度与方式采用相应的排序形式，明晰文章结构。

（四）安排层次、段落之间的衔接与转换

计划的各层次、各段落之间的衔接与转换要妥善安排，使之相互连接，前后贯通，转折过渡自然，结构严密，意思完整。安排时要根据正文内容和表达方法发生变换，在上下文之间使用关联词或惯用的承接词组、句子、段落。

（五）安排好计划的开头和结尾

应当根据行文的实际情况，妥善安排好开头以及结尾。要特别注意其存在的必要性，切忌滥用开头和结尾。

计划写作提纲没有固定的模式，但有粗细之分。粗略的提纲只需要写出标题和各层次的主要内容，所用语句也不一定是起草后文稿中的语句，只需简述即可。而详细的计划写作提纲应该把大小标题、各层次的主要内容以及各层次内部的段落主旨、所用的材料，尽可能地详细列出。

三、拟写计划初稿

拟写计划初稿是计划写作中的一个重要环节，是计划的撰稿者借助于语言文字把它外化表现出来。写作时应写在符合规格并且质地较好的公文稿纸上，文字、图形及符号均应写在版心内，不得压住或越过装订线，还要使用符合归档要求的书写材料。同样地，计划采用电子版写作时也要按照规定的格式写作。行文时要选择契合计划主题的材料，主旨要明确，结构要完整，语言应规范。

四、修改、征求意见和审核

初稿结束后，一篇计划的写作过程仍没有结束，还需要对文稿进行必要的文字加工，考虑文稿的内容以及结构方面还有没有需要修改的地方。此过程虽不是计划写作过程中的重点，但也是一个不可缺少的环节。对文稿的改进不仅仅是文字上的修改，更是一个再认识、再写作的过程。计划写作初稿完成后，我们可以先对文稿的语言文字进行再加工，但不必急于对其内容以及结构做大幅度修改。因为这时计划起草者的思想还可能停留在先前的水平，很难在文稿的内容上再有所突破。所以，除了一些内容简单、时间要求紧迫的公文外，多数公文在初稿拟好以后，就应考虑征求相关业务部门和负责人的建议，集思广益，拓宽视角，再对文稿进行深入的修改。

征求意见可以由主管领导人主持，也可以由主要执笔人主持；可以召开座谈会直接听取有关方面的意见，也可以将文稿印出，请有关方面分别阅改。对收集到的意见应该认真分类，分析鉴别，无论其意见是否妥当，都应将其整理好作为参考或依据。在征求意见的过程中，文稿起草者应多注意做补充调查，多翻阅一些文件资料，做一些专门的查证和比较，以提高文稿的修改质量。

修改计划文稿的范围主要包括：深化主旨、审查内容、调整结构语序、修改句群、修正语句和标点符号和增删格式项目。修改主要从以下几个方面着手：

1.看标题。看计划标题的事由概括是否准确。

2. 看主旨。计划主旨的要求应做到正确、深刻、有针对性。主旨的修改至关重要，除了本着一文一事的基本原则外，必要时还应与机关领导人、相关同志共同讨论，如果原来主旨根本不符合要求，要推翻重立新旨。

3. 看材料。计划的材料必须根据主旨的需要来选取，修改时看材料是否精当、典型、真实、充分。

4. 看结构。修改计划文稿时主要看层次安排是否符合逻辑，是否符合计划的结构特点，过渡是否周全、严密。

5. 看语言。主要是修改不准确的词句、同时删去多余的语句。

6. 看标点。正确使用标点，把意思、语气表达清楚，这虽是小方面的问题，但从这些方面能看出一个人的素养。

7. 看计划文稿的数据项目。修改时主要看计划文稿中的基本数据项目是否具备。

五、誊抄文稿和领导签发

计划文稿修改后还要誊抄印制，然后提交主管领导人和综合办公部门核稿，最后经领导人签发同意就转化为定稿。至此，计划的写作基本结束。

第三章 计划的写作要求

第一节 计划写作的基本要求

随着我国经济和政治体制改革的不断发展和深入，公务文书作为推动公务活动开展的重要工具和手段，正在发生着深刻的变化，对公文的写作也相应地提出了更高的要求。不管什么性质的工作，我们都要接触到计划这一文种，计划是开展工作的前提，好的计划会推动工作顺利开展。了解计划写作的基本要求有助于我们掌握计划的写作要领，下面我们将从坚持以国家政策为指导和坚持公文写作三原则两个角度来加以阐述。

一、坚持以国家政策为指导

坚持国家政策为指导，是说我们通过公务文书传递的政策规定、方针主张、思想观点，要始终保持上下级的一致性。这种一致性，要求我们看问题、办事情，既要瞻前又要顾后，不能割裂历史，切断事物发展的来龙去脉，这对于维护党和国家的权威和政策的集中统一是非常重要的。因此，我们要做到以下两点。

（一）上下级共同配合协作

党和国家要实现某一决定的贯彻，单靠上级某一文件是不够的，要形成自上而下一整套文件的不断制发。为了保证上级文件精神的具体落实，下级组织制发的文件必须与上级文件的基本原则保持一致，只有这样，才有利于公务活动的政策思想连贯，实现上下合拍、运转一致、指挥得力。

（二）平行部门相互兼顾

当上级机关对某一问题的解决作出决策后，下属各个主管部门为了保证这一决策的实现，必然要各自制订具体的实施办法。部门与部门之间有些规定的界限是清楚的，但有些事情是交叉出现的。因此，在制定具体实施办法时，对出现交叉的情况要及时进行沟通、协调，保证思想和政策上的统一性，防止部门与部门之间的文件"撞车"。

总之，为了维护公务计划文书的权威性，保持其政策的思想连贯性，就应该维系上下、瞻前顾后、兼顾左右，每一份文件的制定都置于党和国家方针政策的总指导之下。

二、坚持公文写作三原则

（一）从实际出发，统筹兼顾

无论是撰写长期计划还是短期计划，都必须从实际出发，充分分析客观条件，既要有前瞻性，又要留有余地，使计划执行者通过一番努力就能够完成。对于事关全局性的计划，应把方方面面的问题考虑周全；计划分解到部门，要处理好大计划和小计划、整体与局部的关系。在修改时要集思广益，深入调查研究，广泛听取群众意见，博采众长，做到统筹兼顾。

（二）突出重点，主次分明

一段时间内要完成的事情很多，先做什么，后做什么，主要做什么，次要做什么，必须分清轻重缓急，突出重点，以点带面，不能眉毛胡子一把抓。只有做到有重有轻，点面结合，有条不紊，才有利于工作的全面开展，达到事半功倍的效果。

（三）目标明确，表述准确

计划在时间、数量、质量上要力求准确，目的、任务、要求、方法、措施、步骤、分工都要具体写明，以便于执行和检查。例如在任务要求中，不能含糊、笼统地写"力争提高产品数量和质量，降低成本"，而要具体说明产量要达到多少、质量要达到什么标准、成本要降低多少等。

第二节 计划写作的注意事项

写好计划可能是公文写作中相对困难和复杂的事情。因为它不单单是文字上的表达，还涉及到具体的工作业务，需要有长远的眼光和领导魄力，这种写作可以说是一个人综合能力的表现，对于中层领导干部来说，写好计划是一件机遇与挑战并存的事情。但是难不意味着不可突破，计划的写作也存在一些章法。

一、正确使用计划的特殊种类

机关或单位对未来工作要预先进行安排、打算时，多数都使用"计划"这一文种表达出来。但它还有其他几种类别，它们都具有一定的特殊功能，使用时要加以区别，不可混淆。写作者必须分清所写计划的内容属于哪一类别，它适合用于哪一个具体的计划文种来表达，进而确定使用规划，纲要，要点，方案，设想，打算，安排中的其中一种。要根据具体内容和文种的写作要求来进行写作。

二、"吃透两头"

所谓"两头"，一头是指党和政府的方针、政策以及上级的有关要求、规定；另一头是指本部门、本单位的实际情况。"吃透"，就是研究透彻。机关工作的根本任务就是在正确执行方针、政策的前提下解决实际问题。

作为一个中层单位或部门，在制定工作计划之前，要通过向上级分管领导同志汇报今后工作想法以取得指导，学习和研究上级的一系列指示要求和计划文件等方法，尽可能多地了解上级和领导同志的意图，然后再正式起草计划，以使计划的总的要求和基本想法与上级协调一致。要使计划的目标、任务、措施、要求、方法做到有的放矢，根本在于了解下情。

要做到以上几点，首先要正确理解方针、政策，然后再结合实际贯彻执行。因此撰写计划时，一定要把计划的指导思想、目标、任务与上级的有关精神、要求衔接起来，作为构思的依据和出发点。同时要对实际情况有深入的了解和研究，分析开展工作的有利条件和不利条件，了解本单位、本部门干部和群众的思想情绪以及人力、物力的现状和潜力。只有这样，定出的计划才能做到充分依据、切实可行；才能得到上级的支持和群众的拥护。因此可以说：计划的撰写过程就是学习、理解方针、政策和对实际情况进行调查研究的过程。

三、抓住中心、突出重点

机关单位的工作千头万绪，但每一时期、每一阶段又有作为统帅和带动其他工作的中心工作。因此，撰写计划时，要把中心工作突出来。在任务的确定、措施的部署、步骤的安排上，以保证中心工作的完成为目的；在文字表述、层次结构、详略安排上，以有利于重点问题的表达为原则。这样，阅读起来可抓住要领，实施起来可找到主攻方向。

四、掌握正确的说明方法

计划是一种严肃的执行性文体，具有一定的行政约束力，因此，计划的根据、目的、任务、措施、步骤、要求等各项内容都要准确明白、实事求是地向读者表达清楚。计划撰写中常用的说明方法有：注释说明、顺序说明、分类说明、数字说明和图表说明。运用这些说明的方法能够把计划的内容简明准确地表达出来，达到写作的目的。

五、集思广益，使计划制定得更具现实基础

制定计划的最终目的是完成计划，而完成计划最终要靠广大的人民群众。因此，在制定计划尤其是制定单位、部门计划时，要深入调查研究，广泛听取各方面的意见，弄清楚为什么要制定计划，根据什么制定计划，做到集思广益，经过分析论证后，草拟出几个方案，再征求意见，对计划草案进行修改后再定稿。坚持自下而上和自上而下相结合的工作方法，可使计划制定得更加完善可靠。

六、要具体明确，责任分明

无论是计划的任务、指标，还是措施、责任、时间都必须明确、具体。

这样做是为了执行起来有章可循、检查时有依有据。计划的目标要提得明确，措施要写得具体，职责范围也要清楚，力求避免含混不清、模棱两可。

七、切实把握计划主体的内在逻辑要求

计划这一文种的结构形式可以多种多样。它可以分作"工作基础，目标、任务，措施、办法"三大部分，也可以分为"开头、主体"两大层次。但是，无论采用哪种结构形式，计划的主体部分都必须体现出"做什么"与"怎样做"的逻辑关系。

"做什么"就是指工作的目标、任务，这一部分要明确各自目标、任务的要求与量化，同时要写明完成的时限。所谓"怎样做"，即完成目标、任务的具体措施与步骤。一般应包括人力、物力、办法、技术、手段、组织领导等，对于这些内容应写得详尽、具体。

八、基础材料要准确

计划文书中的设想是以各种材料为基础的，是科学的设想，符合客观事物发展的规律，并不是毫无根据的天方夜谭。因此，计划文书中的各种基础材料，包括数据、信息、资源情况、历史资料等凡是需要参考的资料，一定要准确、真实、不能有虚假。如果以假材料为依据，将使规划、计划很难实现，还会造成重大失误。

九、任务指标有余地

计划文书里所提出来的任务、指标和各种措施要求，一定要实事求是，既不能脱离现实、好高骛远，也不能因循守旧、停滞不前。所以，在任务、指标、措施上应留有余地，允许上升的空间。就是说，在充分调动群众积极性的基础上，争取提出经过努力可以实现或超额完成的计划。

十、使用朴实的语言

计划文书与总结、调查报告不同，不需要生动、形象的语言，也不要更多的修辞方法，一般使用朴实、庄重的语言。因为计划文书的内容都是要求人们未来做的，只有便于理解，才能有效执行。所以，计划的语言要朴实准

确，不能似是而非、模棱两可，特别是任务指标决不能含糊，一定要表达准确。

十一、要有开拓创新精神和科学的预见性

工作计划的制定，既不能因循守旧，也不能脱离实际；既要有开拓创新意识，又要有科学的态度和科学的预见性。不能盲目蛮干。不能制定脱离实际的空头指标。应从实际出发，把各项指标具体化，使之具有很强的操作性和实践性。每一项指标的确定，要经过科学的论证，既不能好大喜功，又要把各项指标放到未来世界和世界上已有的科研成果中去考虑，吸收世界一切科学的文明成果，规划未来。

十二、文字精练，表达准确

工作计划，毕竟是对未来工作的设想，不可能把每一项工作、每一个环节考虑得那么细，要从宏观上着手，用概括性的语言和陈述性语言，以说明为主。全文要简明朴实，准确具体，通俗易懂，一目了然，便于贯彻执行。

十三、要有正确的指导思想

制定工作计划，必须坚持以马列主义、毛泽东思想、邓小平理论和江泽民同志"三个代表"重要思想和科学发展观为指导，坚持党和人民的利益、国家的利益高于一切，坚持全心全意为人民服务的根本宗旨，坚持民主决策和科学决策，用发展的观点、科学的态度，从本地本单位的实际出发，纵观全局，制定科学的、合理的、开拓性的、切实可行的工作计划。

第三节　计划语言运用的注意事项

一、语言要准确简洁

写作的语言表达要符合实际，对问题的分析要有理有据、符合逻辑，在遣词造句方面也要恰当贴切。

1. 策见的准确。策见即指政策见解，它是公务文书的灵魂和统帅。具体地说，就是公务文书中所要反映和体现的基本立场、观点，所提出的措施、意见和办法等，必须准确明晰，不容置疑。如果策见不准确，即使在事实、文法和逻辑方面没有差错，也不能挽回这一篇公务文书的错误。

2. 事实的准确。事实是指用以说明和证实观点或结论的事件或情况，是公务文书准确性的基础和前提。公务文书中的事实表述不准确，它所提出的策见就会变得无所依托，缺乏说服力，也就从根本上失去了公务文书的意义和价值。

二、计量单位的使用要准确

我国已加入世贸组织，与国外在各个方面的交流日益增多。为避免因计量单位不同而给交流带来麻烦，我们必须废除市制计量单位，切实采用建立在国际单位制基础上的《中华人民共和国法定计量单位》，以便真正做到在计量单位上与国际接轨。在计划写作方面也要体现出这一变化。

《国家行政机关公文处理办法》第二十五条明确规定，公文"应当使用国家法定计量单位"，即公文中的计量单位应当规范化。例如，质量单位应使用克、千克、吨，而不用钱、两、市斤；长度单位应使用毫米、厘米、米、千米，而不用寸、尺、市里等。

第四章 计划的例文解析

第一节 党委部门中层领导工作计划

例文一：

某局机关党委 2014 年工作计划

2014 年，根据市直工委党建工作要点，结合我局党建工作实际，坚持科学发展观，深入学习贯彻落实党的十八届三中全会、省委十一届四次全会、市委四届四次全会精神，开展好党的群众路线教育实践活动，加强党的执政能力建设、先进性和纯洁性建设，推进学习型、服务型、创新型和发展型党组织建设，全面提高党的建设科学化水平，以党建工作推动气象业务工作，为全市经济社会发展提供优质气象服务。

一、深入学习宣传贯彻党的十八大三中全会精神，加强党的思想政治建设

1.认真学习、宣传贯彻党的十八届三中全会、省委十一届四次全会、市委四届四次全会精神，引导党员干部牢固树立马克思主义的世界观、人生观、价值观，坚定深化改革、促进发展的信心和决心。

2.深入贯彻落实市委"五个梳理"工作要求。按照市委"梳理思想、梳理思路、梳理作风、梳理问题、梳理目标"工作要求，在思想、思路、作风、问题、目标等五个方面全面进行梳理，查找存在的突出问题，明确整改措施和发展思路，创新工作思路，完善体制机制，推动工作开展。

3.大力推进学习型党组织建设。进一步健全完善以党组（党委）中心组学习为龙头、党支部学习为重点和个人自学相结合的学习教育格局。按照学习工作化、工作学习化的目标要求优化学习内容，既要抓好政治理论学习，也要抓好业务知识学习，切实增强学习的系统性、针对性和实效性。

二、深化服务型党组织创建，推进"四型"党组织和"四型"机关建设

1. 大力加强党的组织建设、阵地建设、队伍建设、制度建设和经费保障等，进一步提升党组织服务能力。

2. 严格党员发展和管理工作。严格发展党员工作程序，认真做好对入党积极分子的培养、教育、考察，注重在业务骨干、基层一线、高知群体、妇女及青年中培养、发展党员。

3. 狠抓作风建设。按照中央、省委和市委部署，扎实开展以为民务实清廉为主要内容的党的群众路线教育实践活动；深入开展"党建扶贫"、"四在农家"、"四帮四促"、"计生三结合"、"支部党群共建"等各项帮扶活动。

4. 落实中央、省和市委关于改进工作作风、密切联系群众的各项规定，采取切实措施，加强制度建设和作风建设，提高工作效能。

5. 继续推行"双晋"工作机制，推进创先争优常态化、长效化。

6. 落实机关党建工作责任制。进一步完善党组认真抓党建、书记带头抓党建责任制和党组织书记履行党建工作具体责任人的相关制度，创新"三会一课"开展形式。

7. 深入推进党务公开。规范公开程序，扩大公开范围，拓展公开形式，做到重大决策、目标任务常年公开，经常性工作定期公开，阶段性工作逐步公开，临时性工作随时公开；建立完善重大决策、重要工作部署征询党员意见机制，认真开展党员民主评议，切实保障党员的知情权、参与权、选举权和监督权。

三、加强精神文明建设、丰富气象文化活动

1. 加强机关精神文明建设。通过开展形式多样的活动，深入宣传社会主义精神文明，倡导社会主义新风尚，抓好"双创一巩固"工作。

2. 加强气象文化建设。以增强干部职工身体素质为目的，精心组织开展各种健康向上的文体活动。

四、深入推进党风廉政建设，打造廉洁型机关

深入开展党性党风党纪教育、示范教育、警示教育、岗位廉政教育和廉政文化"六进"活动。切实抓好党员干部的世界观、人生观、价值观教育，使党风廉政和反腐败教育工作经常化、制度化；加强廉政宣教工作，每年至少组织收看廉政、警示教育片1次。

五、加强自身建设，提高党建工作领导水平

1.加强党委内部管理和自身队伍建设，不断提高党员干部队伍素质和党建能力水平。

2.完成市直机关工委交办的其它工作任务。

例文解析

机关党委是指在各级党政机关中设立的党的基层委员会。机关党委在上级党的委员会或党的机关工作委员会领导下工作，同时接受本部门党组的指导。它属于党的基层组织，它只起保证监督作用，不领导本单位的业务工作。它的主要任务是管党的思想、组织和作风建设，通过党组织的战斗堡垒作用和党员的先锋模范作用，推动机关的各项工作。

例文结构清晰，行文流畅，但欠缺在于没有突出重点，做到主次分明，仅是泛泛之谈。计划内容略显空洞。

例文二：

2014年行政服务中心党委工作计划

2014年中心党委工作要以邓小平理论等重要思想为指导，以全面贯彻落实科学发展观，充分发挥党组织的政治领导作用为核心，着力解决制约中心发展的瓶颈问题，努力推动中心的队伍建设、制度建设和文化建设全面发展，为确保中心全年各项工作目标的完成，提供强有力的思想和组织保障。

一、加强理论学习

（一）加强和完善中心组理论学习制度，严格按照中心组学习制度要求，党委、党支部要坚持每季度至少×次理论学习。

（二）认真落实干部学习制度，定期组织广大党员干部开展理论学习，全年集中学习不少于×次。通过个人自学和集中学习、培训、研讨等形式，提高学习效果。

一要抓好政治理论学习。以专家讲座、集体研讨、撰写心得等形式，提高理论学习水平，巩固学习实践科学发展观活动的各项成果，不断提高干部统揽全局、协调各方的能力和分析问题、解决问题的能力。

二要注重提升业务知识素养，加强对业务知识的学习和培训。坚持理论联系实际的学风，通过专家讲座、基层调研、集体探讨等形式，解放思想，更新观念，开阔视野，学以致用，提高运用理论解决实际问题的能力，做到思路有创新、发展有举措、改革有突破、工作有实绩。

二、加强党建工作和党员队伍建设

（一）做好日常党务管理工作。加强对党员和党支部的管理。严格"三会一课"、民主评议和谈心活动等党内生活制度。进一步健全民主集中制、重大问题集体讨论制度、民主生活会制度，要提高民主生活会的质量和实效，促进基层党建工作制度化、规范化。要引导加强各支部开展活动的能力，使其能进一步适应新形势、完成新任务，更好地发挥战斗堡垒作用。

（二）做好党员发展工作。要按照"坚持标准、保证质量、改善结构、慎重发展"的方针，认真做好新党员的发展工作。

（三）做好党费收缴工作。党员每月定期向支部提交党费，支部每季度向中心党委提交党费，党委每半年向机关党委交纳党费。

（四）做好党内统计数据库建库和维护工作。按照机关党委要求，于三月底之前完成中心党员数据库建库和维护工作。

三、加强思想政治和宣传教育工作

（一）进一步加强思想政治工作。围绕中心全年任务，加强和改进思想政治工作，坚持以人为本，尊重人、关心人、理解人、帮助人，保持职工队伍的稳定、健康发展。各级领导要深入实际，调查研究，把握职工思想动态，了解和掌握职工对中心各项措施的想法和意见。及时发现并妥善处理工作中的敏感问题和热点问题，从源头上减少和控制各种矛盾的发生。

（二）要利用多种形式组织宣传教育活动。积极参与总局机关党委组织的各类活动，同时组织广大职工以参观学习的形式开展爱国主义教育活动。中心2014年拟组织两次党员集体参观活动，具体形式请各支部议定后报党委。

例文解析 ···

例文行文流畅，但在写计划时，一定要把计划的指导思想、目标、任务与上级的有关精神、要求衔接起来，作为构思的依据和出发点。只有这样，定出的计划才能做到充分依据、切实可行；才能得到上级的支持和群众的拥护。因此可以说：计划的撰写过程就是学习、理解方针、政策和对实际情况进行调查研究的过程；计划是集体智慧的结晶。

例文三：

县委统战部 2014 年工作思路

一年来，中共 ×× 县统战部在县委的正确领导和市委统战部的关心指导下，坚持以中国特色社会主义理论为指导，深入贯彻落实党的十八大精神，牢牢把握大团结大联合主题，着眼大局谋划发展，创新思路发挥优势，加强培训增强素质，打造品牌彰显价值，不断提高统战工作科学化水平，为服务新建"打造核心增长极实力板块、力争三年跻身全国百强县"的奋斗目标凝聚人心，汇集力量。

2014 年，是我县"打造核心增长极实力板块、三年挺进全国百强县"的关键之年，也是建设现代开放、富裕和谐、活力生态新建的重要一年。全县统战工作的总体思路是：明确一个指导思想；搭建两个工作平台，突出三个工作重点，强化四条保障措施，落实五项统战工作。

明确一个指导思想：在省、市统战部门的指导和县委的领导下，认真贯彻党的十八届三中全会精神，以树立和落实科学发展观，加强党的执政能力建设，构建社会主义和谐社会为重点，坚持围绕中心、服务大局，发挥统战工作优势，履行统战工作职能，为建设现代开放、富裕和谐、活力生态新建提供广泛的力量支持。

搭建两个工作平台：搭建统战宣传平台、统战服务平台。

突出三个工作重点：突出民主党派工作、非公经济人士工作、民族宗教工作。

强化四条保障措施：坚持党对统战工作的领导，坚持用邓小平理论、"三个代表"重要思想和科学发展观统领统战工作，坚持建立健全统战部牵头的统战工作协调机制，坚持创新统战工作机制。

落实五项统战工作：一是围绕"同心"理念，打造"同心"品牌，密切与各民主党派和无党派知识分子的联系。二是加强非公经济人士队伍建设。三是扎实做好民族宗教工作。四是拓展海外联谊工作，强化为侨服务宗旨。五是切实加强统战部门自身建设。

例文解析 ···

统战部是在党委的领导下进行工作的。统战部领导工作计划要从机制完善、制度建设、具体工作和自身进步等各方面进行，努力做好民族、宗教、非公有制经济领域的统战工作和党外干部及党外知识分子的工作，不断加强自我学习和廉政建设，实现社会稳定和经济社会的全面发展。

例文结构清晰，行文流畅，但欠缺在于没有突出重点，做到主次分明，仅是泛泛之谈。一段时间内要完成的事情很多，先做什么，后做什么，主要做什么，次要做什么，这些必须分清轻重缓急，突出重点，以点带面，不能眉毛胡子一把抓。只有做到有重有轻，点面结合，有条不紊，才有利于工作的全面开展，达到事半功倍的效果。这也是计划写作的最基本要求。

例文四：

党委办公室 2014 年工作计划

2014 年，党委办公室工作思路是：以党的十八届五中全会精神为指导，紧跟厂党委总体工作部署，加强一个建设，深化一个活动，用好一个载体，提升两个水平，做好五项工作。具体就是：加强辅政能力建设，继续深化"学习、调研、创新"活动，充分利用好《政工简讯》这个载体，提升文字服务和自我管理"三个水平"，重点做好信访（稳定）、保密、信息、督查和文件管理工作。

一、加强辅政能力建设

党委办公室是党委的综合部门，是为领导决策服务的参谋助手。党委办公室充分发挥好职能作用，就是要从提高服务决策能力、综合协调能力、督查督办能力、廉洁自律能力"四种能力"入手，全面加强辅政能力建设。一是提高服务决策能力。站高位，吃透党和国家的大政方针，深度把握油田及采油厂改革发展稳定的现实情况，深入了解基层单位和职工群众的主流诉求，综合各方情况和因素积极向厂党委建言献策。二是提高综合协调能力。站准位，明确职责，在协调部门事务、解决基层问题中处理好牵头与服务的关系、对上负责与对下负责的关系、原则性与灵活性的关系，保证党委日常工作的高效运转和各项决策部署的贯彻落实。三是提高督查督办能力。把抓落实放在更加突出的位置，督促和协助基层解决实际问题，注重反映基层呼声和对上级政策的意见反馈，善于发现各个层面的先进经验和典型做法，不断拓展督查工作新思路和新的方式方法。四是提高廉洁自律能力。受得住清苦，耐得住寂寞，顶得住诱惑，严格自律，勤于修身，以自身过硬言行维护党委形象。

二、深化"学习、调研、创新"活动

2014年将继续深化"学习、调研、创新"活动。一是推进活动的经常化、规范化。在学习方面，抓好十八大、十八届四中及五中全会和"科学发展观"重要思想的学习，抓好工作流程、工作制度、法律法规等方面知识的学习，逐步创新改进学习方式，不断提高学习效果。在调研方面，主要围绕原油生产、基层党建和思想政治工作创新、稳定工作长效机制等课题开展调研，力争推出3~4个优秀调研成果。在创新方面，重点把握细节、文风、服务、信息、基础资料等5个环节，坚持在继承中创新，在总结中提高，为办公室工作注入新的生机与活力。二是健全完善制度，促进活动深入开展。进一步健全学习制度、信息调研制度、督查制度、责任考核制度等一系列制度，做到每一项工作不仅有内容、有要求，而且有标准、有时限、有责任人，确保活动取得实实在在的效果。

三、利用好《政工简讯》这一品牌

2014年，《政工简讯》以反映基层经验做法为主，在期刊数量上争取编发10期以上；在内容质量上严格把关，进一步增强指导性，认真总结推广典型经验做法，同时也有意识地暴露差距不足，围绕采油厂改革发展的突出问题、难点、热点问题进行深入分析探讨，积极提出建设性的意见和建议，努力把《政工简讯》办成互相交流经验、探讨问题的一个平台。

四、提升"两个水平"

一是提升文字服务水平。领导讲话、调研报告等文稿起草突出思想性、针对性和指导性，做到熟知上情、摸准下情，把握上级党委的工作重点，跟上厂领导的思路。对重要的苗头性、倾向性问题，主动介入，掌握动态，力求做到领导未谋有所思、领导未闻有所知、领导未示有所行，关键时候谋之有方，参到点子上，谋到关键处。文件、电报、纪要等文稿的起草讲究规范、严谨，严格工作程序，认真办理每一份文件、电传，严格文件审批、会签手续，遵循发文格式，提高办文运行质量和效率，做到少行文、行短文。

二是提升自我管理水平。一方面，进一步强化"办公室工作无小事"的思想，在"快、精、细、严、实、勤"上做文章、下功夫。"快"就是工作运转快，行动迅捷，雷厉风行；"精"就是树立"精品"意识，办文、办会、办事精心谋划，精心组织，精心实施，力求办出水平；"细"就是工作细致入微，一丝不苟，不出纰漏；"严"就是工作上严格把关，纪律上从严要求，作风上严肃认真；"实"就是务实，踏踏实实办事，实实在在做人；"勤"就是工作勤勤恳恳，任劳任怨，勤勉努力，爱岗敬业。另一方面，健全效率机制，强化岗位责任制，进一步完善办公室主任、秘书岗位职责，各司其职，各负其责。对重要任务和大型会议活动，落实专人负责，确保每项重点工作责任到人，措施到位，不出或少出纰漏。

五、做好五项重点工作

一是牵头做好信访稳定工作。当前和今后一个时期，影响采油厂稳定的不利因素还比较多，稳定工作面临着诸多新的挑战。党委办公室作为维护稳定的牵头协调部门，工作任务依然相当繁重。2014年，重点抓好以下四项工作：①突出制度落实。按照《采油厂稳定工作问责制》和《采油厂信访管理规定》，落实好责任承包制度、排查制度和督导督查制度，真正形成靠制度管人、靠制度办事的机制，尽力杜绝群体性上访事件。②加强两个网络建设。一是加强信息员网络建设，根据人员变动情况调整充实基层信息员队伍，确保一个小队一名信息员。二是规范电子网络管理，发挥计算机网络信息覆盖面大、传播速度快、资源共享等特点，引导职工群众通过网络渠道文明信访，实现信访工作的信息化、自动化和程序化。③抓重点群体，及时了解掌握协解人员、内退职工、退养家属等群体的思想动态，有针对性地做好有关人员的工作，妥善处理可能发生的集体上访事件。④坚持信访制度化，认真接待群众信访，定期向领导汇报信访工作情况，及时向有关部门和单位反馈信访问题并积极协调解决，力保实现"三无"目标。

二是做好保密工作。强化商业秘密保护和计算机信息系统的保密管理工作，严格落实机要工作规章制度，及时签收网上信息，做到不压、不误、不漏。加强密级文件的管理，严格执行登记、传阅、回收、销毁制度，确保全年无失、泄密现象，加强对保密要害部门的督导检查，重点是完善制度，落实领导责任制和岗位责任制。牵头做好开发系统保密协作组的工作，积极协调开展保密工作研讨活动。

三是做好信息工作。①上报反映采油厂各项工作的"精品"信息，提高采用比例。②加强信息网络建设，建立三级信息报送机制，充实基层信息员队伍，实现党办网页信息栏目动态管理。

四是做好督查工作。抓好以下四个重点：①加强对局党委全委（扩大）会、局职代会精神贯彻落实情况的督促检查；②抓好厂党委重大决策、重要工作部署贯彻落实情况的督查；③抓好热点难点焦点问题的督查；④做好党委领导批示的专项督查工作。

五是做好公文管理工作。争取在试运行的基础上，启用网上公文办公系统，进一步规范公文管理程序，提高公文流转时效。

通过以上工作，继续保持局党委办公系统先进单位荣誉称号。

例文解析

党委办公室是党委组织下的从事基本行政工作和协调党委各部门工作关系的枢纽部门。党委、行政的领导下，党委办公室积极主动地为教学、科研和其它工作服务，努力协调各部门之间的工作关系，注重发挥参谋助手作用，不断完善工作制度和工作程序，团结协作，认真履行职责，较好地完成本年度工作任务。

例文采用"总——分"结构先总说，后分说，从加强辅政能力建设、深化"学习、调研、创新"活动、利用好《政工简讯》这一品牌、提升"两个水平"、做好五项重点工作五个方面着手，充分发挥党委办公室的职能作用，使全文析理入微，眉清目楚。同时，结尾简短有力，让读者看到希望，正强调了计划的积极目的。

例文五：

××大学校党政机关党委 2015 年工作计划

2015 年校党政机关党委工作的总体要求是：深入学习贯彻党的十八大和十八届三中全会精神，紧紧围绕学校中心工作，以"抓学习，提素质；抓服务，提质量；抓文化，正风气；抓形象，做表率；抓创新，促工作"为着力点，全面加强机关党委的思想、组织、作风和文化建设，重点推进机关工作作风转变和办事效能提升，为促进学校和机关的科学发展、和谐稳定提供思想和组织保证。

一、以学习贯彻党的十八大和十八届三中全会精神为重点，开展好学习教育和培训工作

1. 按照党委宣传部每月"学习安排"的总体要求，结合机关部门工作的特点，遴选适合机关学习的内容。安排好机关处级干部学习，组织引导好各党支部的学习教育活动。

2. 协助组织机关党员干部参加学校举办的十八届三中全会精神研讨学习活动。各党支部重点做好"三个一"活动。包括：组织听取一场专家辅导报告、举办一次主题党日活动、与共建团支部开展一次"共建共学"活动。

3. 举办 1~2 次党支部书记工作培训活动，举办 1~2 期机关科级干部业务培训活动。

二、以"为民务实清廉"为重点，继续开展好党的群众路线教育实践活动

1. 协调机关各部门修改完善并公开办事流程和服务指南，做好党的群众路线教育实践活动重点整改项目的落实工作。

2. 做好机关党的群众路线教育实践活动的整改和总结工作。

三、加强机关作风建设和党风廉政建设，切实将"八项规定"落到实处

1. 及时收集、派送上级下发的关于加强党风廉政建设方面的最新政策法规等资料，并开展宣传和学习活动，规范党政机关工作和党员干部行为，以实际行动反"四风"、转作风、树新风。

2. 做好 2013 年机关作风评议的结果统计和总结工作，进一步完善机关作风评议的内容和方式、方法，组织开展好 2014 年机关作风评议各项工作。

3. 进一步完善机关服务质量监督投诉平台，健全机关服务反馈机制，促进机关服务效能建设。

4. 加强服务型党支部建设，开展"三亮三比两争当"主题教育实践活动。

四、加强基层组织建设，探索建立创先争优长效机制

1. 推进党支部工作的规范化、科学化建设，制定《××大学校党政机关党支部考评办法》。

2. 开展机关党支部工作（研究）项目立项与资助工作，分面上项目和支部项目两类，分别进行资助和奖励。实行活动举办和宣传奖励机制，支持党支部开展丰富多彩的活动。继续做好最佳党日活动的开展、党支部创新计划落实和党支部工作法的提炼总结。

3. 加大党员的培养和发展工作，做好入党积极分子培训和入党前的培养工作，年度计划发展党员 1~2 名。

五、加强机关文化建设，营造积极向上的机关文化氛围

1. 加强机关部室文化建设。推动机关各部门总结凝练部（处）风，把单位的服务管理理念、价值取向和优秀文化传承下去。开展"机关工作人员行为规范"征集活动。

2. 组织参加好学校 2014 年体育文化节。精心组织好机关的文化活动。上半年，组织好机关趣味运动会，下半年组织好校党政机关迎新年联欢会，努力形成机关文化活动品牌。

六、推进和谐机关建设，积极为机关职工办实事

1. 上半年，全力做好机关职工的体检工作，满足职工的体检需要。

2. 关心机关职工的生活，做好三八妇女节、五一劳动节、十一国庆节、重阳节、元旦和春节等传统节日对机关离退休职工、生病住院职工和特困职工的走访、慰问工作。

七、协助相关部门做好的其他工作

1. 协同相关部门，做好机关管理绩效考核工作。

2. 协助有关部门做好机关职工的年度考核和职称评审工作，以及机关处级干部的年度总结和述职、述廉、述学、重大事项报告等工作。

3. 协助有关部门做好机关人员参加学校各类培训的组织工作和相关材料的收集、汇总工作；协助有关部门做好学校重要会议、重大活动等机关参加人员的组织、协调工作。

例文解析

党委是党的各级委员会的简称。在我国，是指中国共产党的各级委员会，特指中国共产党的地方各级委员会和基层委员会。

例文例文采用"总——分"结构先总说总体要求，后分说各项任务，例文繁略得当。我们知道工作计划毕竟是对未来工作的设想，不可能把每一项工作、每一个环节考虑得那么细，要从宏观上着手，考虑工作计划的再变性，用概括性的语言和陈述性语言，以说明为主，有时也可以用一些模糊的语言，以增强表达效果。全文要简明朴实，准确具体，通俗易懂，一目了然，便于贯彻执行。

第二节　政府部门中层领导工作计划

例文一：

××市××区民政局 2014 年度工作计划

全区民政工作将紧紧围绕经济社会发展大局，始终抓住民生保障这一根本，以作风建设为抓手，突出创新基政、养老、救助、优抚、社会事务五项机制，实现民政工作新突破，再上新的台阶。

一、加强民政干部队伍建设，提高决策力和执行力

进一步深化岗位风险教育，提高干部职工拒腐防变能力，严防违纪违法行为发生。一是加强党员干部教育。开展以理想信念、宗旨意识为主要内容的反腐倡廉教育，建立和完善各项规章制度，提高全体党员、干部廉洁自律的自觉性，加大从源头上预防、治理腐败的力度。二是进一步加强思想建设、业务建设。有计划、有步骤、有重点地进行业务培训，不断提高全系统干部的综合素质。三是进一步健全完善各项制度。强化督促检查，严格考核奖惩，促进干部综合素质的进一步提高、全局观念的进一步增强、整体工作合力的进一步发挥，增强协作意识，充分发挥班子领导核心和先锋模范作用，继续争创"优秀领导集体"。

二、创新基政建设模式，提升社区承载力和服务水平

认真做好村委会、居委会换届选举工作，全面开展城市、农村居民自治。一是打造××路街道办事处。争取在2014年把××路街道办事处打造成宜居新城，成为××市城市管理的典范。二是在基层村、居建立、健全议事会。完善民主管理制度，充分调动居民能动性，自觉建设村、居。三是保持创建浓厚氛围。以年终评比为激励，建立社区创建的长效机制，定期开展社区建设争先创优活动。四是加强社区办公及服务用房的管理。对新建小区公建配套社区用房监管移交制度的激励政策，鼓励通过自建、购买、租赁和公建配套等措施，力争在年底完成6个社区办公活动用房的改造任务。五是加大村、居专职工作者的培训工作。对新当选的村居成员开展形式多样的的培训工作，扩大村、居专职工作者岗位风险覆盖面，加强廉政教育，不断提高社区工作者队伍素质。鼓励社区干部参加全国社工专业职称考试，加快社区干部职业化进程，提升公共服务和社会管理水平。

三、创新养老模式，加快推进养老服务体系建设

构建以上门服务为主的生活照料、家政服务、精神慰藉等个性化服务，加快养老服务体系的全覆盖。一是落实国务院《关于加强加快发展养老服务业的若干意见》要求。完善社区老年服务设施，深化居家养老。二是建立以社区服务为主的日间托老。开展休闲娱乐、文体活动等群体性服务平台。在全区社区逐渐建立居家养老服务站，实现社区居家养老服务全覆盖。三是建立三级服务网络。建立区级社会养老服务指导中心，以组织指导、服务、培训等功能，按照社会化示范要求，强化对养老服务机构和居家养老服务的行业管理和指导。各街道办事处成立为老服务中心，负责辖区养老服务的组织管理工作。社区居家养老服务站成立，负责协助街道为老服务中心开展对辖区内老年人的调查、摸底、核实等工作，确保居家养老服务的规范和质量。四是健全养老服务社会投入机制。鼓励社会力量投资兴办养老服务机构，积极扶持社会中介组织、家政服务企业参与社区居家养老服务，引导和鼓励多行业为广大老年人提供周到便捷的服务。

四、创新低保群体救助模式，不断提升社会救助水平

进一步完善城市低收入家庭的社会救助工作，将符合条件的低收入家庭纳入医疗救助、帮困助学等社会救助范围。一是建立区社会救助联席会议制度。加强低保与医疗、教育、住房等救助制度的衔接，形成坡度救助格局，解决困难群众各方面的救助需求。二是建立区低保家庭经济状况核查认定中心。在完成机构建设任务的基础上，积极争取财政投入，逐步建立工作经费保障机制，不断提高救助水平。三是健全救助标准与物价上涨挂钩的联动机制。按照省调标指导意见，调整城乡低保标准，确保困难群众生活水平不因物价大幅上涨而降低。四是开展福彩助学。通过层层筛选对符合资助条件的贫困家庭大学生进行福彩助学救助。

五、创新优抚双拥工作模式，着力提高服务水平

认真落实各项优待抚恤政策。一是按时足额兑现各种优待抚恤金。做好退役士兵和军队离退休干部和无军籍退休退职职工的接收安置工作，落实各项安置政策。二是积极参与××市创建新一届"全国双拥模范城"活动。巩固双拥工作成果，开展富有特色的双拥活动，巩固地方拥军的科技优势、后勤优势和行业优势。

六、创新社会事务管理模式，提升公共服务水平

严格办事程序，规范规章，努力提升社会事务工作服务水平。一是强化民间组织管理。鼓励扶持培育发展社会组织政策，完善沟通机制，加强社区基层社会组织的培育和发展。二是提升区划地名服务水平。做好地名普查工作，推进地名规范化建设开展地名规范化管理工作，确保城区路牌、门牌、交通指示牌完好完整。切实做好边界地区的社会稳定工作，争创平安边界。三是规范婚姻登记。加强婚姻登记窗口规范化建设，提高登记员业务能力，提高办理效率。四是积极开展流浪乞讨人员救助。坚持"分级管理，条块结合"的原则，建立政府统一领导、部门分工负责、社会广泛参与的管理体制和运行机制，共同营造帮助街头流浪乞讨人员回归家庭、社会的良好氛围。

例文解析 ......

民政局是集中处理社会内部矛盾、解决居民实际问题、进行灾害救助和推动社会自身管理和发展的政府主管部门，涉及社会生活的方方面面和社会的自组织能力发展，对社会的发展和国家的长远发展有着重要的作用。

例文是针对专题规划或任务较单一的规划，因其任务项目较少而且项目之间的联系又较大，所以例文采用任务、措施分说的"分列式结构"，全文语言凝练，结构严密，从行文中即可感受到作者坦率、果敢的工作作风。故此，我们在写作中也要注意语言的运用，不要过于繁冗。

例文二：

××县财政局"四德四做"教育活动计划

为了巩固和扩大我局文明单位的创建成果，提高我局干部职工的素质和文明程度，特制定"四德四做"教育活动方案：

一、指导思想

按照"三个代表"重要思想和科学发展观的要求，以提高干部职工思想道德素质为目的，以社会公德、职业道德、家庭美德、个人品德为主要教育内容，通过开展宣传学习培训教育活动，使广大干部职工树立正确的世界观、人生观、价值观，自觉养成文明习惯，提高文化素质，争做文明公民、文明职工、文明成员、文明个人，促进我局财政事业不断发展。

二、教育活动的内容和教材

开展"四德四做"教育活动，突出思想道德建设这个核心，内容和中心环节，以江泽民同志"三个代表"重要思想，以"三基"（党的基本理论、基本路线、基本纲领），"四德"（社会公德、职业道德、家庭美德、个人品德）、"三观"（世界观、人生观、价值观）、"四有"（有理想、有道德、有文化、有纪律）、"五爱"（爱祖国、爱人民、爱劳动、爱科学、爱社会主义）为主要内容，以中央文明办、中国科协主编的《崇尚科学文明，反对迷信愚昧》展览图册和中央文明办主编的《社会主义精神文明建设概论》等为主要教材。

三、教育活动措施

1.做到时间、人员、效果落实。坚持学习制度，组织学习中央、省、市有关精神文明创建工作的文件，领导讲话和教育书目，开展"讲文明、树新风"，我为文明创建添光彩和"建文明城市，创建文明单位，当文明市民"及成为高素质干部职工等主题教育活动，切实增强"四德四做"教育的导向性，针对性和实效性。

2.进行"四德四做"教育，形成良好的行为规范。着重抓"三个普及"，即普及文明用语，倡导"五个做起"，即：从我做起，从现在做起，从点滴做起，从身边做起，从家庭做起。做到"十要"，"十不"。即：要遵纪守法、要好学上进、要勤劳俭朴、要礼貌待人、要爱护公物、要讲究卫生、要团结互助、要尊老爱幼、要见义勇为、要移风易俗。不随地吐痰、不乱扔乱倒、不乱贴乱画、不乱停乱放、不乱穿马路、不损坏公物、不损害花草树木、不说脏话，不在公共场所吸烟。把讲社会公德，做文明市民，树新时期美好财政形象深入人心。

3.加强组织领导，完善各项措施。一是要重视"四德四做"教育活动，进行有关内容的学习。二是要适时组织一次"四德四做"竞赛活动或联系实际开展讨论，以检验大家的学习成果。三是要求每人都建立学习笔记，学习情况将纳入月班级考评。

四、教育活动计划

1.以专题报告、讲座方式进行通俗易懂、深入浅出，有针对性的系统灌输。

2.开展思想道德建设实施活动。如以"讲文明、树新风"为主体的各种创建活动；志愿者活动；赞助"希望工程"，帮困、助残、尊老、敬老、爱老活动；清洁卫生、美化环境、种花植树等公益事业活动。

3.采取多种方式，开展教育。比如：开展向伟人、烈士、英雄、模范各种先进典型人物的道德风范的学习活动；运用座谈、讨论等方式进行自我教育；以板报、墙报、绘画等形式宣传"四德四做"教育内容；邀请专家、教授或有关人员针对封建迷信和唯心主义，进行唯物主义教育，批判"法轮功的罪行"。

4.努力为青少年办好事、办实事。针对青少年中的弱势群体，如家庭残缺的、身体残疾的、特困生、双差生、下岗待业等等，通过我们的工作，通过我们的影响，通过我们的呼吁，引起社会各方面关注和捐助，以帮助青少年解决一些实际困难。

5.做好五个结合。"四德四做"教育不是孤立的，也不可能单独进行。

要把"四德四做"教育活动与学习、宣传、落实十七届五中全会精神相结合；与学习邓小平理论相结合；与重大纪念日、节日、重大政治活动相结合；与"六五"普法教育相结合；与理想信念、"三观"教育相结合。

例文解析

财政局负责地方的财政工作，贯彻执行财务制度，按照政策组织财政收入，保证财政支出，管好用活地方的财政资金，促进工农业生产发展和各项事业发展；培训专职财会人员，提高科学理财的素质和企业财务管理水平；严肃财经纪律，提高经济效益；积极开发财源，为振兴地方经济服务。财政局的思想教育更是尤为重要。

例文为活动计划，全文全方位做出了相应的阶段工作计划，从指导思想、教育活动的内容和教材、教育活动措施具体到最后具体教育活动计划。在书写计划的时候，我们应该不仅仅指出工作大方向上的意见或要点，更要言之有物，明确工作方向。

例文三：

××县商务局 2015 年工作思路

2015 年，我局将以创新商务工作思路，立足项目建设、强化行业监管，建设大市场、大贸易、大流通，促进商务事业健康、快速、持续发展。

一、工作思路

坚持以"一化四建"为统揽，突出全民招商（创业）引资、商贸流通服务两个工作重点，以强化作风建设、法治建设和队伍建设为抓手，确保招商引资实际到位资金、"三外"工作目标、社会消费品零售总额、商务执法和市场监管监测等五项任务全面完成。

二、工作目标

实现社会消费品零售总额同比增长 14% 以上；引进战略投资者 1 个；实际利用内资 38.5 亿元，同比增长 35%；实际利用外资 580 万美元；完成外贸进出口总额 400 万美元；对外劳务输出 500 人；新增各类创业主体 1 万户，私营企业 700 家。

三、工作举措

1. 招商引资工作。一是加大招商引资宣传力度。健全招商网络，广泛及时收集各种投资信息；采取多种形式对外宣传，提高我县知名度，增强对客商的吸引力；进一步更新招商引资项目库，搭建交流平台，吸引外来投资。二是做好项目包装。充分利用本县资源，对接国家产业政策，做好项目包装，争取10个项目纳入全市招商引资重点推介项目。三是拓宽招商渠道。领导带头招商，对有投资意向性的重大项目或异地组织的重大招商会，县级领导及时带队外出接洽招商，举办1—2次县情推介会；"上门招商"，支持重点单位、部门根据自身行业性质和目标任务，组建小分队外出招商，我局计划于明年四月和九月分别前往广州、杭州等地进行上门招商，力争引进2~3家企业落户辰溪；情感招商，完善辰溪籍在外能人和企业家档案名录，定期开展联谊活动，经常联络乡亲感情，充分利用其人脉关系网络，鼓励其返乡投资创业或介绍外来投资。四是做好"三外"工作。即：积极引进外资企业落户辰溪，大力扶持进出口企业扩大生产能力，加大对外劳务输出及人员培训工作。五是优化投资环境。加快工业集中区和生态创业园基础设施和标准化厂房建设，继续实施全程代办制，对新投资项目由县领导实行对口联系，及时解决投资商在项目推进中遇到的困难和问题。

2. 全民创业工作。全年完成新增个体户10000户以上，新增私营企业700家，确保"321"目标任务全面完成（即"十二五"末培育个体工商户3万户，私营企业2000家，GDP过100亿元）。

3. 商贸物流工作。依托我县区位优势，规划建设工业集中区物流园和城南物流配送中心等2个主要物流基地；启动冷链物流项目，加大对乡镇农贸市场建设及标准化改造，为农村居民提供综合物流配送服务，改善农村居民购物环境。

4. 市场体系建设工作。一是按照湘商建[2014]28号文件精神，做好2015年全县农贸市场标准化改造摸底工作；二是及时向省厅争取2015年乡镇农贸市场标准化改造项目3个，确保我县农贸市场建设标准化建设上一个新台阶；三是切实抓好商品流通和市场供应，确保市场繁荣稳定。

5. 市场运行监测和调度工作。一是督促各样本监测企业加强报表报送工作，指导企业积极组织货源，做好外运与内供工作，确保市场供应；二是加强与县统计部门沟通协调，积极培育限额以上企业，扩大内需，拉动消费，促进县域经济增长，确保社会消费品零售总额同比增长 14% 以上；三是对全县大型超市、商场、农贸市场和城乡加油站（点）签订安全生产目标责任书，将责任落实到人，加大安全隐患排查，确保生产经营安全。

6. 综合执法工作。围绕酒类、肉类、成品油等监管职能，加大执法力度，规范执法程序，提升执法水平，确保执法成效；下大力气确保食品安全，特别是在私屠乱宰、注水肉类、假酒整治等方面将重拳出击，形成依法打击的有效氛围，确保人民群众身体健康和生命安全，2015 年要完成执法案件 4 件以上。

7. 干部作风建设工作。严格执行中央八项规定和省委九项规定精神，进一步转变工作作风，严明党的政治纪律和组织纪律，强化精细管理，定人定岗定责，严格考核兑现，在全局营造一个风清气正、廉洁高效、爱岗敬业的良好氛围。

例文解析

商务局是负责对商务活动进行引导、管理和监督的政府主管部门，对保护市场主体合法权益、打击非法市场行为、稳定市场秩序和保障市场健康有序发展有着重要的作用。商务局领导的工作计划要突出服务性、规范性和监管性。

例文结构清晰，行文连贯，做到了按工作进展的经过和时间的先后顺序安排层次，即"工作思路——工作目标——工作举措"的结构，符合逻辑顺序，使各层次之间浑然贯通，并且全文具有完整性，每一段落都完整地表达一个意思，一个问题，内在联系紧密成一体。

例文四：

县林业局 2014 年工作计划

实施"绿美××"攻坚行动，完成造林绿化面积 7 万亩，森林覆盖率净增 3% 以上，全县森林覆盖率达到 27%，通道绿化率达到 70%，农田林网控制率达到 60%。重点实施城区绿化、绿色廊道建设、荒山绿化、农田林网建设、名特新优林果基地建设、园区绿化等造林绿化工程。

一、工作任务

（一）城区绿化。城区绿化完成绿化面积 146 亩，其中绿化公园 2 个，面积 60 亩，完成绿化小品 3 个，面积 6 亩，单位庭院及居住区绿化 30 亩，城市街道、水系、出入口绿化 50 亩。重点加快和谐大道与磁西公路交叉口、荷城佳苑西侧小游园绿化施工进度，年底前确保完成；对和谐大道、平安路、磁州路、友谊大街等总长 18 公里的城市主干道沿线隔离绿化带进行补栽补植、改造提升。对平安公园、城标公园、人生园、御景园、南湖公园、迎宾湖公园等公园游园进行补栽补植、绿化提升。主要补栽补植冬青、金叶女贞、月季、红叶小檗等花灌木 60 余万株，紫叶李、合欢、樱花、法桐、国槐等树木约 3 万余株，更新草坪地被植物约 20 万平方米；对和谐大道、平安路、友谊北大街等道路两侧绿化林带中的违法建筑、临时建筑等进行集中拆迁整治、补栽补植，主要种植法桐、金叶女贞球、杨树、柳树等。

（二）绿色廊道建设。依据《××省绿色廊道建设指导意见》和《"绿美××"攻坚行动实施方案》，结合我县实际，按照"宜乔则乔、宜灌则灌、宜草则草"的原则，实施道路用地范围内绿化美化工作。公路、铁路用地范围外按照铁路、高速、国道两侧各 50 米，省道两侧各 40 米，县级道路两侧各 30 米，乡村道路一路两沟四行树，河道两侧各 8 米建设标准实施生态防护林带建设，栽植密度为 74 株/亩，株行距 3 米×3 米。对山区公路两侧可视面第一面坡的宜林荒山荒地采取荒山造林、封山育林等方法，逐步实现全面绿化。绿色廊道建设共完成 265 公里，造林 8287 亩，植树 61.3 万株。

1. ××公路绿化。道路两侧绿化林带建设总长 11 公里，在道路两侧建成各宽 40 米的绿化带，占地 1319 亩，栽植杨树 9.76 万棵。

2. ××公路绿化。道路两侧绿化林带建设总长 15.6 公里，在已有林带 15 米的基础上增加 25 米，占地 1169 亩，栽植杨树 8.65 万棵。

3. ××公路绿化。新建林带总长 6 公里，面积 350 亩，栽植香花槐、杨树、木槿等 3.5 万株；补植补造 40 亩，补植 2960 株。

4. ××大街绿化。一是中华大街北段（青兰高速以北）。补植栾树 5585 棵，补植紫叶李 2327 棵，补植柳树 3960 株，补植杨树 2408 棵，在道路两侧景观林带 20 米范围内种植 382 亩油菜。二是中华大街中段（青兰高速—魏峰路）。种植野花组合 100 亩，栽植红枫、腊梅、金叶榆、石榴球、红叶小檗球、金叶女贞球等景观树种7000棵。三是中华大街南段（魏峰路—漳河段）。道路两侧林带内种植油菜700亩。

5.××路北延绿化。道路两侧绿化林带建设总长6.54公里，两侧建成各宽50米绿化带，绿化面积981亩，栽植火炬9075株，香花槐13611株，杨树49908株。

6.××路南延绿化。道路两侧绿化林带建设总长9.1公里，两侧建成各宽50米绿化带，绿化面积1365亩，栽植香花槐18940株，杨树82070株。

7.××大街北延绿化。道路两侧绿化林带建设总长5.24公里，从和谐大道至横八路2.52公里，横八路往北至××界2.72公里。两侧建成各宽50米绿化带，绿化面积786亩，栽植香花槐10906株，杨树47258株。

8.河道（滏阳河）绿化。滏阳河绿化里程36公里，绿化面积864亩，栽植杨树31968株，柳树31968株。

9.乡村道路绿化。绿化总长179公里，绿化面积2685亩。

（三）荒山绿化。结合太行山绿化工程、退耕还林工程、矿山植被恢复、小流域治理等国家、省重点工程建设，加大太行山区人工造林、封山育林力度，完成荒山绿化43000亩，其中人工造林13000亩，封山育林30000亩。

（四）农田林网建设。打造高臾镇农田林网示范乡，建设农田林网5000亩，完成新造林350亩，农田林网控制率达到60%以上，提高防灾减灾能力，促进农业稳产高产。

（五）名特新优林果基地建设。

1.优质核桃基地建设。结合退耕还林、太行山绿化工程，整合支农资金，发展核桃产业，实施总投资1460万元的优质核桃基地建设，栽植核桃优良品种（清香、香玲、辽系）55万株，完成××乡、××乡、××镇、××乡1.1万亩新建任务。

2.文冠果基地建设。实施总投资400万元的文冠果基地建设工程，完成××乡、××镇4000亩的新建任务。

3.桑树基地建设。实施总投资80万元的优质桑树基地建设工程，完成路××乡龙泉寺周围1000亩的新建任务，栽植优质桑树5万株。

4.皂角基地建设。充分利用我县××山区野皂角资源，实施投资120万元的野皂角嫁接皂角工程，完成××乡、××乡、××镇3000亩嫁接任务。

（六）园区绿化。

1.××县经济开发区。在对今春绿化进行补植补造的同时，对富民路、双新街、富裕东路、富裕西路等园区一期路网进行绿化提升，总面积116亩。

2.溢泉湖休闲度假区。完成150亩的造林任务，树种主要为景观树种。

3.林坛工业园区。一是园区道路绿化。对园区内总长6.1公里的贺兰路、云月路、珠潭大街、金合大街、通远大街进行绿化，以栽植法桐、大叶黄杨为主，其间点缀冬青、蜀桧、石楠球等。二是整体绿化及景观打造。结合园区地形特点和建设现状，高规格设计园区景观，提升整体形象，做到与马头经济开发区有效衔接。三是园区企业绿化。结合企业实际，在企业厂区内空闲地块及厂门前和厂区周边按照功能属性分别栽植冬青、四季性花草、梧桐等苗木，有效改善企业生产生活环境。

二、工作措施

（一）加强领导，广泛宣传。成立由县委、县政府主要领导任政委、指挥长，相关县领导任副指挥长，有关单位一把手为成员的"绿美××"攻坚行动指挥部，统一协调"绿美××"攻坚行动，指挥部办公室设在县林业局。实行县领导分包重点工程制度。各乡（镇）和有关部门都要成立由主要领导挂帅的攻坚行动指挥部，把绿化工作摆在重要议事日程，制定完善的工作计划和工作方案，细化目标责任，对绿化工程占地，要根据实际情况，采取多种形式、方法解决占地问题，妥善解决绿化中的利益协调问题，确保按时按质完成任务。县电视台要开辟"绿美××"攻坚行动专栏，对活动开展情况进行全面报道；磁县发展报要对好的造林典型进行宣传；各乡镇要在植树时节动员各村利用广播、条幅等形式进行全面宣传，不断增强全民造林意识和护林意识，使植树造林成为广大人民群众的自觉行为。

（二）倒排工期、挂图作战。各乡（镇）和责任部门要根据所承担的工程任务制出倒排工期表，对每一项工程要细化到人，明确责任，明确完成时间，对照工程倒排工期表，扎实推进工程落实，确保按时按质完成任务。

（三）创新机制、多元筹资。一是省道、县道等重点道路的绿化，县政府对所需占地，继续采用租地造林，资金由县财政兑付。工程建设采取招投标制，由专业队施工，造林资金由县财政兑现。二是名特新优林果基地、荒山绿化、农田林网等工程建设要积极争取国家和省、市资金。三是引进民营企业和社会资金，鼓励造林大户和社会各界人士投入造林绿化，拓宽造林绿化的资金筹措渠道。

（四）严格管理，保证质量。一是把科技推广和应用贯穿于整个造林过程的始终，要严格实行施工监理制、工程质量验收制、工程质量终身制等一系列管理模式，认真把好"整地、苗木、运输、栽植、浇水、抚育"六大关口，确保树木成活率和保存率。二是对造林工程质量进行抽查，及时发现问题，掌握实情，并在全县进行通报。三是组织开展林业专项打击活动，对乱砍滥伐、乱占林地等不法行为予以严厉打击，保护绿化成果。

（五）加强督导，严格奖惩。为推进造林绿化进展，确保造林质量，县委、县政府将不定期的召开现场会、调度会、观摩会，表彰先进，鞭策后进。县委、政府督查室要会同"绿美××"攻坚行动指挥部办公室对造林全程跟踪督查，加强对工程建设进度和质量的监督，在造林重点时段，实行一周一督查，一旬一排队，督查结果及时上报县委、县政府，好的表扬鼓励，差的批评通报。造林结束后，指挥部办公室组织对各乡镇、有关部门的造林绿化完成情况进行考核验收，并在全县就考核结果进行通报。

例文解析 ....

　　林业局是国家和省、市、县等各级政府林业主管部门，担负着各自所辖区域内的林业生态规划建设、林业产业指导与管理、野生动植物保护、森林病虫害防治和森林资源保护等重任。

　　例文是针对专题规划或任务较单一的规划，因其任务项目较少而且项目之间的联系又较大，所以例文采用任务、措施分说的"分列式结构"，全文语言凝练，结构严密，从行文中即可感受到作者坦率、负责的工作作风。故此，我们在写作中也要注意语言的运用，不要拖泥带水。

例文五：

市交通运输局 2014 年工作计划

　　十八届三中全会对全面深化改革作出总部署，全会审议通过的《中共中央关于全面深化改革若干重大问题的决定》，提出了全面深化改革的指导思想、目标任务、重大原则，描绘了全面深化改革的新蓝图、新愿景、新目标，汇集了全面深化改革的新思想、新论断、新举措，是指导我国全面深化改革的纲领性文件，是全党和全社会智慧的结晶。

1. 指导思想

以党的十八届三中全会精神为指导，结合交通运输改革发展稳定实际，策应全市战略，从发展全局出发谋划和思考交通运输改革问题，加强重点领域改革的关联性、系统性、可行性研究，以更有力的措施和办法推进交通运输改革步伐，为交通运输科学发展创造良好体制机制环境。着力在深化改革上有更大力度，在落实政策上有更大作为，在营造环境上有更大成效，在加快建设中加速转型，在改善民生中调整结构，为实现全面建成小康社会目标，为建设繁荣和谐魅力瓷都提供优良的交通运输服务保障。

2. 工作目标

①加快重点工程建设步伐。强化协调服务，力争2014年上半年开工建设飞虹大桥及飞虹大道工程，确保杭（州）瑞（丽）高速公路罗家滩综合管理所及景西收费站西迁工程2014年3月底前全面完工并开通运营。抓住省道婺（源）桃（树）公路（编号：S304）升级为国道的有利契机，整合南环高速（利用现有线型）、飞虹大桥及飞虹大道及206国道改线，规划建设环城公路。加快景德镇长运物流园项目建设进度，强化协调调度，积极推进项目实施，以此为牵引，积极引导鼓励交通运输企业发展现代物流业，推动我市物流业的更快发展。

②加快落实交通民生工程。以乐平众埠界首怪石林至万年神农宫，浮梁三龙王港、诸仙洞风景区等旅游（国防）公路建设为重点，尽快打通与周边县（市）的"断头路"，进一步完善路网结构。全面完成150公里县、乡道升级改造任务（县、乡道升级改造项目103公里，红色旅游公路项目22公里，国防公路项目27公里），切实提升农村公路通行能力。全面完成262.6公里农村通村（组）公路建设计划，着力改善农村地区尤其是偏远山区交通条件。以农村公路综合服务站建设并投入使用为契机，积极探索农村公路管理养护新模式新机制，全面增强农村公路建、管、养、运一体化管理水平。推动农村渡口标准化建设，对全市现有的47个农村渡口中不含改渡建桥的渡口进行"四个一"标准化建设，切实改善乘渡环境，提高渡运安

全性。

③加快发展城市公共交通。加大争取财政扶持力度，购置一批空调公交车或新能源空调公交车，稳步改善城市公共交通基础设施及车辆装备；以拓展陶瓷创意新区、高新区等城市新区公交网络为重点，科学规划公交线路，优化公交线路布局和场站设置，扩大公共交通覆盖面，进一步改善公交出行条件，满足市民出行需求。积极探索公交企业改革改制，实行国有股份制改造，全面推进公交事业发展。新增105辆出租汽车并全部实行公车公营，提高出租汽车服务供应量；加强出租汽车市场管理，整治非法载客营运行为，提升出租汽车服务水平。

④加快发展交通运输经济。切实简化行政审批事项，优化行政审批流程，降低创业成本，积极营造行业发展的优良环境，充分发挥政策的杠杆作用，引导和鼓励社会资源投入交通运输，力争实现全年全市道路运输（不含公共交通及出租汽车）客运量、旅客周转量、货运量、货物周转量同比分别增长5%、7%、10%和15%以上。

3. 主要措施

①强化安全生产监督。以检查活动为载体，以治理整顿为手段，开展全市道路运输企业安全隐患排查治理，以道路客运企业、危险货物运输企业和汽车客运站为重点，排查其安全生产责任制、安全生产规章制度的落实情况、安全基础工作情况、汽车客运站安全源头管理情况、驾驶员管理情况、车辆管理制度执行情况和危险货物运输安全管理措施到位情况等；开展危险化学品道路运输专项整治，提高危险化学品道路运输事故现场处置能力；开展汛期渡运安全专项检查，以渡船技术安全性能状况、救生设施配备完善情况、渡工持证上岗情况为重点，全面落实"五不开、五不准"制度，确保渡运安全。

②强化公路建设养护。加强公路建设的宏观调控和公路网规划实施工作的领导，筹措建设资金，协调关系，保证农村公路网规划有序地实施；以农村公路综合服务站建设为契机，全面增强农村公路建、管、养、运一体化管理水平，健全以地方政府为主、国家适当扶持的农村公路养护管理机制，完善四级农村公路养护管理机构，落实《××市农村公路养护管理办法》，明确"县道县管、乡道乡管、村道村管"原则，确保已建农村公路不失养、新

建农村公路及时养。

③强化城乡客运一体化建设。进一步加大对农村客运的政策扶持力度，积极争取发展农村客运的优惠政策，争取财政资金对农村客运进行政策性补贴，让农村客运回归公益性，政府为其提供适当的财政补贴。鼓励各种社会力量（实体）从事农村客运，研究建立扶持农村客运发展的公共财政奖励制度，加大地方政府在基础设施建设等方面的政策支持力度，争取地方政府在规划、土地、财政、金融、法规建设、部门协调等方面统筹安排，将交通运输的部门行为上升为政府行为。

④强化绿色交通建设。不断完善生态环保的建设、运营理念，使每条公路都与自然环境融为一体，继续深入开展"车、船、路"低碳交通运输专项行动，严格执行客车实载率低于 70% 的线路不投放新运力的调整政策。积极选树节能减排示范项目，发挥示范项目在行业节能减排中的引领作用。

⑤强化交通运输信息化发展。以加快推进公路水路安全畅通与应急处置系统、公路水路建设与运输市场信用信息服务系统、交通运输经济运行监测预警与决策支持系统建设为抓手，加快交通运输信息化步伐，推进数字化行业管理。继续完善农村公路路况信息、出行服务信息查询与发布系统。加强自办网站建设管理。

⑥强化党风廉政建设。严格执行中央制定的"八项规定"以及国家、省、市反腐倡廉各项要求，坚持改革创新、惩防并举、统筹推进、重在建设的基本要求，推进惩治和预防腐败体系建设，以工程建设、行政管理、行政执法等关键领域为突破口，进一步完善廉政风险防控机制，积极推进权力运行程序化、公开化。坚持有案必查、有腐必惩，严肃查办违纪违法案件。加大明察暗访力度，坚决纠正行业不正之风。继续抓好网上招投标、工程建设领域突出问题专项治理等工作。加强廉政建设正面典型引导和反面典型警示教育，促进领导干部廉洁从政。

例文解析 ······

例文以指导思想作为计划的第一部分，以工作目标作为计划的第二部分，以主要措施为第三部分，思路清晰。可以看出作者的计划主次分明，工作目的性强。另外，例文起句立意，在文章开头开门见山地将公文文书的主旨展现于篇首。这样既可以直接交待行文的目的、依据和总的要求，也可以单刀直入，直接阐明意义、主张和基本观点。这种方法便于阅读者准确、迅速地把握全文的精髓，我们在写作中可以借鉴。

例文六：

××区司法局2015年度工作计划

2015年是贯彻落实十八届四中全会精神的开局之年，是"六五"普法规划终期验收的关键之年，为切实做好司法行政各项工作，结合我区实际，制定本计划。

总体思路：坚持以党的十八届四中全会精神为指导，深入贯彻习近平总书记系列重要讲话精神，紧紧围绕"建设绿色国际港，打造航空中心核心区"的奋斗目标，以推进法治建设为统领，以法律顾问制度、扩大法援范围、提升服务能力、搭建普法平台、健全矫正机制、加强调解自治为重点，继续推进各项工作转型升级，为顺义区经济社会发展提供强有力的法律服务和法制保障。

工作目标：法治建设规划编制基本完成；律师权益保障制度进一步健全；社会普法机制更加完善；司法行政基层建设三年行动计划全面落实；社区服刑人员无重新犯罪；人民调解案件成功率达97%以上；公证案卷合格率、"村居法律顾问"和法律援助服务群众满意率达到100%。

一、以推进法治建设为统领，全面提升司法行政工作水平

一要高度重视。全力落实顺义区"十三五"法治建设规划。二要明确思路，以法治建设为统领，以法治创建为手段，提高各项工作法治化水平。三要按时完成，细化责任分工，明确时间节点，确保各项任务完成好、落实好。

二、以"法律顾问制度"为重点，继续推进律师管理工作转型升级

1.提高队伍管理能力。一是加强律协领导能力建设，建立健全各项制度。二是加强律所管理，加大律所巡查、律师惩戒工作力度，提高律师行业整体水平。

2.健全法律服务网络。一是积极推进一级"法律顾问"制度，全力服务区委、区政府、区人大、区政协法律顾问工作。二是全面落实二级"法律顾问"制度，实现全区19个镇政府、6个街道办事处、经济功能区管委会"法律顾问"配备率100%。三是继续完善三级"法律顾问"制度，确保"一村一居一律师"全覆盖。

3. 充分维护律师权益。积极探索律师代理申诉制度，继续改善律师执业环境，为律师执业提供更加有力的保障。

三、以扩大法援范围为重点，继续推进法律援助工作转型升级

一是坚持"应援尽援"。拓宽服务渠道，积极协调区团委、残联等部门组建法律援助联系点。二是提高服务品质。加强法律援助信息化建设，提升服务效能。三是拓展服务方式。推动法律援助志愿者队伍建设，整合全区法律服务资源，组建"法律援助志愿服务团"。四是完善监督机制。健全案卷评查、社会评价、回访跟踪、动态监测相结合的服务监督体系。

四、以提高服务能力为重点，继续推进公证服务工作转型升级

一是规范执业行为。开展公证服务规范化建设活动，规范服务行为，优化工作流程，强化执业技能，提高办证效率。二是强化案件质量，健全日常监管、考核评价、奖励处罚等管理制度，实现有效监督。三是加强硬件建设，改进更新数据化办公设备，建设电子数据库、档案库等，实现业务信息在线查询、资源共享，提高公证服务信息化水平。四是拓展公证服务领域，主动适应区域转型升级的需要，深化服务内容，为经济社会发展提供优质服务。

五、以搭建普法平台为重点，继续推进法制宣传教育工作转型升级

一是建设公众教育平台。再建设1~2家法制宣传基地，拓宽社会普法宣传渠道。二是建设公众参与平台。创办"百姓DV"普法栏目剧，打造全民普法和守法的良好氛围。三是启动部门宣传平台，积极探索开办《××时讯<法治副刊>》，为职能部门履行普法职责提供平台。四是建设普法考核平台，通过开展领导干部公务员法律知识考试和青少年法律知识竞赛等活动，逐步建立重点普法对象督查考核机制。五是全面检查验收。对全区"六五"普法贯彻执行情况进行检查，对照终期考核指标，逐一落实"六五"普法规划各项任务，确保验收顺利通过。

六、以落实文件精神为重点，继续推进社区矫正工作转型升级

1. 健全矫正制度。一是制定区级文件，认真贯彻《北京市关于进一步加强社区矫正工作的意见》精神，出台本区文件，确保上级各项要求有效落实。二是落实责任制度。建立健全司法所、狱警等基层矫正工作机构和人员的岗位责任制，做到任务到岗、责任到人。

2. 提高矫正质量。一是严格日常管理。建立社区服刑人员宣告制度，严把居住地变更等事项的审核关，规范监管程序。二是加强教育监督，开展多形式的法制教育、思想教育和社会公德教育，加强服刑人员心理矫治。三是完善社区服务制度，建立区级公益服务基地。四是落实创新任务，积极开展社区评议、集中教育等社区矫正创新工作。

七、以完善帮扶制度为重点，继续推进安置帮教工作转型升级

一是完善促进就业制度。建立适应性帮扶制度，开展职业培训和就业指导，使符合就业条件人员得到妥善安置。二是完善基本保障制度。为符合条件人员落实最低生活保障、廉租住房、养老保险、医疗保险等保障政策。三是完善人道救助制度。加大特困人员专项救助力度，做到"应救尽救"。四是加强教育引导。形成政府、社会、家庭"三位一体"的关怀帮扶体系。

八、以建立行业自治为重点，继续推进人民调解工作转型升级

1. 加强行业管理。一是成立机构，建立"顺义区人民调解协会"，深入推进人民调解专业化、专职化和社会化建设。二是规范服务，继续开展规范化人民调解委员会创建工作。

2. 健全网络体系。一是成立外企调解委员会等行业性、专业性人民调解组织，有效提高化解疑难矛盾纠纷的能力和水平。二是建立司法确认制度，进一步完善人民调解、行政调解与司法调解衔接机制。

3. 提高调解能力。一是组建"调解专家库"，充实优秀法律人才资源。二是加大培训力度，依托诉前调解基地等，抓好专职调解员轮训工作。

九、以三年行动计划为重点，继续推进基层建设转型升级

1. 加强基础建设。一是抓好司法所规范化建设，创建示范司法所1家，AAA级司法所4家。二是抓实司法所外观标识推广工作，达到统一规范。三是逐一落实《××区司法行政基层建设三年行动计划实施方案》要求。

2. 加强考核监督。一是建制度。制定《××区基层司法所管理考核办法》，加强对司法所监督指导。二是建体系。结合规范化创建指标和全局年度任务指标，建立考核指标体系。三是定期考核，以季度为单位对司法所进行考核。

十、以强化政务公开为重点，继续推进自身建设转型升级

一是健全政务公开制度。完善《××区司法局政务公开实施意见》等制度性文件，坚持以公开为常态、不公开为例外原则，规范工作程序，维护政务安全。二是全面提升队伍素质。认真组织开展"增强党性、严守纪律、廉洁从政"专题教育活动，深入巩固党的群众路线教育实践活动成果，切实加强作风建设，提高司法行政干部队伍整体素养，做到干部清正、机关清廉、政治清明。

例文解析

司法局是对负责普及法律知识、引导群众正确运用法律武器保护自己的合法权益、对法律执行状况进行监督和引导的政府部门，对法律的普及和社会法制意识的形成有着重要的作用。司法局领导的工作计划要强调规范性和普及性。

例文结构清晰，行文流畅，例文先说工作总体思路、目标，后分说工作具体目标。使全文析理入微，眉清目楚。目标内容详实具体，如"抓好司法所规范化建设，创建示范司法所1家，AAA级司法所4家"等。

第三节　社会团体中层领导工作计划

例文一：

××区残联2015年工作计划

（一）指导思想

以邓小平理论、"三个代表"重要思想和科学发展观为指导，深入贯彻落实党的十八大、十八届三中全会、十八届四中全会、习近平总书记系列重要讲话精神及省、市、区有关会议精神，继续以促进残疾人事业加快发展为主题，以加强残疾人社会保障体系和服务体系建设为主线，以切实解决残疾人最关心、最直接、最现实的利益问题为中心，以加快落实相关法规政策为保障，紧紧围绕部门职能目标，进一步转变作风，坚定信心、振奋精神，强化担当、优化服务，主动作为、扎实工作，突出重点、统筹推进，促进部门各项业务工作再上新台阶，为推动全区残疾人事业更好更快发展作出新的贡献。

（二）主要任务

1. 提高残疾人康复服务水平。全面落实残疾人医疗保障和救助政策，提高残疾人医疗保障和救助水平。加强社区康复队伍建设，促进社区康复业务规范化，深入推进社区康复站建设试点，增强社区康复可及性、针对性和精准度，积极探索残疾人"人人享有康复服务"目标的有效途径。切实抓好白内障复明、精神病防治康复、辅助器适配救助、1~6岁残疾儿童抢救性康复等重点康复工程，带动和促进一般性康复项目实施。加强残疾预防宣传教育，加快残疾预防知识普及，倡导早干预、早康复，增强残疾预防的实效性，有效控制残疾发生发展。

2. 促进残疾人充分稳定就业。认真贯彻落实《××省残疾人就业规定》，继续加大残疾人职业技能、实用技术、保健（医疗）按摩、就业创业培训力度，突出实效性、针对性、差异性，增强残疾人就业创业信心和能力。鼓励支持残疾人自主创业，促进残疾人就业。积极支持福利企业、机构发展，巩固扩大残疾人集中就业成果。强化残疾人就业保障金征收，促进用人单位认真履行扶残助残法定责任和义务，积极安排残疾人按比例分散就业。积极协调争取，拓宽残疾人从事公益性岗位就业渠道。

3. 促进残疾人脱贫解困。继续实施农村贫困残疾人危房改造项目。认真落实残疾人"阳光家园"计划，切实抓好贫困残疾人居家无障碍改造试点工作，深入做好新考录残疾大中专生救助工作，启动残疾人子女就读大中专救助工作，及时发放残疾人机动轮椅车燃油补贴。继续扶持残疾人就业扶贫基地建设，力争创建为省级残疾人就业扶贫示范基地。做好就业援助工作。积极协调各级各部门，继续在农村扶贫及其他城乡建设发展项目中给予贫困残疾人重点扶持、特别扶助，进一步改善贫困残疾人生存发展状况。

4. 强化残疾人基本生活保障。继续协调抓好涉残城乡低保、医保、养老保险以及其他各项救济救助性特别扶助政策的落实，力争在更高水平上实现应保尽保、应救尽救、应助尽助、应享尽享。抢抓机遇，主动协调对接，抓好各项残疾人专项特惠政策措施的落实。

5. 促进残疾人教育事业发展。协调落实好各项特教政策，认真落实残疾学生及贫困残疾人家庭子女就学优待政策，进一步巩固随班就读成果。深入动员残疾儿童少年进入各级特教学校学习。继续鼓励支持民办特教。

6. 切实维护残疾人合法权益。强化残疾人日常信访工作，抓好重点信访人群预防稳控，推进残疾人信访救助规范化、制度化。继续抓好第二代残疾人证核发和使用管理工作。启动残疾人法律援助示范站建设。做好残疾人状况监测工作。深入推进政务公开，落实残疾人知情权、监督权，引导动员残疾人积极有序参与残疾人事业发展。

（三）主要措施

1. 着力改善残疾人事业发展环境。促进残疾人事业法规政策加快落实，努力提高残疾人事业发展制度性保障和推进水平。积极创造条件，主动协调争取，适时出台促进残疾人事业发展的地方性扶持政策措施，健全残疾人社会保障体系。广泛深入开展人道主义思想、现代文明社会残疾人观、残疾人事业法规政策、各级各部门及社会各界扶残助残活动和残疾人"四自"典型宣传，进一步改善优化残疾人事业发展环境。

2. 确保残疾人事业投入稳步增长。扎实工作，主动对接，加强协调，积极争取，力争在项目、资金、物资、技术等方面得到上级残联更多、更大倾斜支持。不断加大残疾人就业保障金征收力度，不断巩固扩大征收成果，促进残疾人分散就业。积极争取政府财政投入，落实各种项目配套经费。继续广泛深入动员社会力量，弘扬人道主义精神，积极参与支持残疾人事业发展。

3. 进一步汇集残疾人工作合力。主动请示报告，积极争取各级党委、政府对残疾人事业的领导、重视和支持。注重沟通协调，积极争取各部门的理解、认同、尊重和配合支持，协同推进残疾人事业。强化担当、真抓实干，以实实在在地工作成效和事业成就取信于残疾人，提高残疾人工作社会影响力，赢取广大残疾人的积极参与，唤起社会各界的共同支持，努力汇集工作合力。

4. 进一步夯实残疾人工作基础。加大人力、物力、财力投入力度，继续加大残疾人组织规范化建设力度，加强残疾人工作者队伍建设，努力提高各级残疾人组织的服务能力和水平，突出区残联在促进残疾人工作中的"龙头"作用、镇（街道）残联的骨干作用、村（社）残协的基础作用，不断夯实工作基础，为促进全区残疾人事业更好更快发展提供坚实的组织和物质技术保障。同时抓好新增设街道办事处、社区的残疾人组织建设，抓好基层残疾人工作者队伍培训和管理。

例文解析 ....

残联是政府倡导成立的以保障残疾群众基本权利、维护残疾群众合法利益的社会组织，是我国残疾人权益保障的主要机构。残联领导工作计划要突出残疾人合法权利的保护和残疾人在社会基本利益的公正和平等。

例文以指导思想—主要任务—主要措施结构来进行残联 2015 的规划，例文结构清晰，行文连贯，目标明确，措施详实，但例文开头结尾有些突兀，开头可加上一个总体规划，结尾再加上表明决心，或对未来美好畅想等内容会更好一些。

例文二 ▶

××县妇联 2015 年工作计划

2015 年，全县妇女工作的总体思路是：学习贯彻党的十八届四中全会、习近平总书记系列重要讲话和省第十二次妇代会精神，扎实落实上级妇联和县委"135"工作部署，突出五个重点，抓好五个引领，团结带领广大妇女为"推动科学跨越建设生态桃江"贡献智慧和力量。

一、提升素质，引领妇女成长成才

1. 认真学习十八届四中全会和省第十二次妇代会精神。要积极动员全县广大妇女和妇联干部，学习贯彻落实党的十八届四中全会、全省第十二次妇女代表大会精神，努力营造学习宣传大会精神的良好舆论氛围。要采取培训班、讨论会等形式，精心组织好学习宣传活动，在广大妇女中掀起学习宣传大会精神热潮，深刻领会大会精神实质，把广大妇女群众和妇联干部的思想和行动统一到大会精神上来，把智慧和力量凝聚到实现大会提出的各项目标任务上来。

2. 提高男女平等基本国策和"四自"精神社会知晓度。要抓住 2015 年纪念第四次世界妇女大会 20 周年和我国实施男女平等基本国策 20 周年的重要契机，通过巾帼大讲堂、文艺节目、媒体宣传等多种形式，进一步提高男女平等基本国策社会知晓度。要弘扬先进性别文化，大力宣传先进妇女典型，激励广大妇女弘扬"四自"精神，自觉将个人命运与国家的前途命运紧密联系起来，与全县改革发展的火热实践紧密结合起来，展现巾帼新风貌，传递时代正能量。

3. 为妇女干部成长成才营造良好环境。要积极争取党委和组织部门重视，大力推动培养选拔女干部和发展女党员工作，促进建立完善女性人才的激励机制。要健全完善女性人才库，为各类女性人才脱颖而出争取政策、创造条件、营造氛围。要推动女干部培训纳入全县干部培训计划，通过学习培训，使女干部系统掌握政策理论、专业知识及工作技能，使思想观念、重点内容、工作方式适应社会发展的新要求。县妇联将组织召开女干部成长交流座谈会 1 场，举办女干部能力建设培训班 1 期，培训女干部 110 名。

二、创新创业，引领妇女积极投身经济建设

1. 开展"创新展风采创业地时代"活动。要按照《××县"创新展风采创业地时代"活动方案》（桃妇发〔2014〕22 号）要求，扎实落实巾帼创新创业意识培养活动、巾帼创新创业能力提升行动、巾帼创新创业竞赛活动、巾帼创新创业服务活动、巾帼创业反哺社会活动等五项具体内容，进一步激发女性创业者的创业激情，提高创新创业能力和水平。

2. 为妇女创业就业提供优质服务。要主动争取党委政府和人社、财政、农业等部门重视，争取政策、项目、资金、信息等方面的支持，因地制宜开展分类分层培训。要积极协调相关部门，继续推动妇女创业小额担保贷款工作，扩大覆盖面及受益面，通过政策优惠带动和激励广大妇女积极参与全民创新创业。要积极搭建政企、银企、企业之间交流平台，主动协调创业妇女与政府、职能部门及社会各界的联系。充分发挥巾帼创业服务队的作用，组织开展女性创业就业政策咨询、岗位推介、就业指导、创业帮扶等方面的服务。充分发挥县女企协组织和资源优势，通过学习交流、基地带动、典型引路等方式，积极引导全县广大妇女创业就业。

3. 深化"巾帼建功"和"双学双比"活动。在城镇，引导女干部职工广泛参与"巾帼建功"活动，培养推介一批"巾帼建功"标兵和"巾帼文明岗"。在农村，深化"双学双比"活动，重点建立一个以上"巾帼农业科技示范园"，巩固建设一个省级手工编织培训基地，着力培养有文化、懂技术、会经营的新型女农民。

三、关爱妇儿，引领妇女依法维权

1. 依法维护妇女儿童合法权益。完善维权工作机制，理顺维权服务程序，壮大维权工作队伍。认真做好日常信访接待处理工作。大力推进12338妇女维权服务热线的规范化建设，加强信息统计分析和案件督查督办，提高回复率和办结率。扎实做好宣传政策、疏导情绪、增进和谐等工作，探索建立妇联参与社会管理和创新的工作模式。充分利用"三八"妇女维权周、"6.26"国际禁毒日、"12.1"世界艾滋病日等重要节点，继续开展扫黄禁赌禁毒防艾防邪"进企业、进学校、进社区、进家庭"系列活动，动员妇女积极参与"平安桃江"创建。继续推进农村土地承包经营权确权登记颁证妇女权益维护试点工作，力争试点工作取得新突破。

2. 推动实施妇女儿童发展规划。充分发挥县政府妇儿工委成员单位责任主体作用，组织开展数据监测分析和规划评估，探索解决重点难点问题，确保《××县妇女儿童发展规划目标（2011-2015年）》如期实现。调研妇女儿童事业发展现状，落实上级妇儿工委工作要求，启动编制实施下一个五年发展规划。

3. 推动解决妇女儿童民生问题。继续加大妇女病普查普治、宫颈癌免费筛查、免费婚前医学检查、母亲健康快车等民生工程的宣传和实施力度。实施"太阳能暖心工程"、"温暖微行动·彩虹行"等活动，重点帮助留守儿童、失独家庭等特殊群体解决实际困难。联合中国人寿桃江支公司开展"关爱杯"妇女系列保险竞赛活动，切实提高妇女抵御风险能力。

四、美化家园，引领妇女构建社会和谐

1. 扎实开展"弘扬孝德文化创建文明家庭"活动。充分发挥妇女在社会和家庭中的独特作用，组织开展"弘扬孝德文化创建文明家庭"活动，评选县级"经典家训文明家规"10条、"孝德家庭"10户、"最美孝心少年"10名、"孝老爱亲巾帼志愿者"10名。常态化、深层化推进"最美家庭"、"好家风好家训"宣传展示活动。

2. 继续开展"创卫美家园文明我先行"活动。继续在农村开展"清洁庭院巾帼示范"活动，充分发挥妇女小组长作用，常态化开展上门宣传、集中清扫、综合评比活动。在城镇大力开展创省卫活动，通过组织创卫知识宣传、巾帼志愿行动等形式，积极动员广大妇女参与创卫。

3. 开展"家和万事兴"试点工作。通过选择1个村（社区）开展"家和万事兴"试点工作，尝试解决当前农村在乡风文明建设方面存在的问题，净化农村社会风气。通过编排文艺节目、举办培训班、设立乡村文明"红黑榜"等多种形式，大力推进"平安××"创建、农村清洁工程、家庭文明创建等各项工作。

五、强基固本，引领妇女创建"温暖之家"

1. 加强基层组织建设。贯彻落实中央《关于加强和改进党的群团工作的意见》，坚持党建带妇建原则，扩大妇女组织覆盖面，拓宽服务领域。进一步推进"两新"妇女组织建设工作。加强对村、社区"妇女之家"的指导，进一步推进示范"妇女之家"创建活动，每个乡镇新创建一个县级以上示范"妇女之家"。

2. 加强工作作风建设。结合全县"三访三化促发展解民忧"专项活动，下移工作重心，围绕妇女儿童所需、所想、所盼，继续开展"下基层、访妇情、办实事"主题活动，全年为妇女儿童办实事十件（详情附后）。巩固党的群众路线教育实践活动成果，抓实信息工作、宣传工作及与妇女儿童民生密切相关的基层基础工作。

3. 加强妇联工作调研。要进一步加强妇女工作研究，围绕解决新形势下我县妇女儿童发展中的实际问题、妇女群众生产生活中紧迫问题和妇联组织自身建设中的突出问题开展调研，探索和把握妇女工作的前瞻性和科学性。

例文解析 ......

妇联是在党委、政府的领导下，团结带领各族妇女为推进发展新跨越、保障妇女合法权益和维护妇女应有地位的组织。

例文采用层层递进式结构，内容详尽，以分标题的形式将各项分管工作逐一计划，且例文从行文中即可感受到作者的工作激情，在"引领妇女积极投身经济建设"等语句中可以充分体现。同时，计划在时间、数量、质量上要力求准确，目的、任务、要求、方法、措施、步骤、分工都要具体写明，以便于执行和检查。例文并没有像许多文章中含糊、笼统地写"计划表彰五好家庭、和谐家庭……"，而是具体明确到"'经典家训文明家规'10 条、'孝德家庭'10 户、'最美孝心少年'10 名、'孝老爱亲巾帼志愿者'10 名。"，落实到具体数字，给人计划的可靠性，可执行性。

例文三：

××市工商联 2015 年工作要点

2015 年是全面深化改革的关键之年，是全面推进依法治国的开局之年，也是"十二五"规划的收官之年，做好工商联工作意义重大。2015 年工作的总体思路是：认真学习贯彻党的十八届三中、四中全会和市委七届九次全会精神，加强和改进新形势下工商联工作，坚持"两个健康"工作主题，主动适应经济发展新常态，围绕中心有作为，服务大局求创新，自身建设上台阶，为助推进经济转型升级和"两美"××建设贡献智慧和力量。

一、适应经济新常态，围绕中心谋发展

（一）围绕法治××建设，积极引导企业依法经营。随着依法治国、法治××建设的推进，要进一步加强和改进非公有制企业法律服务。要以理想信念教育为载体深入开展法治教育，引导企业家自觉学法守法用法，提高非公有制经济人士法治素养。要加强与市中院、司法机关的联系沟通，全面深化民营企业法律风险防范体系建设。要依法做好企业维权工作，会同司法部门切实维护非公有制企业合法权益。要指导协会商会制定行规行约，加强协会商会调解仲裁，全面推行设立法律顾问制度，发挥行规商道的规范作用。要积极履行三方会议职责，努力构建和谐劳动关系，加强"双爱双评"活动和劳动争议仲裁工作。

（二）围绕"两美"××建设，深入助推"五水共治"。继续以"百企联百村、合力治污水"专项行动为载体，动员号召广大民营企业自觉投身治理污水的行动之中。与有关媒体合作，加强对专项行动典型事迹的宣传报道，营造保护水资源、提高环境承载能力的良好氛围。

（三）加快推进协会商会承接政府职能转移工作。顺应全面深化改革大势，找准工商联工作的切入点，在去年推进协会商会承接政府职能转移工作的基础上，尽快抓住我市政府部门权力清单制度的机遇，加强与政府有关部门、工商联特邀顾问单位的联系，积极助推政府部分职能向协会商会转移，要以点带面开展试点工作，并形成规范性的操作模式。

二、加强教育不松懈，提升素质新作为

（一）深化企业家教育培训工程。精心设计载体、积极搭建平台，加强对非公经济人士的教育培训，形成"集中学习进院校、专题学习听讲座、更新学习走出去、日常学习见媒体"的总体格局。举办第13期优秀社会主义事业建设者和非公人士中央社院理论培训班和第6期民营企业高管人士境外经营管理研习班。围绕当前经济形势、政府职能改革、民营企业家参政议政等主题，邀请高校名师来禾授课，通过讲座、论坛、报告会等形式，不断提高企业家思想政治觉悟、经营管理水平和参政议政能力。加强对新生代企业家的教育培训，组织外出考察交流，拓宽视野、增强友谊、启发思维。

（二）加强宣传报道工作。把宣传报道工作作为加强和改进工商联工作的重点来抓。聚焦增强非公经济人士"信念、信任、信心、信誉"，扩大信息宣传覆盖面。积极宣传非公经济人士参与光彩事业、扶贫济困等活动，传导正能量，树立新形象。围绕工商联参与党委政府中心工作、服务民营企业转型发展等方面的亮点和创新工作广泛深入地进行宣传，提升工商联的社会影响力。

（三）引导民营企业履行社会责任。深入践行社会主义核心价值观，启动××市民营企业社会责任年度报告撰写工作，积极参与光彩事业。继续开展××沙雅"红船教育关爱活动"。充分发挥镇、街道基层商会作用，动员引导民营企业积极参与统筹城乡发展新农村建设。

三、深入基层勤调研，建言献策当参谋

（一）加强调查研究工作。把握新形势、适应新常态，以推进传统产业转型升级、民营企业投融资、民营经济法治环境建设等作为研究的重点方向，改进工作方式方法，深入基层调查，提出解决问题的意见建议和路径。进一步调动工商联执常委企业、行业协会商会、异地商会和机关干部参与调查研究的积极性和主动性，撰写接地气的调研文章，提高成果转化水平，继续开展全市工商联系统调研报告评比表彰工作。

（二）积极参政议政。要把参政议政工作放到党委政府的中心工作中去全面思考。创新工作模式，聚集各方力量，为非公有制经济"两个健康"出谋划策。积极搭建非公经济领域党代表、人大代表、政协委员及工商联企业家副主席、副会长开展相互交流、深入研讨的平台。鼓励非公人士提交建议意见、提案、社情民意，并通过党委、政府召开的座谈会、汇报会、通报会等形式反映诉求，为促进"两个健康"、"两美"××、法治××建设建言献策。

（三）努力当好参谋助手。充分发挥工商联作为我市有关工作领导（协调）小组成员单位的作用，积极参加经济社会领域有关重要会议、重要活动。加强与26个特邀顾问单位的交流合作，主动联系市经信委、市商务局、市国资委等对口联系部门，当好党和政府联系非公有制经济人士的桥梁纽带，政府管理和服务非公有制经济的助手。

四、创业创新搭平台，优化服务见实效

（一）组织企业家参加第三届世界浙商大会等重大会议活动。继续围绕浙商创业创新回归发展"一号工程"开展各项工作。举办市外××商会"××行"活动。积极会同有关部门举办各类投资说明会、推介会，更好地利用异地商会这个载体作为支持浙商创业创新和承接浙商回归的平台。继续在禾商较多、条件成熟的地区抓好市外××商会的组建工作。加强与市内外的浙（禾）商的联络联谊，以亲情、乡情感召禾商回归。

（二）深化"双服务"走访活动。贴进基层、服务民企、联络感情是工商联的职能所在，并要形成长效机制。做好市领导联系非公有制企业和市领导联系协会商会工作，定期将企业和协会商会情况报送市领导。落实好驻会领导联系县（市、区）工商联、协会商会和企业制度，加强平时的沟通联系，听意见、送政策、送服务。召开政府部门与协会商会、非公有制企业座谈交流会、对接恳谈会，充分听取协会商会、非公有制企业的利益诉求，使会员单位把工商联视为"娘家"和贴心人，不断提升工商联服务能力和凝聚力。

（三）强化各类服务载体建设。加强与××银行等金融机构的合作关系，搭建融资平台，拓展融资渠道，着力为小微企业提供量身定制的金融服务产品，助推小微企业发展。整合全市法律服务资源，深化"南湖先锋——律师服务经济社会发展专项行动"，积极推进协会商会法律顾问制度工作，指导协会商会建立人民调解委员会，开展调解工作，协同参与社会治理。加强与科技部门和大专院校的联系，深化科技服务机制。举办大型人力资源招聘活动，为民营企业招才纳贤。组织引导协会商会和民营企业参与各类经贸活动。加强与国资委等部门的沟通联系，引导民营企业加强与国有企业的合作。支持民营企业通过资产收购、产权受让、参股控股、合资合作等多种方式，参与国企改制重组。鼓励发展民营资本控股的混合所有制企业。努力营造公平发展环境，及时反映民营企业诉求，切实反映企业负担情况，协助推进阳光减负工作。

（四）做好对外联络工作。根据我市民营企业"走出去"发展需要，扩大和深化与境外工商社团、企业界的交流合作，组织民营企业出国（境）开展经贸合作交流。

五、夯实基础强组织，作用发挥上台阶

（一）进一步提高"五好"县级工商联建设水平。要推进规范管理，建立长效机制。要形成党委领导、政府支持、统战部指导、部门配合、工商联具体负责、省市县三级联动的工作格局。对镇、街道的基层商会建设加强调研，推动基层商会立足区域特点和基层实际，针对经济发展的迫切需要开展服务。

（二）加强协会商会的培育发展。根据新形势要求，加强对协会商会改革发展的研究，提出新的思路和举措。对协会商会的初期组建给予指导和规范。做好市领导与协会商会的对口联系工作，开展相关座谈交流走访活动。加强对协会商会的年度工作评价，适时召开会长、秘书长会议，总结工作经验、互相交流提高。指导协会商会发布本行业、产业发展的分析报告。

（三）推动协会商会党建有新发展，完善机关党员领导干部联系协会商会党支部的制度，加强走访联系和指导工作。指导和帮助协会商会党组织完善组织设置、健全工作制度。开展教育培训，着力增强党的意识，建设好党员数据库，提高党建业务能力。要求协会商会党组织学习贯彻党的路线方针政策，唱响坚定走中国特色社会主义道路的主旋律，以"中国梦"为引领，引导广大会员企业积极践行社会主义核心价值观，全力打造救助、维权、服务三位一体的平台建设，为协同社会治理作出贡献。

（四）加强工商联会员队伍建设。按照坚持标准、确保质量、突出重点、优化结构的原则，吸收非公有制经济人士入会，并完善组织数据库、执常委数据库、直属会员数据库。不断完善执常委履职综合评价机制，加强执常委队伍建设。加强执常委联络员队伍建设，组织开展活动，增强凝聚力和执行力。

六、长效机制转作风，自身建设提能力

（一）以作风建设为保障，巩固党的群众路线教育实践活动长效机制。抓好整改提高工作，修订完善各项规章制度，增强工商联组织凝聚力。扎实开展"三严三实"专题教育活动。

（二）加强机关干部队伍建设。加强学习，坚持集中学习和个人自学相结合，集体研讨和心得交流相结合，每季度开展一次理论学习专题辅导和研究。教育工商联党员干部坚定理想信念、加强党性修养，始终保持思想纯洁、队伍纯洁、作风纯洁、清正廉洁，努力赢得群众的真心拥护和支持。完善干部培养、考核、激励机制，加强干部教育培训、实践锻炼、轮岗交流，提振干部求真务实、敢打硬仗的精气神。

（三）积极开展"五型"机关创建。推进机关管理创新，加强会费收缴和管理，努力促进经费使用结构的优化和使用效益的提高。加强工商联信息、档案、网站基础工作。积极探索微博、微信、短信平台等信息化手段履行职能，邀请专业人士为信息员作业务培训。加强办公自动化建设，提高信息化工作水平。切实精简会议、文件、活动、评比，鼓励工商联全体机关干部为工作创新提建议、出主意，进一步提高工商联管理水平和工作效率，不断提升工商联组织的影响力。

例文解析 ....

工商联是负责联络社会各工商界人士、协调工商界人士活动、保障社会经济平稳快速发展的社会组织，工商联领导的工作计划着重突出对社会各工商界的联系和交流。

例文从适应经济新常态、加强教育、深入基层勤调研、夯实基础强组织、长效机制转作风方面入手，将所作具体工作进行陈述。把计划分为几个具体问题来探讨实际的情况和体会。这种格式有灵活、方便、条理清晰的特点，给人以经过深思熟虑、仔细计划之感，可以明显体现出计划作者的职责所在。

例文四：

××市××区红十字会 2015 工作要点

2015 年，区红十字会要坚持以深入学习十八届四中全会、省委十届五次全会精神为统揽，紧扣区委区政府中心工作，围绕上级红十字会目标任务，贯彻落实国务院《关于促进红十字事业发展的意见》和省、市人民政府《关于促进红十字事业发展的实施意见》，认真领悟市委书记××在××区调研座谈会上的讲话，坚决做到思想上与市委同心，行动上与市委同步，奋力推进我会红十字事业健康持续发展。

一、立足长远发展，加强自身建设

紧紧围绕"抓党建、强纪律、转作风"的工作思路，党员领导干部带头遵纪守法，带头敬畏党纪国法，带头管好自己，强化思想政治、组织纪律和作风建设，完善管理，加强监督，努力营造区红十字会务实、求实的良好工作氛围。

（一）加强领导班子建设。党员领导干部率先垂范，以《党章》和党政规章为基本遵循，践行"三严三实"要求，持之以恒反对"四风"。巩固党的群众路线教育实践活动成果，领导班子成员加强理论学习，深入基层调研，深入一线实践，不断提升政治素养和领导水平。按照中央和省委、市委、区委总体的部署要求，着力抓好党组织建设、思想政治工作和党风廉政建设，坚定理想信念，加强党性修养，强化宗旨意识，增强责任感和使命感，增强凝聚力和战斗力。

（二）加强干部队伍建设。认真贯彻落实市委、区委关于开展慵懒散浮拖问题专项整治工作实施方案的文件精神，巩固"庸懒散浮拖"等专项整治工作的成果，切实提高我会领导及职工履行职责、求真务实、开拓创新的能力；切实增强我会领导及职工爱岗敬业的主动性和自觉性，全面提升工作效能；切实把我会的思想和精力集中到干事创业中来，形成良好的政务风气。

（三）加强志愿队伍建设。精心组织策划，全面广泛动员，吸纳更多有识之士、爱心人士加入志愿服务行列，切实引导好、发挥好和保护好志愿者的服务激情，形成不同年龄层次、不同专业结构、不同行业分布的能满足各阶层现实需求的志愿者队伍网络，造就一支遵章守纪、热爱公益、充满活力的志愿者队伍，切实增强创造力、凝聚力和战斗力，共同推动红十字事业发展。

（四）加强公信力建设。按照《中华人民共和国红十字会法》等法律法规，依法建会、依法治会、依法兴会，严肃纪律，廉洁办事，倾力打造公开透明的红十字会。我会对每笔捐赠款项都将做详细的统计，将捐赠情况在政府门户网站及区政府大厅展板上公示，确保公开，接受社会的监督。

二、广泛筹集资金，加快项目建设

坚持把保障和改善民生作为一切工作的出发点和落脚点，发挥红会独特优势，争取援助资金，凝聚爱心力量，实施惠民公益项目，改善弱势群体境况，助推经济社会发展。

（一）推进"红十字博爱家园"项目建设。认真总结项目实施经验，在今后的工作中加大对项目工作及相关培训工作的宣传力度，确保项目工作的顺利进行。

（二）推进"艾滋病预防与关爱"项目。总结"中（国）加（拿大）艾滋病预防与关爱"项目建设经验，建立健全艾滋病防治长效机制，通过发放资料、宣传单、开展培训等形式多样的宣传教育活动，推进艾滋病防治知识进机关、进学校、进社区、进企业，提升群众"防艾"意识，遏制艾滋病蔓延。

（三）推进"爱心献血屋"的建设。加大献血工作的宣传力度，广泛发动社会各界人士踊跃献血，确保我区临床用血安全、有效。

三、依法履行职责，做实常规工作

紧扣党委、政府工作大局，秉承"人道、博爱、奉献"的红十字精神，围绕"应急救援、应急救护、人道救助"三大核心业务、"无偿献血、造血干细胞捐献、遗体和人体器官捐献"三大拓展业务和"组织建设、筹资工作、志愿服务、红十字青少年工作、信息化工作、传播工作"六大基础工作，创造性地开展工作，切实做好政府人道领域的得力助手。

（一）积极开展救灾、救助活动。加大宣传动员力度，整合力量，建立和拓宽资金来源渠道，逐步提高红十字会救助实力。建立健全报灾制度，积极做好救灾、备灾准备工作。协助政府做好自然灾害和特困人群救助工作。

（二）深入开展"三献"工作。完善组织机构、管理体系、运行机制，加大宣传力度，努力营造认同、支持和参与"三献"工作的浓厚氛围。加大《中华人民共和国献血法》及造血干细胞捐献工作的宣传力度，广泛发动社会各界参与无偿献血，确保临床用血安全、有效，为捐献者提供规范的捐献服务和必要的人道救助，推动遗体和人体器官捐献工作持续健康发展。

（三）加强基层组织建设。进一步理顺管理体制，加强县级红十字会的组织机构建设，为红十字事业发展提供组织保障。加快红十字进农村、社区、学校步伐，壮大红十字基层组织，扩大红十字组织的覆盖面，充分发挥其在新农村建设、和谐社区建设、文明校园建设中的作用。争取将红十字青少年工作纳入未成年人思想道德建设和大学生思想政治教育的整体规划。

（四）加大初级救护知识培训。争取在学校、交运、旅游、建筑等行业开展卫生救护知识培训，努力提高相关人员在突发事件中的自救、互救意识和能力。

例文解析

红十字会领导的工作计划强调规范性和为社会最广大人民的服务性。红十字会领导的工作计划就必须突出社会服务的广泛性和制度的完善性以及应急性。

例文结构清晰，行文流畅，突出重点，做到主次分明，在写计划时应该注意：一段时间内要完成的事情很多，先做什么，后做什么，主要做什么，次要做什么，这些必须分清轻重缓急，突出重点，以点带面，不能眉毛胡子一把抓。只有做到有重有轻，点面结合，有条不紊，才有利于工作的全面开展，达到事半功倍的效果。这也是计划写作的最基本要求。

例文五：

县计划生育协会 2014 年工作要点

2014 年，是全面贯彻党的十八届三中全会精神，深化改革、扩大开放的关键之年。我县各级计生协会组织和广大计生协会工作者要认真学习贯彻党的十八届三中全会精神，带头宣传好、贯彻好、执行好调整完善后的生育政策，积极发挥桥梁纽带作用，为坚持计划生育基本国策、开创计生协会工作新局面，促进我县人口长期均衡发展做出新贡献。

2014年工作的指导思想：深入学习贯彻党的十八届三中全会精神，认真落实深化党的群众路线教育实践活动，严格按市计生协会的工作部署，在深化机构改革的同时，争取县委、县政府的支持落实"三定"。加强各计生协组织的规范化建设，提高干部队伍素质，进一步健全工作制度，提高基层组织建设水平，不断增强创造力、凝聚力和战斗力。多办实事，多为群众服好务，增强和扩大计生协在群众中的影响力，调动群众极积地自觉执行和宣传计划生育政策，坚持因势而谋，应势而动，顺势而为，推动计生协上新台阶。

2014年工作总体目标和思路：以坚持计划生育基本国策为主线。充分发挥桥梁纽带的作用，继续坚持按自我教育、自我管理、自我服务、自我监督的"四自"方针开展工作。与卫计委思想同心、目标同向、工作同步。自觉与县委、县政府各相关部门、群团组织搞好协助、协调、合作。

一、学习贯彻落实党的十八届三中全会精神，开展党的群众路线教育实践活动

一是深入学习领会党的十八届三中全会的精神实质和丰富内涵，市单独二孩政策出台后，各协会组织要认真进行广泛宣传；二是在机构改革中认真研究计生协会如何进一步加强自身建设，改革创新工作方式方法，在服务计划生育群众和家庭中有更大的作为。认真学习市委、市政府关于机构改革和职能转变的精神，组织召开乡镇计生协会会长座谈会和举办乡镇计生协会秘书长培训班进行贯彻落实，加强正面宣传和引导，统一思想，扎实做好本职工作，为群众提供更及时、更贴心、更全面的关怀服务，不断彰显计生协会的温馨力量，增强计生协会的亲合力和凝聚力，提高计生协会工作水平。

二、深入开展"生育关怀行动"，让群众真正得实惠

一是扩大生育关怀基金规模。各级计生协会要建立完善"党政重视、协会主导、部门参与、基层配合、社会响应、群众受益"的关怀服务机制，筹集本级的生育关怀基金，努力实现生育关怀基金运行的制度化、规范化。县计生协会将积极争取县委、县政府的支持，力争县财政投入专项资金比上年有较大的增加。二是要扩大生育关怀的范围，千方百计将生育关怀对象纳入部门和乡镇的扶助对象，争取相关部门在生育关怀方面的政策、资金、物资、维权等方面有较大的力度。三是因地制宜、发挥各单位的特长和优势，在过去工作基础上围绕生育关怀做更多实事，让人民群众满意，推进生育关怀行动深入发展。四是开展"生育关怀——暖冬行动"。在元旦、春节期间慰问部分计划生育特殊困难家庭，让他们感受党和政府的温暖。今年将继续开展"生育关怀——助学行动"，让更多的贫困学生圆大学梦。

三、加强基层计生协会组织建设，夯实基层基础工作

计生协会基层组织是计生协会工作的基础，要切实把计生协组织建设作为固根本、促长远的头等大事来抓。我县县级机关、各街道乡镇都成立了计生协会组织、村组也有计生协会组织，各级计生协会要坚持改革创新，把提高工作队伍素质当成大事来抓，对干部不齐的要及时配齐，工作不得力的要及时调整，努力加强能力建设，做到组织建设规范化，具体工作项目化，管理制度科学化，努力提高工作效率。

四、继续开展"青春健康进校园行"教育活动

进一步加强师资队伍建设和青春健康教育服务阵地建设，借鉴其它区县建立"青春健康俱乐部"的做法，扎实开展在校学生青春健康知识教育活动，通过与县教委和各中学校合作，实现学校、家庭和社会的互动，切实提高计生协会在青少年性与生殖健康教育方面的服务水平，选聘县医院、保健院、生殖健康中心等有一定资历的人员，邀请市计生协会常务理事"青苹果之家"教育基地的专家教授志愿者来我县举办"青春健康——校园行"、"解读青春密码"公益讲座或系列活动，为我县青少年提供高质量的性与生殖健康教育和培训，让青少年受到良好的青春期性教育，学会保护自己，远离毒品艾滋病，帮助青少年健康成长。

五、推进计划生育基层群众自治，搞好市县共创示范活动

一是各乡镇计生协会要严格按照《××市基层计生协评估认定方案》的要求，进一步加强计划生育基层群众自治工作，指导基层计生协充分发挥组织载体作用和会员骨干作用，规范自治程序，改进自治方式，提高自治成效，着力推动基层计划生育工作步入民主化、制度化、科学化、规范化轨道。二是探索建立自治工作机制，促进基层民主建设、加强计划生育的依法管理、切实维护计生家庭和育龄群众的合法权益。三是在市计生协的指导下，继续推进××镇××村"万村居"示范村建设，并力争打造成国家级的示范村。四是做好第五批计划生育基层群众自治示范村居创建、评估、验收和申报工作。适时召开创建工作推进会，创新参与载体，促进示范村（居）覆盖面不断扩大。

六、深入开展群众性宣传倡导

宣传倡导是计生协会的重要职责，要继续引导群众树立科学人口观、新型婚育观和幸福家庭观。一是广泛开展形式多样的宣传教育，推进新型家庭人口文化建设，引导群众树立科学、文明、进步的婚育观念，在普及科学生殖健康知识、推进全民健康促进、倡导健康文明生活方式等方面积极探索创新。引导群众理解和认识计划生育政策调整的重要性和必要性，自觉执行好计划生育政策，为我县的经济建设、社会发展作出新贡献。二是充分利用《中国人口报》、《××人口杂志》、县主流媒体，主动提供工作素材，力争在典型人物和重点工作的报道上有新的突破，充分发挥宣传工作的引领作用，充分利用电视、报刊、网络等媒体，及时总结和宣传基层协会先进人物和先进事迹，不断扩大计生协的社会影响，使社会各界了解计生协会，支持计生协会的工作，推进计生协会事业的发展。三是抓好"5.29"计划生育协会会员活动日、"7.11"世界人口日、"9.25"公开信发表纪念日等重大节日纪念活动的宣传工作，进一步发挥计生协会组织宣传倡导作用。拟定今年"5.29"计划生育宣传活动在兰桥镇举办活动。

七、抓好流动人口计划生育服务和管理工作

我县流动人口计生协会组织网络和工作已覆盖到县内集贸市场和部分企业，并扩展到市外，要继续探索研究流动人口计生协会服务工作规范和制度，发挥好协会组织的作用：一是要为流入人口进行宣传教育服务，二是通过举办培训班和知识讲座、制作和发放免费宣传品、开展关爱流动人口的主题宣传服务活动，普及人口和计划生育政策法规以及优生优育、生殖保健科普知识。三是免费设置避孕药具免费发放点，免费为流动人口提供国家规定的基本项目内的计划生育技术服务。为流动育龄人口免费提供咨询服务。

八、组织开展《如何开展计划生育"失独家庭"救助和精神慰藉》的课

题调研

严格按市计生协会工作要求，认真组织开展《如何开展计划生育"失独家庭"救助和精神慰藉》的课题调研，完成市计生协交办的各项任务，把我县计生协工作推上新台阶。

例文解析

中国计划生育协会成立以来，广泛联系社会各界和群众中的积极分子，在《中国计划生育协会章程》的原则下，自愿组织起来，动员群众自我教育、自我管理、自我服务。目前已建立各级协会102万个，发展会员8300余万名，成为中国计划生育/生殖健康领域最大的群众团体。

例文从指导思想，总体目标及思路进行划分，体现了作者思路明确，具体文章的撰写体现了作者从实际出发，统筹兼顾；目标明确，表述准确；计划的内容详实具体，语言真实恳切，如"深入开展'生育关怀行动'，让群众真正得实惠"等等。

第四节　事业单位中层领导工作计划

例文一：

××县人民医院2014年精神文明建设工作计划

为切实搞好我院2014年精神文明建设工作，不断提高我院员工文明素质和医院文明建设水平，促进我院文明建设工作再上新台阶，永远保持"文明单位"的光荣称号，根据上级有关文明建设工作的要求和部署，结合我院医疗服务中心工作实际，制定我院2014年精神文明建设工作计划如下：

一、主要目标

以邓小平理论、"三个代表"重要思想和科学发展观为指导，认真学习贯彻落实党的十八大会议精神，围绕上级党委和政府工作部署，结合医院医疗服务中心工作，不断深化内涵，丰富载体，提升品质，以建设社会主义核心价值体系为根本，广泛开展文明建设工作，努力提升医院员工文明素质和医院文明建设水平，积极为医疗卫生工作保驾护航，促进医院健康、和谐、跨越式发展取得显著成绩，继续保持自治区"文明单位"的光荣称号。

二、主要任务

（一）围绕中心，主动参与，自觉担当精神文明建设责任

继续深化学习党的十八大会议精神，继续以"创先争优"活动、"先锋系列示范"活动和"三好一满意"活动等为载体，以"巩固、提高、深化"为要求，进一步深入持久地开展文明建设，不断完善医院文明的软硬化建设，全面提升我院文明的总体水平，将全院员工思想统一到"在建设中发展，在发展中提升"的理念上来。

（二）坚持文明单位测评体系标准，完善各项工作

1. 积极推进"道德讲堂"建设与活动。围绕我院实际工作，根据《××市开展"道德讲堂"建设方案》，按照"七个一"的流程，丰富"道德讲堂"内容，加强思想道德教育，广泛学习宣传评议道德模范和身边好人好事，营造讲道德、树新风的浓厚氛围，增强医院员工文明程度和道德素质，为促进医院和谐作出努力。

2. 组织好学雷锋志愿服务队，使雷锋志愿服务活动的开展保持常态化。在上级有关部门的组织部署下，结合纪念毛泽东等老一辈革命家题词"向雷锋同志学习"50周年，要与学雷锋和志愿服务活动有机地结合起来，牢固树立"学雷锋、奉献他人、提升自己"服务理念，开展"关爱他人、关爱社会、关爱自然"主题活动。做好志愿服务队伍登记，按照"自治区文明单位"志愿者注册人数登记达到单位总人数30%以上，发挥优势，把献爱心、热爱公益事业、履行社会责任落到实处。

3. 做好"讲文明树新风"公益传播。做好医院内部、职工身边的思想道德公益宣传，充分利用本院公共场所和宣传橱窗、电子屏、局域网等宣传反映道德建设、文明建设等内容的温馨提示标语（牌），营造浓厚氛围，通过开展"种文化工程"活动，引导我院职工从身边小事做起，从一点一滴做起，崇尚道德，践行文明。

4. 积极开展"文明餐桌"行动，倡导勤俭节约之风。按照《××市开展"文明餐桌"行动工作方案》（南委[2012]21号）的要求，积极宣传餐桌

文明知识，倡导餐桌文明行动，普及餐桌文明知识，推广餐桌文明礼仪，倡导节约用餐行为，提高艰苦奋斗和勤俭节约意识，从节约一滴水、一度电、一张纸等小事做起，引领全院倡导勤俭节约之风。

5. 善用新媒体，开展网络传播文明志愿服务活动。按照中央文明办工作要求，积极组织本院员工开展网络传播文明志愿服务，以3~5人组成若干网络文明传播志愿者小组，积极向中国文明网联盟网站、××文明网以及××文明博客圈投稿，或积极转发、发表、评论"文明风貌"，引领文明风尚。根据上级要求，落实好"自治区级文明单位"要做好每月"中国好人"的网上参与投票工作和建立医院精神文明建设网页，与××市文明网建立链接。

（三）不断提高职工文明素质

1. 以思想作风建设为重点，进一步加强医院领导班子建设和党员队伍建设。以党的十八大学习教育活动为契机，不断完善各类学习制度，努力提高医院各级领导的政治理论水平和管理水平；深入推进医院反腐倡廉和行风建设工作，打造廉洁勤政的领导班子；加强党员的教育管理，积极发挥党员在文明建设中的先锋模范作用。

2. 加强职工的思想政治和职业道德教育。以"三好一满意"活动为载体，继续深入开展员工文明礼仪培训、新入院职工岗前培训、医德医风教育、反腐倡廉建设等学习教育活动，引导医院员工树立正确的人生观、职业观、道德观，牢固树立全心全意为人民服务的思想，不断提升医院员工文明素质，树立良好的医疗卫生形象。

（四）继续深入开展主题活动，营造友爱互助的社会道德风尚

为引导医院员工关爱社会、关爱他人、关爱自然，在全院范围内形成团结、友爱、互助的良好社会道德风尚，努力提高医院文明建设水平，今年我院继续深入开展"三关爱"活动。

1. 开展"我们的节日"活动。利用春节、中秋节、重阳节、等民族传统节日，开展相关民族传统教育，关心爱护员工，促进他们身心健康，使他们感受到医院这个大家庭的温暖。

2. 贯彻落实各级党委关于深入开展学雷锋活动的要求。积极参与上级组织开展的科技、卫生、文化下乡为民服务活动，积极组织党员医务人员参加

县里志愿服务队深入乡镇、农村基层开展各种便民义诊活动。

3. 继续搞好惠民项目工程。继续搞好肺结核病防治工作和"降消"项目等惠民工程，继续实施好××镇××村、××镇卫生院的挂点帮扶工作，努力为基层群众做好事办实事。

（五）积极开展各种文体活动，丰富医院员工精神文化生活

为活跃医院职工的文体娱乐活动，丰富精神文化生活，积极组织员工开展各种喜闻乐见的文体活动，寓教于乐，不断丰富医院文明建设活动的载体，推进医院精神文明建设的不断深入，营造我院员工健康向上的精神风貌。

（六）努力改善就医条件，营造良好就医环境

不断完善医院基础设施建设，搞好医院门诊大楼的规划建设及搬迁工作，扎实推进无烟医院建设和绿色环保医院建设。同时突出抓好医院的清洁卫生工作，继续落实环境卫生区责任制，各科室要坚持每天一小扫，每周一大扫，努力为广大患者提供整洁、舒适、安静的就医环境。

（七）继续搞好本院治安工作，维护医院的和谐稳定

加强保卫科的管理工作，院内实行 24 小时巡逻制度，维护和完善医院车辆的停放与管理，搞好医院的治安管理，维护医院工作的正常秩序，保护好医患人员生命安全和财产安全；确保医院医疗安全，做好医患纠纷调解工作，维护医院内部的稳定工作。

（八）积极贯彻落实计划生育基本国策，继续保持无超生超育单位的目标

计划生育是基本国策，我们要继续贯彻落实党和国家计划生育政策，抓好本院职工贯彻落实计划生育工作的管理工作，坚持计划生育和优生优育，坚决杜绝超生超育现象发生，保持无超生超育单位。

三、精神文明建设工作要求

一是各科室的管理者和全院员工，要提高思想认识和高度重视，明确责任，狠抓落实。切实采取措施和自觉行动，认真贯彻落实精神文明建设活动，以医疗服务工作推动精神文明建设，以精神文明建设促进医院各项工作取得更好的成绩。

二是率先垂范，积极参与。深入加强核心价值体系建设，健全完善行为准则和内部管理机制，激发大家在践行文明中养成率先垂范，积极向善向

上之心，以突出"德"字，用道德力量构筑医院文明的精神海拔；以突出"文"字，用文化来提升建设品味和层次；以突出"帮"字，体现履行社会责任，彰显文明情怀的平台。

三是高点站位，与时俱进。在文明建设中，时刻对接县党委县政府和卫生局的工作部署，要恪尽文明道德操守，注重全院队伍建设，塑造团队精神，以患者和人民群众的根本利益为指向，用服务来承载与践行工作职责，用文明境界胸怀助推医院事业发展，让上级党委和政府放心。

例文解析 ....

例文是一份详尽、标准的工作计划，工作目标、主要任务、工作要求三个部分的划分体现了作者思路明确，具体文章的撰写体现了作者从实际出发，统筹兼顾；突出重点，主次分明；目标明确，表述准确；深厚的文字功底。例文从结构到格式再到内容、用语都值得我们学习。

例文二：

××师范附小2015年工作计划

雄关漫道真如铁，而今迈步从头越。附小人认真全面总结反思2014年学校各项工作，在肯定成绩的同时，我们深入查找问题，剖析问题根源，强化整改。立足实际，精心谋划学校2015年的发展。"凡事预则立，不预则废"。我们根据《××市推进教育高位均衡发展建设现代化教育强市行动计划（2014—2018年）》（×发〔2014〕12号），广开言路，从班级、学科组、年级、处室再到学校，深入研究，达成共识，确立我校2015年度推进教育高位均衡发展任务目标，并依据目标制定实施措施。

一、指导思想

以习近平总书记的重要讲话和十八大重要思想为指导，深入贯彻并努力践行"十八大"及"十八届三中、四中全会"精神，与时俱进，开拓进取，坚持"思想建设、组织建设和作风建设"有机结合；坚持以科学发展观统揽全局，创建学习型组织和建设和谐校园；狠抓干部教师队伍建设，抓师德促师能，内强素质，外树形象；全面深化教育教学改革，不断提升教育教学质量，促进师生健康和谐发展。全面加快现代化教育强市建设，强力推进教育高位均衡发展步伐。

二、具体目标任务

1. 校（园）舍建设。新建教学楼，面积5000平方米，2015年12月前完成主体；铺设沥青路面，面积4000平方米；完成春雨楼内外粉刷。

2. 条件装备。学科专用教室和公共教学用房达到山东省基本办学条件标准要求；改造学校校园网，采用星形拓扑结构，两层架构或三层架构，建成千兆出口；二月份建成录播教室，三月份投入使用；建设学科资源库；更新升级学生用计算机；配足常规教学仪器及音体美器材，配齐图书报刊；加强内设管理，提高使用效益。以"智慧教育数字化校园"建设应用试点学校建设为抓手，全力提升学校信息化水平。

3. 优质学校创建。打造成首批×城市优质学校，2015年9月底前完成。争创××市幸福学校。

4. 教师队伍建设。加强师德建设，健全师德考核评价制度，与教师签订师德承诺书和责任书，杜绝有偿家教、从事第二职业、体罚和变相体罚学生等现象；加强校长队伍建设，建立绩效考核机制，实施校长交流轮岗、挂职锻炼；加强教师队伍建设，强化师能提高，积极组织参加各类提高培训，按照不低于年度公用经费预算总额5%的比例，安排培训经费。抓名师工作室建设，带动教师快速成长。组织开展好"一师一优课"和"一课一名师"的晒课和赛课活动，提高教师专业发展水平，深化教育课程改革。

5. 教育管理。强化立德树人，全面开展社会主义核心价值观进校园活动；落实好领导干部包保级部和日巡查制度。认真落实《××省普通中小学管理基本规范》，全面实施素质教育，全面加强学校管理；开全课程，开足课时，严格控制学生在校时间和作业量，完善素质评价；加强学籍管理，严禁设重点班，消除大班额，不断加强留守儿童和进城务工人员随迁子女关爱力度；加强学校文化建设，凝练学校文化主题，体现办学理念，促进内涵发展；学校通过泰安市级规范化学校复评。

6. 教育质量。全面实施素质教育，重视行为习惯养成和学习兴趣培养，巩固率、入学率保持100%，优秀率、合格率超过省定标准，残疾儿童、少年入学率95%以上。

7.党建、工会。以幸福教育党员领航为总抓手，加强党员队伍建设，发挥党员的模范带头作用。发挥好教职工代表大会的作用，积极组织各种活动，努力建设幸福家园，保障教职工、学生的合法权益。争创市级优秀党支部、工会。

8.校园安全。落实安全主体责任，实行"一岗双责"制、一票否决制和事故责任追究制；加强人防建设，加强监督检查，实行日查、周查、月查制度，发现隐患立即整改，确保不发生任何责任事故。

三、保障措施

为切实保障2015年目标任务的落实，我们制定如下措施：

1.强化管理。继续推行分层管理，层层负责的"三级"管理体制；继续推行领导干部包保级部、日巡查两个制度；切实做好工作的整体规划与督查，形成事事有规划，项项有总结；人人有事干，事事有人干，时时有事干，提升工作效率，做到"今日事今日毕"。

2.修订完善现有制度。修订现有各项规章制度，做到全面、细化、规范、公平、公正，重要的是教师认同，方能用制度来管理。所以，为适应新的形势，必须认真研究、完善、修改原有的各项制度，经过教代会、教职工大会表决同意，以红头文件的形式发布，成为指导学校工作的标尺，让教师认同，并在认同的基础上开展工作，激发工作的积极性。

3.抓好三支队伍建设。一要抓好管理队伍建设。要通过读书等多种形式学习，提高领导干部的管理能力；要通过理想信念教育，引领领导干部树立奉献、服务和担当意识。二要抓好教师队伍建设。开展身边好老师评选活动，做德艺双馨的好老师；借助高端对决共同体活动，激发教师奋勇争先；抓教育教学培训，提高教师施教能力。激发教师发展的内驱力，促进教师的主动发展，使"教师依托学校成功，学校依靠教师出名"成为教师认同的信条，放开手脚自主发展。三要抓好班主任队伍建设。组织班主任学习培训活动，激励人人做班级管理的专家。

4.抓实教育教学管理。一是抓好校本教研。创新校本教研形式，开展随机式教研活动，引导教师更多地关注身边的问题，养成处处观察、时时反思的专业习惯，进而让教师在实践中学会研究，从而走上教育科研之路，成长为专家型、研究型教师。二是聚焦高效课堂教学。课改不是一阵风，要持之以恒抓下去，要从观念上有改变，行动上有落实。小组建设、学习方式的转变都要作为研究的重点。我们准备以学科组为单位召开参加高端对决活动交流会，真正实现高端引领，推动我校课堂教学改革。三是提高课程评价力度。课程建设应把着力点放在课程整合与过程的实施评价上，杜绝盲目开发，形成自己的特色课程。努力体现课程与教学方式的转变，实现教学行为和学习行为的转变，超越知识本位和学科中心；以学生发展为本，逐步实现学生的自主发展；超越封闭的课程与教学，逐步形成开放的课程和教学。

5. 经费保障。硬件建设和教师培训等的实施必须切实保证经费的投入，学校再难也要保证目标任务中承诺的经费支出。

岁月如歌，天道酬勤。附小人深知，唯有不断努力、不断提高，不断成长，在教育的道路上，我们才会越走越好，越走越稳！2015年，附小人将精诚协作，与时俱进，开拓创新，落实好幸福教育党员领航活动，进一步激发学校内部活力及全体教师创新意识，凝神聚力，扎实工作，努力向特色型学校迈进，实现"学生乐学、教师乐业、家长满意、社会公认"的"幸福教育工程"美好愿景。为全面加快现代化教育强市建设，强力推进教育高位均衡发展步伐做出我们应有的贡献。

例文解析

校长是学校各项工作的总负责人，组织教职工开展政治业务学习，提高教师素质；强化德育管理，净化育人环境；狠抓常规教学管理，努力提高教育教学质量等工作都需要校长进行把关。

例文是一份详尽的工作计划，作者从指导思想、具体目标任务、保障措施三个方面入手，体现了作者思路明确，具体文章的撰写体现了作者从实际出发，统筹兼顾；突出重点，主次分明；目标明确，计划内容详实具体。例文最后保障措施体现计划者对完成目标任务的有效保障。

例文三：

××市广播电视台2014年工作计划

2014年，是贯彻落实党的十八精神和"大干新三年，冲刺百强县"关键的一年，我台将坚持以科学发展观为统领，围绕中心，服务大局，着力提高舆论引导能力，注重提高节目质量，加大宣传推介力度，大力强化安全播出，切实提高管理水平，全面推进事业产业发展，积极构建广播电视公共服务体系，努力开创我市广播电视繁荣发展新局面。

一、工作目标

坚守舆论宣传主阵地，为市委、市政府的中心工作造氛围、鼓干劲，坚持思想先导，唱响主旋律，提振精气神，引领社会文明进步。完成新闻中心日常宣传用稿3000条，在×州和省级以上广播电视媒体发稿350条，经营创收391.80万元；网络公司新增数字电视客户1700户，发展宽带客户3980户，经营创收2520万元；电影公司营业收入188万元（其中：城市电影16万元，农村电影62万元，第三产业110万元）。

二、主要工作

（一）切实加强新闻宣传。结合省局开展的"走基层、转作风、改文风"活动，进一步加大对学习贯彻十八届三中全会精神的宣传力度，营造有利于全市文化改革发展的良好氛围，努力推动我市向文化强市迈进；围绕市委市政府中心工作，宣传贯彻好市委经济工作会议和全市党务工作会议精神，把全市人民的思想认识统一起来，把智慧和力量凝聚到市委提出的"大干新三年，冲刺百强县"的奋斗目标上来。把镜头对准基层，对准群众，大力宣传和推介基层先进典型。充分开发利用好频道资源，促进电视节目提质扩容、转型升级，逐步向专业化、特色化和品牌化发展，更好地满足不同受众的需求。加大外宣工作力度，按照"攻主流媒体，上重要栏目"的思路，制定科学的外宣工作计划，构建外宣工作常态机制。

（二）着力办好资兴广播电台。根据《国家基本公共服务体系"十二五"规划》的总体要求，结合省委、省政府关于农村广播"村村响"工作的统一部署，为进一步加快农村广播电视公共服务体系建设，更好地宣传党的方针政策，更好地服务于当地的社会发展，服务于广大群众。××市决定恢复广播电台播出，并于2013年与国际广播电台签署合作协议，联合创办资兴广播电台。现在，播出机房和发射基站已经建好，春节前完成试播，节目质量好，信号稳定。

（三）扎实推进广播电视事业建设。一是继续加大网络双向化升级改造力度。我市有线数字电视网络覆盖面广，资源多，但是业务单一，功能少。

为充分挖掘网络资源优势，全面开发网络数字多功能业务，网络公司要把主要精力放到发展数据宽带信号业务，力争 2014 年实现宽带业务创收 200 万元。二是继续加大增值业务营销力度。网络公司实行企业管理，做强业务、加快发展是实现企业效益和员工利益最大化的根本保证。全面增强公司员工的市场竞争意识，开展数字电视增值业务全员营销活动，通过提高营销业绩实现员工增效、公司增收。三是继续加大农村无线数字电视发展力度。2013 年我台已经建成州门司黄旗洞 300W 发射基站和罗仙岭 1000W 发射基站，发展无线数字电视客户 720 户。今年，我们要继续发展无线数字电视客户，巩固发展成果，争取早日实现"户户通"。

（四）抓好农村公益电影放映工作和电影公益放映活动。进一步加强领导，强化措施，精心组织，扎实推进全市农村公益电影放映工程，实现一个行政村一月放映一场数字电影的工作目标，完成全年放映任务，不断丰富农民群众的精神文化生活。积极组织开展电影公益放映活动，有序推进城镇数字化影院建设，巩固城区 3D 影院建设成果，加快 ×× 电影院综合开发工程进展，争取早日完成主体工程建设。

（五）抓好新农村建设工作。新农村建设是市委、市政府的中心工作，市委宣传部和 ×× 市广播电视台是 ×× 镇近城村的包村单位。今年我台派遣 ××× 作为队长驻近城村开展工作，他有非常丰富的农村基层工作经验。2013 年 ×× 也是驻近城村工作队成员之一，在工作队的带领下，2013 年近城村在规范村民建房、改善人居环境、城乡统筹发展等工作中取得了很大成效。2014 年工作队将继续以为该村争取项目、争取资金、争取政策为主，实现壮大村集体经济，帮助村民致富。

（六）抓好其它常规性的工作。一是扎实推进"村村通"工程。广播电视"村村通"是列入全市"民生 100 工程"的重点工作，必须抓好抓实。二是维护好山洪预警系统设施。要确保全市山洪地质灾害村级预警设施正常运行，进一步明确工作责任，工作人员要经常深入现场，及时对各乡镇的预警设备开展必要的检查与维护，确保每一处设施设备运行正常。三是抓好创建国家卫生城市工作。市委、市政府非常重视创建国家卫生城市工作，我台是创建国家卫生城市的成员单位，2014 年要把我台建设成为环境优美、秩序优良、管理优化、服务优质的一流卫生先进窗口单位。

三、工作措施

（一）加强工作作风建设和干部队伍建设。深入开展作风大整顿活动，全面推进党的思想、组织、作风、制度建设，为广电事业的改革发展提供强有力的作风保障。遵循人才成长规律，坚持德、能、勤、绩的衡量人才标准，重点加强管理经营策划人才队伍、高级采编人才队伍、熟悉信息技术和数字技术等现代高科技的专业技术人才队伍等3支队伍人才建设，用事业凝聚人才，用实践造就人才，用机制激励人才，用制度保障人才，形成人才辈出的生动局面，保障各项工作的有序推进。

（二）加强安全生产、安全播出工作。一是加强广告播出管理。坚持社会效益优先，把握正确导向，严格依法经营和播出广告，坚决抵制虚假违法、内容低俗广告，对播出的每一个广告进行严格审定。二是加强广电行业管理。按照上级有关要求，依法对全市非法销售、安装和使用广播电视卫星地面接收设施的行为进行打击和整治，规范卫视收视市场，严格防止有害信号落地的现象发生。三是加强安全播出管理。切实落实各项安全播出管理制度，严格加强安全播出值班工作，节假日和重大活动期间实行主要领导带班，门卫和播控机房等重点部门实行24小时值班制。

例文解析

电视台是广播电视事业单位，是党政机关向广大群众传播信息的重要平台。对群众的舆论具有重要的导向作用。电视台领导的工作计划要突出政治稳定性和执行力。

例文结构简洁明了，语言朴实。例文按照"工作目标—主要工作—工作措施"的结构，以目标的提出为总指向，着重突出主要工作的六个方面，给人条理清晰，计划明确之感。但主要措施谈及较少，不利于计划的实施。

例文四：

2015年全市文化广电新闻出版工作要点

2015年是全面深化改革的关键之年，是全面推进依法治国的开局之年，是全面完成"十二五"规划的收官之年。根据市委、市政府要求和省文化厅、省新闻出版广电局、省文物局的部署要求，全市文化广电新闻出版工作总的要求是：深入学习贯彻党的十八大和十八届三中、四中全会精神，以习近平总书记系列重要讲话和重要批示精神为指引，紧紧围绕弘扬中华优秀传统文化、塑造社会主义核心价值观，牢固树立以人民为中心的工作导向，着力构建优秀传统文化传承创新体系，着力推出一批思想性、艺术性、观赏性有机统一的优秀文艺作品，着力提升公共文化服务水平，着力创新文化市场和新闻出版广播影视管理，着力推动文化产业提质增效，着实加大作风建设力度，为文化名市建设作出新的贡献。

一、以学习贯彻习近平总书记系列重要讲话和重要批示精神为主线，统一思想行动

把深入学习贯彻党的十八大和十八届三中、四中全会精神以及习近平总书记系列重要讲话和重要批示精神作为全市文化广电新闻出版系统贯穿全年的政治任务，不断推动学习向深度和广度拓展，自觉用讲话精神武装头脑、指导实践、推动发展。不断强化大局观念，严守政治纪律，在思想上、政治上、组织上始终同党中央保持高度一致，提高政治敏锐性和鉴别力。牢牢把握好文化工作导向，坚持把社会效益放在首位，努力实现经济效益、社会效益有机统一，做到守土有责、守土负责、守土尽责。深入推进学习型党组织建设，建立完善党组中心组学习制度，坚持全面学习和专题学习相结合，丰富学习内容，创新学习形式，提高学习质量。紧密联系工作实际，努力把学习成果转化为推进文化改革发展的动力，体现为攻坚克难开拓进取的工作思路和举措，推动市委、市政府重要决策部署得到有效贯彻落实。

二、加强统筹规划，构建优秀传统文化传承创新体系

加强文物保护利用。推进可移动文物普查，建立完善保护档案。结合大运河申遗成功，推进运河文化长廊建设。大力发展博物馆事业，促进民办、行业博物馆发展。创新文物展陈展示方式，着力打造一批特色展览品牌。结合城镇化进程中历史文化遗产保护利用，推进"乡村记忆工程"实施，建设特色文化城镇、乡村，延续城市历史文脉，承载文化记忆和乡愁。实施"寻找聊城故城"考古调查探索工程，摸清聊城故城历史变迁。实施县及以下历史文化展示工程。整合文化、文物、党史、民政、档案、史志等部门的文化资源，统筹运用公共基础设施，建立县、乡、村历史文化展室，打造区域历史文化展览，为城镇化进程中历史文化遗产保护利用打造重要平台。

加强非物质文化遗产保护利用。着力健全完善非遗保护项目、传承人、传习所、生产性保护基地、生态保护区"五位一体"保护传承体系，全面提升非物质文化遗产保护水平。进一步完善非遗保护名录体系，实施国家级、省级非遗项目"六个一"保护措施，即每个项目有一个保护规划、一个专家指导组、一个工作班子、一个传习展示场所、一套完备档案、一册普及读本。推进各地非遗传习所、展示馆建设。组织参加第四批省级非遗项目名录评选工作。积极鼓励和扶持传承人提高技艺，开展传习活动，做好第五批国家级代表性传承人推荐工作。着力推进生产性保护利用，加强衍生品开发，争取每个县市区发展3~5个特色项目，建成1~2个龙头企业，助推形成一批著名品牌，创建国家级、省级非遗生产性保护示范基地。完成临清运河生态实验区《总体规划》编制。办好第十个"文化遗产日"等活动。组织开展"接续文化薪火，讲述中国故事——中华优秀传统文化故事会"征集展演。围绕弘扬中华优秀传统文化、建设社会主义核心价值体系，充分挖掘古代、近代及当代的优秀文化资源，遴选编辑推出一批感动人心的先贤先烈、先模先锋故事，推出一批富有教育意义的老故事、新故事，推出一批具有当代价值的民间故事、历史故事，编辑文化聊城丛书《××文物故事》和《××非遗故事》。推进完善"图书馆＋书院"模式，初步形成运转规范、服务有效、惠民利民的服务网络体系。

三、深化文化体制改革，增强文化发展活力

加快文化法治建设步伐。完成行政权力清单的编制，制定政府责任清单，简政放权，优化流程，加强事中事后监管，做到权力下放、监管跟上、服务提升。扎实推进文化体制改革各项任务落实。推动文化事业单位形成责任明确、行为规范、富有效率、服务优良的运行机制。深化直属事业单位分类改革，深化人事、收入分配、社会保障制度改革，探索公共图书馆、博物馆、美术馆、文化馆等建立理事会改革试点。精心编制文化改革和发展"十三五"规划。认真开展"十三五"时期文化发展规划重点研究课题调研工作，科学编制"十三五"文化发展规划，积极争取将重点文化工作纳入全省、全市规划予以保障。大力推动文化与科技融合，推荐参加第二届"××省文化创新奖"评选工作，推动文化科技成果转化应用和信息化、数字化建设。

四、坚持正确的创作导向，推动文艺创作持续繁荣

以贯彻落实习近平总书记在文艺工作座谈会上重要讲话精神为动力，围绕备战十一届中国艺术节和第十届山东省文化艺术节，力争推出一批在全省、全国有重大影响的舞台精品剧目、节目。抓好优秀历史文化题材创作。把传统优秀文化融入文艺创作，围绕重大历史事件、重要历史名人和经典历史故事等素材，运用群众喜欢的语言和文艺形式，创作出有筋骨、有厚度、有特色的精品力作。重点抓好《海源阁》剧本的创作。把艺术创作与非物质文化遗产保护利用结合起来，挖掘×城优秀民间故事、传说、民俗，以传统曲艺、小戏形式表现，做到贴近生活有味道，弘扬正气展魅力。做好纪念抗日战争暨世界反法西斯战争胜利 70 周年文艺创作及剧目展演，广泛开展爱国主义教育宣传。组织参加第十届山东文化艺术节。积极做好优秀作品的创作和特色文化活动组织工作，展示我市良好形象。

五、加快标准化、均等化建设，提升公共文化服务水平

完善公共文化服务制度体系。全面贯彻落实《关于加快构建现代公共文化服务体系的意见》和《国家基本公共文化服务指导标准》。加快推进公共文化服务标准化、均等化。在标准化方面，健全完善我市公共文化服务建设、服务、评价等系列标准。在均等化方面，重点推进城乡均等、区域均等和特殊群体均等。坚持重心下移，发挥公共文化服务协调机制作用，加快农村社区综合性文化服务中心建设，全市改造、提升 1000 个农村社区综合性文化服务中心。完善提升农村文化基础设施，今年继续为部分村文化大院配备设备、为农家书屋增添图书。积极推进县级文化馆、图书馆等实行总分馆制建设，建立联动机制，实现城乡一体化运行发展。大力抓好社会化供给。完善政府购买公共文化服务长效机制，培育发展文化行业协会、文化基金会等文化非营利性组织，引导社会力量积极参与，形成供给主体多元化、社会化格局。着力推进文化志愿服务制度建设，完善选拔招募、服务管理和激励保障机制，不断壮大文化志愿者队伍。

进一步活跃基层群众文化生活。以备战"群星奖"为契机，繁荣全市群众性音乐、舞蹈、戏剧、曲艺创作，打造自下而上的群众文艺作品选拔平台。加强"中国民间文化艺术之乡"后续管理，深入发掘和盘活优秀民间文化艺术资源，推动优秀民间文化艺术普及推广。加强基层公共文化服务队伍建设，实施公共文化辅导工程，打造自上而下的公共文化队伍人才培养平台，举办标准化建设、群众文艺等培训班，配齐配强乡镇综合文化站专职人员，提升基层文化队伍整体素质。

稳步实施重大文化惠民工程。加大文化惠民力度。继续开展"一村一年一场戏"、艺术家进校园活动。建立"结对子、种文化"工作机制，组织专业文艺工作者到基层教、学、帮、带。开展好"书香聊城"全民阅读活动，升级农村广播电视公共服务，进一步提升广播电视节目覆盖质量。推进应急广播体系建设，抓好市县应急广播发布和管控平台规划。巩固农村公益电影放映成果，提高放映质量。

六、着眼规划引领、融合创新，推动文化产业提质增效

强化政策规划引领。抓好《省会城市群经济圈文化产业发展规划》、《西部经济隆起带文化产业发展规划（2014-2020年）》的贯彻实施。贯彻省政府《关于加快发展文化产业的意见》，提升公众文化消费理念和文化素养，促进大众文化消费，培育扩大文化消费市场。

继续深化行政审批制度改革，做好省下放审批项目的承接工作，推进简政放权，不断优化文化发展环境，推动文化产业规模化、集约化、专业化发展。创新工作思路，加快文化创意和设计服务类产业发展，促进特色文化资源与现代消费需求有效对接，加快特色文化产业与旅游等相关产业融合发展，提升产品品质，丰富产品形态，延伸产业链条，拓展特色文化产业发展空间，实现文化产业优化升级。以文化项目建设和购买文化服务为平台，鼓励社会各界兴办文化产业项目，让他们"进得来、经营好、留得住"，助力大众创业万众创新。抓好文化市场的培育和引导，推进传统行业向"专、精、特、新"方向发展。积极推动互联网上网服务行业转型升级，与零售业、商场、银行、图书阅览、公共服务等有机结合，拓展经营范围，推动星级创建、量化管理，使上网企业成为健康向上、学习交流、网上购物的场所，成为重要的文化阵地。总结推广我市民营书业发展的经验，推进文化产品电子商务经营发展。大力扶持动漫、影视制作等文化创意产业发展，围绕×城文化资源抓好动漫原创作品制作。抓好县级多厅影院的建设和提升，培育电影市场。参与山东省杂技艺术演艺创展基地等重大演艺项目。加强文化产业重点项目建设，围绕文化创意、影视制作、演艺娱乐、文化会展、动漫游戏等五大领域，培植25个文化产业示范基地，努力把我市打造成为全省文化产业跨越发展的隆起带。

七、依法管理，促进文化广电新闻出版行业健康发展

依法推进文化市场执法。加强文化市场法制宣传，规范行政权力运行，做到文明执法、规范执法。实施文化市场综合执法能力提升工程，以提升办案水平和办案质量为重点，举办业务培训、岗位练兵、技能比赛、联合办案、以案施训等活动，提升文化执法队伍综合素质。推进文化市场平安建设，强化对文化娱乐、营业性演出、网络文化、美术品等重要领域文化市场执法检查，搞好暑假、国庆、两节、两会等重要节点的专项整治，着力营造良好的文化市场环境。加强文化市场技术监管体系建设。加快市、县文化市场技术监管与服务中心建设。到2015年6月，地市级文化行政部门和综合执法机构技术监管平台使用率达到80%以上，初步实现省市县三级审批数据和执法数据实时共享。依托技术监管平台功能，启动文化市场诚信系统建设。

按照"谁主管、谁负责"和属地管理原则，抓好广电和新闻出版的监管。广电监管主要侧重抓好频率频道、广告播出监管，严厉查处非法播出行为，确保安全播出。同时，加大对非法卫星接收设施和非法台的查处力度，加强网络视听节目日常监管和互联网电视管理，依法查处"黑盒子"。新闻出版重点加强出版物的监管，加大版权保护力度，继续开展打击侵犯知识产权专项行动和"剑网"行动。健全版权社会服务体系，推进版权产业健康发展，巩固软件正版化工作成果。深入推进"扫黄打非"工作。重点开展"清源"、"净网"、"秋风"、"固边"、"护苗"五大专项行动。抓好"扫黄打非"案件查办、联动执法和长效监管机制建设三项重点任务，推动依法管理。

八、加强党风廉政建设和机关建设，以良好作风推动工作落实

落实党风廉政建设主体责任。把党风廉政建设和反腐败工作与业务工作一同研究、一同部署、一同检查、一同考核、一同落实。强化第一责任人责任，党组书记抓好班子、带好队伍、管好自己，身体力行，率先垂范。认真落实领导班子成员"一岗双责"，既抓业务工作，又抓廉政工作，把党风廉政建设融入到文化工作的方方面面。严格党内政治生活，建立述职述廉制

度，提高民主生活会、组织生活会质量。

完善行政权力运行机制。围绕管权、管钱、管人、管事，着力加强制度建设，把权力关进制度的笼子。严格落实"三重一大"制度，对重大问题决策、重要干部任免、重大项目投资决策、大额资金使用，必须经党组集体讨论做出决定。健全完善民主集中制、政府采购制、审计制、公示制等一系列规章制度，形成系统完备、科学规范、运行有效的制度体系。

推动作风建设常态化长效化。牢固树立作风建设永远在路上的理念，巩固扩大群众路线教育实践活动成果，做到抓常、抓细、抓长，坚持不懈，久久为功。严明党的政治纪律、组织纪律、财经纪律、工作纪律和生活纪律，大力推进正风肃纪，提升工作效能。严格执行中央八项规定和省委实施办法，坚持不懈纠正"四风"，着力营造风清气正、干事创业的良好氛围。

完善文化财务监督检查网络。全面贯彻新《预算法》，落实预算编审制度、财务管理制度和内部开支标准，加强财务收支内审、监督，做到时时审计、事事审计、全程审计。

认真抓好安全生产，逐级落实安全生产责任，加强隐患排查，完善硬件设施，健全应急预案，加强应急演练，保持安全生产良好态势。全面做好综合治理、计划生育、党的建设、人才队伍建设等各项工作。

加强政府信息公开工作，将局门户网站作为信息公开第一平台，及时、全面公开党务、政务信息。不断完善督促检查工作制度和机制，建立完善科学规范的督查落实体系，确保决策部署落到实处。

例文解析 ....

文化广电新闻出版局是贯彻执行党和国家关于文化艺术、广播影视、新闻出版、版权、文化遗产工作的方针、政策和法律法规的单位。

例文是行文通畅，标题简洁明了。例文采用"总——分"结构先总说，后分说。着力构建优秀传统文化传承创新体系，着力推出一批思想性、艺术性、观赏性有机统一的优秀文艺作品，着力提升公共文化服务水平，着力创新文化市场和新闻出版广播影视管理，着力推动文化产业提质增效，着实加大作风建设力度，使全文析理入微，眉清目楚。

第五节　其他部门中层领导工作计划

例文一：

××区政协2015年度工作要点

2015年区政协工作的总体要求是：认真贯彻中共十八大、十八届三中及四中全会、习近平总书记系列重要讲话精神以及区委七届八次全会精神，牢牢把握团结和民主两大主题，紧紧围绕全区工作大局，切实履行政治协商、民主监督、参政议政职能，齐心协力谋发展，发挥优势惠民生，凝心聚力促和谐，为努力建设经济强、百姓富、环境美、社会文明程度高的新××和××2500周年城庆作出新的贡献。

一、加强学习，增进共识，坚定正确履职方向

（一）强化思想政治基础。坚持把认真学习贯彻党的十八届四中全会精神和习总书记在庆祝中国人民政治协商会议成立65周年大会上的重要讲话、以及视察指导××工作时的重要讲话精神作为首要政治任务，深刻领会和准确把握习总书记提出的做好人民政协工作必须坚持的四条重要原则和五项重要任务，进一步统一思想，提高认识，并贯彻落实到履行政治协商、民主监督和参政议政职能的全过程，不断提高履行职能的质量和水平，增强做好政协工作的光荣感和责任感，引导全体委员保持正确的政治方向，夯实共同思想政治基础。

（二）深入开展学习活动。大力推进学习型政协组织建设，认真抓好区政协党组、常委会、主席会、政协机关和界别委员小组的学习，精心组织委员参加各类情况通报、座谈交流等活动，通过学习凝心聚力，深化委员们对人民政协工作的认识和理解，提高委员参政议政能力。

（三）巩固群众路线教育实践成果。深入学习贯彻习总书记在党的群众路线教育实践活动总结大会上重要讲话精神，立足政协工作实际，进一步巩固扩大群众路线教育实践活动成果，完善长效机制，努力以从严治党、加强作风建设的新成效，推动政协事业的新发展。

二、围绕中心，协商议政，着力服务发展大局

（一）积极推进协商民主。发挥人民政协作为协商民主重要渠道作用，创新和完善协商机制。采取全体会议、常委会议、主席会议以及党派界别座谈会议等方式，组织专题协商、对口协商、界别协商、提案办理协商，重点就经济转型升级、资源节约集聚、城乡统筹发展、生态文明建设等全局性、前瞻性问题，有序地开展协商活动。

（二）精心组织专题调研。围绕区委七届八次全会提出的各项目标任务，精心选择调研课题，深入开展调查研究，积极反映群众呼声。全年将开展实体经济、园区建设、空间整合、产业项目建设、民生实事工程等专题调研，通过在掌握大量第一手资料的基础上对调研结果全方位、多角度论证，做到调研立论能有新观点、能出新论点，为党委、政府倾听民意、集中民智、科学决策提供重要依据。

（三）提升视察工作实效。立足服务于全区工作大局，把视察选题的范围锁定在区委、区政府的中心工作和人民群众普遍关注的带有全局性的社会热点和难点问题上。开展好对全区医疗卫生、法制建设等工作的视察活动，积极推动视察成果的转化和落实，跟踪联系督办相关部门的落实情况。

（四）切实做好提案工作。坚持把提案作为政治协商、民主监督、参政议政的重要抓手，以提高提案质量、办理质量为目标，进一步提高提案工作的科学化水平。加强委员提案知识培训，不断提高提案质量。注重提高提案办理工作实效，抓好重点提案的督办工作，加强与提案承办单位的沟通协调，及时指导督促、跟踪检查提案办理工作，推动区政协提案工作整体水平进一步提升。

（五）加大民主监督力度。创新民主监督形式，健全民主监督机制，在知情、沟通、反馈环节上下功夫。丰富民主监督内容，完善委员视察、民主评议、特邀监督员等监督形式，拓展民主监督平台，扩大民主监督的广度和深度。完善反馈与督办机制，确保民主监督取得实效。加强特邀监督员工作的组织领导，把握特邀监督的角度、尺度和切入点，为促进政风、行风建设发挥积极作用。选择1～2个区级机关部门开展民主评议工作。

（六）真实反映社情民意。畅通社情民意信息的收集、报送和反馈渠道，完善社情民意信息的督办和考核评优制度，调动各专委会、界别小组和委员做好社情民意信息工作的积极性。委员要从日常工作生活和履职活动中，及时准确发现具有苗头性、倾向性的问题，收集具有全局性、建设性的建议，撰写社情民意信息并及时报送。专委会和界别小组要切实担负起收集、整理社情民意信息的工作职责，加大社情民意信息员的培训指导力度，提高社情民意信息的质量和水平。继续编印《社情民意》专报，通过社情民意信息的反映，为区委、区政府提供决策参考。

三、突出主题，汇聚力量，共同促进社会和谐

（一）形成合作共事氛围。密切与各民主党派、工商联、无党派人士和社会各界的联系，发挥他们在政协中的重要作用，为他们履行职能，搭好平台，创优条件。加强与"三胞"及其眷属、民族宗教界人士以及新的社会阶层的联系，调动一切积极因素，扩大最广泛的爱国统一战线。

（二）增强界别工作活力。注重发挥政协组织的界别特点和优势，探索进一步发挥界别作用的方法和途径，努力推进界别活动的经常化、规范化。加强对界别活动的组织领导，创新界别活动载体，健全界别活动制度，完善跨界别联动机制，探索闭会期间界别活动组的工作方式方法。精心组织委员界别活动，在传递界别声音、撰写界别集体提案、提供专业性意见建议等方面有所作为。通过界别渠道密切联系各界群众，组织开展视察座谈、调研考察、咨询服务等多种形式的界别活动，充分反映界别委员的意见和建议，增强界别活动的成效。

（三）搭建交流合作平台。加强与上级政协、兄弟县（市、区）政协的联系，积极争取上级政协的指导，继续做好与外地政协的友好交往，学习交流先进工作经验，进一步提升区政协工作水平。

四、健全机制，开拓创新，不断强化自身建设

（一）创新委员服务管理。改进委员学习培训方式，拓展委员培训渠道，有计划、分层次地抓好政协委员学习培训工作，提高委员履职水平。着力改善委员服务与管理工作，主动关心委员的思想、工作及生活，切实保障委员的合法权利，帮助委员解决在履职中遇到的各种困难和问题。严格执行委员出席会议、参加活动的履职登记和考核制度，完善委员奖励和退出机制。

（二）发挥专委会优势。完善专委会联系指导界别工作制度，健全与党

政部门对口联系制度，建立整合专委会工作力量、联合开展调研视察的有效机制，密切联系委员，积极组织委员开展调研、视察、学习、座谈等经常性活动，以专委会基础性工作的新发展、新突破，推动政协整体工作不断迈上新台阶。

（三）夯实基层组织建设。加强与基层政协工委的指导与联系，注重发挥基层政协工委和委员联系群众的优势，充分发挥政协委员在推动辖区经济社会发展、参与社区建设、参加社会公益事业、反映基层群众的意愿心声、维护社会和谐稳定等方面的积极作用。通过健全工作联系、信息沟通、互动履职三项机制，进一步做好区政协与乡镇、街道政协工委上下配合、整体联动工作。

（四）加强政协机关建设。以加强学习、转变作风、提高能力、健全制度为重点，全面加强政协机关的思想、作风和组织建设，切实提高工作效率，增强服务意识，努力把政协机关建设成为学习型、服务型机关。加大对机关干部的教育、培训、交流、选拔力度，增添机关工作活力。加强机关效能建设，提高政协机关服务保障水平。严格执行中央、省、市、区关于改进工作作风、密切联系群众的有关规定，着力整章建制，加强勤政廉政建设。

（五）做好宣传信息工作。加强政协网站建设与维护，加快信息发布和更新。继续编印《××政协期刊》，适时增添栏目。密切与新闻媒体的联系与协作，认真做好各类会议、视察调研和重要活动的宣传报道，突出政协工作亮点、履职成效和委员风采，不断扩大政协影响力。

例文解析

政协领导工作计划突出全局性、联系性和监督性。政协工作要抓好理论学习，丰富活动内容，努力提高政协委员整体素质；服从和服务于大局，努力做好党委、政府的参谋；努力探索有效形式和途径，进一步加强民主监督工作和对政府行为的全程监督，确保政府行为的正确性和有效性，维护社会稳定和发展。

严谨、格式准确，语言朴实。全文从作者自身职责出发，全方位做出了相应的阶段工作计划，但个别计划项目空洞无物，在书写计划的时候，不仅仅是要指出工作大方向意见或要点，更要言之有物，明确工作方向。

例文二：

××街道武装部2014年工作计划

2014年武装部要在街道党工委和上级军事部门的领导下，以新时期军事斗争需要为方针，按照"能打仗、打胜仗"和"召之即来、来之能战、战之必胜"的要求，毫不放松地做好民兵、预备役部队军事斗争准备工作，认真落实基层民兵组织、民兵军事训练，着力加强专业技术和民兵防空分队训练，做好兵员动员和平战兵员征集的演练，加强民兵队伍的应急能力训练，创新街道武装民兵工作。

一、建立健全组织，加强民兵队伍建设

要在巩固城市民兵工作调整改革成果的基础上，围绕军事斗争和应急作战准备，结合军事变革的新趋势，继续探索在新形势下的城市民兵工作，不断提高城市民兵工作的质量，适应城市民兵工作与世界新军事变革的接轨。

1.从战备要求做好民兵预备役登记。按照"平战结合、军民结合、寓兵于民"的方针，做好军事斗争的应急作战准备。继续巩固城市民兵工作改革，结合辖区实际，扩大组建面，主要做好以下几项工作：第一，调整完善街道武委会机构，充分发挥其领导辖区武装工作的作用，进一步落实《兵役法》《国防法》《国防教育法》和《人民防空法》等有关法律法规。第二，积极探索新时期民兵工作管理体制，在社区逐步建立民兵组织，配备民兵干部，加强对社区民兵组织的管理。通过合理调整基干民兵布局，切实完善组织结构和动员体制，适应"市场"与"战场"的双重需要。

2.做好民兵组织点验。按照《民兵工作条例》结合军委总部对民兵整组工作提出的新要求，在上半年完成民兵整组的各项工作，扎扎实实搞好调查摸底、核对统计和上报归档等工作。并对基干民兵和预备役部队进行集结点验，合理编组，规范程序，做到官兵相识，充实民兵队伍，使民兵整组的各项工作落到实处。

二、加大工作力度，加强国防基础建设

紧紧围绕平时和战时可能担负的任务，扎实做好各项战备训练和演练，完善各项动员体系和行动预案，努力推进军事斗争准备向实战方向发展。

1. 着力抓好民兵专业技术的训练，确保各项训练任务圆满完成。紧扣军事斗争应急作战准备这个重点，完成好明年的军事训练任务。一是组织基干民兵参加应急分队周期升级训练，加强应急分队的防爆和反恐战术演练，随时应付各种突发事件。二是参加上级军事机关组织的民兵防空分队骨干集训，提高技术分队的组织指挥能力。三是参加市区两级的专武干部和民兵营队长集训和考核，提高专武干部的综合素质。四是完成服预备役退伍军人集结点验任务。

2. 坚持依法征兵，保质保量完成年度征兵任务。我们要根据新时期军队建设对兵员质量提出的新要求，结合大专院校征集义务兵工作，着重抓好以下几项工作：一要结合全民国防教育日活动，加大依法兵役登记和征兵工作的宣传力度，扩大依法服兵役的影响力，使适龄青年形成一个自觉上门兵役登记和积极报名参军的良好氛围。二要不断改进工作方法，在民兵整组的基础上，搞好辖区内各单位的兵役登记工作，为年度的征兵工作打好基础。三要抓好预征对象的政治初审和身体目测工作，对双合格兵员按照有关规定严格政治审查，做到"三走访"、"四见面"、"五摸底"，确保新兵的政治素质、身体素质和文化素质，努力向部队输送优秀兵员，确保完成年度的征兵任务。

3. 加强应急分队建设，确保各项战备工作的落实。按照"深化细化、到点到位、实际实效"的要求，紧贴军事斗争应急作战准备，重点加强防空袭作战准备，打赢心理战，完善各类可行性预案，提高战备工作的可操作性，增强应急动员能力，确保应急动员工作的畅通。主要针对高技术条件下兵员动员、支前保障、防卫作战、人防疏散等课目行动方案。要针对各类恐怖活动，制定切实有效的反恐行动方案，充分发挥民兵信息网络作用，准确掌握和跟踪辖区国防动员潜力状况，完善各类潜力信息数据库，提高"民转军"能力。要补充配齐应急分队现有的物资器材，确保遂行任务的圆满完成。要结合整组对民兵应急分队进行实战演练，充分发挥民兵在防台防汛、救火和抗洪抢险等急难险重任务中的突击队作用。积极配合维稳综治委、公安部门打击违法犯罪、维护社会治安，为××辖区的经济建设和社会稳定保驾护航。

4. 不断完善国防动员潜力，为战争动员提供有效保障。我们要认真完成上级布置的各项国防动员潜力的调查统计，要核对登记退伍军人和转业军官服预备役统计上报工作，搞好与军队专业对口的地方专业技术人员和物资器材潜力的调查统计工作，为战时兵员资料储备，完善国防动员潜力作好充分的基础保证。要结合民兵整组，做好明年兵役登记和退伍军人服预备役的数据录入信息管理工作。

三、抓好部门建设、规范工作业务管理

加强人武部的正规化建设，一要加强本级人武部和民兵营部的正规化建设，进一步规范民兵工作"三落实"硬件建设，提高办事效率，完善战备预案，不但在硬件建设上符合民兵工作"三落实"达标要求，而且在软件建设上适应对外军事斗争应急作战准备的需要。二要加强对基层民兵干部的业务培训和发挥民兵信息网络的作用，提高××辖区民兵干部和民兵骨干的素质。三是通过培训，检查评比及监督工作，促进各项制度落实。

四、积极做好和完成街道党工委分配的工作任务

在着力做好武装民兵的各项业务和战备工作的基础上，坚决听从党工委领导的统一指挥，按照党工委的分工安排，积极参与和协助街道的城市管理、维稳综治和安全生产等中心工作，做到深入社区单位，大力支持和做好挂点社区的城市管理工作。确保街道社区新的一年里平平安安，各项事业发展，为创造新成绩而努力。

例文解析

武装部是国家机关单位为维护地区人民安全而设立的部门，用于维护地区人民正常的活动秩序，有别于警察，属于民兵组织。武装部领导的工作计划强调民兵组织建设和民兵干部的管理规划，积极配合地方中心，完成党委政府赋予的各项工作任务。

例文从加强民兵队伍建设、加强国防基础建设、抓好部门建设、配合街道工作条理清晰，让读者对计划者的工作清楚了解，但有些计划过于空洞，需要详实计划内容。

例文三：

××县人大常委会 2015 年工作要点

2015 年是"十二五"规划的收局之年，是《中共中央全面推进依法治国若干重大问题的决定》实施的第一年，也是县人大常委会努力推进人民代

表大会制度与时俱进，加快推进依法治县进程的重要一年。2015 年县人大常委会工作的总体思路是：以邓小平理论、"三个代表"重要思想和科学发展观为指导，认真贯彻落实党的十八大和十八届三中、四中全会精神，在中共××县委的领导下，紧紧围绕全县工作大局，深化改革，务实创新，认真履行法定职权，依法加大监督力度，探索完善监督方式，切实增强监督实效，加快依法治县进程，为全面建成小康××的宏伟目标作出新的更大的贡献。按照这一要求，主要做好三个方面的工作：

一、深入学习贯彻党的十八届四中全会精神，努力推进全县民主法制建设

1. 认真学习贯彻党的十八届四中全会精神。要把学习贯彻党的十八届四中全会精神作为重大政治任务，深刻认识全面推进依法治国重大意义。要坚决维护县委的核心领导，重要工作和重大问题及时向县委请示汇报。坚持把党的领导贯彻到依法治县的全过程，落实到人大工作的各个方面，确保人大工作正确的政治方向。

2. 大力宣传实施《宪法》。要站在全面实施宪法的新高度，通过多种形式组织县人大常委会委员和人大机关干部带头学习宪法知识，大力开展《宪法》和"国家宪法日"宣传，增强全社会宪法意识，提高全民宪法观念，加强宪法实施，全面推进依法治县进程。

3. 充分发挥县人大及其常委会在依法治县中的重要作用。要进一步完善人民代表大会会议、常委会会议和主任会议议事规则，保障人大及其常委会依法依程序履职。健全常委会了解民情机制，使民声得到充分表达，使民意得到充分落实；建立完善由人大及其常委会选举任命的国家机关工作人员向人大常委会报告履职情况和报告个人重大事项，并进行履职情况满意度测评制度；推行人大常委会决定任命人员宪法宣誓制度；健全常委会各项监督工作制度，更加有效地监督和支持"一府两院"工作。

二、依法履行职权职责，努力实现人大工作创新发展

（一）决定重大事项。根据法律法规要求，结合县情，进一步修订完善《××县人大常委会讨论决定重大事项的规定》，注重对重大事项科学性、可行性的调查研究，量化重大事项内容、范围和标准，扩大基层人大代表和群众的参与度，使决议决定更加顺应民心、合乎民意，并督促抓好决议决定的贯彻执行。

（二）加强监督工作。按照依法监督、敢于监督、善于监督的要求，立足于严，立足于实，立足于细，围绕全县工作大局，紧贴民生民本，反映民心民意，促进县域经济社会健康可持续发展。

1. 听取和审议"一府两院"工作报告。结合县人民政府2015年工作报告内容，听取和审议县人民政府2015年上半年政情报告；听取和审议2014年全县国民经济和社会发展计划执行情况和2015年计划草案的报告，批准2015年计划草案；听取和审议2015年上半年国民经济社会发展计划执行情况；听取和审议全县"十二五"规划纲要执行情况和"十三五"规划纲要草案，批准《全县"十三五"规划纲要》和2016年计划草案。听取和审议2015年县财政预算方案和部门预算方案，批准2015年县财政预算方案和部门预算方案；听取和审议2015年上半年全县财政预算执行情况，2014年财政预算执行及其它财政收支审计情况的报告，批准2014年财政决算。听取和审议县人民法院、县人民检察院2015年半年工作报告。

2. 听取和审议专项工作汇报。听取和审议县人民政府关于绿化××四年行动进展情况、县自来水厂及二水源建设、县经济开发区环境保护工作、水泥窑协同处理生活垃圾项目、旅游发展、农业生产环境、县本级专项资金使用情况、县政府简政放权落实情况、关爱留守儿童、城区大班额化解四年行动计划落实和人民调解等专项工作情况的报告。改革和完善县人大常委会工作评议办法，年度计划组织对3~5个县政府工作部门进行评议，被评议单位根据往年评议情况、县乡人大代表和基层人大主席团的意见建议及县人大常委会最终票决的办法确定，被评议单位负责人就评议调查问题现场报告整改打算，接受测评；听取和审议涉及全县6个"四年行动计划"职能的部分县政府工作部门的工作汇报；听取部分驻×市四届人大代表履职情况的报告。开展《中华人民共和国未成年人保护法》及其相关法律法规贯彻执行情况的检查。

3. 督促落实2014年人大常委会审议和交办意见。听取和审议县政府关于办理县人大常委会交办的《关于高中学校债务负债情况调查报告的审议意见》、《关于＜中华人民共和国水土保持法＞执法检查报告的审议意见》、《关于对县农业局评议意见》、《关于对县住房和城乡建设局评议意见》和《关于对县教育局评议意见》落实情况汇报。督促 2014 年组织的学校食品安全、文物保护、新型农村合作医疗、农村公路建设、物业管理条例执法检查、涉农工程项目质量等审议意见的落实。

4.适时开展专题询问。结合听取和审议专项工作报告，选择人民群众普遍关心关注的问题，向县政府及其相关部门开展专题询问，增强监督工作实效。

5.做好规范性文件备案审查。制订和完善县人大常委会规范性文件备案审查办法，听取和审查 2014 年全县规范性文件备案审查工作汇报，将所有规范性文件均纳入县人大常委会备案审查范围，突出抓好重要职能部门规范性文件备案审查，做到有件必备、有错必纠，切实维护国家法制统一。

6.抓实"五行"活动。将"五行"活动与县人大常委会年度执法检查、视察、工作评议等活动有机结合，进一步提高活动实际效果。组织开展环保世纪行、安全生产行、三湘农民健康行、农产品质量安全行和民族团结进步行活动，促进环境保护、农产品质量安全、农民健康和民族团结进步。

7.加强信访工作。督促解决群众合理诉求，努力为群众排忧解难，促进社会和谐稳定。

（三）做好人事任免工作。坚持党管干部原则，加强联系与沟通，完善任前考察考核和依法任免工作机制，依法做好人事任免工作。建立县人大常委会决定任命人员宪法宣誓制度，积极探索和加强对常委会任命干部的任后监督，认真落实由人大及其常委会选举任命的国家机关工作人员向人大常委会报告履职情况和个人重大事项制度，促进国家机关工作人员更好地履行职责。

（四）促进代表履职。进一步完善人大常委会组成人员联系代表和代表联系选民制度，建立县人大常委会组成人员联系代表工作台帐；全面启动"人大代表联系群众工作站建设年"活动，每个乡镇建设 1 个以上代表联系群众工作站；结合落实党的群众路线教育实践活动整改提高环节的要求，认真组织人大代表积极参与"联系群众、服务基层"主题活动，着力完善代表履职平台建设，充分发挥人大代表在支持经济发展、促进民生改善、维护社会稳定中的重要作用。抓好代表学习培训，保障代表知情知政，组织代表向选民述职，增强代表履职意识，提升代表履职水平。继续开展以"提得好、办得好"为主题的代表议案，建议"两好"竞赛活动，激励广大代表积极撰写高质量的议案建议，认真督促代表议案和建议、批评、意见办理，重点加强对议案和建议具体落实情况的检查和督办，切实提高议案建议办理质量。

（五）加强对代表小组和乡镇人大工作的指导与联系。督促乡镇人大主席团和县经开新区人大联工委积极抓好日常工作，认真开展"联系群众、服务基层"主题活动，积极组织开展"六个一"活动（即组织人大代表开展一次学习培训、一次以上调研视察、一次向原选区选民征求意见、一次政情通报会、一次代表向选区群众述职、一个以上代表履职好典型），促进乡镇人大及代表小组工作制度化、常态化。加强对乡镇人大的指导和联系，继续推行县人大常委会领导联系乡镇人大及走访代表制度，增进乡镇人大之间的交流，支持乡镇人大依法行使职权。督促县人大代表小组紧扣实际，积极开展有特色、有实效的代表小组活动，促进县人大代表履职到位。

三、积极适应新形势，努力加强县人大及其常委会自身建设

1. 加大县人大常委会工作公开力度。要按照上级人大和县委的要求，自觉接受代表对常委会工作的监督。利用人大网站、代表系统管理网络等平台，及时向人大代表通报全县经济社会发展的重要信息、人大常委会履职情况和代表议案、建议、批评和意见办理情况，扩大代表知情知政渠道，提高人大常委会工作的透明度。

2. 继续推进"五型"机关建设。根据党的群众路线教育实践活动要求，不断完善和落实好县人大常委会机关各项工作制度，加强精细化管理。继续积极开展"学习型、团结型、务实型、清廉型、创新型"机关创建活动。坚持人大机关和常委会会议活动严格执行法定程序，重要活动和会议有计划安排、有实施方案、有专人负责。计划建设县人大常委会机关学习阅览室，在机关干部中开展读书笔记、论文竞赛活动；开展一次全县人大系统业务知识竞赛活动，组织 2 次以上县人大机关工会联谊活动。

3. 加强人大宣传工作。进一步做好人大制度研究和宣传信息工作，加强与宣传部门和新闻媒体联系，全力办好 ×× 人大网站。关心人大宣传工作队伍，结合周边县市情况提高宣传奖励标准，建立和稳定一支想写、能写和善写的通讯员队伍。充分发挥县人民代表大会制度研学会的理论研讨作用，提高人大理论研究的针对性和实效性，为人大工作营造良好的工作氛围。

4. 积极参与全县中心工作。继续做好县级领导扶贫、党建、新农村建设和重大项目等工作，搞好机关包村扶贫、"一整三创"等工作，为我县率先全面建成小康社会贡献更大的力量。

例文解析

人大是国家的权力机关，人大领导的工作计划要突出人大工作的全局性和广泛的代表性。作为人民群众意志的集中体现者，人大是各种问题的聚言堂，也是各种问题的解决和监督的主体。

例文实事求是、客观真实的反映和表述了作者职责内的下阶段工作计划。既没有脱离现实、好高骛远，也没有因循守旧、停滞不前。计划的内容具体详实，如"开展一次全县人大系统业务知识竞赛活动，组织 2 次以上县人大机关工会联谊活动"等句。

例文四：

××市人民法院 2015 年工作要点

2015 年是全面推进依法治国的开局之年，是稳步推进司法体制改革的攻坚之年，也是我院提升司法公信、彰显司法效能的关键之年。总的工作思路是：认真贯彻党的十八大和十八届三中、四中全会及中央、省、市经济、政法工作会议精神，紧紧围绕"努力让人民群众在每一个司法案件中都感受到公平正义"的目标，牢牢把握司法为民、公正司法的工作主线，始终瞄准"先进文化引领的规范化服务型法院"的愿景，不断深化对司法规律的认识，不懈探索加强审判工作和队伍建设的有效途径，积极回应人民群众对司法工作的新要求和新期待，以更大的决心、更大的魄力、更优的业绩，为我市经济稳定增长和社会和谐稳定提供更加有效的司法支持。

一、始终坚持服务大局不动摇，进一步优化发展环境

1. 始终坚持党对司法工作的绝对领导，严肃党的纪律和政治规矩，建立向市委及中院党组定期报告工作制度，切实处理好坚持党的领导和依法独立公正行使审判权的关系。

2. 密切关注经济社会的运行态势，妥善审理好保持经济稳定增长、转变经济发展方式、优化经济发展空间格局过程中的各类案件，促进经济向形态更高级、分工更复杂、结构更合理的阶段演化。

3.大力推进司法诚信和社会诚信建设，持续保持打击"失信"行为的高压态势，积极惩处"跑路"、"失联"等恶意逃废债务行为，确保让守信者处处受益、让失信者寸步难行。

4.公正高效地审理好金融纠纷案件，及时将诉讼中发现的金融管理疏漏和违规情况形成司法建议，积极规范金融秩序，防范金融风险。

5.妥善化解在环境资源、劳动就业、社会保障、医疗卫生以及农村土地改革、农业人口转移、老旧街区改造、房地产开发等重点领域的矛盾纠纷，积极稳妥推进社会健康发展。

二、始终坚持公正司法不懈怠，进一步彰显审判效果

1.依法严惩暴力犯罪、毒品犯罪、危害食品安全犯罪、环境污染犯罪以及严重影响社会治安和群众安全感的多发性侵财犯罪，提高人民群众安全感；积极参与"平安××"建设，促进完善社会治安防控体系，保障人民群众安居乐业。

2.充分发挥民事审判在纠纷止争、规则指引及利益调节等方面的作用，把谋民生之利、解民生之忧作为法院工作的重点，认真审理好婚姻家庭、农民工维权、物业纠纷、道路交通事故赔偿、保险理赔、民间借贷等事关民生的各类案件。

3.顺应深化行政审判改革的大趋势，拓宽受理范围、排除不当干扰，着力解决好行政审判"难立、难审、难执"的问题，妥善化解好行政相对人与行政机关的矛盾纠纷，积极为贯彻实施新修改的行政诉讼法创造更加充分的条件。

4.以规范执行行为，推进执行公开为着力点，常态化开展专项集中执行活动，积极采取媒体曝光、罚款、拘留等措施，认真实施失信被执行人"黑名单"制度，促使被执行人履行义务；着力推进执行指挥中心信息化建设，加大点对点的联合查控力度，努力让打赢官司的当事人及时兑现权益。

三、始终坚持创新驱动不停止，进一步提升司法质效

1.完善落实审判执行流程操作规范，明确法官及其他工作人员的权、责、利，强化对审判权、执行权的监督制约，积极构建"让审理者裁判、由裁判者负责"的司法权力运行机制。

2. 加大对审判、执行工作的动态监督及审判节点的控制，规范对立案、开庭、结案等环节的监管，准确运用均衡结案指标，探索实行审限管理与业务管理分离，坚持每周进行审限预警通报，严格控制审限变更，确保案件审限内结案率100%。

3. 强化审判质效数据分析和应用，健全发改、再审案件研判制度和常规案件类型化处理制度，完善案件质量控制体系，解决制约审判质量及效率的深层次问题，确保案件合格率继续保持在100%，整体司法质效继续走在全省、全市法院前列。

4. 全面深化司法公开，进一步加强审判流程、裁判文书、执行信息三大公开平台建设，运用信息化实现审判流程再造，着力构建开放、动态、透明、便民的阳光司法机制。

5. 深入推进轻刑快办、简案快审、刑事案件速裁程序改革和诉非衔接机制建设，加大民商事案件诉前调解力度，着力构建高效、便民的审判运行机制。

四、始终坚持群众路线不走样，进一步践行为民宗旨

1. 充分运用好、管理好诉讼服务平台，努力做好诉调对接、立案登记、财产保全、释法答疑、诉讼风险提示、诉讼材料接转等工作，积极为当事人提供"一站式"和全方位的诉讼服务。

2. 把巡回办案、"送法下乡"等作为落实司法为民的新常态，积极深入到企业、社区、学校等群众集中、纠纷集中的地域进行巡回审判，确保有不少于50次的巡回审判活动。

3. 认真研究互联网时代人民群众多元化、个性化司法需求，注重发挥人大代表、政协委员、人民陪审员等与人民群众沟通的桥梁作用，多方式、多渠道收集人民群众建议意见，提升司法服务的针对性、精准性。

4. 探索建立追索工资报酬、工伤赔偿等涉及广大人民群众切身利益以及追索赡养费、抚育费、扶养费等特定类型案件的快立、快审、快调、快执工作机制，以公正、高效的服务彰显司法人文关怀。

五、始终坚持从严治院不放松，进一步树立司法公信

1. 认真践行社会主义核心价值观，做到信仰法治、坚守法治；深入推进以"崇德、尊法、精业、勤政"为核心内容的 ×× 法院文化建设，强化干警的主体归属感和职业尊荣感。

2. 严格执行中央"八项规定"和省、市及上级法院作风建设要求，构建从严管理队伍的制度化、常态化机制，做到时刻提醒、经常警示；坚持以"零容忍"的态度，坚决惩治司法腐败行为，努力营造法官清正、法院清廉、裁判清明的良好氛围。

3. 加大履职能力培训力度，推行全员岗位业务培训；建立符合法院工作特点的人员管理制度，充分挖掘人力资源潜力，做到人尽其才、才尽其能，推进正规化、专业化、职业化建设。

4. 大力践行"一线工作法"，深入基层、深入实际、深入现场收集证据、了解案情、化解纠纷；坚决整治冷硬横推、吃拿卡要、庸懒散奢等不正之风，切实解决"六难三案"问题。

例文解析

法院领导工作计划要强调突出"公平和效率"，要充分发挥审判职能作用；以法院改革为动力，全面提高法官整体素质；以强化内部管理为手段，加强法官队伍建设；以质量建院为根本，提高审判效率；为全面建设小康社会提供有力的司法保障。

例文表达清晰，用语简洁明了，有条理，值得我们学习，如"始终坚持……始终坚持……始终坚持……"很好的体现出人民法院领导开展下一步工作的决心。采取并列的结构，使文章条理清晰，计划内容面面俱到，能让我们看到例文作者的明确工作思路，给人可信性。

中编
总结的写作

第五章 总结概述

第一节 总结的概念和作用

一、总结的概念

总结是单位或个人对过去一段时期内的实践活动进行系统的回望与归纳、分析及评价，并从中概括出规律性认识用以指导今后工作的事务性文书。它是各级党政机关、人民团体以及企事业单位经常使用的一种文体，通过总结，可以找出具体的经验或教训，发现规律，认识缺点错误产生的原因，调整改革与前进的方向，有利于今后工作的进一步规划与发展。

当我们进行一段社会实践后，就需要认真地对过去一定阶段的工作、学习或思想情况进行回顾、分析，作出判断，以便肯定成绩，发现不足，摸索规律，明确前进方向，更好地指导今后的实践。这一反思的过程正是总结的具体体现。

这里所谈的总结，主要是针对工作总结而言的，所以书写一份优秀的总结不仅是自身工作能力的体现，同时也是不断提高认识水平的一个过程。

工作总结除了要求作者应具有基本的写作能力外，还涉及作者对以往工作的总结、分析、研究等多方面的能力。它所要解决和回答的核心问题，不是某一时期要做什么，如何去做，做到什么程度，而是对某项工作实践结果的总评定和总结论，是对以往工作的一种宏观的理性分析与思考。

二、总结的作用

总结是做好各项工作的重要环节。通过它，可以全面地、系统地了解以往的工作情况，可以正确对待以往工作中的优缺点；可以明确工作的目标与方向，提高工作效率。

总结同时也是认识世界的重要手段，是由感性认识上升到理性认识的必经之路。通过工作总结，那些零星的、肤浅的、表面的感性认识上升为全面的、系统的、本质的理性认识。毛泽东同志曾经指出：领导者的责任，就是不断指出斗争的方向，规定斗争的任务，而且必须总结具体的经验，向群众传播这个经验，使正确的获得推广，错误的不致重犯。

总之，总结在工作中具有重大的意义与作用。

进一步看，总结经验对锻炼提高中层领导干部的思想、政策和业务水平更加具有重大意义。总结工作不仅能使我们获得丰富而又系统的经验，而且通过分析成功和失败的原因，能使我们养成了解情况、研究工作、分析问题的良好习惯，提高运用正确的态度、观点和方法来观察事物、处理问题的能力。因此，写好工作总结对于我们中层领导干部个人来说，是一个极好的锻炼和提高自身的机会。我们应勇于实践，勤于、善于总结，在实践和总结中锻炼提高自己。

从唯物主义认识论上说，总结可以实现认识的新飞跃。毛泽东曾指出，一个认识的过程，是实践、认识、再实践、再认识，多次循环反复的过程；认识的阶段要由从感性认识上升到理论认识。写总结，通过系统检查实践活动情况，有利于实现从实践到认识、从感性认识到理性认识的飞跃。生活中，一些人工作多年，但却没有进步，重要原因是不善于对实际情况进行理论的概括总结，不善于按客观规律办事。在实际工作中，总结可以指导未来的工作。列宁称，应该"从今天的历史经验中吸取教训，以便应用于明天"。总结有助于人们吸取经验教训，增强自觉性、预见性，少走弯路，少犯错误，把工作做得更好。一篇高质量的经验总结通过传播更可以使大部分人受益。从作风上看，总结可以克服官僚主义，培养群众路线，树立良好的工作作风。写总结，就应该深入实际，接触群众，听取意见，客观上就需要了解实际情况、注意群众情绪，密切同群众的联系，很好地理解和贯彻党和政府的各项方针政策，克服歪风邪气。正基于此，邓小平多次强调，要研究新情况，总结新经验。

总结作为一种指导今后工作的回顾、反思性文件，它本身并不具有行政约束力，而是有利于提高认识。认识是实践的指导，有无正确的决策取决于有无正确的认识。因此，总结在各级各类机关中被广泛应用。特别是在当今千变万化的市场经济条件下，企业经营者和管理者都必须适应和掌握经济发展的客观规律，不断探索出新的、可行的方法，追求理想的经济效益。这就需要从本单位、本部门的实际情况出发，通过总结，从以往的实际活动中发现规律，从而获得真知，把握主动权，实现有效管理。通过总结，还可以培养人们正确理解事物、分析问题的能力，提高人们的认识水平。

第二节　总结的特点

所谓特点，就是与其它文体相比较而表现出的不同和区别。分析和认识总结文体的特点，是写好总结的关键。不深入了解总结的特点，就容易抓不到重点，也就很难写出有特色的总结。归纳起来，总结与其它文种相比较在以下几方面具有鲜明的特点。

一、写作主体上的特点

总结的写作主体具有自我性。

总结总是在工作完成以后或告一段落时写，总结要以自己原先制定的计划或上级的政策、方针为评价是非得失的根据。总结所回顾的是本单位的工作，所研究的是本单位的经验教训，是当事人对自己工作的分析评价，写作中所采用的是第一人称。总结材料是自我总结的产物。

总结是实践活动的产物，它以客观评价自身工作的经验教训为目的，以反思自身工作情况为基本内容，以自身工作实践的事实为材料，最后得出的理性认识也反映着自身工作实践的规律。总结中的成绩、经验、教训和方法等都具有自我性特征。所以内容的自我性是总结的本质特点。不是我认为你怎么样，而是说我（们）怎样。就是自我解剖，自我认识，自我评价，自我肯定，自我批评，自我提高、自我完善。因此，一般是以第一人称我（我们）出现，也有个别用第三人称的。

二、写作内容上的特点

（一）理论性

总结应当忠实于自身实践，但总结不是工作活动的记录，不能完全照搬活动的全过程。它是对工作实践活动的本质概括，要在反思工作过程的基础上进行分析和综合，归纳出能够反映事物本质规律的认识，实现感性认识到理性认识的飞跃，这也正是总结的价值所在。总结要求我们在正确理论指导下，对实践活动进行全面、系统的评析，其中取得成绩和出现问题的原因是什么，主要的经验和教训是什么，对于这些都要作认真的分析研究，这样才能将实际情况上升到理性的高度来认识。通过以上可以看出，总结具有一定的理论色彩，那种只陈列事实而不分析综合的方法是同理论性这一特点相违背的，是不可取的。

（二）经验性

经验性也称回顾性。总结不是写现在，而是写过去。就是对已经做过的工作，进行全面地、系统地回顾、分析、研究、综合、归纳和提炼，把大量的感性材料集中起来，使之条理化、系统化、理性化、科学化。

总结以回顾实际情况为内容，阐述前一段时间做了什么、如何去做的、有什么效果、有什么心得体会，全部内容都是经历过、体验过的，是真实的，不是随意编造出来的。真实、客观的材料是总结得出正确观点的基础；如果随意编造，夸大缩小，甚至无中生有，都会引出错误的结论，就违背经验性的要求，失去总结的本来意义。总结必须从理论的高度概括经验教训。凡是正确的实践活动，总会得到物质和精神两个方面的成果。作为精神成果的经验教训，从某种意义上说，比物质成果更珍贵，因为它对今后的社会实践有着重要的指导意义。这一特性要求总结必须坚持"实践是检验真理的唯一标准"的原则，去正确地反映客观事物的本来面目，找出正反两方面经验，得出规律性认识，这样才能达到总结的真正目的。

（三）客观性

总结是对以往工作的回顾和评价，因而要尊重客观事实，以事实为依据，具有很强的客观性特征。它是以自身的实践活动为依据的，所列举的事例和数据都必须完全可靠，确凿无误，任何夸大、缩小、随意编撰、歪曲事实的做法都会使得总结失去原有的价值。凡是总结都是事后所写，是对以往工作的分析和研究。以往的情况都是客观存在的，总结中必须尊重客观事实、实事求是。不能背离甚至歪曲事实，不能掺杂任何虚假的成分。

（四）典型性

总结出的经验教训是基本的、本质的、突出的、有规律性的，在日常学习、工作、生活中具有重大的现实意义，具有鼓舞、针砭等作用。

（五）证明性

这是说总结的基本表达手段是被动的，它要用自身实践活动中真实客观的、典型的材料来证明它所作出的各个判断的正确性。

（六）有效性

"经验之谈"往往是针对本单位的具体情况进行具体的指导，当然，我们也不能夸大经验的指导作用，经验还应该是非常有针对性的。缺少指导性的总结，主要为机械地罗列事例。

三、写作体裁上的特点

总结不是记叙文而是议论文。总结不只是对情况与事实作概略性的综合归纳，而主要是对事物作本质的分析、评价，把感性认识上升到理性认识，从中探索出事物发展的基本规律。不仅要努力找出规律，清晰地反映规律，还要用事实准确无误地说明规律。具体来看有以下几个方面。

（一）概括性与规律性

工作总结是对工作成绩、经验和教训进行分析研究，把零散的经验系统化，把浮浅的认识加以凝练，上升到理性认识的高度，从中概括出客观规律。从写作角度讲，要以事实和材料阐述观点，对问题作出评价。因此，总结是对工作实践的一种本质概括，是人们不断认识和改造客观世界的重要途径。

（二）叙事性与评论性

总结要概括、叙述过去的工作，找出经验，总结教训，常采用叙述的表达方式，交代清楚事实。在此基础上，进行分析评论，总结规律，指导工作。

（三）自述性与朴实性

"自"指本人或本单位。表述以当事人、当局者的口吻，用第一人称"我"、"我们"说明事实；"述"，指以简述为主，报告事实材料；适当地进行议论，夹叙夹议说清楚做法、效果和体会。语言平易朴实，不需要形象的描绘，不需要华丽的形容和渲染。学习要总结，工作要总结，打仗要总结，生产要总结，所有实践活动都要总结。

四、写作目的上的特点

总结不是预测情况，估算数字，盘算问题，而是肯定成绩，找出问题，悟明道理，明确方向。回顾昨天，看今天，指导明天。总结工作不是目的，目的在于吸取经验教训，做好当前和今后的工作。如果只是把总结当成记录材料，写成流水账，就无法达到预期的效果。具体来看有以下几个方面。

（一）认识成果的规律性

总结的目的不仅仅是回顾、陈述以往的工作情况，更重要的上升到理论的高度总结出其中的经验教训，得出规律性的科学结论，以便指导今后的工作。规律性的认识，是总结材料的精华；得出规律性的认识，是总结的目的所在。

（二）具体工作的指导性

通过工作总结，深知过去工作的成绩与失误及其原因，吸取经验教训，指导将来的工作，使今后少犯错误，以便取得更大的成绩。总结应着力写出指导性。总结的指导性主要体现在经验教训上，因而总结应重点来写经验教训。总结缺乏指导性的原因，一是把总结当成评功显耀的工具，二是把总结当成了报告，三是错误地模仿代表大会上所做的工作报告中的"回顾"，四是忽略了总结应当具有指导性。为了使得总结能增强指导性，应明确写总结的目的，应对前一段实践活动进行分析研究，应把经验教训做为中心内容来写。总结的指导性在写作实践中反过来对人们的实践活动能够起到直接的指导作用。例如，虽然农民不懂农业科学技术，但他们根据自己的经验也能把地种好，可见总结具有普遍的指导性。总结虽然不像命令、决定、指示等文体那样具有很强的指导性，但总结特殊的指导性却也是其它文体无法取代的。

五、最终作用上的特点

总结的最终作用具有行动指南性。

总结就是向本单位的群众报告情况、向上级汇报工作以及向外单位介绍情况和经验。向群众作总结并报告工作，是为了让群众了解各方面工作的情况，树立信心，明确方向，增强凝聚力；向上级汇报，是让上级机关全面了解下面工作的具体情况，以便及时、正确地进行指导；向外单位介绍本单位的工作情况和经验教训，以提供学习借鉴。

总结记录是推动工作前进的重要环节。人类总得不断前进，不断发展。通过总结，可以知道哪些是应该肯定的，哪些是应该继续坚持和发扬的，哪些是在今后工作中应该避免和纠正的。

由此可见，总结可以指导下一步，使今后少犯错误，少走弯路。总结是对实践过程的本质概括，从过去的实践上揭示出事物的本质，找出工作规律，加上本单位的一些具体事例，形成"两结合"的总结。做工作不能单凭实践中得到的感性认识，这样就很容易混淆事物的本来面貌，这种认识有局限性。要把感性认识上升到理性认识，使之能正确、全面地认识问题。这样的总结的结论往往能够成为行动指南，这样工作能力才能得到提高。而总结的过程，是由感性认识上升到理性认识的过程，总结是有指导性的工具。

指导性是工作总结的价值所在。总结就是"回头看"，但其目的在于"向前进"，是为了更好地指导今后的工作。因此，工作总结必须有很强的针对性、指导性。这就要求它密切联系理论与实践，完成由感性认识到理性认识，再到实践的两次能动的"飞跃"。

第三节　总结的类别

从不同角度划分，总结可以分成各种类型。如：根据内容：思想工作总结、经济工作总结；根据总结的对象：学习总结、工作总结、思想总结、会议总结、生产总结等；根据范围：地区工作总结、单位工作总结、部门工作总结、个人工作总结；根据时间：三年以上工作总结、年度工作总结、季度工作总结、月份工作总结；根据总结的主体：单位总结、个人总结。

其实，上述分法在实际应用中多数是相互交叉的。从各级党政机关和行政单位来讲，总结的内容自然是本部门本单位的工作。因此，全面性工作总结和专题性工作总结之分，是对总结的一种比较切实可行的区分。另外，具有实用意义的分类是根据其功能及写法，分为汇报性总结和经验性总结。

下面，我们将对这四种比较有代表性的文种做一下详细阐述。

一、全面性工作总结

全面性工作总结是对一个单位、一个组织在一个时期、一个阶段内的工作实践进行全面总结，它一般内容丰富，篇幅较长。其关键是要总结经验和教训。一般时间跨度长，涉及范围广，包含内容多。

在写作过程中，既要把各方面的工作情况都反映出来，又要突出中心，抓住重点，纵深结合。其有效办法就是要搞好三个统一：统一总结的中心内容，是以反映工作情况为主，还是以反映经验体会为主，要有一个明确的中心；统一总结的主题思想，写全面总结要树立一个主题思想，确定一个主题，围绕主题写就不会偏题；统一对工作形势的评价，写全面总结之前，要对本组织在该阶段的工作形势有一个明确的评价，搞清楚总体的形势如何，哪些工作做得最好、成效最突出，哪些做法和经验值得总结推广，哪些组织的工作最典型，哪些问题和原因需要总结上报。在这些方面统一了思想认识，总结就有了主攻方向，结构编排就容易，就易产生灵感。

总结通常包括基本情况、主要成绩、做法体会、存在问题等。年终工作总结、领导班子换届时的总结，一般就属于这一种。写这类总结，既要如实反映各方面的工作情况，又要注意突出中心、抓住重点、写深写透。要写好这样的总结并不容易，尤其是年终工作总结，下属的组织都争着把自己所做的工作成绩反映出来，如果把握得不好，就很可能写得面面俱到却缺少重点、缺少特色。要想做到有重点、有特色，我们就应该在两个方面统一思想：

1. 坚持以一级领导工作为基点，综合情况。一级领导工作的运转固然离不开下属部门和单位的实践作支撑，但是总结仅罗列其下属部门的材料并不能反映该级领导工作的实绩。总结中材料的运用必须舍弃个别、经过综合，直接引用的典型事例。

2.要有一个明晰的主题思想，写综合性总结也要确立一个主题思想，以此作为综合情况、取舍材料的依据，如朱镕基在九届全国人大三次会议上作的政府工作报告，就是以全国各族人民"努力推进改革开放和现代化建设事业"为主题来选取材料、组织安排结构的。

二、专题性工作总结

专题性工作总结就是对某项工作进行专题总结，也就是单独对某一项工作、某一个方面的经验教训进行专门总结，它一般内容集中、单一，具有较强的针对性，篇幅较短。其特点是突出一个"专"字，要求主题专、内容专、事例专、经验专、写作手法也专。

在写专题总结时，必须对有关专题的内容、原则、要求、方法，全面深刻地进行认识和理解，知道所要写的总结专在哪里，专得是否有理有据，专得是否新颖。如果不掌握这些情况，就很可能把专题总结写成一般性的总结。它多是讲成功经验和失败教训的。各种会议上的"经验介绍"，实际上是专题总结的一种重要的、常用的形式。报刊上登载的，多是这一种。

求"专"的实质即是求"特"，体现"专题"内在的个性特点，求"特"是写作专题性总结的难点所在。写作专题性总结，必须对专题涉及的材料之间的内在联系、材料的典型意义有全面深刻的认识和理解，把握住所要写的总结专在那里。写作这样的总结，最好按照提出问题、分析问题、解决问题的顺序层层深入地进行，这样才能使人一目了然，给人以深刻启迪。

当然所谓的综合与专题也有它的相对性。财政局的全年工作总结，对于财政局来说，是全面的综合性总结，对于全区的工作来说就是专题性总结。

三、汇报性总结

汇报性总结即工作总结。它的职能就是汇报，向上级反映情况，提供信息，以便领导准确、全面地了解下级的工作情况，获得政策、方针的反馈信息，更好地指导工作和决策工作。汇报性总结的写法除了开头、结尾外，主要是"倒三角"式的写回顾、反思、计划三部分。开头、结尾，可以不写或写得十分简洁。回顾部分要全面和有主次地汇报所做过的工作，回答

"做了什么"的问题。一般情况下，任何单位的工作、成绩总是主要的，所以这个部分实际上是讲成绩。提法各种各样，如"××××年工作回顾"、"××××年来的主要工作"、"做了以下几项工作"，"我们的主要收获"、"取得了一定效果"等等，基本都是汇报成绩，要求客观地叙述事实。汇报性总结的职能决定了这部分是全文的主体，所占比例最大。反思部分是总结者自己对过去工作的评价，即回答"做得怎么样"的问题。有的写工作中存在的困难、问题，有的写主观方面的缺点、错误，有的写经验、体会。应根据实际情况写出某一、两个方面。回顾、反思过去是为了指导将来。总结者应该在吸取了过去的经验教训的基础上，对下一步工作提出些指导性的意见。所以，计划部分常体现对今后工作的打算、意见、建议等。

四、经验性总结

经验性总结又称典型性总结。它的作用是介绍经验。"经验"的本义是指由实践得来的知识。我们现在所说的经验总结通常指由实践得来的正确、先进的知识。因此，它不必全面、系统地反映一个单位的全部工作，只反映其正确、先进的经验即可。经验性总结是公开的，可以通过报纸、刊物、会议交流资料等渠道广为传播。经验性总结不是每个单位必须写的。一般是受到上级嘉奖或舆论好评的先进单位；某些先行、试点单位；或值得"毛遂自荐"、"抛砖引玉"的单位才有必要写。

经验性总结的写法，除了可有可无的结尾外，是一种"正三角结构"，主要分引言和主体两大部分。引言部分带有背景的性质和作用。因为经验总结不是全面、系统地反映一个单位或一项工作，只反映某一侧面，因而必须将有关情况作些介绍，以利于读者理解文章所介绍经验的由来、意义。有的总括取得的成绩，有的简介基本情况，有的指出原先存在的问题或前后变化，有的限制题材范围或阐明主题。主体部分，是具体经验之所在。具体体现为做法、成效、体会三种形态。做法，就是"怎么做"，这是人们的主观努力，主观符合客观就成为经验，这是做好工作的前提。学习别人的经验，必得了解别人是如何做的，所以经验性总结介绍做法最多。成效，就是"结果怎么样"，有什么效果，这是主观是否符合客观的实践验证。因为好的设想（做法）不一定适合客观实际，最终要看效果，所以，成效是做法是否合适及是否有价值的有力证明。体会，是理性认识，把实践上升为理论，把个别现象抽象为普遍的规律，使个别经验成为普遍的经验，具有广泛的指导意义。事物的现象千差万别，但有许多道理是共同的。向外单位、向社会介绍经验不能就事论事，需要提炼出具有共性的规律来。做法、成效、体会相辅相成，密切相关，同时，又各有相对的独立性，可以突出和侧重某一个方面而兼及其他方面。经验性总结根据工作特点和需要，常常采用突出和侧重某一方面而兼及其他的写法，形成"以做法为主"、"成效为主"、"体会为主"的三种模式。有些工作成效的关键在于做法，有的工作做法复杂新颖，不说清别人无法接受，这种情况适用做法为主的写法。有些工作做法并不困难，但是这种做法的效果却往往被人们忽视甚至藐视，这类经验适合于着重写成效。有些经验侧重于思想认识上的突破与转变，因此适合于着重写体会。

第六章　总结的结构及写作流程

第一节　总结的结构安排

一、总结的宏观结构

总结一般涉及两方面内容。一是基本情况。它包括工作所包含的范围，工作的时间，参加的人员，工作的内容、进程和取得的成效等。如某县关于某年计划生育工作的经验总结，就要首先说明全县所辖的地域范围，人口和育龄夫妇的数字，全县城乡人民生活的基本状况，还要概述计划生育的领导部门和下级的主管人员作了哪些工作，采取了哪些措施，以及当前所取得的成绩等等。这部分材料必须用概括性的文字较全面地反映清楚。在写作上，可以把它写成一个前言，也可单独作为一个部分。二是主要的工作做法和经验。做法可以单独写，也可以和经验结合起来写，还可以结合工作进程结合起来写。总之，工作做法和经验这部分应该是总结的核心部分，其中包括存在的问题和教训。存在的问题包括工作中遇到的暂时没有条件解决的问题和解决不彻底的问题。可以针对这些问题，提出一些改进意见。教训有的就结合在经验中写，有的单独写。这部分在行文时，可以单列一部分，也可以作为结束语。

根据总结涉及的一般内容，总结写作的谋篇布局有着自身的宏观基本结构，常见的布局方式有以下三种。

1.开头概述基本情况与取得的成绩，主体部分集中写经验。这种写法经验突出，很多典型经验总结都采取这种写法。

2.开头概述基本情况，主体写全部工作中的几个重要方面，每个方面分别写出成绩、经验、不足、教训，结尾写今后打算。这种写法需注意两点：一是不能让成绩遮盖经验或只见成绩不见经验；二是主体中所写几个方面的工作，一定要是前一段的主要工作，同时也是今后要遇到的问题，这样指导性才强。

3.开头写基本情况，主体分为成绩、经验、不足与教训三个部分，结尾写今后打算。有人称这种写法为"老三块"，趋于否定，认为这种写法单调冗长。实际上这种写法与单调冗长没有必然的联系，只要将成绩与经验处理得当，以经验为核心，这种写法也是可以采用的。

谋篇布局是一篇总结成功的关键，因此它具有一定的基本要求。一是完整连贯，首尾圆合。所谓完整是指文章的结构布局有头有尾，首尾圆合，通篇一体连贯；要求文章的部分与部分之间、片断与片断之间、前言与后语之间都要紧密连接，以一贯之，结构严谨。二是详略得当、错落有致。我们在安排层次和段落时，长短要适当搭配，其详略不要均等，要根据主题表达的需要，有详密、有疏落，使全篇布局疏密相间，错落有致。总之，要合理安排，有的放矢，才能使公文错综其势，舒缓自如，给人一种抑扬顿挫、节奏铿锵之感。三是波澜起伏，曲折变化。正如"文似看山不喜平"，文章布局应该崇曲忌直。谋篇布局的波澜起伏和曲折变化，反映了客观事物的错综复杂和发展变化，同时，也能满足读者、听者的审美要求。但是，必须合理、合度，既要意料之外，又要情理之中，要使开合、起落、曲直、伸缩等等恰到好处。

那么我们该如何做好总结的谋篇布局呢？首先要锻炼思路。谋篇布局是思路的表现形式，所以，我们写文章要提高谋篇布局的能力，根本的是要努力锻炼思路，提高逻辑性、条理性。其次，则要有清晰的逻辑顺序。只有对内容经过精心思虑，对文章的谋篇布局做到胸有成竹，再动笔写作，才能写出结构严谨，逻辑性、条理性强的文章。最后要列好提纲或打好腹稿。这是起草总结的一道重要工序。按提纲写稿子有许多好处：可以帮你组织材料；可以使你想问题更周到；避免一面写一面想。列提纲，一定要在把握领导意图和吃透"两头"的基础上进行。提纲越细致越好，不要只列大题目，还要列小题目，就连每个小题目里各写几层意思，哪一层意思归属哪一个题目也要考虑清楚。比较简短的总结，可以不列提纲，但一定要打好腹稿。打腹稿，虽然不一定形成文字，但对文稿的谋篇布局要想明白。有了好的提纲或好的腹稿，文章等于完成了一半，总结写起来就会得心应手。

二、总结的微观结构

总结的基本结构一般包括三大部分：标题、正文、落款。标题，一般有单、双标题两种。正文，包括做法和体会、成绩和缺点、经验和教训。正文中的前言，目的在于让读者对总结的全貌有一个概括性的了解，从而为阅读、理解全篇打下坚实的基础。正文的结尾，在总结经验教训的基础上，明确下一步的任务，提出今后努力的方向或目标。落款即署名和日期，日期一般置于落款单位之下，如标题中已标出单位，落款则可省去。现将总结的三部分主要结构具体分析如下。

（一）标题

标题，即总结的名称，主要标明总结的单位、时间和性质。它一般要包括单位或机关名称、时间概念和文种类别（工作总结）"三要素"。但有时仅写时间概念和"工作总结"而省去单位名称。还有一种写法是使用"双标题"。总结的标题一般是根据中心内容、目的要求和总结方向来拟定，同一事物因总结的方向和侧重点不同，其标题也就不同。

1. 单标题。通常由单位名称、时间、事由、文种组成，如《××团委2008年度思想政治工作总结》《××司法局2007年普法工作总结》《××市××研究所2008年度工作总结》。

有的总结标题中不出现单位名称，如《创先评优活动总结》《2006年教学工作总结》，有的只写《工作总结》。有的总结标题概括主要内容或基本观点，不出现"总结"二字，也省略了时限，但对总结内容起到提示作用。例如某企业的专题总结《技术改造是振兴企业之路》和某高校的专题总结《我们是如何实行教学与科研相结合的》。

2. 双标题。即分别以文章式标题和文件式标题为正副标题，正标题点明文章的主旨或中心，副标题标明单位、时限、性质和总结种类。例如：《知名教授上讲台，教书育人放异彩——××大学德育工作总结》《加强医德修养，树立医疗新风——××医院精神文明建设的经验总结》。

（二）正文

1. 总结正文的内容。由于工作情况不同，总结正文的内容也就不同，总的来说，正文一般依次撰写四方面内容：一是概述某一阶段内的整个工作情况，包括工作背景、基础、成绩等；二是写经验体会，包括具体的做法、事例、数据等；三是提出存在的问题与不足，分析产生问题的原因；四是表明今后的设想和努力方向。第二部分应写得最为详尽。有时第三、四方面内容可合在一起写，也就是按照基本情况、主要成绩和经验、问题和意见三大部分来组织全文。成绩和经验这是总结的目的，是正文的关键部分，这部分材料如何安排很重要，一般写法有二。一是写出做法、成绩之后再写经验。即表述成绩、做法之后从分析成功的原因、主客观条件中得出经验教训。二是写做法、成绩的同时写出经验，"寓经验于做法之中"。也有在做法，成绩之后用"心得体会"的方式来介绍经验的。成绩和经验是总结的中心和重点，是构成总结正文的支柱。所谓成绩是工作实践过程中所得到的物质成果和精神成果。所谓经验是指在工作中取得的优良成绩和成功的原因。在总结中，成绩表现为物质成果，一般运用一些准确的数字表现出来。精神成果则要用前后对比的典型事例来说明思想觉悟的提高和精神境界的提升，使精神成果在总结中看得见、摸得着，才有感染力和说服力。存在的问题和教训一般放在成绩与经验之后写。存在的问题虽不在每一篇总结中都必须要写，但思想上一定要有个正确的认识。每篇总结都要坚持辨证法，坚持一分为二的两点论，既看到成绩又看到存在的问题，分清主流和枝节。这样才能发扬成绩、改正错误，虚心谨慎，不断前进。写存在的问题与教训要客观、中肯、恰当、实事求是。

在写作正文时，可以根据内容的复杂程度，使用小标题分别陈述各方面内容，可以用先总后分的结构来写，也可并列展开。

2. 总结正文的结构。总结正文的结构由前言、主体和结尾三部分组成。

（1）前言。即写在前面的话，是工作总结起始的段落。此处力求简洁，开宗明义。前言一般交待总结的目的和总结的主要内容，或介绍工作的基本情况，或简明扼要地写出取得的成绩，或概括说明指导思想以及在什么形势下作的总结。其目的在于让读者对总结的全貌一目了然，为阅读、理解全篇打好基础。因此，不管以何种方式开头，都应做到简单凝炼，文字不可过多，为使总结很快进入主题。

（2）主体。这是总结的核心部分，其内容包括做法和体会、成绩和问题、经验和教训等。这一部分要求在全面回顾工作情况的基础上，深刻、透彻地分析取得成绩的原因、条件、方法以及存在问题的根源和教训，揭示工作中带有规律性的东西。由于主体的篇幅大、内容多，要特别注意层次分明、条理清晰。

主体部分常见的结构形态有三种。一是纵式结构，就是按照事物或实践活动的过程安排内容。写作时把总结所包括的时间划分为几个阶段，按时间顺序分别叙述每个阶段的成绩、做法、经验、体会、教训。这种写法的好处是能够将事物发展或社会活动的全过程清楚明白地展现出来。二是横式结构，就是按事实性质和规律的不同分门别类地依次展开内容，使各层之间呈现相互并列的态势。这种写法的优点是各层次的内容鲜明集中。三是纵横式结构，就是安排内容时，既考虑到时间的先后顺序，体现事物的发展过程，又注意内容的内在逻辑联系，从几个方面总结出经验教训。这种写法多数是先采用纵式结构，写事物发展的各个阶段的情况或问题，然后用横式结构总结经验或教训。

主体部分的外部形式主要有贯通式、序数式、小标题式三种情况。贯通式适用于篇幅短小、内容简单的总结。它像一篇短文，全文之中不用外部标志来显示层次。序数式是将主体分为若干层次，各层用"一、二、三……"的序号依次排列，使文章层次一目了然。小标题式则是在主体部分分为若干层次的基础上，每层加一个概括中心内容的小标题，这样做可以使文章重点突出、条理清楚。

（3）结尾。作为总结的最后一部分，结尾对全文进行归纳、总结，或突出成绩，或表明今后的打算和努力的方向，或指出工作中的缺点和存在的问题，或总结经验，或提出改进意见。这段内容要与开头相呼应，篇幅不宜过长，要求简短利索。

正文是工作总结的主体，一篇总结是否抓住了事情的本质，是否实事求是地反映出了成绩与问题，是否科学地总结出了经验与教训，是否中心突出，重点明确、阐述透彻、具有逻辑性、使人信服，全赖于主体部分的写作水平与质量。因此，一定要花大力气把主体部分的材料安排好、写好正文。

（三）落款

落款包括署名和时间两项内容。如果总结的法定作者和日期已经在标题中或题下标明了，则不需要再写落款。如果为突出单位，把单位名称写在标题下边，则结尾只落上日期即可。如果总结的标题中没有写明总结者或总结单位，就要在正文结尾右下方写明，最后还要在署名的下方标出日期。

总之，工作总结是一种全面总结，写作时要求全面占有材料，一分为二地看待问题，但必须有所侧重，突出重点，防止记"流水账"、四面出击。

第二节　总结的写作准备

写总结之前要做好充分的准备，正所谓"巧妇难为无米之炊"，只有准备充分，起草总结才胸有成竹，才能一气呵成；反之就只能不知从何处入手，只能"十步九回头"，写了撕、撕了写，反复修改，很难写出"高屋建瓴"的总结来。那么，起草总结需要做好哪些准备工作呢？

一、提高个人的思想修养和知识储备

一方面，正确的世界观、人生观、价值观、美学观、历史观、伦理观、文化观对作者的文风、作品的质量至关重要。古人说："志高者意必远"，写作者树立了正确、远大的理想，写作时才能正确地"言志"，做到文意深远。另一方面，"读书破万卷，下笔如有神"，作者只有博览群书，对各方面的知识才能融会贯通、运用自如。同时，总结写作要求的学识既要博，也要专，假如写经济方面、政党建设的总结没有经济学理论、政党理论作基础，是写不出好文章的。所以，平时我们既要强化自己的思想境界修养，也要增进自己的科学文化知识。

二、要把握领导意图、语言风格

所谓"领导意图"，就是领导对撰写某一总结的目的和打算。假如在起草总结前，不了解领导意图，只能是自作主张，乱写一气。所以，在写作前，必须把领导意图搞清楚。对领导意图，了解得越具体越好，越透彻越好。当然，有时领导不可能将意图谈得那么具体、那么透彻，这就要靠公文写作人员平时对近期领导关注问题的把握程度了，要靠充分发挥主观能动性。有了领导意图，写作就有了"尚方宝剑"，就知道写些什么了。"语言风格"就是领导讲话的风格和习惯。假如不了解领导的语言风格，讲话稿写得再好，与领导行不成共同语言，领导也不会欣赏。这就要求作者经常参加会议、感受气氛，通过多种途径把握领导的语言风格。

三、要学习有关文件和报刊，深刻领会中心和上级指示精神

上级指示精神，是各级组织工作的指南。把握了这个指南，工作就能沿着正确方向前进；离开了这个指南，就会迷失方向，甚至会走到斜路上去。总结写作人员，只有深刻领会上级的精神，才能在公文里正确体现上级的指示精神，才能保证上级的思想精神在当地得到贯彻和落实。所以，在起草总结前，我们必须通过学习，把近期上级党委指示精神领会透彻，把准当前时代的脉搏。这是非常重要的。

四、了解当地实际情况

只有了解当地实际情况，才能做好上下结合这篇文章，才能有针对性地提出问题和解决问题。要了解当地实际，就要多翻阅一些资料，经常深入下去，搞些调查研究，事物是不断发展变化的，现代化建设日新日异，新情况、新问题、新事物层出不穷，这就需要我们经常地了解当地实际，把握新鲜事物，否则，就轻易犯"照抄、照搬、照传"的弊端，就轻易发生"言之无物，空话连篇"的缺陷。这是公文写作的大忌。

五、统筹兼顾，科学组织

在碰到写大材料或者是在省市领导来去匆匆，一人准备汇报材料来不及的时候，就需要多人合作，共同完成。经验的做法就是采取"统—分—统"的组织写作方法，即：统一研究写作提纲，分头去写，最后一人统稿。这种方法注重的问题有三：一是根据各自的特长，科学、合理进行分工。参加的人员各有特点，要注重发挥他们特长，谁熟悉哪方面的，就写哪一部分，分

工负责。二是拟稿人要按提纲去写，如有大的变动，需征得主笔同意，以免偏题；对一些细节问题，可以灵活把握。三是主笔统稿时要把好"四关"，即把好"政治关"，看看是否符合上级的指示精神，是否符合党的路线、方针、政策；把好"实际关"，看看是否符合当地实际情况；把好"结构关"，看看结构、布局是否合理、清楚，有无重复的地方，前后风格是否一致；把好"文字关"，看看文字表述是否准确，是否言简意赅。该调整的调整，该删减的删减，该补充的补充。最后，交上级领导审查、定稿。

第三节　总结的写作流程

总结的写作通常按以下步骤进行。

一、前写作阶段

（一）明确主旨

任何一份总结都是根据工作中的实际需要来拟写的。因此，在动笔之前首先要弄清楚总结的主旨，既总结的主题与目的，明确主旨一般包括以下几项内容。

1.明确总结的中心内容是什么。比如相关工作的改善，主要提出目前情况怎样、存在哪些问题、解决方式和需协调的事项有哪些等；再如请求事项，主要说明拟请上级机关答复或解决的问题等。

2.明确总结发送范围和阅读对象。要明确是向上级汇报工作，还要向有关单位推广、介绍经验；是给领导、有关部门人员阅读，还是向全体人员进行传达。

3.明确总结的具体要求。要明确是要求对方了解，还是要求对方答复；是供收文机关贯彻执行，还是参照执行、研究参考、征求意见等。

总之，总结必须明确采取什么方式、主要阐述哪些问题、具体要达到什么目的。只有对这些问题做的心中有数，才能落笔。

（二）收集有关资料

总结的目的和主题明确之后，就可以围绕这个主题搜集材料和进行一定的调查研究，当然，这也要根据具体的实际情况，并不是每拟写一份总结都要进行这一步工作。例如，拟写一份简短的总结，一般来说不需要专门做搜集材料和调查研究工作，在明确总结主旨之后，稍加考虑就可以提笔写作了。但对于较为复杂的问题，还要进行具体的分析和综合。如写篇幅较长的总结，往往都需要搜集有关材料和进行这一步调查研究工作。

占有材料，是总结的起点，是基础功夫。占有材料最好是"详细占有"。所谓详细占有，一是要了解实践的全过程。如一年的工作可分多少个阶段，各阶段抓了哪些事情，遇到过什么困难和问题，如何去解决，结果如何，这些都应该了解。二是掌握一批典型事例。典型事例，不一定就是"先进典型"。矛盾的典型事例、做法的典型事例、收效的典型事例、群众意见的典型事例都可以。对于这些事例，要摸透前因后果，用一段话就说得清来龙去脉。三是掌握关键的数据。绝对数字、百分比都要清楚，做到心中有数。四是掌握背景材料。背景，指工作的历史和环境，如本单位过去的情况、兄弟单位的情况、国内外的气候和国家有关的政策法令等，这些都应有所了解，便于从中看出发展、看出联系。

占有材料，一靠平时的积累，即平时要做有心人，时时处处留心，把有参考价值的材料记录下来，适当的时候进行整理。二靠专门的调查，即在接受写总结任务后，有目的地在一定范围内调查。

怎样为拟写总结搜集材料呢？具体来说有以下几个方面。

1. 收集计划的落实情况。其中包括计划的完成情况、典型人物、事例、统计数字、图表、主要成绩、存在的问题、距离上级或单位领导要求的差距、是否有失误或错误等。对于这些资料要注意平时搜集，有时，机会稍纵即逝，回头再做就麻烦了。

2. 查阅本单位的历史档案资料。包括本单位历年的年终综合总结、阶段性的单项主题性总结、汇报材料、对外宣传材料等。这可以借助于本单位的资料收藏室和档案室的收藏进行查阅。

3. 借鉴兄弟单位的成功经验。这要靠平时留心积累，也可以利用网络浏览搜集资料。

4. 听取领导意见。领导是本单位工作的决策者、指挥者，对全盘工作一般有总的看法，都掌握不少材料，能为总结定出个基调、搭一个框架，他们的意见是非听不可的。执笔者可预约领导人，个别交谈，也可列席领导机关某些会议，听取意见。

5.听群众意见。听群众意见通过个别交谈或开座谈会的方式都可以。关于开座谈会（调查会），毛泽东有过经典的阐述："如到会人数三五个、七八个就够，会前要通知准备，会上让人把话讲完，时不同意见可以展开讨论。执笔者要出席，冷静倾听，适当记录，不要靠转告。"

6.发表格调查。这是占有数据、了解全局的途径。有关表格要按需要设计，既要科学，能说明问题，又要简单易行，便于作答和统计。发给有关单位和个人，请他们逐项如实填报。回收之后，分类统计。

7.进一步学习党和国家的有关方针、政策、理论和领导指示。做好理论准备，摸准领导意图可以事半功倍。揣摩领导意图时要留心领导的一些细节的含蓄表达。例如在期中教学质量检查中，校领导要到各个基层单位现场检查、听取汇报等，其间领导的喜恶自然会流露，言谈举止也不一样。总结的侧重点就是靠作者自己把握了。当然，领导对总结的具体意见更为重要。

（三）进行分析研究

占有材料之后，就要分析研究。其实，每次调查，获得某些材料之后，都要进行分析；掌握了丰富的材料，更要进行全面、系统的分析。关于分析，毛泽东通俗地将其说是"一分为二"，即"去粗取精、去伪存真、由此及彼、由表及里"。具体地说，就是把粗糙和精确地材料一分为二，舍弃粗糙的，保留精确的；把虚假和真实的材料一分为二，舍弃需假的，保留真实的；再进一步，用联系的、发展的观点，对精确和真实的材料做出分析；最后，透过现象抓住本质，得出规律，引出必然的结论。分析的具体方法，多种多样。简单易行的是先后排队法、分类排队法、层层剥笋法和相互比较法，对各种材料进行剖析，并掂掂各自的分量，从中找出特点，逐步明确成绩、做法、问题和经验。这样，总结的中心和重点，就逐步孕育出来了。通过认真的调查和深入的分析，总结的轮廓就逐渐显现出来了。但是，在用文字表达之前，认识总有一定的朦胧性和杂乱性。为了整理主观材料和主观思路，使之明朗化和条理化，就要着手编写结构提纲，为写作搭起一个"架子"，画出一个"蓝图"。

总而言之，收集材料及调查研究，是一个酝酿的过程，有利于掌握全面的、丰富的素材，了解问题的各个方面，然后经过分析思考产生一个认识上的飞跃。

二、写作阶段

（一）拟出提纲，安排结构

在收集材料的基础上，要先拟定出一个写作提纲。提纲是所要拟写的总结的内容要点。拟出提纲是把结果的主要框架勾画出来，以便正式动笔之前，对全篇做到胸有成竹，使写作进展顺利，尽量避免半途返工。

提纲的详略可以根据总结的具体情况和个人的习惯、写作的熟练程度而定。篇幅不长的总结，可以大致安排一下总结的结构，先写什么问题，依次再写什么问题，主要分几层意思等。篇幅较长、比较重要的总结，往往需要拟出比较详细的提纲，包括共分几个部分，每一个部分又分作几个问题，各个大小问题的题目和要点及使用什么具体材料说明等。提纲的文字不需要很多，也不需要在文字上推敲。当然，需要集体讨论或送给领导审阅的提纲除外。

撰写提纲时，对于总结的基本观点可以召集相关人员进行集体讨论研究和修改；由两人以上分工合写的总结，更需要共同研究写作提纲，以免发生前后重复、脱节或相互矛盾的现象。

（二）落笔起草、拟写正文

1. 拟写正文的注意事项。拟出提纲，安排好结构后，要按照提纲所列的顺序，紧扣主题撰写正文。写作中应注意以下两点。

（1）观点鲜明，用材适当。也就是说要用观点来统领材料，使材料来为观点服务。运用材料要能说明问题，做到材料与观点统一。在写作当中，要注意明确观点，用语不能含糊不清，模棱两可、词不达意，似是而非。如果观点不明，令人不知所云。如果只讲观点没有实际材料，就会使人感到抽象空洞、缺乏依据，不易信服。如果只罗列材料没有鲜明的观点，则会使人弄不清要说明什么问题，不了解总结的意图。

（2）语句简洁，交代清楚。拟写总结既要尽量节省用字、缩短篇幅、简练通顺，又要注意将问题交代清楚。

2. 拟写正文的步骤。拟写正文主要包括 7 个步骤。但是具体写作并非按总结文体的结构模式顺序进行，而是首先进行基本经验的写作，把"撰写前言部分"排在"问题和差距"、"设想或打算"、"成绩和做法"之后。标题写作则在其后。最后是签署落款和日期。现分述如下。

（1）撰写前言部分：包括单位名称、工作性质、主要任务、时代背景、指导思想以及总结目的、主要内容提示等。这一部分主要是客观情况。

（2）概括成绩和做法。如果是专题性总结，可用典型人物、事例、统计数字、图表列述。如果是综合性总结，就应用横式结构分述了。这一部分是对计划落实的情况而言，涉及到对前一阶段的工作情况和工作方法的评价，也是客观存在的实际，只是要进行条理性的概括。

（3）分析归纳具有规律性的基本经验。这是总结的主体部分，是总结的理论价值的体现，对今后的工作具有指导作用，也是总结写作首先要解决的"攻坚战"。例如期中教学质量检查的总结写作就是分述学风、教风、校风建设。

（4）列出存在问题和差距。存在的问题、差距和不足，可以分类列述。反面典型人物和事例、统计数字、图表等更具说服力。以基本经验的理论视野俯瞰具体实践，则存在问题和差距更为明显。

（5）今后设想或打算。一般包括改进工作的措施、应该吸取的经验教训或解决问题的办法；需要新出台的举措、开展的工作等。针对存在问题和差距提出今后设想或打算，则针对性和说服力较强。这部分涉及今后工作的开展，是总结写作的重点内容之一。

（6）拟定标题。此时总结文体已成，全局已定，拟定标题就比较轻松了。

（7）签署落款和日期。

三、后写作阶段

后写作阶段包括8个步骤：修改润色；版面设计；打印文稿；请领导审阅，提出修改意见；必要时征求群众意见；分析反馈意见，做出相应修改；反复修改；领导审定，成文。

后写作阶段的主要工作在于初稿写出后，要认真进行修改。写文章需要下功夫。自古以来好文章都要经过反复修改的，写总结也一样，尤其是重要的总结，往往要经过几次审稿才能通过。修改主要包括以下几个方面。

1. 主题的修改。要看主题是否明确，主题论述是否集中、主题挖掘是否深刻。

2. 观点的修改。修改总结要考虑到观点是否正确，表达有无问题。

3. 材料的修改。材料是总结的基础，有了正确的观点，还要通过适当的材料表现出来。

4. 结构的修改。结构的修改，包括总结总体结构的修正，使全文更加严谨、贯通。

5. 语言的精练。主要是修改不通顺的语句，不规范的字及标点符号。

修改工作要做到认真细致，必须有足够的耐心和精益求精的精神。需要指出的是，现代写作学把修改列入写作系统，笔者之所以把修改列入后写作阶段，首先是因为应用文体与其他文体的写作不同，需要在打印文稿之后由领导审定，并有可能反复多次进行修改，直到审定成文，而打印文稿当属于后写作系统；其次，后写作阶段中的5个步骤都与总结的修改有关，如主题的提炼、结构的调整、材料的删改等，既可以回溯到写作系统的立意、行文，又可以回溯到前写作系统的通过阅读而搜集、增加写作材料。

第七章 总结的写作方法及注意事项

第一节 总结写作的基本要求

总结的目的在于指导实践。为此，必须找出工作中带有规律性的东西，具有指导性的经验，因此，总结应切忌"流水账"，即不分主次，不讲轻重，面面俱到，胡子眉毛一把抓。而应突出重点及重心，抓住事物的主要矛盾和矛盾的主要方面。把工作中的基本经验、主要做法，贯彻方针政策的成功之处，指导工作开展的得力措施，推动事业顺利进行的关键所在等都总结提炼出来。

不论何种格式的工作总结，其写作都应遵循以下要求。

一、明确其核心内容

很多总结起草者常感慨，写总结难在平衡关系上，写总结的指导性主要体现在经验教训上，所以总结的侧重点在于寻找经验教训，即要写出规律性的内容。

要突出总结的指导性，就要对前一段的实践活动进行深入的分析研究。总结中得出的的经验教训必须是符合实际的真知灼见，这样的总结才真正有指导意义。同时，还要把经验教训做为核心内容来写。有两个问题需要注意：一是要围绕经验写成绩。写总结自然要写成绩，但写成绩不是为了评功炫耀，自吹自擂。而是为了肯定前一段的实践活动，为了从成绩中得出经验，为了证明经验是否正确；如果写成绩时只注意肯定以前，而忽略了突出经验，自然会导致总结的指导性不强。二是谋篇布局时注意突出强调经验。

二、明确总结的目的

写总结的目的是梳理思路、归纳工作经验，分析工作中的得失，并找到解决问题的办法。有很多人不明白为什么写总结：有的是应上级要求而写，有的是为了年终向群众做报告才写，有的是看别人写我也写，有的是因沿袭惯例而写，有的甚至就是为了写总结而写总结。他们不明白总结的作用与意义，自然也就写不出具有指导性的总结。写总结是回头看，但回头看不是为了沉醉过去的辉煌成就里，而是为了更好地向前走。简而言之，写总结的目的是从过去的实践中找出今后可以借鉴之处，以便更好地进行下一步的实践活动。

三、明确工作职责

总结必须围绕自身的工作职责来写。还有很多单位的总结都由某个人一手包办，这样的总结难免肤浅，所写经验教训或是一隅之见，或是抄袭他人，难以实现真正的指导意义。正确的做法应是先由单位领导及相关人员对前一段工作进行深入的分析研究，肯定成绩，指出不足，并从中找出可借鉴之处。"三个臭皮匠，顶个诸葛亮"，集体分析研究后得出的结论肯定比一两个人的结论高明。经这番分析研究后，再交"笔杆子"动笔，才不至流于肤浅。

四、工作的量化、数字化分析

总结工作是对前面工作的大盘点，能量化的要量化，能数字化的要数字化。从中分析、归纳出工作的规律和思路。

五、总结是为了进一步导出工作计划

一份好的、完整的工作总结可以清晰地导出下一步的工作计划。总结中好的经验保留下来，总结中不足的地方在计划中加以改进。总结是工作计划的基础和依据。

第二节　总结写作的基本方法

一、总结主体部分的结构方式

总结的具体写法，有概述式、结论式、提问式等多种形式。主体，是全文的主干，认识、做法、收效、问题和体会，都在这部分讲。这里着重说说主体部分常用的几种结构方式。

（一）并列式

并列式又称分部式、横式，即按性质归类，把做法和体会等分成几个相互并列的部分。如华南师大党委组织部的《我们怎样办业余党校》，主体部分介绍四点经验：第一，教学内容系统化；第二，党员教育层次化；第三，教学形式多样化；第四，组织管理制度化。每一点，又有若干并列的内容。这种方式，专题经验总结使用得特别多。

（二）阶段式

阶段式又称时间式。即按时间顺序，将内容分成若干个阶段来写，每个阶段均有特点，相互独立，合起来又有连贯性，成为一个有机统一的整体。如某交通部门关于实现第三个运输安全年的材料，主体分为四大部分：第一季度重点抓好春运，第二季度重点抓好防洪，第三季度重点抓好战高温，第四季度重点抓好迎春运。每个阶段，都把认识、做法、效果和体会结合在一起讲。全文时间线索很明晰，阶段性很清楚。这种结构方式用得不多，但也不是没有。实践时间比较长，各阶段又有鲜明特点的，可用这种方式。

（三）递进式

递进式又叫层递式，即按分析问题逐步深入的思维步骤，或由结果追溯到原因，或由现象递进到本质，层层深入，环环相扣地叙写。常用的"成绩—主要原因—问题和意见"三步式的结构方式，就是一种递进式。制定提纲，可以根据内容的特点和表达的方便，选用适当的结构模式，灵活变通。整个过程，应由简短到详细，先写简单提纲，然后逐步展开，写出有大纲、有细目、有材料要点的详细提纲。提纲拟好了，就是行文成功的一半。

二、总结写作的几种技法

提纲拟好了，就可以根据提纲显示的思路写初稿了。总结的重点，应放在提炼新鲜经验这一方面。总结的高质量来源于理论与实际一致、观点与材料统一。观点从对材料的分析中引导出来，又反过来统领着全部材料；材料是形成观点的原料，要真实又典型，在文章中有力地说明观点。为进入这种"统一"的境界，要重视运用以下几种技法。

（一）纵横比较

写总结，要用心研究本人或本单位的特殊本质，即平时说的抓住特点，用本人或本单位的具体经验去回答现实中具有普遍性的问题。而显示特点的重要方法，就是比较。为说明现在的情况，拿过去情况作比较，是纵比；为说明本人或本单位情况，拿别人或别单位情况作比较，是横比。

（二）点、面结合。

点上的材料是指典型例子。它具有具体生动的特点，容易被人理解和接受。面上的材料，指概述事实和统计数字，它概括事物的全貌，显示事物的量，增强文章的科学性。对统计数字进行分析，即常说的定量分析，更是非常重要的。一篇总结，光有点没有面，看不出实践活动的全貌；光有面没有点，又显得平淡枯燥。好的总结，应有点有面，点面结合，既有广度又有深度。

（三）夹叙夹议

前面说过，总结强调以叙为主，用事实说话，但它不绝对否定议论。在叙事过程中，为揭示事实的意义，得出规律，可依据事实作画龙点睛式的分析、评议，应当用理论和实际结合的方式说清楚问题。具体方法，可以先叙后议，可以先议后叙，也可以边叙边议。比较起来，前两种方法较容易掌握，边叙边议方法较难掌握。当然，"熟能生巧"，磨炼多了，熟悉了，困难的也就变成容易的了。

（四）简述过程

提炼新鲜经验，应是总结的重点。所谓经验。通俗地说就是做法和体会。讲做法和体会，要善于简述过程，说清源于什么认识、采用了什么做法、产生了什么效果、得到了什么体会，让人阅后感到你这是在特定环境中做出来的，是真真切切的，是可以学习、借鉴的。在这方面，常见两种毛病，一种是叙述过细，拖沓冗长，不得要领；一种是过于笼统，显得一般化，看不出来龙去脉。优秀的总结，应简洁地说清过程，突出实践的规律。

第三节　总结写作的注意事项

一、总结写作要避免"文患"

从写作心理的角度分析，写作是一个运动发展的丰富多样的心智活动，作者要经历认识过程、情感过程和意志过程，而动机、兴趣、感觉、知觉、情感、意志等心理因素也都会在写作中产生作用。总结写作中一旦出现不正常的写作心理，就会导致"文患"。

"文患"之一是巧妇难为无米之炊。缺少材料是写作经常遇到的问题，但对丁总结的作者来说，材料不应该成为写作的瓶颈。因为总结是对自己做过的工作进行回顾、检查、分析、评价。做了些什么，怎么做的，做得怎样，自己是最熟悉最清楚的。即便是大单位大部门，日常工作头绪多、事务杂，也可以通过材料的收集去掌握。这一问题与作者的知觉定式有关。总结在一般人眼里是总结成绩和经验的，而现实生活中，成绩肯定是需要某种社会评价的。一旦缺少这种肯定，作者便不知该如何言说成绩。常规业务、日常工作往往被作者当作小事忽略不计了。正是由于对成绩的太过看重，才形成取材难、难取材的写作障碍。要认识到成绩是蕴藏在日积月累的琐碎和具体中的，离开日复一日的琐事、小事，成绩、经验就无从谈起。与历史同期比，业绩有提高就是成绩；与相同条件比，工作效果突出就是成就。一定要有清醒的自我认识和恰当的自主评价，对做过的工作做全面检查，不论大小、主次、前后、轻重，先罗列在案，了然于心，然后再进行取舍，选定详略，根据工作的内容、性质认真归纳概括，写作就有米可炊了。

"文患"之二是只要骨头不要肉。总结写作多源自行政指令，是一种受命写作。再加上总结年年写，易被认为是走形式，因而无法产生强烈、持久、稳定的写作热情，容易消极应付。总结写作中那种大概括写法基本上是由这种心理造成的。总结是要通过成绩失误总结经验教训，换句话说，是要把成绩和失误上升到理论的高度来认识，揭示实践规律。经验教训产生于"做了什么"、"怎么做的"、"做得怎样"的相互联系中，而"怎么做的"和"做得怎样"的因果关系构成经验的核心内容，其必然性就是规律。所以，总结要揭示实践规律就要叙述这三者之间的内在联系，尤其是"怎么做的"更要重点写，写具体。但由于作者对总结写作缺乏热情，总结写好了也没人看，因而对"怎么做的"内容不能产生肯定的情感，于是文章中多留下干巴巴的对经验教训的抽象概括，而少"怎么做的"具体阐释，文章中便只有骨头没有肉了。经验一旦被架空，也就失去了认识实践、指导实践的作用。总结应同其他文章一样有虚有实，骨肉均匀。过去那种"事不够、议论凑"的不良的写作作风需要纠正，同样由缺乏写作热情产生的只要条条框框的写法也要避免。

"文患"之三是只想说好不想说坏。在写作过程中，写作动机具有激发执行者进行构思、推动传达、引导写作活动朝着一定目标进行的重要功能。它常常不是单一的，很可能包含着几种性质不尽相同的动机因素，例如社会责任、工作使命、荣誉需求、利益驱动等。动机的发生往往又是复杂和微妙的，有些是作者清楚地意识到的，有些可能是作者潜意识中的，但都对写作活动产生或大或小的作用。责任感和使命感虽然处在显意识里，但动机的利他性却有可能使其在写作活动中发挥较弱的作用，相反名利需求却可能因动机的利己性在总结的写作过程中发挥较强的推动作用。如考评时的总结可能与评优、定级、晋升有关，所以总结的作者都想锦上添花，突出表现自己的成绩和优点。因而写出的总结常常是满纸溢美之词、浮夸之气，处处往好了说，事事往高处拔，看总结个个都称得上先进和优秀。由于作者一心想借总结为晋级和评优添砖加瓦，所以就不会轻言失误，可能就会文过饰非。总结写作活动中潜隐动机的偏私，导致价值取向歪曲，写作活动自然是反常态进行。对于作者来说，争强好胜是好的，但要抱客观公正的态度，要有平和稳定的心态，想凭借总结的写作实现一己私愿是不现实的。成绩是干出来的，优秀是做出来的，不是自己夸出来的。干得要好，说得也要好。但干得好一定是实事求是的好，说得好也应该是客观公正的好。这是一个原则，不能违背。毛主席指出："对于我们的工作的看法，肯定一切或者否定一切，都是片面性的。"所以，要写好总结，就要一分为二地看待自己的工作，敢于肯定成绩，勇于正视失误。有一分成绩做一分肯定，把握好分寸，不夸大事实，不轻易拔高，不要只说成绩不说失误，只说好不说坏。

"文患"之四是跟着先进走，照着过去写。当我们写内容重要、涉及面广的总结时，常常会感到无从下手，面对繁杂的材料一时理不出头绪，难以把握。这种情形下，我们有可能去找过去的总结看一看，看以往怎么写，大架子先拿下来；或拿来先进单位的总结照搬一下，使基本调子不走样，然后照着先进的虎来画自己的猫，照着过去的葫芦画今年的瓢。这样写作省时省力，稳妥保险，但它无法体现自己的工作特点。

总结写作过程中，由于受各种主客观因素影响，作者的意志会表现得复杂和多样，充满了利弊选择，有强弱不同表现。当作者面临轻松或艰苦两种操作状态，面对无关紧要和事关重大两种价值时，可能采取应付差事或者认真负责的不同态度。如果作者求省事、图方便，或者信心不足，就有可能选择照虎画猫的操作方式，自然就会写出千篇一律的总结。所以，作者要有良好的意志品质，自觉认识自己行为日的的重要性和行为效果的社会意义与价值，不草率行事，不畏难，去掉旧套子，自己的特色才能如实地反映出来。

"文患"之五是存在格式、语言运用不规范。主要表现在以下几个方面。

1. 格式不规范。总结格式上存在的问题，主要有以下表现：文头不规范；标题冗长、混乱、残缺不全；主送机关排列混乱；结构层次序数混乱；附件不符合规范；主送、抄送单位不正确。

2. 行文规则混乱。主要表现在：越级行文、多头行文、一文多事、党政不分。

3. 提法不当。有的总结提出一些未经仔细推敲的方针、口号、任务，而这些方针、口号、任务又往往与党和国家在某一时期的工作方针相违背，从而造成一定的混乱。

4. 名称表述混乱。总结中的人名、地名、单位等名称表述混乱，主要表现在：同一名词在一篇总结中数次出现却表述不一致、排名次序混乱、随意用简称。

5. 时间表述含糊。主要表现在用时间代名词而不用具体日期、年份随意省略、年份不使用公元纪年。

二、总结写作要实事求是

总结要坚持实事求是，努力实现真实性、客观性、系统性、规律性与指导性的统一。

实践的广泛性和复杂性决定了工作总结种类的多样性。但不论是哪一类的总结，都必须坚持实事求是的原则，努力实现真实性、客观性、系统性、规律性与指导性的统一。真实性、客观性是工作总结的生命所在。不真实的总结不仅起不到总结经验、发现教训、指导工作、鼓舞士气的作用，反而会造成不良的影响。因此，任何类型的工作总结都必须符合事物的本来面目，不能主观臆想和夸饰。要维护总结的客观真实性，必须彻底克服"假、大、空"的浮夸文风，做到情况是客观的、估价是客观的、经验是客观的、今后的意见也是客观的。系统性是工作总结的基本要求和显著特点。工作总结只有把零散的、杂乱无章的东西条理化，把一点一滴的经验体会系统化，才能让人抓住要领，受到教育和启迪。相反，如果总结缺乏条理性、系统性，就很难使人形成深刻的印象。要增强总结的条理性、系统性，关键在于借助逻辑思维的力量。规律性是工作总结精华所在。总结的要义在于找出规律。我们对规律的认识主要体现在对实践经验的理性认识上。能不能上升到理性的高度，这是工作总结质量的基本评价标志。从实际情况来看，许多总结并没有真正体现这一要义。主要原因一是认识肤浅，只是根据一些现象就事论事，没有就事论理，认识上缺乏深刻性；二是分析和论证不够，工作总结得出的经验，是建立在对情况的分析、综合之上的，没有分析、综合，就无法概括事物和深刻地认识事物。当然，工作总结不能象学术研究那样详尽地、严谨的地展开论证，而是要简洁、准确地分析论证，以揭示经验的合理性、科学性。指导性是工作总结的价值所在。总结是"回头看"，但其目的却是"向前进"，是为了更好地指导今后的工作。因此，工作总结必须有很强的针对性、指导性；缺乏指导性的总结，是没有什么价值的。现在有两种倾向值得注意：一是把工作总结当作官样文章来作，没有真正总结出有效的经验来；二是不注意运用总结出的经验指导工作。这两种倾向实质上都是理论与实践相脱离。把理论与实践紧密地结合起来，完成实践的感性认识到理性认识的两次能动的"飞跃"，是增强工作总结指导性的关键所在。

三、总结写作要观点正确、重点突出

总结要观点正确，重点突出，叙议得当。总结写作首先要观点正确。观点是人们对客观事物的根本看法。由于观点不同，对同一事物可以得出不同的结论。正确的观点来自于对事实材料的分析判断。要通过分析和归纳，从事实的总和、从事实的联系中提炼观点，避免从片断的和随便挑出来的事实中去概括观点。只有真实的、先进的材料才能得出可靠的结论，总结出实用的经验。如果总结运用的材料不准确、不真实，或者虽然真实，但缺乏先进性的材料，总结出来的经验就没有什么现实指导意义。因此，求真务实，力求创新是写总结的一条基本原则。突出重点是写总结的一个难点，在写作中应注意三个方面：一要明确总结的具体目的，目的明确了，就可以缩小范围，有的放矢。二要围绕中心把各类问题和材料排好队，并联系实际进行比较，通过比较，突出主要问题，总结的重点就突出了。三要结构严谨。在突出重点的同时，还要在立意、谋篇、布局上下功夫，讲究如何开头，如何收尾，正文部分如何安排好层次、段落、过渡、照应，以便在正确观点的统领下，把材料很好地组织在一起，把意思表达清楚、明白。总结写作三要叙议得当。总结写作注重"摆事实，讲道理"。摆事实就是叙事，讲道理就是议论。

四、总结写作其他注意事项

总结写作还需要注意以下几方面：

1.着重掌握总结的结构。总结一般由概况、主要成绩与基本经验、存在的问题和今后的努力方向四个部分构成，这是总结写作的基本框架。概况主要概述基本情况，将这段时间里的工作做一个全面归拢，指出主要成绩与基本经验。主要成绩与基本经验是总结写作的重点部分，常常概括归纳为几点或几个方面。每一项成绩、每一项经验都要写得具体、充实丰富。不仅要有观点，而且要有充足的材料，重要的是要做到观点与材料的统一，光讲空洞的道理不行，要用典型的事例和典型的数字来说明、证明观点；光摆材料也不行。没能从材料中提炼观点，总结出规律，说明不了问题。在这一部分，除重点使用好事例和数字外，还要不失时机地运用对比的方法，没有比较，就突出不了成绩；没有比较，数字只是静态的，没有说服力。通过纵向、横向以及与计划的比较，可使阅读者从比较中衡量数字和典型事例的份量，从而留下深刻的印象。存在的问题这一部分着重写没有做好、没有完成的工作，工作中的缺点、错误及产生的原因以及有待解决的问题等。今后的努力方向则指明今后工作的重点与方向。从结构上讲，应该有这几个部分，但在实际写作中，不是每一篇总结都必不可少地写上这几部分，可根据需要有所取舍和侧重。

2. 注意把握分寸。总结是用第一人称写自己或本单位的工作的，用以向上级汇报，或向群众介绍。所以，在写作时，把握分寸十分重要。也就是说，在叙述成绩和经验时，要把握好"度"，既不能太高，给人以吹嘘之嫌；又不能太低，过度谦虚，埋没自己的成绩。因此，写作时，对自己或对单位的工作评价要适度，要多用事实说话，多分析、论证。

3. 恰当地选择角度，突出特点。在一般情况下，人与人，单位与单位之间的条件相差不大，工作成绩也不会有很大的差别，因此，要写出好的总结，一定要认真选择角度，突出自己的特点和个性。一般的空话、套话，少写或不写。总结的角度，可以有以下几个方面：有的突出做法，着重写怎样做的；有的突出效果，着重写有哪些成绩；有的突出认识，着重写思想变化和认识提高的过程；有的做法、效果同时写；也有的做法、效果、认识贯穿、结合在一起写的。

4. 突破俗套，结构新颖。要做到这一点，首先，要注意给总结拟写一个新颖的大标题，既能一下子吸引住阅读者，给人以深刻的印象，又能概括总结的内容，突出总结的特点。写作时，一般采用双层标题，大标题突出总结内容的特点，副题表明总结内容的时间及类型。其次，要给总结内容的每个部分加上语言整齐、新颖准确的小标题，这样可以使阅读者迅速了解总结内容，把握重点，同时也可使得总结的脉络清晰，层次分明。

5. 语言、事实、数字等力求准确。总结的语言除精炼外，一定要注意准确，遣词造句要认真推敲，恰如其分，把握好度。写总结往往离不开数字，它是体现工作成绩和工作效果的一种重要方法，具有很强的说服力，在选用时，要注意其代表性，要选用关键的数字，要少而精，少而活，注意通过对比的方法来突出数字的意义，形成强烈的反差，增强总结的说服力。要写出好的总结，**最基本的是要有突出的成绩，有先进的经验**。有的工作做得并不多，但却总结得一套又一套，这我们不宜提倡；有的工作做了很多，但却总结不出来，也令人感到遗憾。

6.要明确总结的具体目的，缩小范围，有的放矢。要围绕中心把各类问题和材料进行分类，并联系实际予以比较，通过比较，突出主要问题，这样总结的重点就突出了。

第八章　总结的范例解析

第一节　党团组织中层领导工作总结

例文一：

党委统战部 2014 年工作要点总结

2014年是学校实施"十一五"发展规划的最后一年，学校统战工作将在省委统战部、省委教育工委的指导下，在学校党委的领导下，坚持以邓小平理论和"三个代表"重要思想为指导，深入贯彻落实科学发展观，认真学习贯彻党的十七届四中全会和省委十二届六次全会精神，服务中心谋发展，凝心聚力促和谐，突出重点抓落实，夯实基础强基层，切实提高统战工作的科学化水平，为增强学校办学水平和社会影响夯实基础。重点做好以下工作：

一、继续深化对高校统战工作的地位和作用的认识

按照《××学院委员会关于进一步加强统一战线工作的实施意见》(量院党〔2013〕12号) 的要求，从战略和全局的高度充分认识高校统战工作在党的统战工作中的地位和作用，完善制度，扎实推进统战工作规范化、制度化。

二、积极引导，树立和践行社会主义核心价值体系

继续贯彻落实中央统战部《关于协助民主党派加强思想建设的意见》(统发〔2013〕9号)，积极协助民主党派开展深化坚持走中国特色社会主义道路主题学习教育活动，开展多党合作历史和优良传统的宣传教育，加强科学理论学习和武装，增强对中国共产党领导、对中国特色社会主义道路和理论体系、对社会主义核心价值体系的认同感。

三、注重提高，支持民主党派加强自身建设

（一）协助各民主党派把好组织发展入口关。继续贯彻落实《关于协助民主党派进一步做好组织发展工作若干问题的意见》（统发〔2013〕4号），按照组织发展程序，本着"以协商确定的范围和对象为主、注重质量、保持特色、组织发展与后备干部队伍建设相结合"的原则，从整体上把握组织发展态势，注重成员的发展质量，协助民主党派把好组织入口关。

（二）协助民主党派加强后备干部队伍建设。继续支持民主党派加强选拔、培养、考察一批政治坚定、素质优良、结构合理、代表性强、同中国共产党亲密合作的中青年干部作为后备力量。召开民主党派中青年骨干理论学习会，组织民主党派中青年骨干到兄弟院校学习、考察，为民主党派后备干部搭建实践锻炼的平台。

（三）为民主党派参政议政、参加社会服务等活动做好服务工作。

四、拓宽渠道，加强无党派知识分子工作

（一）贯彻落实中央统战部《关于建立健全无党派人士政治引导长效机制的意见》（统发〔2013〕11号），制定相关制度，推动无党派人士工作制度化、规范化、程序化。

（二）以校无党派知识分子联谊会组织建设为载体，切实加强无党派知识分子工作。进一步加强知联会理事会建设，定期更新无党派知识分子信息库，充分发挥知联会的组织优势，团结广大无党派知识分子，为推动学校科学发展贡献力量。

（三）加大学习培训力度，拓宽政治参与渠道。将无党派人士培训工作纳入培训规划，重点开展中国特色社会主义理论体系、统一战线和多党合作等政治理论的学习。加强政治引导，不断提高无党派知识分子思想政治素质，充分发挥无党派人士参政议政和民主监督的作用。

五、促进和谐，做好归国留学人员和归侨、侨眷工作

（一）做好归国留学人员工作。有重点地对一些贡献大、影响大、具有代表性的留学人员加强沟通，加深理解，增加共识。做好留学归国人员中的党外人士培养举荐，定期更新留学人员信息库。

（二）积极做好归侨、侨眷工作。充分发挥留学归国人员、归侨、侨眷与社会和海外联系广泛的优势，支持他们在引进人才、资金、项目及加强与国内外的交流与合作方面多做贡献。积极配合学校有关部门解决他们工作和生活中的困难和问题。

六、加强调研、宣传和信息工作

（一）根据《××学院统一战线理论研究课题管理办法》（量党统〔2006〕2号）的要求，做好2008年度学校统一战线课题的结题工作，开展2014年度统一战线理论研究课题立项工作。

（二）继续编辑每季度一期的《计量统战》，宣传学校统战工作情况，交流经验、促进工作。

七、履行职责，不断提升统战工作水平

（一）继续贯彻落实《××学院委员会关于进一步完善党员领导干部与党外代表人士联系交友制度的若干意见》（量院党〔2013〕24号），密切与党外代表人士、无党派人士联谊交友，坚持重大问题听取意见、重要节日走访看望、重点人物定期谈心，帮助他们解决实际困难。

（二）充分发挥二级学院党总支在统战工作中的作用，加强对二级学院党员院领导与党外代表人士联系交友工作的指导。

继续深化统战部门自身能力建设，切实提高统战工作人员的政治素质和业务水平，把统战部建成交友之家、建言之家、温暖之家。加强统战部基础性工作，不断充实和丰富统战部工作网站内容，充分利用网络优势，广泛宣传统战工作。

例文解析

学校党委统战部始终以提高统战工作科学化水平、增强学校办学水平和社会影响为中心。服务于整个学校，为学校全面更好的发展作出积极的贡献。

例文首先从加强对统战工作的认识和贯彻社会主义核心价值观为起点，总结了校党委统战工作发展的方向。从工作对民主党派自身建设的支持，对无党派人士工作渠道的拓宽，对归侨、侨眷等高级知识分子的照顾等三方面入手。客观实际的总结了校党委统战部的工作情况，与此同时提出了下一步的工作计划和目标，加强调研、宣传和信息工作，履行自身职责，不断提升统战工作水平。例文作者态度恳切，本着实事求是的原则对校党委统战部工作进行了总结，同时提出了下一步的工作目标和方向。这种结构明确、条理清晰，总结、汇报与期望共存的总结方式值得我们借鉴。

例文二：

××大学党委组织部、党委统战部2013-2014学年度工作总结

一年来，党委组织部、党委统战部在校党委的领导下，根据上级有关精神，结合学校实际，遵循"以人为本、民主公开、公道正派"的原则，努力开展我校党的组织建设、干部队伍建设和统战工作，力争建成为党性强、作风正、工作好的部门。

一、党的群众路线教育实践活动

我部负责牵头组织开展学校党的群众路线教育实践活动，在不增加人手的情况下，群策群力，经常加班加点，对我校教育实践活动的开展进行了周密部署、精心策划，与相关部门通力合作，扎实推进，教育实践活动工作取得良好成效。群众对学校开展教育实践活动的总体评价好和较好的比例达97%，满意度高；省委实践办、省委第23督导组对我校的实践活动给予了高度评价。在活动中，我部起草了教育实践活动实施方案和各个环节的文件、讲话稿、总结汇报等材料共21份，上报材料12份；组织召开动员会、总结会等相关会议6次，组织座谈会14个；组织中层干部学习培训一期，开展9个讲座和1次党员干部群众路线理论知识考试；设置专用意见箱8个；开展征求意见个别谈话150多人次，整理群众意见240多条。

二、干部队伍建设

1. 完成领导干部的考核工作。根据省委组织部、省委教育工委工作要求，协助做好2014年我校行政领导班子届满考核工作。按照学校工作部署，完成了对146名中层干部2012-2013学年度的考核工作；完成2014年62名中层干部试用期满的考核工作；做好2013-2014学年度中层干部考核的相关准备工作。

2. 做好干部选拔任用工作。严格按照《党政领导干部选拔任用工作条

例》，公平、公开、公正地开展干部选拔任用工作，协助学校党委把好选人用人关。完成了国际交流与合作处（港澳台事务办公室）处长（主任）等4个处级职位的选拔任用和门诊部3名正副主任的聘任工作；遴选了4位同志校内挂职；完成了130名科级党政管理干部的公开聘任；推荐了2名同志到地方挂职。

3. 做好干部监督工作。根据中央和省委有文件要求，认真细致做好2013年度领导干部个人重要事项报告、领导干部企业兼职的填报、登记和上报工作；做好领导干部因私出国证照的集中保管及审批等工作。

4. 建立完善相关制度。起草机关职能部门与教学科研单位干部双向挂职实施方案、校领导深入基层联系群众工作等制度，修订了选聘副处级辅导员实施办法，建立长效机制。

5. 做好第二轮"双到"扶贫开发工作。根据省委、省政府的工作部署要求，对我校定点帮扶单位揭××县××镇××村开展实地调查研究，制定了帮扶开发工作计划与方案，组织校领导4次亲赴现场指导扶贫工作。截止目前，帮助该村获得各级财政投入150多万元，其中我校直接投入帮扶资金31.28万元，赠送旧电脑90多部。

三、组织建设

1. 抓好基层组织建设工作。一是做好党支部的增设、支部委员会的换届选举工作，本学年度共增设党支部13个，支部委员会换届选举181个。二是做好党员发展和转正工作。根据习总书记提出"控制总量，优化结构，提高质量，发挥作用"的要求，注重提高党员发展质量。本学年度全校共发展学生党员1560人，审核预备党员转正材料2000多份。三是做好党组织关系接转工作。共办理师生党组织关系接转3000多人次。

2. 做好党费管理和党内统计工作。细致做好党费收缴、使用、组织活动经费的管理和按省委组织部、省委教育工委的要求，认真做好2013年度党内年度统计工作。

四、党校培训

1. 做好干部教育培训工作。为深入贯彻落实党的十八大和十八届三中全会精神，组织了中层以上干部集中轮训，学习了习近平总书记系列讲话；举办党支部书记培训班，共选派了8名干部外出参加各类培训。

2. 做好入党积极分子的培训工作。通过认真遴选授课教师,创新教育教学方式,严格堂课纪律,确保入党积极分子培训工作取得实实在在的成效,本学年度在 4 个教学点举办了入党积极分子培训班 2 期,共计 14 个班,培训学员 4700 多人。

3. 做好党建研究工作。通过课题立项来推动党建研究工作,为我校党建实际需求提供有力支持。组织开展我校 2014 年校级党建与思想政治教育研究项目的评审立项工作,经广泛动员,共收到 15 个单位共 19 份申请书,经组织专家组进行评审、由校学术委员会审定,成功立项 10 项;向 ×× 省党建研究会推荐申报课题 8 项,获得立项 3 项。

五、统战工作

1. 组织统战成员开展政治理论学习。我校统战工作把学习十八大和十八届三中全会精神作为首要政治任务,通过发放资料、观看影片、情况通报、专题讲座、参观调研以及参加重要活动、会议等方式,组织党外知识分子学习习近平总书记系列讲话等文件精神,筑牢共同的思想政治基础。

2. 努力推荐使用党外干部。加强党外干部队伍建设,是党建工作的任务,是落实国家政治体制、推进民主建设的需要。学校党委高度重视,统战部予以落实,选派两名民主党派成员到地方挂职;协助推荐 2 位博士教授为 ×× 省检察院特约检察员;推荐刚退休或即将退休有参政议政能力的 4 位教授为 ×× 市人民政府参事储备人选;推荐 3 位教授为港澳和海外理论研究会会员;推荐一位研究员为广东省统一战线研究会理事。有 9 位党外干部当选为学校新一届学术委员会委员,占学术委员会委员的 31%;一名党外干部任学校学术道德委员会副主任,相关分委会也有党外的老师担任委员。此外,协助民革支部完成了支部换届等工作。

3. 组织统战成员参政议政和建言献策。充分发挥统战成员参与学校新台阶建设、出言出力的优势作用,组织了党外代表人士参加党的群众路线教育实践活动,提出了得到党委认同的 35 条意见和建议;支持统战成员参政议政,共提交提案 10 件,相关课题 3 项。

4. 组织形式多样的统战活动。在党委的大力支持下,统战部努力发挥好统一战线作用,真诚为统战成员服务,把党对统战成员的关怀融入日常工作和管理服务当中,组织全体统战成员学习交流活动 2 次,党外代表人士专题学习 1 次；支持协助 6 个民主党派支部开展专题组织生活和专项调研活动 10 次。此外，及时探望生病或有困难的统战成员 8 人次。

5. 完成上级安排的各项任务。撰写和上报统战工作专项自查报告 2 篇、统战工作信息 43 条；承办完成《××高校统战》74 期 153500 字的编辑出版工作；组织撰写论文 5 篇参与省委统战部、高校统战研讨会征文，其中，一篇获省委统战部征文二等奖。

例文解析

大学校党委组织部和党委统战部的职责在于根据上级有关精神，结合学校实际，努力开展我校党的组织建设、干部队伍建设和统战工作，力争建成为党性强、作风正、工作好的部门。

例文主要分为两大部分：大学校党委组织部的工作总结和校统战部的工作总结，两个部门联合发文。其中组织部从其开展的实践活动，进行的干部队伍建设，组织建设以及党校培训落笔，具体详细的对组织部的工作进行了总结。统战部则是认真贯彻党的会议精神，积极使用党外干部参与参政议政和建言献策，组织统战活动，完成上级安排任务。组织部主要总结了党内的工作情况，统战部总结了党外的工作情况，运用了较多的数据，总结的非常真实、全面，体现出写作者扎实的文字功底。

例文三：

中共××县委宣传部 2014 年上半年宣传思想文化工作总结

2014 年上半年，全县宣传思想文化工作以习近平总书记"8.19"重要讲话精神为统领，以学习贯彻党的十八届三中全会和省市县委全会精神为主线，以打造三省交界区域中心城市、推进××县级市建设、率先全面建成小康社会为主题，唱响主旋律，凝聚正能量，鼓舞新士气，为促进××科学发展提了供强大的思想保证、舆论支持、精神动力和文化条件。

一、以学习贯彻党的十八届三中全会精神为重点，大力实施"理论武装"工程，筑牢全县人民共同奋斗的思想基础

把学习宣传贯彻党的十八届三中全会精神和省市县委全会精神作为宣传

文化系统首要政治责任，切实强化理论武装工作。突出重点、强化举措，夯实理论思想基础。编印理论学习通讯 4 期，重点刊发党的十八届三中全会精神、习近平总书记系列讲话精神，为各级党委（党组）中心组理论学习提供教材。研究制定《2014 年县委理论学习中心组学习计划》，邀请省市专家根据学习计划分层次、分专题集中授课 10 次，重点研究解读习近平系列讲话精神、党的群众路线教育、社会主义核心价值观等内容。统一思想、凝心聚力，强化理论宣传引导。建立基层理论宣传联系点 12 个，组织实施"理论宣传扎根工程"。深化"百名书记讲党课、千名干部上讲台、万名党员进农家"理论宣讲活动，发挥理论宣讲骨干和理论宣讲志愿者的作用，开展集中宣讲，把党的十八届三中全会精神、省、市、县委全会精神和全县经济工作会议精神传达到基层。聚焦亮点、展示成果，推进理论成果转化。紧扣县委县政府"科学发展、绿色崛起"的目标，推出一批理论调研成果。其中，《把践行群众路线贯穿一切工作始终》在《××经济日报》刊发，《把实事好事办到群众心坎上》在省党委中心组学习通讯刊发，《坚持党的群众路线牢牢把握意识形态领域主动权》在《××宣传》刊发。

二、以全面展示"转型升级、绿色崛起"新成果为重点，大力实施"舆论引导"工程，营造又快又好发展的舆论氛围

坚持团结稳定鼓劲、正面宣传为主的方针，唱响××科学发展的主旋律，打好宣传工作"主动仗"。做亮城市品牌，提升××美誉度。制定下发《关于开展"契丹祖源·圣地××"××宣传推广年活动方案》，在央视《朝闻天下》黄金时段播放"契丹祖源、圣地××"城市营销口号，在京沈、京承等高速路段进行城市形象广告投放。食用菌、活性炭、山杏等产业在"5.18 经贸洽谈会"上得到充分展示，县委常委、常务副县长就××县的特色产业和重点项目建设情况接受了新浪网专访。新华社内参清样《××大力发展山杏产业保生态惠民生盼政策扶持》被省委书记××签批。《实现中国梦就要有担当——记省特等劳模、××县梓椤树社区党委书记×××》《播洒希望的田野——记全国劳动模范、××县农业推广研究员×××》等发稿件在省市级媒体刊发，为全县群众路线教育活动开展起到良好的示范带动作用，形成典型引路比学赶超的浓厚氛围。

壮大舆论声势，充当经济发展"助推器"。大力开展主题宣传、专题宣传、成就宣传、典型宣传，1-6 月在市以上重点媒体发稿 900 余篇（其中国家级 180 余篇，省级 100 余篇），中央人民广播电台播发 6 条，国家及网站发稿 2680 篇，完成国家级主要新闻媒体上宣任务 163 分，超额完成全年任务，位列全市第一。《人民日报》对我县土地流转、精准扶贫等重点工作的做法进行了报道，《××着眼土地效益与农民受益双赢——规范流转"点土成金"》《××实施精准扶贫贫困户入驻扶贫产业园》等稿件刊发。CCTV-2《消费主张》栏目拍摄了 ×× 羊汤、蘑菇宴、改刀、御膳糖饼等特色小吃。CCTV-7《农广天地》栏目拍摄了《从农田到餐桌·走进 ××》两期专题。在《××报》、两台开设专题、专栏，组织好"中国梦·赶考行·建设美丽幸福××"公益广告展播、"中国梦·学子行"中国梦百姓故事汇、科教文卫"三下乡"等系列活动，抓好服务项目对接工作，引领干部群众思想、凝聚发展力量。

加强舆论监管，营造和谐发展软环境。对全县 27 家网站（网页）进行重新登统，规范全县网络秩序，强化网络信息安全。24 小时监测网上舆情，密切关注帖吧、论坛等敏感部位，及时收集整理网上动态，做好舆情分析，1-5 月共编写《舆情》6 期、《情况报告》3 期，领导批示 8 人次。重新选聘登记网评员，组建 666 名网络义务监督员、70 人网评员队伍，撰写原创帖文 3922 篇。充分利用"契丹祖源 -××"官方微博这一宣传平台，全面展示地域文化、特色产业等亮点工作，"×× 手机报"将于近期正式开通上线。有效处置《中国经济网》《商务时报》等 32 家媒体记者的负面关注，最大限度压缩不良信息的传播空间，有效地维护了"平安 ××""和谐 ××"的发展环境。

三、以深入推进社会主义核心价值体系建设为重点，大力实施"尚德 ×× "工程，凝聚科学发展正能量

以"情暖万家"志愿服务活动、推进社会诚信体系建设为重点，着力汇聚崇德向善力量，奏响社会和谐最强音，筑牢 ×× "精神高地"的文明基石。"尚德平泉"主题道德实践活动深入拓展，影响广泛。以县委理论中心学习组、"市民素质大讲堂"、"道德讲堂"、农村文化活动中心为平台，广泛开展社会主义核心价值观学习宣传普及活动，使"三个倡导"家喻户晓。在基层一线开展"刹四风、树新风、创文明"行动，引导广大市民厉行勤俭节约，反对铺张浪费。培树了学子×××、七旬老翁××、26岁乡村教师×××、好丈夫×××等道德典型。社会诚信体系建设大力推进，卓有成效。广泛开展"诚信经营示范店""文明行业、文明窗口创建"评选活动，家乐家超市、汇源超市、隆昌家电被评为承德市"百城万店无假货"示范店。制定《加强诚信××建设的实施意见》，坚持"政府主导、社会共建、健全制度、规范发展、统筹规划、分布实施"的原则，全面布局，重点突破，强力推进，打造"政府诚信、企业守信、司法公信、个人讲信"的诚信环境，着力打造"诚信××""满意城市·和谐乡村"创建活动扎实推进，成效明显。农村面貌改造初见成效，共绘制文化墙10140平方米，粉刷墙壁16200平米，垒建长城墙4000平方米，粉刷店面6000平方米，17个村新建了文化广场，23个村新建了村民中心。全县260个村全部建立农家书屋。评选出300户"十星级文明户"并进行了表彰，推广建立《功德录》《好人档案》。学雷锋志愿服务活动全面普及，反响良好。在春节期间广泛开展"尚德××·情暖万家"志愿服务活动，为群众送守望、送温暖、送吉祥。××网友志愿者服务队由最初的几十人壮大到300多人，电力局"新峰"党员志愿服务队深入基层服务百姓，逐渐成长为××志愿服务品牌，志愿服务深入城乡。"三下乡"服务活动走进×××镇、×××镇等基层一线，为百姓送去"及时雨"，深受群众欢迎。未成年人工作立德树人、春风化雨。以各种节日和纪念日为节点，组织青少年积极参加"中国梦·赶考行——未成年人在行动"系列教育实践活动。组织全县未成年人开展"美丽××·青春梦想"征文活动，以文字形式讴歌××历史文化、生态文明、精神文明、改革开放成果等，激发学生热爱家乡的情怀。推进未成年人心理健康辅导站建设，抓好校园周边环境整治工作，为未成年人健康成长创造良好社会文化环境。

四、以提高服务发展大局的城市竞争力为重点，大力实施"文化品牌"工程，推进文化产业快速发展

深入实施"文化活县"战略，坚持文化产业与文化事业双向驱动，倾力打造"契丹祖源·圣地××"文化品牌。文化产业园扎实推进。契丹文化产业园，八沟大街契丹符号城市雕塑方案设计已经完成，施工方案正在评估。山庄老酒文化产业园，老窖池保护工程建设完成，酒文化博物馆主体完成，正在外装修，酒文化广场正在设计中。炭文化产业园，炭文化创意园区正在规划中，华净、律师界、鑫永晟等活性炭企业将契丹文化元素符号融入各种工艺品开发设计中，中国活性炭科技创意城项目土地已摘牌，规划许可证已经办完，正在办理开工许可证以及协调解决干线迁移等前期问题。组织争创××省十大文化产业聚集区，上报争取国家文化产业专项资金项目1个，争取省级文化产业引导资金项目3个。招商引资成效显著。招商引资1198万元，其中政策性引资198万元，社会引资1000万元。完成新谋划上项目3个，其中亿元以上2个。航空文化节项目与北京达祥航空投资有限公司达成初步合作意向；中国国电新能源技术研究院初步计划在××设新能源技术平泉培训基地；中国活性炭科技创意城、××羊汤项目与国务院发展研究中心中国观察调研部达成初步合作意向；××影剧院项目与中城建第五工程局有限公司就整体设计方案进度及后期开发建设等事宜进行洽谈。文化事业蓬勃发展。全国文化先进县申报已由××省文化厅推荐上报至文化部，××影剧院工程设计方案完成初稿。"文、博、图"三馆全部实现免费开放，成立××首个合唱团、中老年艺术团。图书馆荣获国家文化部"二级图书馆"。组织开展了"燕赵少年读书系列活动"、第十九个"4·23世界读书日"等一系列主题活动10余次。泽州园上半年共接待社会参观团体132个，累计参观人数近8万人次。组织部队慰问、安全生产文艺演出及学校艺术节等文化下乡演出8场，对部队、学校、社区进行文艺辅导11次。"送书下乡"5次，为291个村赠送价值543006元的农家书屋更新图书28518册；免费为农村放映电影500余场，绿色网吧上半年接待上网8000人次。编撰《××大辽泽州史话》一书，电影《州官传奇》《我是你是我》在央视六套首播，电视连续剧《代理县长》完成拍摄，将于年底在央视播放。文化市场监管有力。以重大节点为契机，大力加强文化市场安全生产法宣传教育活动。组织"安全带回家祥和过大年"安全生产志愿者行动、"践行群众路线维护消费者权益"法制宣传活动和"三下乡"集中服务活动等活动5次，制作宣传展板2块，与歌厅、网吧、电子游戏厅、影剧院、营业性演出场所、书店、印刷企业、旅游（星级酒店）等101家单位签订安全生产承诺书，印制、发放宣传资料7000余份，接受咨询群众560余人次。开展"扫黄打非""中高考保驾护航""清源""净网""秋风"行动，打击"假媒体、假记者站、假记者"(三假)、打击"非法医疗广告"、校园周边环境整治、扫黄打非集中行动等 10 多次专项行动。共查办扫黄打非案件 1 起，收缴盗版出版物 400 余册（张），立案查处一般程序行政处罚案件 8 起，上缴罚没款 22000 元，所办案件无复议、无诉讼，办案合格率 100%。

五、以培养造就宣传文化人才为重点，大力实施"素质提升"工程，树立宣传战线的良好形象

认真贯彻落实全国、省市宣传思想工作会议精神和习近平总书记重要讲话精神，以"宣传思想部门工作要强起来"的要求，大力加强宣传思想干部人才队伍建设，宣传思想工作战斗力和凝聚力明显增强，2014 年上半年对上对外宣传、网络舆情宣传、精神文明信息宣传全市领先。工作理念突出为党为民。办年来，以群众路线教育实践活动为契机，宣传思想文化战线加强理论学习，通过个人自学、集体研讨、专家辅导等多种形式，认认真真研读十八大文件，学习贯彻中央提出的八项规定，开展以为民、务实、清廉为主要内容的教育实践活动，推动全县宣传文化战线的思想政治建设、作风建设和反腐倡廉建设，进一步树立了功成不必在我的工作理念。工作作风突出求真务实。深化宣传文化系统"转作风、正学风、改文风"活动，开展宣传思想文化战线蹲点调研活动，切实将工作重点放在基层，把镜头对准普通群众，在新闻报道、评论言论的文风上有了新转变，在密切联系群众，扎根基层，转变工作作风上有了新转变。工作格局突出协调联动。宣传思想文化系统强调"一盘棋"思想，树立"总体战"观念，实行"年初建帐、年中查帐、年底要帐"责任机制，大力推进宣传思想文化工作"大宣传"工作格局初步形成，凝聚起宣传思想文化工作的强大合力，提升了宣传思想文化工作的科学化水平。

过去的半年，全县宣传思想文化工作虽然取得了一定的成绩，但离上级要求仍然存在一定的差距，主要表现在：一是理论学习抓得还不够紧、不够深；二是对外宣传深度和广度不够，形式还比较单一，重点还不突出；三是宣传基础薄弱，宣传力量不足，宣传队伍建设有待进一步加强，宣传质量和效率还有待于提高。对于以上的问题，我们将在今后的工作中逐步加以解决。

例文解析

宣传部领导工作主要着重进行理论武装工作、新闻宣传、主题教育活动、文化工作、精神文明、重大典型推介、干部队伍建设等活动目的是为更好地发展提供强大的思想保证、舆论支持、精神动力和文化条件。

例文采取并列式布局，从以下几方面入手：新闻宣传和舆论宣传工作；理论武装，促进学习型城镇建设；精神文明创建活动，努力提高精神文明建设水平；文化和文艺工作；开展特色创新，开展社会宣传工作；信息调研，为辖区经济发展出谋划策，加强和改进作风建设，认真抓好干部队伍建设工作；努力提高自身素质，不断适应岗位需要。同时该县也认识到自身发展的缺陷，今后发展的方向。总结非常全面。例文特色之处在于：通过逐条列项的方法对所做工作进行总结，让读者从大标题即可清晰了解总结着的工作状况，这种将内容浓缩成标题的方法起了画龙点睛的作用。

例文四：

厅直属机关党委 2014 年上半年主要工作总结

2014 年上半年，在厅党委的正确领导和各处室的支持配合下，直属机关党委紧紧围绕服务中心、建设队伍两大任务，深入学习贯彻党的十八届三中全会和习近平总书记系列讲话精神，以深入开展"走在前、做表率"主题实践活动为统揽，扎实推进直属机关党建工作开展，努力为全省司法行政事业科学发展提供坚强的思想和组织保障。

（一）强化理论武装，在深化学习型党组织建设上走在前、做表率。一是深入学习贯彻习近平总书记系列讲话精神，认真抓紧抓好各项学习活动贯彻落实，引导广大党员干部深刻领会讲话精神实质，切实增强运用总书记系列重要讲话精神指导实践、推动工作的能力。上半年，共组织机关专题学习习近平总书记重要讲话精神会议 3 次，以支部为单位集中讨论 45 次，有力地推动了学习活动不断深入。二是切实做好厅党委中心组理论学习服务工作，制定了《××省司法厅党委理论学习中心组 2014 年度学习计划》，对学习活动进行认真组织安排，增强学习的针对性和时效性，共组织中心组集中学习 6 次 15 天，收集学习心得体会 31 篇，较好地完成了学习任务，充分发挥中心组的示范带动作用。三是按照省委宣传部、省委组织部部署要求，组织开展了党委书记讲党课活动。厅党委书记、厅长 ××× 以《弘扬"赶考"精神坚定理想信念》为主题，为全系统党员干部上了一堂生动的党课。协助《××机关党建》杂志，做好厅党委书记、厅长×××的专访工作，宣传了司法行政工作在全省经济社会和谐发展中的重要职能作用，弘扬了司法行政的正能量。四是组织机关党员干部参加"中国梦·赶考行"专题报告会、燕赵大讲堂等各类讲座5次，进一步提升了机关党员干部思想政治素质。五是组织开展"好书伴我行·共筑中国梦"主题读书活动，引导广大党员干部养成爱读书、读好书、善读书的良好习惯，进一步推进学习型党组织和学习型机关建设。

（二）坚持强基固本，在推动基层党组织规范化建设上走在前、做表率。一是组织开展"支部规范化建设年"活动，进一步规范组织建设，严格组织生活，严明组织纪律，强化组织功能，不断提高基层党支部规范化建设水平。在省直工委"七一"表彰中，厅机关计财装备处党支部获得"省直先进基层党组织"荣誉称号。二是组织开展"赶考日""党章学习日"等系列活动，强化了党员的纪律意识和组织观念，提高机关基层党组织的凝聚力、战斗力。三是切实加强发展党员和党员管理服务工作，严格发展党员标准和程序，调控优化党员队伍规模和结构，把好党员"入口关"。四是开展党内关怀活动，定期对困难党员、困难职工和特困干警进行摸底，慰问机关困难党员和困难职工12人，帮助解决实际困难。继续做好省直驻村干部关爱服务工作，为下基层驻村党小组划拨活动党费，支援驻村党小组活动阵地建设。

（三）严肃工作纪律，在推进机关作风纪律建设上走在前、做表率。一是根据厅党委的安排部署，在厅机关开展了为期一个月的正风肃纪集中教育整顿活动，召开动员会议，制定《活动方案》，组织指导各处室完成了学习教育、查摆问题和整改提高环节的各项任务，并组织人员多次进行督导检查，确保各项措施落实到位、不走过场。厅机关共召开专题组织生活会15次，收集自查剖析材料133份，建立和完善各项内部规章制度13项，使机关干部职工的精神状态得到明显改观，作风纪律得到明显转变，服务水平和工作效能得到明显提升，机关办公环境得到进一步改善。二是深入开展廉政文化建设，组织参加先进事迹报告会、廉政文化讲座等，引导党员干部牢固树立正确的权力观、地位观、利益观和政绩观，构筑拒腐防变的思想道德防线。三是组织收看反邪教党内参考片《较量——正在进行》，并开展专题讨论，使机关党员干部受到一次深刻的反邪教警示教育。

（四）深化文明创建，在构建和谐机关上走在前、做表率。一是做好省直文明处室、先进个人的推荐工作，向省直文明委推荐了4个文明处室，2名先进个人。二是加强社会主义核心价值观教育，把培养和弘扬社会主义核心价值观作为凝魂聚气、强基固本的基础工程，广泛开展宣传教育活动，引导党员干部不断加深对社会主义核心价值观的理解，把"三个倡导"要求变成日常的行为准则，内化于心，外化于行。三是组织开展丰富多彩的党建、文体活动，各处室研究制定了《厅机关推进党的建设、丰富机关文化生活各项活动的实施方案》，统一安排部署了10余项党建、文体活动，细化了各项活动的具体实施方案。组织参加省直羽毛球、乒乓球比赛，做好相关服务保障工作，进一步活跃机关干部职工业余文化生活。在省直羽毛球比赛中，我厅获嘉宾组双打第三名。组织厅领导参加省第十四届运动会嘉宾组各单项比赛，充分发挥领导干部在全民健身活动中的示范引领作用。组织厅机关干部职工春季登山健身活动，组织参加省直职工健步走活动，并为参加活动人员配发了运动鞋。组织举办了庆"七一""中国梦·党的情"主题演讲比赛，讴歌我国革命、建设和改革开放的伟大进程和取得的辉煌成就，抒发广大党员干部敢于有梦、勇于追梦、勤于圆梦的理想情怀。响应省文明委号召，组织观看北京残疾人艺术团演出，推进机关精神文明建设。四是做好干部职工的关爱服务工作，"三八"开展慰问活动，"六一"开展关爱儿童活动，邀请省三院医务人员到我厅开展健康义诊服务活动，增强干部职工的健康意识。

在积极完成以上工作任务的同时，认真做好日常工作：一是做好直属机关党员管理、组织关系转接等日常党务工作，二是做好团内统计等日常团务工作，三是做好工会会费收缴、年度统计等日常工会工作，四是做好妇女体检、独生子女证明等妇委会日常工作。

例文解析 ··

厅直属机关党委的主要职责是以服务为中心，建设党的队伍，明确学习党的精神，扎实推进直属机关党建工作和司法行政事业的科学发展。

例文主要从以下几个方面入手：强化理论武装，深化学习型党组织建设；坚持强基固本，推动基层党组织规范化建设；严肃工作纪律，推进机关作风纪律建设；深化文明创建，构建和谐机关；在积极完成以上工作任务的同时，认真做好日常工作。总结非常全面、客观，同时做到了详略得当，使文章逻辑性强，结构严谨，条理清晰，让人容易读懂，值得借鉴。

例文五：

中共××市委办公室 2013 年度工作总结

2013 年，在市委的正确领导下，市委办公室紧紧围绕全市中心工作和重要决策部署，以打造"政治先进机关、工作示范机关、作风表率机关"为目标，以"全面提升年"为载体，积极参谋服务，强化督办协调，狠抓服务保障，有效推动了全市各项工作的顺利开展。

一、紧扣中心，勤参善谋，以文辅政水平稳步提升

立足为市委决策"参"点子、"谋"关键，切实增强工作的主动性、超前性和实效性，不断提高以文辅政能力。一是综合文稿重质量。起草了市委六届二次全会和六届三次全会工作报告，以及全市经济和社会发展三级干部大会、全市工作务虚会、干部工作务虚会、新城核心区调度会等多篇市委主要领导讲话；起草的《巡视组反馈意见整改报告》《巡视回访情况汇报》《解放思想大讨论活动实施方案》等专项文稿得到上级领导一致好评；起草了《2013 年大事实事目标责任分解方案》《2013 年全市百项亮点工程分解方案》《被征地农民社会保障建议方案》等重要文件，完成了 × 书记在全市百项亮点工程动员大会、经团联成立一周年，以及政法、组织、宣传、信访、纪检等全市专项重要会议讲话 40 余篇。二是调查研究贴实际。紧紧围绕全市经济发展、沿海战略、城镇化等重点工作，深入基层调查研究，掌握第一手资料，为领导科学决策提供了具有可借鉴性的依据。一年来，起草完成了《××药业有限公司借力技术创新促进企业跨越发展》《××专汽敢想敢干做大做强之路》《全市省级工业聚集区现状》《关于对接京津发展》《乡镇政权建设》等多篇调研文章，编发《综合与调研》8 期、《领导参阅》28 期、《学习与参考》35 期，其中多篇文稿得到上级领导肯定；撰写的《小组织理出大文明——关于常郭镇李子札村红白理事会的调查与思考》在《人民日报》

刊发，《"四大革命"引领科学发展新路径——对××市开展大讨论活动打造沿海增长极的调查》《十年聚变，美梦成真——信诺立兴精细化工有限公司跨入亚洲一流世界领先行列的调查与思考》《××市发展休闲旅游产业的调查》先后在省市级刊物发表。三是信息服务抓精准。围绕全市中心工作，及时反映我市工作动态和成果，全年共编发《××信息》90期，上报××特色信息300余篇、社情民意类信息3000余篇、大屏信息300条、时事热点类网络信息1万余篇，其中120余篇被省、沧信息中心采用；撰写特刊文章7篇，其中，《旧时盐花饰碱滩，今朝绿景映满城——××市创造盐碱地上建设园林城市的"绿色奇迹"》以呈阅件的形式上报省委主要领导，《取消"一支笔"、杜绝"一言堂"——××市推行重大事项"议决制"凝聚反腐"正能量"》被《河北信息》采用并上报中央办公厅。另外，《正在崛起的现代化滨海城市》《实施"五大突破"谋求跨越提升》《营造赶超发展势，培育经济增长极》《全力打造繁荣、实力、文明、和谐的新黄骅》《打造县域经济规模的沿海强镇》等文章先后在××党委刊物发表。我市党委信息质量系数位列××第一名，并在全省重点联系县（市）中采用量名列前茅，得到各级领导好评。四是公文办理讲规范。按照"规范、准确、及时"的要求，妥善做好四级党委文件的呈送流转工作，全年共发放党委系统各类文件95次、12万余份，打印各类文件1400余件，接收上级来文8500余份，制作常委传阅卷70个，为领导呈送文件3000余件，保证了各级各类文件的及时批办。完成2013年度四级党委文件立卷工作，共制作长期卷381件，永久卷181件，进行归档管理。

二、围绕大局，真督实查，促使各级执行力不断加强

把抓关键、抓要事作为督查工作的首要任务，使真劲、动真格、出实效，有效确保了市委决策部署和领导交办事项落到实处。一是重项督导有力有效。围绕市委中心工作，以"一会七制"为抓手，把全市68项大事实事、百项亮点工程、新城建设、乡镇"十个一"工程，以及市委常委会、半年经济会、市委六届三次全会等重要会议议定事项作为重点督查内容，采取现场督查、观摩督查、新闻督查、跟踪督查、联合督查等形式，对督办事项，紧扣时间节点、跟踪细致，一抓到底，真督实查，有效推动了市委重大决策和部署的贯彻落实，今年以来，共组织大型督查活动20余次，新城建设、信访稳定等各类调度会 200 余次，编发督查通报、专报共 22 期，《新城建设简报》26 期、《一会七制过堂会通报》8 期。尤其是，编发的 10 期百项亮点工程系列督导反馈，不仅得到了领导好评，更有效促进了重项工作的落实。二是专项查办尽职尽责。本着"快流转、快反馈"的原则，认真抓好领导批示件办理工作。全年共办结市领导批示件 133 件，做到了"件件有着落、事事有回音"，有效解决了一批民生难题。其中，2012.10.5 交通事故督办处理情况得到了上级领导肯定。在此基础上，共承接督办各类电报 395 件，继续保持"零失误"；常委会组织工作实现会前服务延伸、会后档案规范"双到位"；圆满完成 17 件人大议案、政协提案的答复办理，实现了委员、代表"双满意"。三是拓宽领域增质增效。积极践行变督导为指导、变单一为多元的工作理念，有机地将督查与调研结合推进，及时开展督导调研，分析原因，研究对策，提出建议，促进落实。今年以来，完成了关于我市对外开放情况、县域经济发展、省委八届五次全会贯彻落实的督导调研，并针对实际提出合理化建议，为科学决策提供了有力依据，并围绕城区集中供热、企业110 组建、乡镇机关"种植大树"、新城坟墓搬迁等领导和群众的所急、所盼、所想，及时开展督查活动，为领导决策和推动落实奠定了坚实基础。

三、突出重点，统筹协调，服务全局能力持续增强

充分发挥市委机关承上启下、协调左右、联系内外的中枢作用，统筹兼顾，总揽全局，保障各项工作高效有序进行。一是重项工作推进有力。立足打造"精品中的精品"，牵头实施了渤海路精品路创建工作，按照"规划先行、拆建结合、资金自筹、分步实施、协调联动"原则，以种植大树、拆除围栏、改造立面、规范牌匾、拆破拆旧、整治交通为重点，坚持日督导、周调度，深入实地，跟踪评审，现场督导百余次，督促 25 家机关单位进行了精品改造工程，使得道路整体面貌焕然一新，加快了精品创建步伐，得到了广大群众和市领导的一致好评。二是政务活动组织圆满。牵头推进了我市"爱××、做贡献、干成事、出亮点"活动、"五个覆盖"、生态绿化、城区卫生大扫除活动的组织、督导工作，配合上级并协调相关部门，完成"五个覆盖"、保障房建设、计生、信访等考核检查 20 余次。组织有关人员赴鄂尔多斯、山东龙口等地进行学习考察。同时，协同有关部门圆满完成了 ××市首届全民运动会、"三城同创"消夏文艺晚会等大型活动的组织工作。三是会务接待周密细致。按照精细化要求，组织了××新区开发建设动员大会、解放思想大讨论动员大会、全市"三干会"、"两会"、贯彻习总书记重要讲话精神等大型会议41次，其中，全市城建重点项目观摩活动、老干部座谈会等大型活动组织得到领导好评。高质量完成了××部长、××书记、××书记等省、市领导，以及兄弟县市来××考察接待服务48次，均得到领导的肯定和好评。四是信访问题妥善处置。组织办公室人员认真学习信访条例并严格执行《群体性、闹访、缠访处理办法》等信访接待规定，对来访群众做到了"来有迎、走有送、问有答、事有果"。一年来，协调沟通信访局、公安局等相关部门，共处理各类信访问题180余人次，维护了市委、市政府机关正常办公秩序。

四、保障服务，规范管理，机关日常工作运转顺畅

一是后勤服务全面到位。树立"大后勤、大服务"意识，在主动为党委领导做好优质服务的基础上，严格贯彻执行中央"八项规定"，配合上级完成了公务用车、办公用房整改工作，进一步完善了机关卫生、能源消耗、基础设施等管理制度，完成了机关大楼烫顶、线路维修、管道疏通等20余项基建工程，补植各类绿植3000余株，为市委机关创造了一个舒心、舒适的工作环境。此外，组织机关人员积极参加了我市首届全民运动会系列比赛，并取得了团体总分第三的优异成绩。二是保密机要安全细致。先后完成了全市保密普查统计、涉密计算机技术防护专用系统配备、涉密文件销毁、2012年文件归档等工作，确保了公文的规范性、严肃性、权威性。同时，积极开展保密培训和检查工作，检查了政务网站公开信息，完成了高、中考试卷的安全保密管理工作，全年没有发生任何失泄密事件。三是网络服务与时俱进。着眼于实现政府网站信息有用、内容实用的要求，对"黄骅在线"进行改版设计，新增了"新城建设""四城同创"等专题栏目，得到了市委主要领导的好评。在内网建设上，协助渤海新区党工委、市残联完成了省委机关内网的接入工作。一年来，累计更新、上传各类新闻、文件、图片、视频等数据3500余条；备份网站数据30次，解决各类网络故障90余次，累计删除各类不良信息80余条，保障了机关网络持续健康运转。四是值班工作日益规范。编辑印发了《值班工作指南》，健全完善了《紧急情况重大事件应急预案》《首办责任制度》《值班工作制度》等规章制度，采取"月抽查、季通报"的形式，定期和不定期对全市值班情况进行电话和实地抽查，值班管理工作规范化、制度化建设位居××各县市前列。一年来，共组织督导检查活动10余次，编制《值班情况月报》15期，撰写的推介文章《"小天地"铸就"大作为"》在《省委值班通报》刊发。

五、转变作风，提升素质，队伍建设再上新台阶

以打造一支"讲政治、讲学习、讲实干、讲奉献"的干部队伍为总目标，不断加强办公室队伍的思想建设、作风建设和制度建设，全面提高办公室整体水平。一是提高素质抓学习。坚持工作学习化、学习工作化，严格落实周五集中学习制度，聘请有关专家授课，并重点组织学习了罗一民、杨善洲、吕振华等先进事迹，观看了感动中国、政务礼仪、保密教育系列讲座，并采取"走出去"的方式，组织学习考察和业务培训，使大家拓展了视野，增长了理解力；在个人学习上，采取撰写读书笔记、投稿周末论坛、开展业务探讨等形式，起到了潜移默化的提升作用；在综合提高上，通过科长主任"传帮带"、下乡观摩等多种形式，使办公室人员的整体素质得到提升。二是完善机制提效能。进一步建立健全了值班制度、财务管理、信息报送、会议组织、信访接待等各项规章制度，细化办文、办会、办事工作流程，规范承办责任制和协调联动机制，切实做到分工明确，任务具体，各尽其职；完善了机关干部行为规范、工作准则和岗位职责，积极推进规范化建设，各项工作做到了月初有计划、月底有总结；本着有利人员成长、优化科室配置的原则，对办公室进行了人员调整，极大地调动了办公室人员的工作积极性。三是树好形象优作风。在思想认识上，讲团结、讲进取、讲奉献，认真践行和处理"简单与复杂、个人与团队"等七对关系，简单为人，阳光处事，互相补台不拆台；在工作落实上，全体工作人员充分发扬"5加2"、"白加黑"的敬业精神，埋头苦干，唯旗是夺；在日常生活中，大家互相关心、互相帮助，进一步营造了和谐友爱、团结进取的浓厚氛围。

过去的一年，虽然取得了一些成绩，但办公室工作与市委要求、全市工作的需要仍有差距，存在着工作上创新不足、精品工作不多等不足，这些都需要在今后的工作中切实加以解决。2014年，我们将进一步增强责任感、使命感和紧迫感，将其确定为"攻坚落实年"，以更加优良的作风，更加饱满的精神，开拓创新，锐意进取，真抓实干，全面提升"三服务"水平，为加快建设沿海强市、美丽黄骅做出应有的贡献。

例 文 解 析 ·····

　　市委办公室的职责在于做好全市的中心工作和重要决策部署，积极参谋服务，强化督办协调，狠抓服务保障，推动全市各项工作的顺利开展。

　　例文分两大部分：工作情况总结和下一步工作打算。工作情况从以文辅政，勤参善谋，围绕大局，真督实查，统筹协调，总揽全局，保障服务，规范管理，提升素质，加强队伍建设等相关工作落笔对市委办公室一年以来的工作情况进行总结。同时认识到自身发展与理想目标还存在一些不足和差距，提出了下一步的打算确立了具体的目标。

　　例文作者态度恳切，本着实事求是的原则对所做工作进行总结，做到了结构明确、条理清晰，这种工作总结与工作计划并存的行文方式很好，值得我们借鉴。

例文六：

×××局机关党委 2014 年上半年工作总结

　　今年上半年，按照中央国家机关工委和局党组的要求，机关党委紧紧围绕党建工作和党风廉政工作重点，牢牢把握服务中心、建设队伍的核心任务，着力建设学习型服务型创新型党组织，积极推进机关党建工作和党风廉政建设工作，进一步增强了党员干部的政治意识、大局意识、守责意识，增强了基层党组织的凝聚力和战斗力。

一、完成的主要工作

（一）组织开展了十八大精神和习近平总书记系列重要讲话精神的学习

　　一是深化十八大精神的学习。坚持学以致用、用以促学，教育引导党员干部切实把党的十八大精神落实到推动旅游业科学发展、开创旅游工作新局面、全面推进机关党建的建设上来。二是深入学习贯彻习近平总书记系列重要讲话精神。以中央统一编印的《习近平总书记系列重要讲话读本》《习近平关于全面深化改革论述摘编》《党委中心组学习贯彻习近平总书记系列重要讲话精神座谈会文集》和《学习习近平同志关于机关党建重要论述》为主要教材，组织了党组中心组学习和处以上党员干部集中轮训，用讲话精神统一思想、凝聚力量、指导实践、推动工作。三是创新学习形式。充分利用宣传展板增强学习宣传贯彻党的十八大精神和习近平总书记系列重要讲话精神的针对性和实效性，确保学习宣传取得实效。结合工作实际，改版了"机关党建工作"网页，突出了学习交流功能。

（二）健全完善了推进党内政治生活常态化长效化的相关制度规定

根据党的群众路线教育实践活动整改落实的要求和我局"两方案一计划"的任务分工，起草制定了《×××局党组理论学习中心组学习制度》《×××局党员领导干部基层联系点制度》《×××党组织领导班子及党员领导干部定期党性分析制度》和《关于强化落实"三会一课"制度的意见》。完善了党组中心组学习的计划安排、学习形式、主要内容、组织实施等事项，进一步提高学习的质量。健全了领导干部带头学习、改进作风、深入基层调查研究的机制，以及直接联系和服务群众的机制。针对近年来党员干部在理想信念、宗旨意识、组织纪律、思想观念和工作作风等方面存在的问题，把党性分析列为各级党组织的一项"规定动作"，明确了党性分析的工作目标、主要内容、方法步骤和具体要求。为进一步健全党内组织生活，研究提出了强化落实"三会一课"制度的意见，把落实"三会一课"制度作为党性锻炼的必修课，不断强化各级党组织对党员教育监督管理的作用，着力建设一支政治坚定、作风优良、素质过硬的党员干部队伍。

（三）积极开展了学习型服务型创新型党组织建设的各项工作

一是开设了"机关大讲堂"。截至目前，已经组织了4场讲座。内容包括《智慧旅游》启示、《干部任用条例》解读、《青年行为规则》交流、《深化改革市场创新》等，受到了机关党员干部的好评。二是推广运用支部工作法。根据中央国家机关工委的要求，组织开展了践行群众路线支部工作法的宣传推广运用，进一步总结提炼以党建工作带动业务工作的经验和做法，推广可学可用、便于借鉴的支部工作法，着力强化组织功能，增强组织活力，发挥示范带动作用。三是认真落实党章规定。按照《中国共产党党和国家机关基层组织工作条例》的要求，上半年，结合各单位领导班子人员变动，及时对3个基层党组织进行了调整补充。举办了入党积极分子培训班，有48名入党积极分子参加了培训。发展了2名新党员，有1名预备党员转正。四是开展主题党日活动。结合"党的纪律学习教育月"活动,"七一"前后,各单位党组织开展了以"坚定理想信念、弘扬优良传统、严明党的纪律"为主题的党日活动。通过上党课、讲党史、重温入党誓词,缅怀革命先烈、现场体验红色经典,走访慰问老党员老干部,座谈交流心得体会等方式,发挥了基层党组织的战斗堡垒作用。

(四)进一步推动了转变机关工作作风和党风廉政建设工作的落实

一是开展了主题学习教育月活动。今年6月份,在全局组织开展了以知纪、守纪、执纪为主题的"党的纪律学习教育月"活动。通过开展正面教育和自我教育,重点解决局机关和直属单位不同程度存在的观念淡薄、纪律松弛、作风不实等问题。二是完成了党风廉政建设工作角色转换。根据中纪委对派驻纪检监察机构提出的"三转"要求,局党组决定党风廉政建设领导小组办公室的日常工作由机关党委承担。按照党组要求,调整了党风廉政建设领导小组办公室成员单位,明确了主要工作职责。按时报送贯彻落实"中央八项规定"的情况。制定了《×××局2014年党风廉政建设工作要点》及任务分工。组织召开了2014年党风廉政建设工作会议。举办了旅游廉政文化作品展示,促进机关廉政文化建设,营造了廉洁从政的良好氛围,取得了良好效果。三是落实党风廉政建设主体责任。牵头制定了《×××局贯彻落实中央<建立健全惩治和预防腐败体系2013-2017年工作规划>实施办法》,从指导思想和工作目标、坚持不懈抓好作风建设、坚决有力惩治腐败、科学有效预防腐败、加强对党风廉政建设和反腐败工作的组织领导等五个方面细化了13项具体任务,并明确了牵头单位和责任单位。

(五)充分发挥了党团工青妇组织在推进和谐机关建设中的积极作用

一是组织开展文明创建活动。按照中央的部署,深入开展创建文明单位和人民满意公务员活动,今年我局港澳台司台湾处、规划财务司产业发展处被评为中央国家机关"创建文明机关争做人民满意公务员"活动先进集体;办公室秘书处和旅游报社品牌推广部获得中央国家机关"青年文明号"荣誉;综合××获得中央国家机关"五一劳动奖章";国际司××获得中央国家机关"五四青年奖章";规划财务司××获得中央国家机关"优秀共青团干部"荣誉。二是组织开展主题演讲比赛和青年读书学习交流活动。举办了"青春·足迹"主题演讲活动,有17名同志获奖,使青年同志得到了锻炼。三是组织开展青年干部下基层活动。积极参加中央国家机关团工委组织的"根在基层，走进一线"活动，上半年有9名青年同志参加。四是组织开展学雷锋献爱心志愿者活动。组织青年志愿者赴北京市通州区关爱中心开展结对帮扶活动。五是组织开展文体娱乐活动。机关工会组织了春节游艺活动、拓展健身活动、庆祝"三八节"活动、8个文体兴趣小组活动，举办了太极拳普及班，每月安排一场电影，即丰富了机关的业余文化生活，又促进了干部职工锻炼身体的积极性。同时组织开展了送温暖活动，加强人文关怀和心理疏导，有针对性地开展互帮互助工作，解决干部职工的实际困难，收到了很好的效果。

二、下半年工作打算

一是深入学习十八届三中、四中全会精神。发挥党组中心组示范作用，通过学习教育、专题辅导、学习交流等形式，把十八届三中全会精神宣传教育引向深入，凝聚改革共识，推动全面深化改革各项任务落实。十八届四中全会召开后，迅速兴起学习贯彻全会精神的热潮。与此同时，努力办好"机关大讲堂"讲座和青年干部读书交流活动。围绕培育和践行社会主义核心价值观，以及旅游行业核心价值观，开展践行核心价值观先进典型宣传教育，在创建学习型组织方面见到成效。

二是落实好党风廉政建设的主体责任。抓好"两个责任"落实，强化党风廉政建设责任制，进一步落实党组的主体责任、机关纪委的监督责任，强化司级领导班子和领导干部的具体责任。加强党风党纪、廉政法规、廉洁自律教育，加强对重点工作、重点环节廉政风险点的动态监控和对防控措施落实情况的监督检查。继续抓好惩治和预防腐败体系的贯彻落实，加强对驻外办等重点单位的廉政风险防控工作。

三是推进党内政治生活制度常态化。根据教育实践活动整改落实要求，下半年重点抓好有关制度的落实，使党内政治生活制度化，形成长效机制。按照中央国家机关工委的要求，继续抓好支部工作法的提炼、交流、推广和运用工作，使之成为机关党建工作服务中心、建设队伍的有力抓手。做好迎接中央组织部和中央国家机关工委今年下半年，对中央国家机关开展落实《中国共产党党和国家机关基层组织工作条例》情况全面检查的各项工作。

四是坚持不懈抓好机关作风建设。这项任务是机关党建工作的重要抓手，一方面，认真贯彻落实中央八项规定精神和我局制定的按照我局教育实践活动"两方案一计划"的要求，督促抓好整改落实工作。按照习近平总书记提出的"三严三实"要求，进一步在改进机关作风方面下功夫，推动作风建设常态化、长效化，努力在改进完善服务群众、服务基层方面见到成效。

例文解析 ··········

机关党委的主要职责就是按时完成中央国家机关工委和局党组的要求，做好党建工作和党风廉政建设。以服务为中心建设学习型服务型创新型党组织，增强基层党组织的凝聚力和战斗力。

例文分两大部分：工作情况总结和下一步工作打算。工作情况从学习党的精神，健全党的制度，建设创新型党组织，落实党风廉政建设，推进和谐机关建设等方面入手，详细阐述了机关党委这半年来的工作重点和工作成就。下一步打算则是根据上半年的工作情况，把党内工作进行得更加完善，更加彻底。全文结构简明，总结与下一步打算俱全，结构清晰，且字数不多，但总结全面，体现出写作者扎实的文字功底。

例文七：

县委组织部 2013 年工作总结

一、2013 年工作总结

今年以来，我部深入贯彻党的十八大和中央、省、市组织工作会议精神，在县委的坚强领导和上级组织部门的精心指导下，始终坚持围绕中心、服务大局、服从全局，紧扣"创新"和"突破"两大主题，大力推行工作"预决算制"，着力强化组织工作项目化管理，全面提升了组织工作规范化、科学化水平，为 ×× 追赶跨越、超常发展提供了坚强的组织保障。

（一）以党的十八大为主线，纵深开展"实现伟大中国梦，建设美丽繁荣和谐 ××"主题教育活动

按照"思想进一步统一、力量进一步凝聚、作风进一步转变、工作进一步推动"的总体要求，今年 5 月至 7 月，在全县 20 个乡镇及所有县级部门、学校、企业、社会组织中广泛开展"实现伟大中国梦、建设美丽繁荣和谐

××"主题教育活动，教育引导全县党员干部和群众为谱写中国梦的××篇章、达州行动、开江华章而努力奋斗，圆满完成了主题教育活动的各项工作。

1. 突出学习教育，夯实群众基础。编印《××平原中国梦》简明读本5000册和《主题活动知识100问》10000册，实施"百名理论骨干送课到基层、千册简明读本进支部、万名党员干部晒承诺"三大活动，集中县委党校、政研室、党史办等300余理论骨干力量，分赴各乡镇、村（社区）和企事业单位进行重点辅导。县委书记、县长带头到联系点现场为基层党员干部群众宣讲"中国梦"。合理利用"基层干群讲坛"，创作金钱板、群口快板、歌曲等群众喜闻乐见的充满"泥土味"的地方文艺作品30余件，在寓教于乐中坚定群众心中的"中国梦"。主题教育活动中，基层单位共召开院坝会、举办坝坝戏1000余次，

让活动实现了横到边、纵到底、全覆盖的目标。

2. 狠抓关键环节，强化活动实效。围绕"四个进一步"要求，科学规划49个主题教育活动示范单位，成立8个活动指导组，分行业、分系统实施蹲点指导，确保活动规定动作不走样、自选动作有创新。健全督查网络，坚持每周编发督查通报，将主题教育活动纳入党建工作目标考核，防止活动搞形式、走过场。活动中，共进行集中督查5次，编发督查通报3期，对领导不重视、推进不力的单位进行了通报批评，有效防止了搞形式、走过场。广大党员干部自觉弘扬好学、实干、为民、创新作风，26名县级党员领导干部、110名党员领导干部和856名机关干部，就实现百姓安居梦、就业梦、行路梦、致富梦，深入农家小院和田间地头，与基层群众面对面，有效化解纠纷矛盾1200余件，为群众办实事552件，让群众看到了变化、得到了实惠。

3. 注重载体创新，谱写华丽篇章。各地各部门党政领导干部通过单位内部交流、系统横向交流、上下沟通交流等方式，与基层党员和群众密切沟通交流，广泛收集群众所需所盼。县委书记带头深入基层联系点就产业发展、城乡规划等与群众话梦绘蓝图，带头撰写调研报告。全县领导干部走访群众2000余人次，科级以上领导干部共撰写调研报告或心得体会1160篇。以召开座谈会议、举行电视访谈、开展主题征文、举办演讲大赛等形式，引领基

层党组织和党员干部在"全民创业、全域创新、全面创优"中奋发有为。大力实施开江"223"经济发展三大核心任务，加快200亿量级县级中等城市、新农村"2+43"工程等重大项目建设，全县上下形成了人心思齐、人心思干的良好局面。

（二）以提高执政能力为核心，加强班子队伍建设

坚持把选好用好干部作为抓党建、促发展的关键工作来抓，突出干部改革创新"主基调"，围绕中心、服务大局、主动作为，不断创新干部培育、管理和选任机制，有效激发干部干事创业的热情，为我县加速崛起、超常发展注入强劲动力。

1.践行五好干部标准，班子队伍建设不断加强。一是注重继承创新，建立长效机制。按照中央和省、市有关要求，在充分调研、广泛讨论、征集意见、反复修改的基础上，结合我县实际，草拟了《关于进一步加强领导班子和干部队伍建设的意见》《关于进一步转变作风加强党的群众工作的意见》《关于实施优秀年轻干部薪火计划进一步加强年轻干部培养选拔工作的意见》《关于切实关心爱护干部激发干事创业活力的政策措施》《××县干部谈心谈话全覆盖实施办法》（简称"2+3"文件），为推动组织工作创新发展提供了路径。二是注重定期分析，打造一流班子。以"优化班子运行"为切入点，深入全县20个乡镇和62个县级部门开展领导班子运行情况调研，查看现场286个、个别座谈1300余人、查看资料2000余份，收集意见建议130余条，重点了解班子队伍的团结状况、工作成效、作风好坏以及班子建设中存在的问题，准确掌握了班子成员的工作态度、工作能力、适岗能力和管理水平，为县委科学选任、打造一流班子队伍，打下了坚实基础。撰写的调研文章《科学考核评价领导干部的思考》《××党的建设》（2013年10月号上）在全省进行了宣传和推介。三是注重人文关怀，激发实干事活力。制发《关于进一步加强全县机关事业单位工作人员退休工作的通知》《关于进一步落实机关事业单位工作人员带薪年休假制度的通知》，建立退休干部年度台账、领导干部休假台账。建立卸任领导、退休干部谈心谈话长效机制，认真落实干部退休（提前退休）享受待遇相关规定，不定期召开挂职干部、援藏藏援干部、硕博人才、青年干部和选调生座谈会，"面对面"倾听干部心声，"实打实"解决干部困难。扎实开展县委书记、组织部长与乡镇党政正职、部门主要负责人谈心谈话，全面掌握乡镇部门"一把手"思想动态、工作成效和优点缺点，为县委调整使用干部提供决策依据。今年以来，谈心谈话人数达280余人，整改慵懒散奢班子2个，调整工作不力干部5名。

2. 优化结构提升能力，大力选拔培养优秀干部。一是大力选拔优秀年轻干部。建立健全培养锻炼、适时使用、定期调整、有进有退的工作机制，根据分管县级领导、主要单位领导、单位干部职工、服务基层代表等多方意见，将新推荐产生的110名科级后备干部纳入了后备干部库，通过组织掌握、动态管理、优胜劣汰等方式，促使乡镇、部门班子形成合理的梯次配备。制发《××县面向全社会公开遴选优秀干部和人才工作2013年度实施方案》，建立全县40岁以下年轻干部人才信息，通过民主推选、资格审查、常委会讨论等程序，向市委组织部推荐上报县处级优秀干部人才人选20名。通过组织推荐、资格审查、笔试面试，面向社会公开遴选市县科级优秀干部人才46名、村（社区）后备干部50名。二是扎实开展干部挂职锻炼。扎实开展"六个一批"挂职锻炼，挑选7名优秀乡镇党政正职、部门科级干部到市级机关、市经开区、大中专院校挂职锻炼；从县级机关选派10名优秀年轻干部到××、××、××等经济社会发展重镇挂任党政副职、村第一书记；从县级机关和乡镇选拔12名优秀年轻干部进行"双向交流"锻炼；选派150名县乡村优秀干部到重大项目、重点工作、中心工作和征拆一线实践锻炼；选派10名优秀年轻干部人才赴藏区开展援助工作；面向社会公开遴选301名优秀年轻干部人才充实到各行各业。三是创新开展干部教育培训。以"全面覆盖、学以致用"为着力点，整合各类教育培训资源，充分发挥县委党校主渠道、主阵地作用，创新培训方式，拓展培训内容，加强与院校合作，构建多层次、多元化干训新格局。围绕县委中心工作，突出抓好"新型城镇化与特色魅力城市建设培训班""重点项目重点产业村党支部书记、主任培训班""科级干部执行能力提高班""政法综治维稳大调解工作培训班"等14个专题培训，选派230人到北京、上海、江苏、杭州、成都等地参加省市调训，邀请××××大学××等院校专家来开江现场教学，共培训各级各类干部2000余人。

3. 锐意进取、务实创新，干部人事制度改革纵深推进。一是探索建立防止选任简单"以票取人"长效机制。深入开展防止简单"以票取人"试点工作，深入实施"三三"机制("三公开"民主识人、"三评分"多维考评、"三差额"竞争选任)，把组织掌握与群众推荐、日常考核与民主测评、常规工作业绩与关键时刻表现结合起来，通过会议推荐、谈话推荐和过目相面等方式，全面考察干部的德能勤绩廉，进一步提高了选人用人科学化水平。此项工作，市委组织部《组工信息》在全市予以了宣传和推介。二是坚持重点工作一线考察识别干部。出台《重点工作一线干部专项考察暂行办法》，制定考察方案，组建专项考察小组，由6名部领导带队，采取实地察看、走访座谈、查看资料等方式，每月对全县9个重点项目150名重点工作一线干部进行日常跟踪考察、专项量化考察和回访定性考察，并及时汇报考察情况，对表现优秀、业绩突出的向县委建议及时提拔重用，共提拔重用5名优秀年轻干部。此项工作，于9月25日在《××日报》区域新闻头条予以了宣传和推介。三是纵深推进中层干部竞争上岗。出台《机关事业单位中层干部跨部门交流轮岗实施办法》，纵深推进中层干部竞争上岗、跨部门轮岗。先后指导公安局、检察院、县法院、交运局等10余个单位开展了中层干部竞争上岗，让200余名普通职工走上了中层干部岗位。在20个乡镇的财政所长岗位和16个部门的关键岗位中试点实行了中层干部跨部门交流轮岗，36名干部通过竞选、交流轮岗换了位置，转了作风，提了能力。此项工作经验，《××日报》在4月25日区域新闻头条予以了宣传和推介。四是积极开展中层岗位社会评价。以杜绝"冷硬横推"为切入点，出台《中层岗位社会评价实施办法》，制定详实工作方案，建立重点部门、关键岗位中层岗位信息库，把全县125个关键中层岗位纳入评价范围，让每个中层干部有压力、有动力、有激情，促使他们爱岗敬业、热情待人、高效工作，切实解决中层干部"不作为、慢作为、乱作为"问题，不断提高行政效能，确保组织满意、社会满意、群众满意。此项创新工作，得到市委×××书记、××部长的肯定性批示，并要求在全市进行宣传和推广。

4. 坚持以问题为导向，切实加强干部监督。一是切实强化干部监督管理。以杜绝"慵懒散奢"现象为着力点，探索建立以"工作细化、考核量化、注重实绩、奖优罚劣"为主要内容的机关工作绩效考核评价体系，分行业、分部门、分单位对干部职工进行严格考核。规范干部职级管理，对全县21个事业单位重新进行了岗位设置，把60余名事编干部聘任到了相应岗位。不定期清理科级领导干部调动情况，对6名未办调动手续的同志进行跟踪和督促。强化"一把手"监督管理，认真执行领导干部述职述廉、重大事项报告、经济责任审计等制度，对9个单位党政"一把手"进行了经济责任审计，促使各级领导班子和党员干部队伍求真务实、真抓实干。二是认真做好干部来信来访。以"提高行政效能"为着力点，深入开展领导干部蹲点调研、万名干部直接联系服务群众等活动，面对面解决人民群众实际困难5000余个。高度重视群众对干部的来信来访，开通部长信箱，设立举报电话、干部任免公示公告栏，坚持组织部长接访，全年办结信访回复21件，接待群众来信、来访200余人（次），有效防止了干部"带病提拔"和"带病上岗"，进一步提高了组织工作透明度、知晓度和满意度。

（三）以夯实党的执政基础为重点，深入推进基层组织建设

全面统筹党建资源，合力大抓党建项目，聚力打造党建精品，着力激发基层党组织和党员活力，促使基层党建与经济社会发展相融互动。

1."三分类三升级"活动有序开展。对基层党组织实施"立体式摸底、量化式评价、台账式管理"，通过群众初评、党员评议、组织自评和上级组织评定等程序，评出137个先进党组织、293个一般党组织、36个后进党组织。分类实施"旗帜工程、提升工程、转化工程"工程，从县级部门选派干部到后进党组织挂任"第一书记"23名、挂任党建指导员112名，着力破解基层党组织"作用不显"、"两新"党建"覆盖不全"、晋位升级"推进不力"等难题。

2.基层党建工作基础不断夯实。全面推广非公企业党建"三融三促"工作法，深入开展"双强六好"示范创建活动，及时更新全县"两新"组织动态管理台账，有效推进党的组织覆盖。积极推进社区党建"三有一化"建设，探索社区"大党委制"和"兼职委员"模式，新建社区党委7个，并在34个社区全面推行"双报到"制度，形成横向到边、纵向到底的党组织网格和共驻共建格局。强化村级组织带头人队伍建设，统筹抓好村（社区）党组织换届工作，选优配强党组织书记。大力实施"党员素质工程"，深化"三向培养"活动，试行农村党员入党积极分子积分考核管理，严把党员发展入口关，探索解决党组织功能弱化、带头人年龄老化、党员素质退化"三化"问题。进一步加强大学生村官管理，针对突出问题和薄弱环

节制定出台了《大学生村官管理办法》，举办专题培训班 1 期，持续推进"3+1"帮带活动，全面做好了选聘高校毕业生到村任职工作。抓好远程教育终端站点的管、学、用工作，充分发挥远程教育点多面宽、信息量大、直观快捷等优势，着力推进远程教育学用成果转化。

3."两线三带"党建示范长廊建设纵深推进。深入农村、机关、国企、教育、卫生和"两新"组织调研，对全县"两线三带"党建示范长廊示范点进行充实和调整，形成了覆盖领域全、示范带动强的示范线。同时，深入全县党建工作示范点申报单位，通过群众座谈、实地查看、满意度测评等方式进行验收，命名了 57 个基层党组织为县级基层建工作示范点，切实发挥示范点"典型引路、示范带动"作用。

4.基层服务型党组织建设深入开展。围绕服务群众、服务党员、服务发展，深入开展基层服务型党组织建设。深化党内人文关怀，修改完善《贫困党员、困难职工救助管理办法》，建立定额补助动态管理机制，对困难党员和贫困干部职工及时发放救助资金 30 余万元。按照"全员参与、全域覆盖"的要求，深入开展直接联系服务群众活动，123 个机关党组织按照"供需对接"原则与薄弱村级党组织"结对子"、7000 余名机关党员干部与 10000 余名困难群众"认亲戚"，全面推行《调研手记》全程纪实，大力开展"走基层"活动，解决群众生产生活实际困难 5000 余件。

5.建党 92 周年活动扎实有效。结合"实现伟大中国梦，建设美丽繁荣和谐 ××"主题教育活动，指导各级基层党组织广泛开展讲党课活动，进一步统一思想、凝聚力量、转变作风。6月中下旬，指导各级党组织召开"庆七一"党员座谈会，共同缅怀党的历史，畅谈立足本职创先争优。同时，集中开展走访慰问和帮扶活动，对 30 余名优秀党员、贫困党员和老党员进行了集中走访慰问。

6.党建宣传工作氛围浓厚。策划并制作 5 部党员电教片在 ×× 电视台播放，其中电教片《跨越门坎美丽蝶变》在 ×× 电视台播放。继续做好 ×× 电视台党建宣传《旗帜》栏目，每周播放 1 期基层党建工作动态，宣传党建工作。×× 电视台《×× 新闻》栏目深度报道 16 条。通过充分运用简报、展板、标语、电视、网络等多种媒介宣传党建工作的先进典型、成效经验，形成了立体式的宣传格局，做到了县内有影响、省市有声音。截至目前，在《××日报》《××农村日报》《××日报》等媒体上共刊发宣传稿件70余篇。

（四）以对接发展需求为导向，全面汇聚优秀人才

狠抓人才的培养、使用、引进、管理、服务等关键环节，大胆探索人才工作新机制，不断加强人才队伍建设，为全县经济社会发展提供了坚强的人才保证和智力支持。

1.加强组织领导，建立人才工作新格局。一是健全党管人才的领导机制。坚持县委领导，县人才工作领导小组配合，县、乡、村整体联动，形成了组织部门牵头抓总，有关部门各负其责，社会力量广泛参与的人才工作格局。坚持人才工作部门联席会议制度，把人才工作纳入年度党建综合目标考核范围。二是构筑党管人才的工作体系。坚持把人才工作纳入县委、政府工作的重要议事日程，定期召开人才工作专题会议。创建硕博人才工作QQ群，为"千名硕博进达州"提供咨询和服务，实现了人才工作立体式、全方位管理。三是探索党管人才的运行方法。建立各级领导干部联系优秀人才制度，发放《领导干部联系优秀人才情况反馈卡》，每名县级领导、乡镇和县直部门党政班子成员定向联系1~3名优秀人才。实行人才工作调研制，对7个人才培训（培养）基地和6个县级部门进行了调研。

2.加强队伍建设，完善人才管理新机制。一是夯实管理基础。健全人才信息库，建立7类人才管理台账。全县现有入库人才1760人，其中党政人才810人，高层次人才（硕士研究生及以上学历学位）57人，高技能人才130人，专业技术人才580人，经营管理人才63人，农村实用人才114人，社会工作人才6人。二是完善管理制度。建立人才调训、考核、运用机制，出台《××县中长期人才优先发展规划（2013—2020年）》《××县2013年人才工作要点》《关于开展人才工作示范点创建活动的实施意见》。制定《××县人才开发基金管理使用暂行办法》，充分用好80万元人才开发专项资金，为人才工作提供资金保障，确保依制管"财"、依制用"财"。三是突出培育特色。树立"培育一个人，致富一家人，带活一片人"的工作思路，打造了雪峰现代农业园区、××峨城杀菌钱包公司、开江中学等7个人才培训（培养）基地。组建油橄榄、银杏两大产业专业技术人才队伍，232名专业技术人才与服务对象结成了"1+1"长期帮带对子。着手农村经纪人队伍

建设，促使农村实用人才实现信息互补、市场互补、优势互补。

3. 加强工作举措，激发人才队伍新活力。一是注重人才引进。采取考核聘用、常态引才、柔性引进等方式，通过政策引、环境吸、待遇留等举措，壮大人才队伍。高度重视"千名硕博进××"行动，派出引才小分队赴长沙、成都等 10 余所高校开展引才活动，先后在××大学和××大学等高校召开现场推介会 10 余次，今年成功引进 37 名硕士研究生。二是优化人才发展环境。坚持人才代表座谈、组织部长访谈、党员访谈、硕博人才谈心谈话等制度，定期或不定期举办优秀人才联谊会，关心关怀硕博人才。召加大人才培育使用力度，目前，已有 9 人担任部门中层干部，2 人到乡镇挂职锻炼，1 人双向交流到乡镇锻炼。定期开展评选表彰活动，营造重才、爱才、惜才、用才的浓厚氛围。今年，共评选表彰人才开发示范单位 10 个、优秀拔尖人才 15 名，优秀人才示范岗 15 名。

（五）以追求模范过硬为目标，大力加强自身建设

紧扣"信念坚定、为民服务、勤政务实、敢于担当、清正廉洁"好干部标准，着力打造"书香组工""责任组工""阳光组工"，高效推动服务型组织部门建设，彰显模范过硬形象。

1. 打造"书香组工"，树优服务理念。坚持每周学习会、每月例会制度；开设"组工论坛"，通过股室领学、专家授课、"组工讲坛"等方式引导组工干部自觉加强学习；同时，鼓励组工干部每月读一本励志书籍、记一篇读书笔记、写一份心得体会，有效地提升了组工干部个人素质和为民服务的本领。大力开展"践行群众路线、争当五好干部"系列活动，全面查找群众观念、群众立场、群众感情等方面差距，切实增强服务理念。

2. 打造"责任组工"，提升服务质量。组建志愿者服务队，开展"大手牵小手"关爱特殊学校留守儿童、义务植树、文明劝导等活动。实行组工干部直接联系服务村（社区）党组织、支部书记、困难群众"三个一"制度，走访党员、干部和群众 70 余人次，协助××村，拟定新村建设及产业发展规划，实施农网改造，捐建"民心桥"，帮助实现了当地百姓行路梦、用电梦。32 名组工干部与××镇门××村 46 户困难户结"穷亲"，并协调相关部门和公司为"穷亲"送技术，找富路，解决就学、就业、就医等困难。

3. 打造"阳光组工"，激发服务热情。大力开展"争做五好干部、建设

幸福开江"演讲比赛、组织工作"金点子"征集、"集体亮诺践诺"、趣味运动会等活动。同时，还组建了篮球队、羽毛球队等多支运动队伍，定期开展内容丰富、形式多样的体育健身活动，促使全体组工干部以更加阳光的心态、更加阳光的形象切实做到为民务实清廉。

二、存在的问题

（一）班子队伍建设方面

班子队伍结构需进一步优化，后备干部队伍数量不足，结构比例不均衡；干部队伍活力需进一步增强，干部轮岗交流力度不够，尤其是科级以下干部转岗交流没有形成制度，部分干部"一岗定终身"，存在职位疲劳、岗位疲劳等现象；基层非公务员中的优秀人员受身份限制，难以被选拔充实到公务员队伍；干部工作民主需进一步提升，群众参与干部工作的渠道不够宽。

（二）基层组织建设方面

农村党员队伍"青黄不接"现象未得到根本解决，年龄老化、思想僵化、后继乏人的等问题不同程度存在；基层党组织特别是"两新"组织党组织作用发挥不够充分；个别基层党组织负责人抓党建工作主动性不强；一些干部在蹲点调研、直接联系服务群众活动中"沉不下去"；流动党员教育难、管理难、监督难问题未得到有效破解。

（三）人才队伍建设方面

虽然在千名"硕博进××"活动中引进了一批急需人才，但受地域经济影响，高端紧缺人才引进仍然不足。人才总量相对不足，人才结构不尽合理，人才流失与缺乏的矛盾并存，人才经费投入不足。

三、2014年工作打算

深入学习贯彻党的十八大精神，紧扣建设幸福××实现"两年上台阶"战略目标，配班子选干部强组织聚人才，努力为××经济社会发展提供坚强组织保障。

（一）围绕中心大局，着力加强领导班子和干部队伍建设

1.开展领导班子、领导干部"2+4"年度考核评价。鲜明用人导向，制发《领导班子、领导干部"2+4"年度考核评价实施办法》，综合上年度目标考核、奖励惩罚、党风廉政建设和民主测评四个方面情况，对全县领导班子、领导干部进行排名定位，并及时运用评价结果。

2.实施"两优五型"领导班子分类管理。按照差异化配备领导班子的要求，建立"两优五型"领导班子结构模型（即学历结构优、年龄结构优，经济发展型、社会事务型、执法监督型、政务综合型、党委群团型），实施动态管理、适时进行调备，努力实现班子结构变化情况"月更新、季分析、年评估"。

3.开展"中层岗位社会评价"。从中层岗位数据库中，随机抽取中层岗位，通过单位测评、集中测评、网络测评和电话测评四种方式，对中层岗位进行评价。对评价排名在前10名的中层岗位进行通报表彰，同等条件优先使用，对排名后5名且不满意达30%的干部进行组织处理。

4.开展年轻干部挂职锻炼。深入实施以"五个一批"为重点的"优秀年轻干部薪火计划"，完成双向互派、双向交流、援藏藏援等交流干部人才选派考察工作，努力提升年轻干部能力，进一步充实后备干部队伍。

5.加强干部监督工作。开展干部选拔任用"一报告两评议"工作，完成市委、县委要求单位经济责任审计工作，充分运用经济责任审计结果，更好地管理、教育和使用干部。

6.开展干部集中轮训。全面完成省、市调训任务。依托县委党校"主阵地"，分月举办"领头雁"专题研讨班、"红色CEO"专题研讨班、青年干部培训班、拟任科级领导干部职务廉政法规培训班等主题培训班，全面提升干部思想素质和业务素质。

（二）围绕激发活力，着力加强基层组织建设

1.深入开展党的群众路线教育实践活动。按照中央和省、市委安排部署，认真搞好前期调查研究，围绕强化思想认识、收集民情民意，重点开展学习讨论、走基层活动；围绕为民务实清廉要求，找准抓住突出问题，重点开展"四风查摆""民主恳谈"活动；围绕强化正风肃纪，集中整改提升，重点开展"阳光整改""正风肃纪""制度建设月"活动。坚持正面教育，突出整风精神，加强分类指导，突出解决实际问题。通过活动的开展，着力解决形式主义、官僚主义、享乐主义和奢靡之风问题，进一步转变作风，提高做好新形势下群众工作的能力。

2.推进基层组织服务型党组织建设。制定出台《加强基层服务型党组织建设的实施意见》，采取强化服务意识、建好服务阵地、丰富服务载体等措施，围绕"服务群众、服务社会、服务发展、服务党员"宗旨，深入开展直接联系服务群众活动和"走基层"活动，树立和表彰一批典型，不断增强基层党组织服务功能。

3. 深入开展"三化破解"行动。加大特殊领域的党组织覆盖，完善各领域的党组织设置。持续开展"三分类三升级"活动，加强带头人队伍建设，严把党员发展"入口关"，畅通不合格党员"出口"，提升党员质量，强化党员教育培训和管理服务，逐步完善激励关怀帮扶机制，增强党员宗旨意识。

4. 纵深推进"两线三带"党建示范长廊建设。继续抓好全县10个乡镇12个村的两条党建示范长廊建设，力求在发展生产、发扬民主、健全功能、搞好服务等方面各具特色、各有亮点、各有创新，引领和带动全县乡镇和支部搞好党建工作，以党建示范长廊带动新村建设，推进特色产业发展，帮助农民致富增收。

（三）围绕发展需求，着力加强人才队伍建设

1. 做好人才引进工作。继续做好"千名硕博进××"活动的资格初审、资格复审和实绩考核、面谈考核、公示等环节，协调用人单位做到"人尽其才、才尽其用"。

2. 做好人才服务工作。制订出台《××县关于柔性引才的实施意见》《××县人才培养、引进和管理办法实施细则》等意见办法，力争为硕博人才在住房解决、配偶安置、子女上学等方面提供优质的服务。

3. 做好人才管理工作。更新完善人才工作管理台账、人才信息库，全面做好各类人才的管理工作。继续利用××电视台《旗帜》专栏、××电子政务网、××在线、报刊杂志等传媒载体宣传人才工作做法，总结人才工作经验，改进人才管理办法。

（四）围绕模范过硬，着力加强自身建设

紧扣"建设特别讲政治、重公道、业务精、作风好模范部门"目标，自觉践行"五个特别"，争做"五好干部"，恪尽职守，主动作为，切实在模范过硬中彰显形象。认真学习贯彻党十八大、十八届三中全会全国、省、市、县组织工作会议精神，严格遵守中央、省、市、县关于改进工作作风、密切联系群众的相关规定及组工干部"十严禁"，全面落实党风廉政建设责任制。建立健全工作责任制，进一步完善工作例会制、定期学习制等系列规章制度，

切实加强人文关怀，大力弘扬组织工作优良传统，积极开展青年志愿者服务活动，着力营造团结和谐、积极向上的氛围，着力打造模范部门、过硬队伍。

例文解析

县委组织部的职责在于贯彻党和中央、省、市组织工作会议精神、服务大局、服从全局，紧扣"创新"和"突破"两大主题，全面提升组织工作规范化、科学化水平，为全面良好发展提供坚实的组织保障。

例文分三大部分：工作情况总结，工作存在问题和下一步工作打算。工作情况从学习党的会议精神，开展教育活动，加强班子队伍建设，推及基层组织建设，汇集优秀人才和加强自身建设等方面进行工作情况的总结。在工作过程中发现班子队伍，基层组织以及人才队伍等方面存在一些问题。最后针对存在问题提出了下一步的工作打算，围绕中心大局，加强干部队伍，基层组织和人才队伍的建设。例文篇幅较长，阐述十分详细，却又不繁琐，结构清晰，逻辑严谨，每一部分的内容很重要，总结得十分全面，值得学习。

第二节　政府部门中层领导工作总结

例文一：

××县工商局2014年工作总结

2014年以来，××县工商局以开展教育实践活动为纲，以助推全县市场主体增幅增量为本，贯穿各项工作始终，全力服务×乡经济社会又快又好发展，紧紧围绕县委、县政府的中心工作，走在前，当示范，做榜样，各项工作均取得了一定实效，收到了良好的社会效果。现将今年以来的工作和明年的工作谋划报告如下。

一、全面实施商事登记改革，再次减政放权，全县市场主体活力迸发

今年以来，我局认真贯彻执行上级注册资本认缴制、先照后证等商事登记改革有关政策，大刀阔斧为市场主体发展松绑。同时，结合××县情，再次减政放权，及时制定了《关于鼓励全民创业促进全县市场主体增量发展的实施意见》18条优惠措施，县政府在全县全文印发，全面激发投资创业热情和市场活力，在全县经济发展"高速公路"上建起了优质"服务区"，促进了我县各类市场主体增量发展。

截止目前，我县各类市场主体总量达10382户，全县个体工商户发展至6850户，企业发展至3532家。万人拥有市场主体个数为264.8，较去年年底增长50.4。今年全县市场主体净增1839个，全市排名靠前，发展势头迅猛，发展形势喜人。××日报、××经济日报、××日报等媒体对我局做法和敢于改革的精神进行专题报道，并给予了高度评价。

二、教育实践活动扎实有效，亮点纷呈，队伍素质和办事效率明显提升

今年以来，我局按照县委和市局的统一部署，扎实开展第二批党的群众路线教育实践活动。围绕规定动作做到位，自选动作有创新的具体要求，认真扎实地开展了学习教育活动，收到了良好的效果，各项工作亮点纷呈。

（一）推进商标兴企，县长批示表扬。我局结合教育实践活动的开展，经过深入调研，抓住制约××经济发展的短板和瓶颈问题不放松，大力推进商标兴县、商标兴企战略，提高市场主体争创著名商标和驰名商标的积极性，提升××的知名度、美誉度和市场竞争力。一是加大商标宣传教育力度，强化商标意识。以3·15消费者权益保护日为契机，组织开展了新《商标法》宣传咨询服务活动，努力提高市场主体"积极注册、合法使用、自觉维护"的商标意识；二是加大商标培育力度，强化商标申请意识。局领导班子和相关科室深入企业，对全县注册商标、未注册商标和闲置商标基本情况进行细致调查，分类指导、一企一策、重点扶持，鼓励企业争创著名商标、驰名商标，实施商标战略"二次创业"；三是加大商标专用权保护力度，强化侵权案件查处工作。先后开展了以"讲诚信、打假冒、保品牌"为主题的专项执法行动，严厉查处侵犯商标专用权的违法行为，有效维护商标企业的合法权益；四是积极培育本地的"地理商标"。我局成立了××县农产品协会，完成了"××圆葱之乡"等区域性的地理商标前期准备工作，力争年度实现零突破。4月17日，县长××对我局的做法作出重要批示："县工商局整体工作抓得很紧、很主动，特别在配合中心、服务全县发展上富有成效，值得充分肯定"。

（二）承办全市会议，市局充分认可。在教育实践活动开展过程中，我局狠抓了行政执法工作，以大力推行说理式处罚文书为切入点，进一步完善行政处罚后续工作，通过大力开展行政处罚相对人回访工作，减少了执法漏洞和执法风险，收到了良好的社会实效。对此，市局党组高度认可，5月15日上午，全市工商系统竞争执法和直销监管工作会议在我局召开，会议对全市工商系统落实党的群众路线教育实践活动第二阶段要求，开展竞争执法和直销监管工作进行了点评，要求各级各单位要解放思想，勇于创新，结合教育实践活动第二阶段要求，不断加大工作力度，切实构建公平有序的市场环境。我局的做法和经验赢得了与会的市局领导和兄弟县（市）区局的一致认可。

（三）承办全省活动，省局高度赞扬。联合收割机跨区作业、三夏义务维修服务活动，发源地在××，农民群众欢迎，社会效果良好。6月4日上午，全省"红盾情·三夏行"系列维修服务活动在我县正式启动。启动仪式由省工商局、省民用品维修行业协会主办、市工商局、市民用品维修行业协会协办、县工商局、县民用品维修行业协会具体承办，得到了市委、市政府、县委、县政府的大力支持，市、县有关领导出席了启动仪式。此次活动是践行党的群众路线教育实践活动的具体行动，也是关注农村、关心农业、关爱农民，服务社会主义新农村建设以及解决麦收时节农民实际困难的一次具体行动。我局组织的9支维修服务队，迅速开展了三夏系列巡回维修服务，为全县的农机手和广大群众切实解决了实际困难，确保了全县三夏抢收抢种，颗粒归仓。

此次活动能在我县举行，并由省局指定由我局承办，充分说明省局党组对我局工作的高度信任，省局领导对我局承办此次活动取得的实效给予了高度赞扬。

（四）非公党建得力，党员队伍壮大。自教育实践活动开展以来，县非公企业党委按照县委活动办的具体要求，组织非公企业党支部扎实开展教育实践活动，充分发挥了企业党支部的战斗堡垒作用，有效促进了企业健康发展。积极配合县委组织部、统战部开展了"组织找党员、党员找组织"活动，非公党建工作取得新成效。通过深入全县各类企业现场动员，通过组织找党员，对具备条件的8家企业向县委组织部进行了申报，经组织部批准，我县企业中又新组建了8个党支部。目前，全县非公企业党支部增加至29个，所辖党员299名，非公企业的党员队伍逐步壮大。同时，加大了对非公企业党支部开展教育实践活动的督导力度，不管是原有党支部，还是新组建的党支部全部做到了"四有"，即：有活动场地、有学习资料、有活动展板、有活动档案。所有有支部的企业做到了产学兼顾、相互促进，收到了良好的社会效果。

（五）小善折射大爱，好人好事暖心。在教育实践活动中，我局组织全体党员干部积极参加全县开展的"学雷锋、正党风、带民风"活动。期间，我局好人好事频出，目前为群众办好事累计86件次。在群众心目中，一件件小事和好事，无疑是一次次的暖心行动。尤其是副主任科员××，在值班交接班时接到一个来自××的电话，要找县公安局，来电人自称收留了一名自称××县××乡××村的中年男子，姓杨，神志不清，身上没钱，也不知道该怎样回家。几经周折，与杨氏兄弟取得了联系，最终使走失一个多月的杨某回到了家中。一个电话牵出一个好人，牵出了一连串的爱心。

三、紧贴部门实际，开展专项行动，优环境、惠民生，广大群众得实惠

（一）开展正风肃纪行动，净化了队伍思想环境。县局活动办按照局党组的具体要求，不间断开展督导、暗访，着力解决系统人员在工作中的思想障碍和"四风"问题；通过开展回访企业和行政处罚相对人活动，着力解决服务企业、行政执法工作中存在的突出问题；通过组织开展分局之间相互全方位观摩，着力解决重点工作中存在的突出问题。现已制发通报3期，共查出9个方面存在不足，全部得到有效整改，全系统工商人员的思想环境得到了有效净化。

（二）开展提质提效行动，提升了服务质量。今年以来，我局本着"转观念、提效能、优环境、促发展"的思路，真正提升行政审批、窗口服务、市场监管、行政执法等关键环节的工作质量和服务效率，继续推进"零障碍"服务全程协办机制，市场主体反响良好；通过治理文山会海，局领导班子成员身体力行、率先垂范，文风会风得到有效整治，会议和文件得到明显简减，与去年同期相比，召开会议减少44次，县局文共减少35件，机关效能建设取得了新成效。

（三）开展市场主体增量行动，发展速度明显加快。今年我局继续深化

落实省、市局《关于鼓励全民创业促进全省市场主体增量发展的实施意见》，严格落实《关于鼓励全民创业促进全县市场主体增量发展的实施意见》，真正做到"政策不在工商截留、差错不在工商机关发生、时间不在工商机关耽搁、企业不在工商机关为难"，让市场主体在享受工商机关便捷的服务中得到实惠。1839个市场主场的净增长，在这次专项行动中得到有效证实。

（四）开展"12315"护民生行动，群众维权意识明显强化。我局继续加强了12315"五进"工作，积极构建"大消保"格局，通过强化宣传，12315已成为群众心目中的较好口碑。上半年来，除315活动外，发放新《消法》宣传资料5000余份，同时还通过×乡电视台、电台、政府网站、××时报和县城内户外电子显示等媒体进行了广泛宣传，消费者的维权意识进一步强化，收到了良好的社会效果。目前，共计接待来人来电咨询780余人次，受理消费者举报226起、投诉142起，调处率为100%，为消费者挽回直接经济损失27.6万元，化解了社会矛盾，维护了社会稳定。

（五）开展助推企业提档升级行动，商标发展意识明显增强。我局紧紧围绕全县开展的"六大攻坚战"建设，以商标强企、信用兴企、融资助企、维权护企、党建促企等为主要内容，以发展商标为重点，大力宣传新《商标法》，助推我县市场主体做大做强。现已走访重点企业18家，共清理出著名商标企业中应及时延续的1件，过期重报的1件，需续展的注册商标2件，经过与上级部门沟通，已及时上报和重新申报。目前，我局已对县内注册的154件商标进行了逐个清理。通过我们的努力工作，企业的商标发展意识明显增强。

（六）开展市场专项整治行动，红盾护农旗帜更加鲜明。今年以来，我局以打击坑农、害农、损农行为为重点，以推行网格化监管工作为手段，扎实开展"红盾护农"行动，力促农业增效、农民增收。6月初，我县××乡××5户农民到我局经检大队投诉，称种植的生地因拌种剂原因不出苗，情绪十分激动。我局执法人员立即与经销商取得了联系，因责任无法界定，经过几天的连续调解，最终达成了赔偿协议，经销商向5户农民赔偿2万余元。投诉农民感激不尽，经销商也非常满意。细心的工作，化解了上访隐患。市政府第188期《要情快报》对我们的做法予以了刊载。

今年以来，我局共查办各类经济违法违章案件111起，有效遏制了违法违章行为，净化了全县的发展环境，为全县市主体快速发展提供了良好的营商环境。全年共抽检食用油、肉制品、乳制品等 10 类品种食品 354 个批次，查办经销不合格食品违法案件 35 起，10 月 30 日，在市政府的统一领导和食安办的组织协调下，我局到市废物处理厂参加了问题食品集中销毁行动，总计销毁问题食品 171.95 公斤，广大群众的消费安全指数有了大幅度提升。全系统各项工作均实现了时间、任务同步，较好地完成了县委、县政府和市局下达的工作目标。

总之，我们虽做了一些工作，但还存在很大的差距和不足，系统队伍中，个别人员还存在畏难情绪，少数同志的工作能力还亟需进一步提高，有待于迎头赶上，快步跟进。明年，我们将按照省局提出的"服务发展、监管执法、消费维权、信息化建设"四大体系建设要求，紧紧围绕县委、县政府和市局的中心工作，巩固好教育实践活动成果，把工商行政管理工作提高到一个新水平，为建设肥沃之乡、打造美丽新城贡献力量。

例文解析

工商行政管理局是政府主管市场监管和行政执法的工作部门。其主要职责就是，紧紧围绕县委、县政府的中心工作。尽力开展教育实践活动，助推全县市场主体增幅增量，促进经济又好又快发展。例文角度新颖独特，从简政放权、增加组织活力、提高队伍素质，办事效率，以及加强团队自身建设等几方面入手，紧密地联系实际，详细地进行阐述。侧重在其工作中对工作情况进行总结，结构一目了然，先总结情况，后找出自身不足。总结情况部分全面且详细，但吸取经验教训以及今后打算部分叙述得过于教条，我们在行文中可以在此多下一些功夫加以改正。

例文二：

××经济开发区 2013 年工作总结

1. 开发区建设日臻完善

今年，开发区全面打响建设攻坚战，基础设施投入 3 亿元，进一步完善城市功能配套，增强综合承载能力，实现新增道路里程 12.6 公里。全速推进路网建设。今年开发区路网建设投入达 1.6 亿元。目前，投资 559.4 万元全长 1244 米的友谊北街建设工程已完工，该工程为开发区第二条贯通 309 国道和幸福大道的重点项目，进一步增强了开发区通行能力；投资 754.4 万元全长 1320 米的光明西路建设工程已完工。总投资 1.5 亿元的南区三纵三横两桥梁的 7 个项目建设工程已全部完工。

全面提升绿化亮化。为全面提升开发区整体形象，打造 ×× 西部美丽新城。开发区对原有道路、新建道路和广场进行全方面绿化亮化。原有道路、广场绿化进行提档升级，其中在民生街栽种了 270 棵松树，在解放路与新华北街交叉口东北角栽种了 1500 棵蔷薇，在民生北街与人民路交叉口广场西延绿化带补栽完成了因去年冬季严寒冻死的冬青 1 万棵，金叶女贞 6000 棵，大叶女贞 100 棵；并在 309 国道南侧与民生街交叉口打造一个占地约 30 亩的景观节点，全面提升了开发区的整体形象。在光明路盛纳薄板厂门口两侧种植 4000 棵龙柏、90 棵金叶女贞、60 棵碧桃等植物。新修道路绿化亮化工作也正在紧锣密鼓进行，目前总投资 25 万元的友谊北街和总投资 33 万元的光明西路行道树已种植完成，总投资 266 万元的民生街绿化已基本完成；民生街企业围墙外绿化正在开展，当前四达电机厂脚手架门前绿化已完成，民生街（309 国道 - 民生桥）油松、龙柏、月季、金叶女贞、黄杨球已种植完成。总投资 139.2 万元的友谊北街和光明西路亮化已完成；总投资 355 万元的幸福路、民生街、建设街、振兴路正在进行亮化工作。

大力建设配套设施。为全面提升园区承载能力，实施污水处理厂、水厂、垃圾中转站和消防站等配套设施建设工程。运用 BT 融资模式，占地 50 亩总投资 7800 万元的污水处理厂项目，目前中水储池、倒置 A2O 生化池、加氯间、二沉池、污泥池、中间水池等正在全面施工。占地 21.5 亩的消防站已完成选址，预计明年全面开工。总投资 80 万元占地 660 平米的垃圾中转站，目前正在办理前期手续。总投资 3840 万元占地 50 亩的水厂，目前正在办理前期手续，预计建设工期 12 个月。

2. 招商引资日渐成效

今年，在我县招商引资攻坚推进组的指导下开发区管委会成立招商专业小组，坚持不懈地开展招商引资活动，采取积极措施，制定招商引资奖励政策，通过去外地参加各种考察进行招商、网络招商、以商招商、以企招商等多种方式开展全面招商工作，既抓好已入驻企业续建项目的建设，增加新的投资，又积极引进新项目，依靠优越的区位优势和良好的设施条件吸引省内外资金进入开发区。

目前，在开发区人员少任务重的情况下，开发区接洽的总投资 13.8 亿元的韶关液压和总投资 26 亿元的法因数控已入驻南区。现开发区正与总投资 1.9 亿元的生物装备制造和产品加工项目、总投资 10 亿元的飞凡新能源设备制造有限公司年产 10 万辆太阳能电动车生产项目进行进一步接洽，争取为 ×× 经济发展增砖添瓦。

3. 产业集群日益明显

随着开发区基础设施日渐完善，招商引资力度不断加大，开发区的产业集群效益日益明显。其中世界 500 强企业两家，国内 500 强企业 2 家，超 10 亿元重大项目 8 个，超亿元产业项目 49 个。2013 年，×× 开发区新入驻装备制造产业项目 15 个，主要有总投资 26 亿元的山东法因数控机械股份有限公司数控机床生产项目，总投资约 16.7 亿元的 ×× 盛卓建筑设备制造有限公司附着升降脚手架项目，总投资 15 亿元的飞龙新能源产业基地及 LED 项目等，××× 开发区产业规模逐步扩大，产品档次逐步提升，集聚效益日趋明显。

4. 发展环境日趋向好

开发区管委会自 2011 年 7 月升级为省级开发区后，随着企业不断增加，开发区也不断完善了相关规章制度和管理办法以更好的服务于企业。2013 年，开发区先后制定了《×× 经济开发区入区企业管理办法》《×× 经济开发区关于进一步规范入园企业规划建设的规定》等多个文件。

在 2012 年 ×× 省省级经济开发区综合发展水平评价考核中，×× 开发区以 277.5 分的总成绩，综合评价排名位列全省 106 家参评的省级开发区中第 28 名，2011 年新批 63 家省级开发区中综合评价排名为第六，在 ×× 市 14 家省级开发区中位列第二，位居 ×× 东部十县第一。这既是 ×× 县委、县政府"工业立县产城融合一体发展"的政策体现，也是 ×× 举全县之力发展园区跨越式发展的成果。

为更好的服务于企业，在管委会成立之初开发区就完成了 ISO9001 质量体系和 ISO14001 环境体系认证工作，进一步健全管委会的管理制度，明确了职责分工，规范服务流程；并全面实行企业分包负责制，实施企业代办员制度，为企业搭建"一站式"服务平台，推行从项目引进、落地建设到投产运营后的全程服务模式，帮助企业解决发展中面临的各种难题，做企业发展的助推器。建立企业档案，了解企业运营制度，及时协调和解决企业面临的困难和问题。

为方便新入驻企业早日落地、开工建设、投产达效，开发区实行企业代办员制度，安排专人代办、帮办新入驻企业前期手续，并制定企业前期手续办理流程图，为企业办理前期手续节省大量时间。

例文解析

经济开发区的主要职能就是促进本地区经济社会全面协调可持续的发展，增强综合承载能力，与此同时，不断完善相关规章制度和管理办法，以促进更好地管理本地区。认真贯彻落实县委、县政府的政策，携手共同使得本地区的经济发展得更好。

例文意图以点、面结合方式总结。点上通过具体生动的典型例子，容易被读者理解和接受。面上通过概述事实和统计数字，增强了文章的科学性。点面结合，既有广度又有深度。但例文缺憾在于仅将工作内容逐条陈述，并未归纳总结出经验，对不足更是只字未提，犯了缺乏两点论的错误，我们在今后写作中应该尽量避免。

例文三：

××区民政局 2013 年度工作总结

2013 年，我区民政工作坚持"上前一步，勇于担当"，努力抓好三项工作，办好六件实事，在民生工作、社区建设、养老服务等工作中均取得了新突破。我区被确定为"全国志愿者服务注册试点地区"。"大学生志愿者联盟"被推选为省优秀志愿服务品牌。新设立了盛和路街道办事处。全市城市居家养老现场观摩会在我区召开，××日报对我区创新居家养老服务模式予以专题报导。

一、擦亮窗口，关注民生，全面提高救助保障能力

充分发挥民生工作主力军作用，时刻关注弱势群体生活、教育、医疗状况，构建救助保障网络。一是动态管理，应保尽保。建立自然增长机制，切实保障困难家庭生活。目前，全区城市、农村低保标准分别为每人每月375元、每人每年2304元。城市、农村低保月人均补助水平分别达到260元、154元，均高于全国城市和农村的人均补差标准。二是提升医疗救助水平。保持医疗救助制度与新型农村合作医疗和城镇居民医保制度的有效衔接，资助城乡低保对象参加城市居民基本医疗保险和农村合作医疗并进行医疗救助。三是认真开展节日慰问和教育救助。双节期间，开展了"体民情、解民忧、帮民难、暖民心"集中慰问活动。今年共对72名贫困大学生进了资助，收到了良好的社会效果。

二、转变作风，热情服务，提升社会事务管理水平

坚持人性化服务，微笑服务，动真情，办实事。一是落实老年人优惠政策。认真贯彻落实《××省老龄人优待办法》，为老年人免费办理《老年优待证》《老年人健康随行卡》。二是全面完成全区《政区大典》编撰。广泛收集、汇总，反复修改，按标准书记格式编排、上报。三是深入实施地名公共服务工程。深入开展全国地名第二次普查，完成地名标牌设置安装工作，实现地名管理的规范化、标准化。四是强化民间组织管理和社团登记。全年审批成立民间组织13家，办理变更登记6家，办结率、准确率达100%，对全区48家民间组织进行了年检。五是做好流浪乞讨人员救助管理工作。开展流浪乞讨人员收治救助工作，及时对未成年流浪乞讨人员实行保护性救助。六是规范婚姻登记服务。登记合格率达100%。

三、温暖夕阳，居家养老，加快养老服务体系建设

深入开展居家养老中心建设，启动社区"温暖夕阳"居家养老服务工程。一是建立日间照料中心。依托社区服务中心，配备娱乐器材、书籍、床褥等必要的服务设施，使老年人不出社区就可以得到照料关爱。二是建立联动服务中心。积极引导各类社会组织参与养老服务，以天爱、天赐、益民等社区服务中心和社区卫生服务中心、康复中心、家政公司等130余家单位和组织为依托，建立联动服务。三是建立互助服务中心。以志愿者联盟为依托，组织爱心志愿者和楼院长，开展养老"爱心来敲门"、"一对一"帮扶和休闲、探视、委托等服务。我区还建立了社区专职工作者（楼院长）网络化助老为老服务机制。四是建立娱乐服务中心。以日间照料中心为载体，组建书法、美术、球类、戏剧、棋牌等各类老年兴趣协会，每个中心都要定期举办庆七一、迎双节等各类主题活动，培养老年人的生活乐趣，通过老年大学、各类比赛、沙龙和交流等形式，丰富老年人的精神文化生活。五是建立健康服务中心。以社区卫生服务站、驻区医院和日间照料中心为依托，开展健康为老服务，关注老年人身心健康。

四、拥军优属，军地共建，全面落实优抚安置政策

深化优抚安置双拥工作，重大节日到部队慰问，组织军地联欢，完善联动机制，着力提高服务水平。一是落实优抚政策。建立了优抚对象抚恤补助标准自然增长机制，保证了优抚对象的生活水平高于当地人均生活水平。二是推进退役士兵安置改革。通过积极落实各项安置政策，全力化解安置矛盾，着力强化技能培训，拓宽了退役士兵的安置渠道。三是提高军休服务水平。军休干部的"两个待遇"和医疗保障得到全部落实；坚持以"六个老有"和创建"双和谐"为目标，军休所规范化建设进一步加强。以"创新服务理念、构建和谐军休"为目标，进一步转变观念、增强服务意识、提高服务质量，由常规服务变为创新服务。

五、合理布局，奋力攻坚，保持社区建设先进位次

认真研究棚户区、城中村改造进程中社区管理和服务，全力做好社区建设，增强居民的归属感。一是积极跑办设立盛和路街道办事处。在政策要求非常高的情况下，我局积极申报，向省民政厅汇报，与市民政局对接，争取了新设立街道办事处的批复。目前，我区已向市政府提交了《关于设立盛和路街道办事处的请示》和《关于设立盛和路街道办事处论证评估的报告》文件材料，等待市政府的批复。筹备中，对社区进行了规范化装修，配备办公桌椅、电脑等设施。二是加强社区硬件设施规范化建设。××街道办事处社区服务中心已建成投入使用，××街道办事处社区服务中心正在加紧施工。根据市相关文件"每百户不少于20平方米的标准，无偿提供社区办公配套用房"标准，我区已签订社区办公配套用房协议30份，移交社区办公服务用房6处。三是加强社区干部队伍规范化管理。清退50岁以上社区干部25人，社区干部平均年龄下探到30~35岁区间，男女比例优化到6∶4，大专及以上学历达150人，社区干部队伍正向着年轻化、专业化方向迈进。同时坚持全区社区干部集中轮训制度，与××学院合作，建立社区专职工作者培训基地，印制《社区干部手册》和《社区干部日志》，统一培训、统一记录，力争三年内45岁以上人员取得初级社会工作助理师资格证。四是创树社区特色服务。加强志愿者服务工作，先后出台《××区志愿服务记录制度试点工作方案》《××区社区志愿者服务管理制度》，不断壮大社区志愿者联盟组织，被民政部列为全国志愿服务记录制度试点地区。

例文解析

民政局，是政府主管社会行政事务的职能部门。履行着"上为政府分忧，下为群众解愁"的重要职能，主管救灾救济、双拥优抚安置、民间组织管理、基层政权建设、城市农村居民最低生活保障、社会福利和社会事务、区划地名等重要工作。

例文从全面提高救助保障能力、提升社会事务管理水平、加快养老服务体系建设、全面落实优抚安置政策、保持社区建设先进位次这五方面着手阐述总结区民政局一年以来的工作。例文结构清晰，一目了然，并列式结构使文章简单易懂。但例文缺憾在于仅将工作内容逐条陈述，并未归纳总结出经验，对不足更是只字未提，犯了缺乏两点论的错误，我们在今后写作中应该尽量避免。

例文四：

××县科技与信息产业局2014年上半年工作总结

上半年来，在县委、县政府的正确领导和省科技厅、省地震局、省工信厅的具体指导下，我们坚持以邓小平理论、"三个代表"重要思想和十八大精神为指导，坚持以人为本，全面深入贯彻落实科学发展观，积极开展党的群众路线教育实践活动，着力改进党员干部的"四风"问题，加快科技创新和信息化建设，推进我县科技、工业、信息化和防震减灾工作上新台阶。

一、主要工作及成绩

（一）强化机关自身建设，提高行政水平和服务能力

我们始终把理论学习作为提高班子和干部整体素质的重要途径。半年来，结合深入开展党的群众路线教育实践活动，着力改进党员干部的"四风"问题。一是强化大局意识，从政治的、战略的、大局的高度，着力抓好科技与信息工作，调动全社会各方力量共同推进科技进步和信息化建设。二是强化责任意识，培养和激励大家争做抓科技与信息工作的尽心人和明白人。按照"三个代表"要求，增强抓好科技与信息工作的紧迫感、责任感和危机感，克服无所事事，不思进取、得过且过，浮躁虚假思想，不断提高本部门科技人员的形象和威望，做到有为有位。三是强化创新意识，与时俱进抓好科技、工业、信息化和防震减灾工作。积极探索科技、工业与信息化发展的新思路，坚持解放思想，实事求是的思想路线，牢固树立创新观念；破除固步自封思想，牢固树立发展观念，牢固树立科技观念，不断增强党员干部的党性修养，进一步提高班子执政能力和干部队伍的整体素质。

（二）充分发挥部门职能作用，真抓实干，各项工作成绩显著

半年来，我局在县委、县政府的正确领导下，认真学习贯彻党的十八大和十八届三中全会精神，紧紧围绕县委县政府的中心工作，努力推进民生工程，稳步推进科技资源整合和服务平台建设，努力抓好项目落地的推进工作，进一步调整产业结构，促进产品结构升级，优化创新环境，为全县经济、社会又好又快发展提供强有力的科技支撑。

1.认真组织，做好项目的申报工作和项目实施的跟踪服务工作。认真组织做好国家和省重点科技项目的申报工作和项目实施的后继服务工作。上半年来，围绕我县主导产业，继续推进科技强农、科技创新活动。一是组织申报省重点科技项目9个，其中，中西部市县科技副镇长派遣计划项目3个，获得项目资金20万元；××中学"膜法"饮水安康示范项目获得项目设备资金7.5万元，县政府配套土建资金2万元。二是做好项目跟踪、管理、服务工作。目前，省中西部市县科技副镇长派遣计划项目已经启动，"膜法"饮水安康示范工程已经完成土建工程，正在准备安装设备。同时，我局积极做好对项目实施中的指导、管理和服务工作，通过项目带动区域产业化发展，确保项目实施取得实效。

2.进一步完善农业科技110服务体系，为"三农"提供快速便捷服务。上半年来，深入全县各服务站点进行调查考核，着手全面改造和完善全县39个农业科技110服务站点，正在为部分服务站点重新制作已经损坏的门

牌、制度牌和户外广告牌，计划为个别服务站点配备一批显微镜、电脑、摩擦车、培训桌椅等服务设备，筹备建设1~2个农业科技110服务站点，继续扩大服务范围。同时，配合省科技厅在乐东片区做好2014年农业科技110技术培训，参加人员100多人。此外，监督指导各服务站点为群众做好田间地头的科技指导和科技培训，使科技服务成为农民致富最直接、最需要的好帮手。至6月底，全县服务站（点）共接待上门咨询5000多人次，求助电话1200多个，举办各类技术讲座8期，指导培训农民8000多人次，切实为农民解决实际困难，大大提高了农民的生产技术水平，促进农业增产，农民增收。

3. 组织开展科技月、科技下乡活动。一是组织开展科技月活动。5月份，认真协调各有关部门开展形式多样、内容丰富的科技月活动，开展活动20多项，举办了大型科普、科技咨询服务活动，共展示自然科学、防震减灾、卫生知识和农业生产等科普图片100多幅，举办各类科普培训班10期，赠送农村实用技术和科普图书、资料8000余册。受益群众达5000多人次。让科技走进机关，走进企业，走进农村，走进田间地头，走进广大群众当中，形成全社会共同参与的科技活动，调动全社会各方力量共同推进科技进步。二是组织开展科技下乡活动。至6月底，已举办橡胶、果树、茄子、哈密瓜、豇豆等反季节瓜菜种植管理实用技术及病虫害防治技术培训班8场，培训农民骨干1500人次；并向农民免费赠送科技实用小册子1万多册，光盘100张，切实帮助农民提高驾驭市场能力和科技致富能力。

4. 加大科技投入，努力创办科技示范基地。科技示范已成为当前促进科技与经济有机结合的切入点和增长点。在巩固和完善原有的科技示范基地的基础上，继续扩大示范基地建设，计划建设2-3个农业科技示范基地。目前，已经启动科技示范基地创建工作，依托科技副镇长派遣计划，争取到省农业科技体系建设专项资金支持20万元，着手创建3个农业科技示范基地。目的是以科技示范基地为依托，充分发挥示范点的辐射作用，促进科技与经济有机结合，推动产业化进程，促进地方经济又好又快发展。

5. 做好工业职能管理工作。我县是一个经济社会发展相对滞后的欠发达地区，工业化水平低，企业技术创新能力弱。半年来，主要做好如下工作：一是协调相关部门做好西南电厂项目落地的推进工作。上半年来，主要围绕县委县政府的中心工作，把该项工作作为今年我县工业发展方面的重要任务来抓，做好服务跟踪，全力以赴做好项目落地的推进工作。6月份，西南电厂项目正式开工建设。二是做好节能减排工作，确保我县2014年万元国内生产总值能耗下降到0.3450吨标准煤；做好节能登记审查，对全县9项固定资产投资项目进行节能登记审查；按照省工信厅的要求，着手做好节能灯推广工作，确保按照完成2014年度省下达的8万只节能灯推广任务，让节能概念深入到我县每个公民的工作生活中；5月底，做好迎接省的节能考核，顺利完成2013年节能目标评价责任考核工作。三是做好各类工业项目的申报工作。重点申请国家和省级中小企业扶持资金，已经审核上报4家中小企业，努力争取技改、节能等项目资金，提升工业在国民经济发展中所占的比重。四是协调相关部门，组织做好煤气长输管道的安全监管工作，制定具体的整改措施，深入××村、××村等村庄宣传煤气长输管道安全管理条例，检查处理村民建房挤压油气长输管道的情况。五是加快淘汰落后产能，打击取缔违法生产砖厂，抓好页岩砖生产企业的管理和整改，加快技术改造，促进产业升级。

6. 信息化建设工作稳步推进。半年来，加强对政府网站的维护管理，经常对网站信息、技术管理员进行培训，网站的安全运行，实行专人管理，做到责任明确，分工负责、增设"领导讲话""视频播放""图片新闻""专题专辑"等栏目，增加公众参与度，为群众提供便利平台，逐步改善县政府门户网站的综合性功能。同时，加快推进我县电子政务公共服务平台及其电子监察平台项目建设工作，政府出台了工作方案，前期工作已准备就绪。

7. 抓好防震减灾工作。一是加强地震灾害宣传力度。结合科技月活动，组织开展5.12"防灾减灾日"纪念宣传活动，深入到××镇、××镇、××镇和××中学、××中学等学校开展防震减灾宣传活动，不断提高公众的抗震救灾意识和自我保护能力。二是加强和完善"五网二员"群测群防网络建设。继续强化群测群防工作，调整充实了各村联络员队伍，促进防震减灾工作的顺利开展。三是做好地震监测台站建设工作。上半年来，我局配合省地震局积极做好监测台站的建设工作，及时了解台站建设的进展情况。至6月底，监测台站已建设完成，并通过了验收。××监测台站的建立，使××数字遥测台、××数字遥测台和××地震监测台连成一体，强化了地震监测信号，能及时准确地预测和传送地震信息，为做好我省地震预报工作提供保障。四是加大力度做好农村民居地震安全工程示范工作。上半年，全面推进农村民居地震安全工程示范工作，针对民居覆盖率较低的××镇、××镇，深入边远村庄进行宣传和指导工作，提高当地群众的抗震设防意识，选好示范户，努力完成覆盖率。同时，做好覆盖村的推广示范工作。当前，我县农村民居地震安全示范工作开展顺利，民居正在申报审核当中，也得到了群众的认可。五是加强地震群测群防工作和应急救援工作，继续完善县地震应急预案的修订和各成员单位地址应急预案的收集备案，做好地震应急指挥技术系统、地震灾情预报系统的建设工作，进一步提升其服务功能。六是加强抗震设防规划管理。上半年，地震局被列入了城乡规划委员会，为地震行政审批工作的顺利开展提供了保障。

（三）加强党建工作

1.加强党风廉政建设。一是全面实施公开办事制度，使工作走上制度化、规范化、程序化，经常化的轨道。实行政务公开，增加工作透明度。二是加强财务管理，严格执行财经纪律和政策，增强财务工作透明度，杜绝违反财经纪律的问题发生。三是认真落实党风廉政建设责任制。制定《科技与信息产业局党风廉政建设和反腐败工作实施方案》，明确目标，全面落实党风廉政建设和反腐败的各项工作。

2.深入开展党的群众路线教育实践活动。上半年来，按照县委关于深入开展党的群众路线教育实践活动的要求，我局精心组织，组织局党员干部认真开展活动，在开展活动中，注意加强领导，明确工作责任，认真贯彻落实中央八项规定、省委省政府二十条规定和县委县政府十七条规定，认真贯彻落实中央、省、县关于改进工作作风、密切联系群众的有关规定，着力改进党员干部特别是党员领导干部的"四风"问题，不断提升服务质量，达到增强凝聚力、增强战斗力、增强执行力、增强向心力和增强影响力的目的。

（四）认真完成县委、县政府部署的各项工作任务

1.抓好社会治安综合治理工作。一是加强组织领导，成立了局领导小组，确保我局社会治安综合治理工作的组织实施。二是认真组织学习，加强普法教育，增强干部职工的法制观念。三是加强治安防范，落实社会治安综合治理的各项措施。认真开展矛盾纠纷排查调处工作，建立辖区治安联防小

组，加强群防群治组织建设；协助驻点村抓好社会治安综合治理工作；积极开展创建安全文明小区活动。

2.加强卫生整治工作。根据县委县政府关于做好卫生整治工作的有关要求，半年来，局领导高度重视，为切实做好本部门卫生区保洁工作，认真安排布署，落实值班责任。始终坚持每天人员值班，确保卫生区卫生清洁，不断改善生活、工作环境，为国际旅游岛建设创造一个良好的投资环境。

3.加强信访工作。半年来，按照县委办、政府办《关于进一步加强新时期信访工作的实施意见》要求，切实加强信访工作的领导，调整充实局信访工作领导小组，修订完善了《信访工作制度》和《信访工作值班制度》，认真组织干部职工学习，提高了干部职工的综合素质，充分调动了全员办信的积极性。设立信访机构和配备专职信访员，认真做好来信来访的接待工作。

二、存在问题和困难

经费投入不足，影响了我县科技、信息化建设和防震减灾工作的顺利开展。一是科技经费投入不足，目前，今年农业科技110、科技活动月和科技下乡经费尚未落实，科技服务水平滞后，科技创新水平不高，科技支撑作用不明显，制约了地方经济的发展；二是信息化建设资金投入不足，尤其是我县电子政务公共服务平台及其电子监察平台建设项目经费尚未落实；三是淘汰落后产能经费还未到位，影响了工作的开展。四是防震减灾工作经费不到位。按照××办[××××]×××号文要求，防震减灾工作经费尚未列入本级政府的年度财政预算，影响工作。

例文解析

科技与信息产业局主要负责贯彻落实党和国家科技工作与信息产业化发展战略、方针政策；贯彻执行国家科技进步法、省科技进步条例和法律、法规及信息产业化管理的法律、法规；结合当地科技和信息产业发展的实际情况，制定促进全市科技事业和信息产业发展的政策，并认真组织贯彻落实。加快科技创新和信息化建设，推进科技、工业、信息化和防震减灾工作上新台阶。

例文主要分为两部分，一部分为主要工作及成绩，另一部分为存在的问题和困难。工作成绩主要从强化机关自身建设、提高行政水平和服务能力，充分发挥部门职能作用、真抓实干，加强党建工作，认真完成县委、县政府部署的各项工作任务等四方面入手，具体详细地介绍了半年以来科技信息局的工作内容，行文通畅，标题简洁明了。对于存在的问题阐述得也很具体，真实地说明了自身发展的缺点和不足，及其原因，并做了积极的打算，本篇例文值得我们借鉴。

例文五：

××县环保局2014年上半年工作总结

2014年上半年，我局按照省、市重点环保工作会议精神及县委、县政府工作要求，紧紧围绕全县经济和社会发展大局，充分发挥环保职能作用，狠抓各项工作的落实，突出抓好项目环评审批、污染减排、环境监管、污染治理、生态环境保护、饮用水源保护等工作，严格环境执法，严处环境违法行为，通过努力，完成了上半年既定工作目标任务。现将主要工作开展情况总结如下：

一、2014年上半年工作开展情况

（一）采取有效措施，削减污染物排放总量

一是为落实污染物排放总量控制制度，我局对市政府与县政府签订的《××县2014年度环境保护重点工作目标责任书》进行了分解。3月22日，报请政府批准召开2014年环保重点工作会议。会上与相关环保联席成员单位和企业签订了《目标责任书》。二是我县新增并投运××县城中污水处理厂、××镇污水处理厂、茶园乡污水处理厂，我县的城镇污水处理能力已达到2.8万吨/d。各污水处理厂均严格执行《污染防治设施停（启）运报告》制度及《废水污染源自动监控设施停运（故障）报告》，如实填写了相关运行记录台帐。运行期间主体设备运行正常，在线自动监测设备运行正常，进、出口在线监测数据均能正常传输到省厅及市局在线监控中心，出水水质均能达标排放。三是根据市政府与县政府签订的2014年《毕节市环境保护重点工作目标责任书》的要求，目前，我县××镇污水处理厂工程项目的可研、初设已获得批复，正处于工程预算审计阶段；××镇污水处理厂工程项目的可研、初设已获批复，施工图设计完成，正处于编制预算阶段；县污水处理厂中水回用工程正处于可研编制阶段。四是××电厂8#机组烟气脱硝改造和脱硫旁路封堵工程已全部建成，6月20日已经随机组启动进入168h整组试运转阶段；6#机组脱硝改造工程已进入设备安装阶段，预计9月30日前竣工投运；4×125MW机组计划于2014年6月30日关停，各项准备工作均处于稳步推进中。

（二）招商引资工作开展情况

我局高度重视，把之作为一项重要工作摆上重要日程。今年以来，我局多次组织全局职工认真学习县委、县政府关于招商引资工作的有关文件，把招商引资工作与日常工作紧密结合，推动招商引资工作有条不紊地开展。

（三）严把环境准入关，建设项目环境管理得到加强

按照《环境影响评价法》的规定，加强对建设项目的环境管理，促进产业合理布局和优化升级，严格把好环评审批关和项目选址关，全面推行排污许可证制度，从源头控制好污染源。一是根据省、市下放的建设项目环评审批权限，在法律法规和政策规定的前提下不断深入开展建设项目环评审查、审批、报批工作，积极配合乡镇、县直各有关部门对我县招商引资项目的选址工作，切实做好跟踪服务，加快项目落地速度，截至目前受理来电、来访咨询建设项目环评办理情况100余次，审批建设项目环评89个，其中报告书3个，报告表13个，登记表73个。二是切实做好建设项目竣工环境保护验收。对国家、省、市、县审批的建设项目在建设过程中实施环境保护"三同时"制度的情况进行跟踪监督，指导建设单位在项目建设过程中将环评文件及批复中的环保要求进行逐一落实，协助建设单位按程序向审批其环境影响评价文件的环境保护行政主管部门申请项目试生产和项目竣工环境保护验收，今年来市环保局共对我县3家企业进行试生产现场检查，对2家企业进行了项目竣工环境保护验收。为提高我县建设项目竣工环境保护验收率，我局现已完成57家企业的建设项目竣工环境保护验收批复，其中批复"建设项目竣工环境保护验收申请表"3家，批复"建设项目竣工环境保护验收申请登记卡"54家。并对所有新上项目实行事前、事中、事后全程跟踪服务和监督管理。三是全面推行排污许可证制度，建立健全了全县总量减排台帐，上半年发放临时排污许可证70个。

（四）集中式饮用水源地保护进一步加强

进一步加强了集中式饮用水源地环境保护，确保群众饮水安全。一是编制了××县花滩水库饮用水水源地保护区划分方案；二是根据省环保厅《关于开展2013年度全省县城以上集中式饮用水水源地环境状况评估工作的通知》和市环保局《关于印发××市县城以上集中式饮用水水源地环境保护专项检查工作方案的通知》要求，编制完成了××县2013年度县城以上集中式饮用水水源地环境状况评估报告，开展了我县县城以上集中式饮用水水源地环境保护专项检查工作，并上报了工作开展情况；三是组织完成了我县2014年集中式饮用水源保护区环境综合整治项目的申报工作。

（五）严格环境执法，全县环境安全得到有效保障

一是通过完善环境监察制度，规范新建项目"三同时"监察管理，加强对全县工矿企业的环境监管。紧紧抓住环保设施正常运行、重大危险源监控和防范措施的落实、企业环境风险应急预案的编制和事故防范措施的落实情况等难点，突出企业生产废水污染、放射源的安全使用和储存、危险化学品管理等，对检查中发现的问题现场下达整改通知，及时消除了环境安全隐患。二是开展了大气污染整治工作。按照《全国整治违法排污企业保障群众健康环保专项行动电视电话会议》和《××省"六个一律"环保"利剑"执法专项行动方案》的有关要求和《××省环境保护厅关于对高速公路、城市进出城主干道沿线企业采取最严格环境监管措施的通知》，对不符产业政策的××水泥厂函告工能局予以关闭。开展了整治城区内排放油烟的宾馆、酒楼、饭店、餐厅、馍店等饮食经营服务单位（含露天烧烤摊点）油烟污染治理，县城内上规模的10家饮食经营服务单位全部安装了油烟净化器，实现了油烟达标排放。编制了《××县城区高污染燃料禁燃区划分方案》，初步确定我县××社区，从××桥沿××街至××桥路口，左侧抵河岸，右侧抵戴家堡公园区域为我县高污染燃料禁燃区。开展砂石厂扬尘整治工作，对××石材园区内的五家石粉厂和属进城公路沿线企业的×××石粉厂下达了整改通知，责令其限期补办环保手续和建设防尘设施，目前这项工作正有序开展。开展油气治理工作，对全县的30家加油站下达了油气限期治理文件，分两批开展油气污染治理，目前，纳入第一批治理的加油站已开始开展油气治理工作。三是切实加强企业污水监管。要求污水处理能力不够

的×州×××酒业有限公司在大水分厂新增一套污水处理系统，在未建污水处理站的源村分厂建一座污水处理站。要求电厂做污水综合治理。目前，这两家企业已完成新增设施的招投标，正在按步开展工作。对矿井水处理能力不够的中心煤矿二号井和××煤矿两家煤矿企业下达了整改通知，要求其扩大污水处理能力，通过督促，上述煤矿企业均按要求完成了整改任务。督促污水处理设施达不到要求的×××酒厂新建了污水处理站，目前该厂已建设完工并投入使用。四是认真查处群众来信来访反映的环境问题，上半年共处理污染投诉30件，结案30件，及时解决了关系群众切身利益的环境问题，维护了社会的稳定。五是开展了中、高考禁噪执法检查专项行动。六是做好排污费收缴工作。上半年共计征收排污费1461万元。

半年来，按照全县环保工作会议精神和"六个一律"环保"利剑"专项行动的工作要求，共计出动人员数346人次，检查企业173家，下发整改通知32份，处罚企业一家（罚款8万元），实现了每半年对全县污染源企业检查一次的工作目标，确保了企业污染防治设施正常运行。

（六）加强环境监督管理工作

一是根据省环保厅《关于报送2014年度×××等重点流域环境保护河长制项目的函》要求，上报了××县2014年重点流域河长制工作目标任务。二是完成了我县涉水污染治理设施建设四年行动计划项目上报工作。三是按照省环保厅《关于推行固体废物全过程信息化管理的通知》要求，组织了我县相关企业进行了网上注册，按要求完成了填报工作。四是全面完成了我县危险废物专项整治、持久性有机污染物更新调查及拟建医疗废物无害化处置设施建设项目上报工作。五是切实加强对县城污水处理厂污泥排放的检查工作。县污水处理厂建立了污泥处置台账、污泥转运联单制度并定期向我局报告污泥处置情况。六是按照省环保厅《关于开展全省放射源安全专项检查的通知》要求，开展了我县放射源安全专项检查工作，完成了××县核技术利用辐射安全和防护2013年度评估工作，并上报了工作开展情况。七是完成了我县2014年上半年环境行政处罚网上录入，2014年上半年，我局对××县硫磺坡煤矿环境违法行为进行了环境行政处罚，处罚金额为8万元。

（七）积极开展环境监测，为环境管理提供科学数据

以饮用水水源地监测和空气质量监测为基础，强化对县城集中式饮用水

水源地、各乡镇饮用水水源地、清池水边河出境断面的监控；紧密配合建设项目环评与环保设施竣工验收工作，积极做好环境污染应急监测和标准化建设工作。一是做好城区大气环境质量监测和饮用水水源地监测，按期、按质完成了各项指令性任务。根据监测结果显示，截至2014年5月底，我县城区空气质量达标率为97.35%，西洛的达标率为96.30%。县出境断面××镇水边河监测达到地表水III类水水质标准；全县饮用水水源地监测达标率100%，水质情况保持了2013年同期的水平，水环境质量无明显变化。二是强化污染源监测，服务县内环境管理。截止到6月15日，共完成了包括现状监测、监督性监测、应急监测、竣工验收监测等共19次监测。

（八）农村环境综合整治进展顺利

组织开展了我县2014年省级生态示范村的申报工作，完成了我县跨界农村环境综合整治项目的申报工作。

（九）积极开展环境保护宣传教育

一是充分利用新闻媒体组织专题宣传。在"6·5"世界环境日期间，联系××电视台播出了县政府分管副县长纪念世界环境日专题讲话。制作电视专题片在《××新闻》和《××聚焦》栏目播出，全面反映××县在污染治理、污染减排、环保基础设施建设、农村环境保护、生态示范创建等方面开展的工作和取得的成果。二是以校园为主战场，开展环境教育。与县教育局联合行文下发了《关于"6·5"世界环境日各学校开展环保宣传活动的通知》，指导学校组织学生开展系列纪念宣传活动。在全县中小学生中开展了以"拒绝污染"为主题的征文活动。指导××一中团委开展了世界环境日"环保志愿者在行动"活动，对县城××桥至××桥河段两岸人行道、花池、居民区乱扔乱弃的垃圾进行了清理。联合教育局组织××一中和部分学校负责人在县城污水处理厂举行了"××县环境保护教育基地"揭牌仪式，设立了县第一个环境保护教育基地。在××一中、××三中开展了"环保知识进校园"主题宣传活动，为700多名师生送上了一堂生动活泼的环保知识讲座。三是抓好街头宣传活动。在××广场合力超市门口开展宣传活动，从我县开展污染防治、节能减排、生态环境保护等方面开展宣传，共展出宣传展板1块，发放宣传资料300余份，发放环保袋600个，接受群众咨询10余人次，公众参与人数达1000余人，营造了全社会关心支持和参与环境保护的良好氛围，为促进全县污染减排和各项环境保护工作的顺利推进奠定了良好基础。

（十）切实抓好党风廉政和机关党建

开展群众路线教育实践活动，狠抓干部职工作风教育，进一步规范行政行为，推进依法行政，对行政许可、行政处罚、行政强制、行政征收等权力进行了清理，提高依法行政效率；组织开展了预防职务犯罪警示教育，行政权力廉政风险防控工作，全面推进环保系统反腐倡廉建设。

二、工作中存在的困难和问题

1. ××县污水处理厂中水回用工程项目由于资金缺乏，导致该工程仍处于可研编制阶段，污染减排工作任务重、压力大。

2. 招商引资项目比较小，招商引资项目进展缓慢。

3. 环境违法时有发生，环境安全存在隐患。

4. 水环境污染防治形势依然十分严峻。

5. 环保能力建设滞后，监测业务用房建设进度慢，环境监察执法人员编制不足，人数少，无法对全县污染源进行全面有效监管，难以满足新形势、新任务的要求。

6. 环境监测站监测任务重、工作经费紧缺、仪器设备欠缺，需上级部门在经费方面给予大力支持。

三、下半年工作思路

1. 强力推进污染物减排工作。继续实施驻厂监督员制度，进一步加强对××县城污水处理厂、××电厂脱硫设施、××县窖酒酒业有限公司废水处理设施的运行监管，确保设施正常稳定运行；继续挖掘潜力，全力推动污染减排工程治理，着重对煤矿、酿造、规模化畜禽养殖场等企业的污水治理，进一步提高清洁能源利用和使用率，为新建项目提供排放空间，确保全面完成2014年污染物减排目标。

2. 调动广大干部职工的积极性，切实增强做好招商引资工作的责任感和紧迫感。同时增强服务意识，简化办事程序，提高办事效率，为招商引资工作做好服务。

3. 立足本职，全程服务，继续严把环境准入关。根据国家现行的法律法规、产业政策及环保政策，严把建设项目环评审批关，防止落后产能、落后工艺转移我县，切实做好建设项目的环评服务工作，保住发展和生态两条底线；对建设项目的环境影响评价文件进行严格审查，确保环评文件质量；加强建设项目环保"三同时"管理，提高环保"三同时"执行率，逐步完成我局审批的已建成项目的竣工环境保护验收工作，督促和指导上级环保部门审批的已建成项目的竣工环境保护验收工作。

4.切实做好和配合完成县政府与市政府签订的责任书中规定的各项工作，力争年内圆满完成各项考核任务。

5.继续开展环保专项行动，严厉打击各种违法行为，进一步加大重点企业的监管力度，加强重点流域、水域环境监管力度。重视环境污染信访工作，切实解决群众反映的热点、难点问题。

6.积极争取农村环境综合整治项目，抓好生态村创建工作。

7.切实加强自身能力建设，努力造就一支高效廉洁的环保队伍，树立环保部门新形象。

例文解析

环保局的主要职责是：拟定地区环境保护的政策和法规，制定行政规章；指导和协调当地的重大环境问题；负责环境监测、统计、信息工作；制定环境监测制度和规范等等。具体来说就是按照县委、县政府工作要求，紧紧围绕全县经济和社会发展大局，充分发挥环保职能作用，狠抓各项工作的落实，突出抓好项目环评审批、污染减排、环境监管、污染治理、生态环境保护、饮用水源保护等工作，严格环境执法，严处环境违法行为，努力完成每一年度既定的目标。

例文意图以点、面结合方式总结。点上通过具体生动的典型例子。容易被读者理解和接受。面上通过概述事实和统计数字，增强了文章的科学性。点面结合，既有广度又有深度。例文不仅总结了半年以来的工作情况，而且提出了下半年的工作思路，内容具体，结构完整，详略得当，逻辑严谨，值得借鉴。

例文六：

××县农业局2013年工作总结

2013年，在县委县政府的正确领导下，在市农委的精心指导下，××县农业局紧紧围绕年初制定的任务目标，突出重点，真抓实干，强服务、壮产业、建园区、创品牌，扎实推进了全县农业农村工作快速健康发展。实现农村经济总收入81.76亿元、农民人均纯收入10263元，分别较上一年增长11.25%和13.6%。

（一）抓引导，强示范，粮油生产稳步提高。积极开展粮油高产创建和技术推广示范活动，加大病虫害监测、预报和防治，全面推广测土配方施肥技术。全年共落实粮油高产创建项目面积10万亩，推广配方肥2500吨，带动全县粮油大面积增产。全县粮食播种面积82.1万亩、总产33.41万吨、增产0.01万吨，粮食生产实现"十一连增"。花生46.5万亩、总产18.15万吨、增产0.02万吨。

（二）抓基地，创品牌，园区建设快速提升。全县新建特色园区11个，涌现出了桃园现代农业示范园、曹庄朱村现代农业科技生态园等一批特色园区。新发展优质农产品基地3.5万亩，累计达到19万亩，各类农产品基地园区120多个。品牌建设初见成效。"××柳编""××花生"列入全市40个重点培育的区域品牌，"袁春山""亿众"等6个企业品牌被列为全市重点培育品牌。新注册农产品商标12个，新发展"三品一标"认证产品5个。积极规范和促进农村土地流转，今年新增土地流转面积1.5万亩，累计达到9.41万亩。

（三）抓机构，强硬件，质量监管全面改善。一是建立健全了农产品质量安全"三级"监管网络，县成立农质监办，镇街设立监管站，村居配备监管员，初步形成了上下联动、高效运转的"三级"农产品质量安全监管体系。二是健全农产品质量检测体系。在合理布局农药经营网点基础上，切实加快县检测中心和镇街速测站建设。县检测中心预计年底能够投入使用；镇街速测站统一配备了农残速测仪。三是加大执法力度。不断加强执法队伍建设，成立副科级农业行政综合执法大队，认真开展种子、肥料、农药等专项整治活动。全年共立案 22 起，责令停止经营的不合格农药 1.2 吨、肥料 50 吨，挽回经济损失 180 余万元。

（四）抓监管，促落实，农村社会和谐稳定。一是全面落实强农惠农政策。全年共完成小麦、玉米、花生等作物良种补贴 77.09 万亩，发放补贴资金 1270 多万元；发放"一喷三防"资金 260 万元；发放种粮大户补助资金 48.8 万元；审批一事一议项目 45 个，财政奖补资金 587 万元。二是强化减轻农民负担监管。坚持农民负担量化考核和明查暗访，共发放农民负担监督卡 18 万份；认真查处涉农信访案件，全县信访量 56 起，比去年同期下降 5%，目前在全市排第 3 名。三是加强农村"三资"监管。对全县近 500 名镇街、村会计进行了业务培训，提高了他们的整体素质；投资 59.57 万元为各村居统一安装了不锈钢橱窗式公开栏，加大监督检查力度，有效解决了全县农村财务公开率低的问题。四是深化农村产权制度改革。通过严把"三个关口"，严格"两公示一确认"、确权登记、归档管理等程序，对 10 个试点村 2305 户、10927.18 亩农村土地进行了确权登记，圆满完成了第二轮农村土地确权试点工作。目前，全县分三批次全面推进农村土地确权颁证工作，第一批 128 个村的确权颁证工作正在有序进行。

（五）抓规划，强扶持，农业产业加快发展。一是积极做好现代农业（食品加工）产业推进工作。委托省农科院编制《××县现代农业产业发展规划（2013-2020）》，按照"一廊、两核、四大功能片区、十大万亩产业园区、百个高效精品园区"的"12411"布局进行了科学规划。依托该规划制订了全县现代农业（食品加工）产业推进规划。通过上拜下访，采取"走出去、引进来"战略，积极推进现代农业（食品加工）产业工作，到目前在谈项目 2 个，签约项目 4 个，已开工建设项目 5 个。二是农业龙头企业持续壮大。成功申报市级龙头企业 8 家；争取省级贴息 3 家，贴息贷款 1.05 亿元；申报"省级出口示范企业"1 家；通过招商引进的 8000 万元蔬菜深加工项目，现已开工建设。三是农民专业合作社健康规范发展。印发了《关于规范发展全县农民专业合作社发展的意见》等文件，强化各部门对合作社开展资金互助的监管。今年新增合作社 76 家，累计达到 861 家，申报省财政扶持农民专业合作社 10 家。四是种植大户和家庭农场快速发展。全县发展种植大户 5 家，注册家庭农场 22 家。种粮大户和家庭农场示范带动效果好，有利于降低生产成本，增加效益。

（六）抓培训，强服务，科技教育成效明显。一是加强基层农技推广体系建设。为××、××等镇街配备仪器设备22套、服务用车9辆、新建（改扩建）业务用房1600平方米，极大改善了基层农技推广条件。二是加强农民科教体系建设。调整充实领导小组，完善县、镇、村三级培训体系，达到了"培训有示范，创业有典型，田间有指导，致富有保障"标准。三是深入开展农村实用技术和科技教育培训。通过科技赶集、科技下乡等形式举办各类培训班100多期，开展送科技下乡活动30多次，发放各种培训资料3万多份，培训农民2万多人次。阳光工程和农民创业培训1400多人次。选聘90名技术指导员和200名农民辅导员，指导培训4000个科技示范户，三大主导产业产值效益明显提高。

（七）抓亮点，强创新，生态农业步伐加快。一是农村新能源建设工作扎实推进。全县新增户用沼气2300户，累计发展户用沼气池5.8万个，占全县适宜农户的63%，总容积59万多立方米，年产沼气2300万立方米；新增中型沼气工程21处，累计68处；新申报大型沼气工程1处，完成2处大型沼气工程、2012年沼气服务体系区域站和××镇王××村秸秆压实场基础建设。二是生态文明乡村建设成效明显。地理位置优越、生态条件良好的××镇××村，成功入选全国"美丽乡村"创建试点乡村，带动了全县生态文明乡村建设的发展。

（八）抓制度，强学习，自身建设得到加强。一是制定完善了会议、考勤、学习等一系列规章制度，局领导班子带头严格执行，全局面貌得到明显改观。二是不断加强作风建设。严格遵守中央八项规定，积极开展"双联双深双真"主题实践活动、干部联系群众、农技人员科技入户、百名农业科技人员下乡等活动，切实增强了全局职工为民服务意识。

二、存在问题

（一）农业产业体系不健全。产加销、农工贸一体化经营的机制尚未形成，产业链条中各环节耦合乏力。全县花生产业种植面积大，加工企业少、规模小，技术水平落后，极大地制约了农产品的转化增值。

（二）农业组织化程度偏低。多数农民专业合作社不规范，服务、合作不够完善，带动能力不强。多数龙头企业对农业和农民的辐射和带动能力不足。

（三）现代农业发展制约因素多。一是土地流转价格持续走高，流转一定规模的土地越来越难。二是受各种农资价格上涨、人工成本增加等因素影响，粮食生产成本增加，加之农村大部分青壮年劳动力外出务工，造成农村劳动力缺乏，给粮食生产带来较大影响。三是各镇街农技推广人员多数被调用从事其他工作，在岗不在职现象普遍存在，严重影响了农业新品种、新技术的有效推广。

例文解析 ················

农业局的主要职责在于：贯彻执行国家关于农村经济发展工作的方针、政策和法律、法规、规章；拟订地区农业综合开发规划并监督实施。研究拟订当地农业有关产业方面的管理办法、规定等，引导农业产业结构的合理调整、农业资源的合理配置和农产品品质的改善。

例文结构分为两方面，一方面是对工作情况的总结，另一方面是对存在问题的阐述，结构是十分完整的。且行文通畅，标题简洁明了，每个标题的格式相同，很有特色，容易让人读懂，这点值得大家借鉴。以"总——分"大结构辅之以并列式分布局进行总结，条理清晰，对存在的问题认识到位，并对问题的解决提出了中肯方案，全文十分符合总结的写作要求。

例文七：

××县农业局2014年上半年工作总结

今年上半年，县农业局在县委、县政府的正确领导下，在上级业务部门的精心指导和大力支持下，认真贯彻落实中央、省、市、县农业农村工作会议精神。按照县委"三四四五"总体要求，紧紧围绕实现全国闻名的"莲花之乡"、全国生态文明示范县和原中央苏区振兴发展先进县的目标。大力发展现代高效生态农业，促进农业增效、农民增收。各项农业工作有序推进，取得了阶段性成效。现将上半年来我局的主要工作总结如下：

一、工作开展情况

2014年是全面深化改革的第一年，我局将认真贯彻落实全国、省、市农业工作会议和中央一号文件精神，围绕一个目标（围绕粮食增产、农业增效、农民增收、乡村秀美），根据省、市业务部门的精神，我局充分征求各方的意见，制定了我局2014年农业工作要点。突出七个重点（粮油生产、农村土地确权、农业产业化、科技兴农、重大项目建设、农产品质量安全与重大动物疫病防控，提升莲产业），加快两个转变（粗放型农业向集约型农业转变、由传统农业向现代农业转变）。

1. 加快农业经济结构调整，促进农业经济可持续发展。一是坚持不懈抓粮食生产。今年全县粮食生产计划种植总面积33.75万亩，较上年增加0.465万亩，增长1.4%，总产14.48万吨，较上年增0.46万吨，增长3.3%，其中计划种植早稻9.8万亩，中稻8.5万亩，二晚10万亩，玉米和其它谷物0.45万亩，豆类2.3万亩，薯类2.7万亩。抓好了早稻集中育秧示范点350个（连片5亩以上），秧田面积3100亩，抛栽大田面积7万亩以上，成立了早稻集中育秧技术指导小组，由县农业局副局长××同志任组长，农技站站长××任副组长，有关站室技术骨干为成员，制订下发了××县2014年早稻集中育秧工作实施方案。粮油高产创建已落实水稻3个万亩示范片，面积3.5万亩。××乡为双季稻万亩示范片，××乡、××镇为中季稻万亩示范片。油菜万亩示范片4个，面积4.9万亩，分别落实在××镇、××乡、××乡和××镇。同时抓好了农业机械新机具推广，新增联合收割机134台、新增大中型拖拉机30台、手扶拖拉机346台、耕整机1042台，使农业生产基本实行农业机械化。二是做大做强优势产业。立足劳动力、土地、农副产品资源丰富的优势，通过招商引资、租赁土地、农户土地入股等形式，建设农业基地，实现农业技术、企业资金优势与农村劳动力、土地等农业资源的有机结合，大力推进农业产业化。目前我县有农业龙头企业136家，其中省级龙头企业7家，今年有望增加2家省级龙头企业，市级龙头企业21家，县级龙头企业4家。三是大力发展优势特色产业。以万盛果业、秦忆实业、盛世农林、汉鑫实业等龙头企业为依托，着力打造莲子、花卉苗木、名优水果、中药材、中蜂、生猪养殖、无公害蔬菜、绿色水稻、绿色食用油等十二大特色产业和160个优质农产品生产基地。目前，我县有花卉苗木基地18个，中药材基地8个，生猪养殖基地28个，商品蔬菜基地12个，果业基地12个，莲籽示范基地18个，种植面积3万亩。四是积极推进土地流转。由于大多农村青壮年外出务工，出现大量农田被闲置现象，为此我县按照"依法、自愿、有偿、规范"的原则，加强了对土地流转的引导和规范。组建各类农民专业合作社187个，不断加大招商引资力度，引进一批"公司＋农户＋基地"的农业产业化企业，有效遏制我县农田撂荒现象，确保了农业经济发展的可持续性。

2. 全力推进农村土地确权颁证。目前，完成了第一阶段准备工作，进入第二阶段确权工作。已制定了实施方案，完成了县、乡、村工作动员布置会议，对乡村工作人员进行了确权颁证业务培训；印发调查摸底表，组织乡村人员对原二轮承包档案资料进行清理，逐一对农户的承包面积以及合同核实登记，目前正在进行面积公示；已通过邀标方式确定了技术单位，技术单位已在××乡、××乡、××乡等乡镇开展实测工作。农村土地流转"一平台三体系建设"工作，已确定了××乡、××镇、××镇、××乡四个乡镇为示范点。全县农村土地流转面积达6.98万亩。

3. 落实支农惠农政策，依法保护农民合法权益。加大宣传力度，认真贯彻落实宣传中央一号文件和中央、省、市农业农村工作会议精神，组织收听收看全国和全省春季田管暨春耕备耕工作视频会议，并于2月10日召开了全县春季田管暨春耕备耕工作会，会议就当前的春耕备耕工作做了部署和安排。为充分调动农民的生产积极性，加强春耕备耕生产服务，全县组织了三个送科技下乡小组，分赴全县13个乡镇，为农民宣讲中央一号文件精神和强农惠农政策，介绍推荐今年全县的主导品种和主推技术，开展现场技术咨询，技术培训和信息服务等，帮助农民谋划生产思路，调查种植意向，解决实际问题和技术难题。

4. 加大科技培训力度，全力提高农民生产技能。一是建立农业科技推广机构。充分发挥农业龙头企业科技实力强、市场信息灵的优势，运用市场机制，引导龙头企业担当科技兴农的主体，建设集科研与推广、经营产品与技术指导、信息咨询与产销于一体的服务机构。二是加大农业技术推广力度。组织农业、农机、畜牧等方面科技人员20余人，深入到各村、组织开展农业生产技术、农民增收实用技术为主的科技入户活动，大力示范和推广应用高产高效技术、节本增效技术，努力提高复种指数，确保粮食面积的扩大和粮食产量的提高。开展统防统治，绿色防治试点，提高防治效果，节约防治成本。今年在××、××、××开展统防统治试点3000余亩，将节约农药成本6万余元。三是积极实施新型农民职业培训。结合培训计划，聘请省农科院专家到我县授课，重点开展了果业种植、水稻抛秧、病虫害防治、机耕机插等水稻高产综合配套技术培训，截至目前已培训1000余人次，大大提高了全县农民水稻栽培技术和机耕化操控水平。

5. 积极开展行政执法，严格市场农资管理。一是在××乡××村组织开展了"放心农资下乡进村"活动，免费发放优质种子1000公斤。二是认真开展农资市场专项整治和日常巡查工作，农业行政执法大队分别会同质检、工商开展联合执法1次，和市执法支队开展全市联合渔政执法2次，共查获假冒伪劣化肥800公斤，标签标识不符农药170件。三是加强了动物防疫监督工作，开展了孔雀石绿和瘦肉精等违禁药物专项整治。四是加强农作物检疫和病虫防治工作，及时编印《病虫情报》下发到各乡村，进村率达100%，入户率达80%以上，有效防治了农业病虫灾害。

6. 大力发展休闲农业，开辟农民增收新渠道。以我县已获得全省五个省级休闲农业示范县之一为契机，积极申报××村、××乡××村为全省休闲农业示范点。重点抓好了莲子种植与休闲农业示范点、休闲农家乐和旅游产品开发相结合，举办了油菜花节农产品展销活动。同时严格落实扶持莲子种植加工实施意见，围绕莲花做文章，从种莲、赏莲、颂莲、品莲各角度，塑造"莲花"品牌。

7. 加快项目建设，夯实农业基础。项目建设是农业发展的支撑，为争取上级项目资金，促进我县农业发展，全面实施"赶超"战略，我局坚持在干中争、争中赶，以一流的工作成效和一流的工作业绩，积极争取农业部、省农业厅和市农业局的大力支持，促进了我县农业项目工作的顺利开展。重点抓了现代农业生产发展资金（水稻、渔业、蔬菜、柑橘四大产业项目）、农村沼气能源建设工程、基层农技体系改革项目、土壤有机质提升、水生物增殖放流等项目的编制、申报和规划，受到了上级业务主管部门的高度重视和大力支持，统防统治工作亮点纷呈，深受群众的好评。

8. 切实加强农业队伍自身建设。结合开展了党的群众路线教育活动，严格形成每周一布置工作，周五总结工作及政治学习的良好工作氛围，同时要求党员干部开展自查自纠，深刻查找自身的问题与不足，使广大干部思想有较大触动，作风有较大改变，机关效能明显提高。

9.加强宣传力度，提升外在形象。为抓好农业宣传工作，局印发了《农业局宣传工作实施方案》把信息宣传工作的任务分解落实到各站室（二级机构），将信息宣传任务与年终考核挂构，并形成了对采用的信息按照不同级别给予不同的经济奖励机制。截至目前，已印发《农情简报》7期，上报省市相关业务网站、萍乡日报信息达100余篇，与去年同期相比有大幅增长。

二、存在问题

通过全局上下的共同努力，今年上半年各项工作取得了一定成绩，但也存在一些问题，主要有：一是农业专业技术人员匮乏。由于农业技术人员的年龄偏大，知识老化及后备人员的缺乏，我县农业专业技术人员日趋减少。社保拖欠900多万元。二是农业产业化水平较低。全县农业产业化省级龙头企业数量少、规模较小，产业链条不长，农产品加工水平较低，尤其是还没有带动能力很强的大型、特大型龙头企业，与现代农业发展要求差距较大。

三、下一步工作打算下

半年我局将重点抓好以下几方面工作：

1.围绕民生稳定抓粮食生产。认真贯彻落实各项强农惠粮政策，提高农民发展粮食生产的积极性，稳定粮食播面，依靠科技提高单产水平。依法正确引导农户进行土地流转，积极培育种粮大户和专业户，促进粮食规模化经营发展。同时，抓好畜禽、蔬菜、油料的生产，保障主要农产品市场有效供给。

2.继续推进农地确权工作。按照省市工作时间节点，做好每个阶段工作，坚持做到"七个"到位，一是上级文件精神要吃透到位；二是宣传要到位，知晓率和见面率做到100%，好的做法与典型及时上报；三是调查摸底户户要到位，面积核实、四方界址要到位；四是公示要到位；五是聘请技术公司、航拍图要到位；六是颁证工作要到位；七是组织领导和经费要到位。力争在8月底完成确权工作的80%以上。

3.继续抓好农民技能培训工作。做好种殖业大户、设施蔬菜、示范园区、龙头企业、农村合作组织等技能型劳动力培训及农民实用技术培训工作，提高农技服务整体水平。积极跑项争资，增强发展后劲。局领导班子和各站室负责人充分利用各自的优势，积极向上跑项争资，坚持用抓项目的理念抓农业，以重大项目夯实农业基础，完善基础设施建设，以重大项目支撑农业产业，增强农业发展后劲。

例文解析

农业局的主要职责在于：贯彻执行国家关于农村经济发展工作的方针、政策和法律、法规、规章；拟订地区农业综合开发规划并监督实施。研究拟订当地农业有关产业方面的管理办法、规定等，引导农业产业结构的合理调整、农业资源的合理配置和农产品品质的改善。

例文从 9 个角度全面具体的总结了农业局的工作情况，涉及到了农业领域的各个方面，且介绍每个方面时段落第一句话都对本段内容进行概括，简单明了，使人易懂。然后提到了农业局工作遇到的问题，认识到了自身发展的缺点和不足，所涉及的问题确实是根据实际情况提出的，具有真实性。最后例文提到了下一步的工作打算，计划共分为四方面，是根据存在问题和上一年工作情况计划的，条理清晰。纵观全文结构完整，逻辑严谨，内容承上启下，真实具体，值得借鉴。

例文八：

市政府办公室 2014 年上半年工作总结

半年来，我办在市委、市政府的正确领导下，以市委十二届四次全会精神为指导，紧紧围绕市委、市政府中心工作，进一步解放思想，开拓创新，全面提升"三服务"水平，以开展党的群众路线教育实践活动为契机，坚持"枢纽畅通、服务有效、责任到位、保障有力"的工作方针，努力推进各项工作任务的完成，现总结如下：

一、2014 年上半年工作开展情况

（一）扎实开展教育实践活动，优化服务环境践行优良作风。按照省、市委的统一安排部署和具体要求，我办作为第二批开展党的群众路线教育实践活动的单位，于 2 月 28 日正式启动，经过 4 个多月的学习教育活动，取得了较好的成效。一是统一思想，明确活动方向。活动中坚持把握总体要求、工作原则、时间安排和方法步骤，以为民务实清廉为主题，以"访民、亲民、助民、富民、乐民"为主要内容，以"走进群众、服务群众"为主要载体，以办公室确定的"优化服务环境、践行优良作风"主题实践活动为有效平台，从解决"四风"问题入手，教育引导全办党员干部牢固树立群众观点，深刻理解、准确把握、认真执行、科学运用党的群众路线，更好地开展"三服务"工作，达到进一步提高思想认识、转变工作作风、优化服务环境、提升服务水平、密切党群干群关系、树立为民务实清廉形象的目标，实现宗旨教育、作风教育、廉政教育的有机统一。二是深入学习，提升组织能力。市政府办党组和党组成员通过联系实际、对照典型、反思警示、交流研讨等多种学习形式，学习习近平总书记在参加兰考县委常委班子专题民主生活会时的讲话及中央和省、市委关于教育实践活动的一系列文件精神，共组织学习 21 次，累计集中学习 11 天。通过深入学习，深入思考，打牢思想基础，使办党组和党组成员对教育实践活动的认识和参与、组织教育实践活动的能力明显提高，工作作风得到明显改善。三是征求意见，找准找实问题。把征求意见作为查摆问题的基础，通过采取群众提、自己找、上级点、互相帮、集体议等方式，广泛征求了各方面的意见建议，查找"四风"突出问题。办党组共向 30 多家市直单位及政府相关部门发放征求意见函，每名党组成员都建立了教育实践活动联系点，广泛听取联系点干部职工和基层群众的意见和建议。重点征求领导班子和领导干部在形式主义、官僚主义、享乐主义和奢靡之风方面存在的重点问题。累计谈话 160 余人次，累计谈心谈话时间约 70 小时，征求意见 11 条，共向对方提出意见建议 120 余条。同时，吸纳市委督导组的反馈意见，共梳理出市政府办党组在"四风"方面存在的 13 个主要问题。四是深入谈心，开展对照检查。办党组和党组成员通过对照习近平总书记列举的"四风"问题 25 种表现、中央教育实践办梳理的 37 条共性问题，按照"三严三实"要求，紧密联系实际，深入查摆"四风"突出问题。深入开展党组成员之间、党组成员与市委督导组织、科室负责人和联系点干部群众等多个层面的谈心谈话活动，反思理想信念、宗旨意识、党性修养、纪律观念等方面的根源问题，认真撰写了对照检查材料，经过层层把关，并按照教育实践办和督导组的修改意见，进行了 10 余次修改，每一次修改都使认识得到提高、思想得到升华、心灵得到净化，为开好领导班子民主生活会打下了坚实的基础。

（二）努力提高综合信息水平，以文辅政作用进一步突出。及时高效地完成了各级领导交办的文字综合任务，以文辅政水平和领导满意度不断提高。半年来，共起草领导讲话、汇报材料等各类重要文稿100余篇30余万字。及时完成了市政府领导公务活动大事记的整理上报及网上发布工作。编发《××政报》专刊2期并上网发布。发挥信息载体作用和服务功能，及时、准确、全面地为市政府领导提供有价值的信息，编发《××信息》49期、《重要信息通报》23期。加大信息上报力度，不断提升上报数量和质量，向省政府办公厅报送信息275条，被采用近80条。共整理上报分管副市长周工作计划12次，周工作纪实8次。共登记市政府主要领导签批意见性文件761件、信访件113件，督促上报反馈件188件，跟踪副市长签批件540件。转发市领导处理部门和群众来信及批示件8封；审定市政府主要领导政务活动新闻稿件14篇。按照市政府要求制定了市长碰头会议制度。协调相关部门对我市深化经济改革2014年工作要点提出修改意见并按时上报。

（三）不断拓宽政令畅通渠道，决策执行力度进一步加大。一是督办检查工作高效运转。上半年，列督省政府各类《督查通知》56件次，涉及我市具体督查事宜62项，已按照省政府时限要求办结54件共58项，涉及如同江铁铁路大桥、国务院调结构稳增长、哈佳高铁等省重点工作仍在推进中。对市政府工作报告、市政府常务会议、市长办公会议、市政府专题会议等确定事项进行重点督办，发出各类督查通知72期次，督办相关事宜152项，办结率达96%，并以报告形式向市政府领导进行及时汇报，其余仍在推进落实中。承办市领导批示41件，办结39件，其余仍在推进落实中，向市领导呈报《督查专报》等各类汇报52期次。114件人大代表建议已全部办理完毕，满意率和基本满意率达到98.9%。2件省政协委员提案已于4月办复;303件市政协委员提案已办复301件，满意率和基本满意率达到100%，其中2件正在办理中。二是公文科学化管理规范有序。按照市委关于精文减会的有关要求，认真做好文件收、转（发）、办、存工作，严格按照上级公文处理的有关规定加强公文规范化管理，切实提高公文质量和办理效率，共制发各类文件259件，主要下行文种同比减少47%，收转文件1316件，上网公开文件30件，向市委报送重要文件46件，向省政府法制办报备规范性文件19件，向市老干部局提供参考文件40件。严格执行各项保密工作制度，在接受省保密委国家、省涉密文件使用情况专项检查组的检查中受到好评。完成了 2012 年度 1652 件文件归档立卷工作。三是会议活动筹办简朴周密。会务接待工作共通知、筹办各类会议 180 个，累计通知近 3000 人次。组织安排市政府主要领导检查活动 12 次，副市长的各项调研活动 80 余次。形成市政府常务会议、市长办公会议、产业项目会办、土委会等各类会议纪要 45 期。协助有关部门筹办了全国农业培训会议、中俄博览会、中俄农机展洽会等大型会议活动 16 次。顺利完成了国务院发展研究中心调研、全国人大常委会调研组调研等接待活动 10 余个，接待各级领导及来访客人近百人，均做到了严守会务规程、组织周密细致、承办有条不紊，安排朴实无华，受到各级领导的好评。

（四）充分发挥部门职能优势，服务发展能力进一步增强。一是政务公开工作持续深入。采取推进重点领域、基层、行业及规范行政权力公开透明运行等措施，推动政务公开工作不断深化。制发了年度工作要点和考核细则，编发《政务公开信息》3 期。在市委党校开设了《政府信息公开条例》培训课程，为春季主体班学员们作了讲解，增强了公务员和领导干部政务公开意识，提升政务公开工作能力。认真做好 2013 年度政府信息公开情况调查统计工作。组织开展了政府信息公开工作年度报告编制及公开工作。通过深化政务公开，为有效增强政府工作透明度和全力打造阳光政府做出了应有的贡献。二是应急管理工作务实创新。半年来共处置"5.20"××县孟家岗村民被洪水冲走等突发事件 31 起，在处置中做到协调有力、反应迅速、信息报送准确无误。组织、指导了"××中燃燃气储配站应急救援综合演练"，参演人数 200 人。抽调专门力量组织各有关单位对部分市级专项应急预案进行修订，为第五届中俄农机展制定了相关预案。做好政务值班工作，累计接收各类传真 200 件、文件 241 件；处理非工作日来文、来电 23 件；接待上访、咨询电话 98 个；完成领导交办临时任务 25 项；上报省政府总值班室信息 17 期；发布气象预警 7 次。组织全市 28 家单位开展了"5.12"防灾减灾宣传周活动，参与人数近 2000 人，宣传辐射 5 万余人，增强了市民的应急减灾意识。组织召开应急指挥平台建设工作会议 12 次，形成会议纪要 9 篇，根据工程进度做好相应协调检查、业务培训等工作。对全市应急管理数据库进行了信息更新。三是诚信建设工作效果显著。开展了企业信用信息征集工作，组织了集中培训，信息报送质量明显提高。按照省诚信办要求，每月汇总上报数据，共上报基础信息21282条，不良信息54条，良好信息27条。进一步加大了失信案件警示曝光工作力度，对6个行业136户企业（个人）进行了诚信网警示曝光。积极推进各县（市）区信用信息平台建设，年初组织签订了建设合同，开展了应用培训，为下半年试运行做好准备。对"诚信×××"网站进行了改版，使工作动态、工作部署、警示信息、信用资讯等栏目信息更新及时高效。借鉴外地经验，在政府采购领域推行企业信用信息应用工作做好了前期准备。通过开展诚信建设，为营造良好社会风气做出了积极的贡献。四是电子政务工作稳步推行。各县（市）区政府已全部接入电子政务内网，完成了市到县（市）区非涉密公文网上传输和视频会议的调试、试运行工作，向乡镇、社区延伸建设工作有序开展。完成了县（市）区政府办公室文书及技术人员的模拟培训和考试工作。共对电子公文传输系统进行3次修改调试，制发电子公章12枚。积极配合机关事务管理局、联通公司做好迁入机关中心8家单位的电子政务外网接入和内网接入准备工作。更换办公正版操作系统44个，办公软件30个，并通过了国家、省、市正版软件检查验收。认真做好办公室网站改版工作。目前，已经完成网站页面设计，正在进行信息导入和信息校对工作。做好办公室网站的更新维护工作，更新信息756条。五是政府门户网站载体功能日益增强。加强门户网站建设，从办事、公开、互动3个层面不断改进，按照新的国家、省有关政府网站建设的评测标准，对政府网站进行了第五次改版，加大信息资源开发和整合力度，畅通信息报送渠道，打造对外宣传、反映动态、服务发展、方便群众的知名品牌。政府网站共采编各类信息7880条，发布新闻图片165幅，向省政府网站等上级媒体报送信息6100余条，我市政府网站信息报送工作连续四个季度位列全省第一位，对我市的对外宣传工作起到了积极的促进作用，受到市委、市政府领导多次表扬。在政府信息公开方面，设置了20多个栏目，拓宽了群众的知情渠道。在线办事方面，共设置了30多个栏目近200个子栏目，强化服务功能，为群众办事打开了方便之门。在互动交流方面，开通了市委书记、市长及县（区）长信箱，设置了网络问政、咨询投诉、政务微博、意见征集、问卷调查、在线访谈、监督举报、进言献策等栏目。会同市委宣传部于3月28日开通了"××政务微博大厅"，各县（市）区及 28 个政府职能部门同时开通，在解答百姓关切问题、正确引导舆论方面发挥了积极作用。发挥技术优势，配合全市的重点工作，完成了"党的群众路线教育实践活动""华夏东极新天府绿色生态魅力城""农机展"等专题网页制作工作。六是驻外机构和企事业单位管理工作秩序井然。加强驻外机构人财物监管，大力提高接待服务水平，充分发挥其对外联系广泛和宣传推介×××的窗口作用，在招商引资、劳务输出及为市领导、有关部门和家乡人服务等方面牵线搭桥、传递信息、积极主动地开展工作。加强办属企事业单位管理，强化经营和发展意识，优化管理环境，稳步推进机构改革，维护了单位和职工队伍的稳定。

（五）积极加强机关自身建设，机关工作活力进一步彰显。坚持以领导班子建设引领前进步伐，以加强机关党建工作凝神聚力，以开展党的群众路线教育实践活动为契机，按照"围绕效能抓党建，抓好党建促政务"的原则，推进机关各项建设，机关工作活力进一步彰显。一是政治思想建设日强图新。组织开展了党的十八大、十八届三中全会和省、市委重要会议及习近平总书记一系列重要讲话精神等全办集中学习活动 17 次，其中，办主要领导作了题目为《认真执行党的群众路线牢固树立正确的价值观》的专题辅导，邀请党校教授××同志为全办党员干部讲党课，组织党员干部参加了省"五大规划"宣讲报告会。全办干部职工按各季度学习计划，每人撰写学习笔记 1 万余字、心得体会文章 2 篇，全办党员干部进一步明确了形势任务，增强了工作动力。二是基层组织建设不断强化。坚持"三会一课"制度，认真执行党支部书记与科室负责人一岗双责制度，带动全办党员干部在各项工作任务、劳动活动中发挥战斗堡垒作用。发展 1 名新党员，批准 2 名预备党员转正。加强党员科学化管理，认真做好党员信息库的日常维护和党内统计工作。三是干部队伍建设科学规范。加强教育培训，组织参加了 4 期 9 人次的各类干部教育培训班。加强目标管理，完成了 2013 年度领导班子和领导干部综合实绩考核和办内目标检查考核。加强干部动态管理，办理了 2 人调出、8 人调入、4 人退休、1 人减员等相关手续，完成了离休干部护理费调整，机关事业单位工作人员工资晋升，办理了 2 位病故同志抚恤金申请工作。主动热情地为老干部服务，认真落实政治待遇和生活待遇，受到老干部好评。四是机关作风建设长效推进。认真抓好中央转变作风"八项规定"、省委省政府"九项规定"和市委市政府"十二项规定"的落实，以严格执行党风廉政建设责任制，扎实推进惩治和预防腐败体系建设为牵动，通过赴省廉政教育基地参观学习撰写心得体会，开展"严明组织纪律增强党性原则"党风廉政理论征文活动，组织收看专题片开展"以案明纪"警示教育，净化灵魂，增强党性。严格执行机关工作人员日常行为规范，严守"五条禁令"，认真抓好指纹考勤、机关风纪等方面工作，规范了休假标准，开展了"吃空饷"专项清理，完成了领导车辆转户和交接手续，推动了机关作风转变。开展了走访慰问退休老党员、困难职工、困难群众活动。五是行政效能建设严谨求实。以建设节约型机关为主题，强化支出监管，实行联审联签，保障了科学合理地使用资金。加强办公自动化设备维护、各类应用软件填报系统维护、信息审核录入、档案规范更新管理及公务车辆耗油、维修、保养管理，促进了节能降耗。加强驾驶员安全教育，确保全年安全行车 17.6 万公里无重大交通事故发生。六是机关文明建设提质增效。以加强文明办公为切入点，推动文明单位创建工作提档升级。组织党员干部参加了清明节祭扫革命烈士墓、义务植树等活动 5 次，组织参加的市直机关职工篮球赛获优秀组织奖。通过开展活动增强服务意识，弘扬奉献精神，在慈善一日捐、"一帮一"扶贫解困等活动中捐赠款物价值 2 万余元。

二、几点体会

市政府办公室在"三服务"工作中，坚持围绕大局抓重点，围绕落实找经验，围绕目标提质量，使各项工作高效运转，形成良性循环。

一是坚持服务群众畅通便民渠道，是树牢宗旨执行党的群众路线的民心工程。以开展党的群众路线教育实践活动为契机，强化宗旨意识，增强群众观念，从机制上推行便民利民之举。政府门户网站以"推行透明政务，打造阳光政府，服务经济建设，方便群众生活"为宗旨，设置的"政民互动"栏目，受到市委、市政府主要领导的高度关注，提出了很多宝贵意见和明确要求，指出要通过政民互动版块加强政府与百姓的沟通交流，及时回应和解决百姓关心关注的民生问题。目前，已接到群众网上咨询投诉 1055 件，各地、各部门回复率达到 95% 以上，切实解决了公众急、难、愁问题，社会反响热烈，已成为宣传党和政府方针政策、解答群众疑惑、听取群众意见的有效平台，成为畅通民意、建言献策、上下沟通、参与决策的重要渠道。开通的政务微博大厅，在第一时间发布群众关心关注的政策信息、热点信息，对百姓和网友的跟贴及时给予回复，围绕政府重大决策和与公众利益密切相关的事项，开展网上调查、意见征集、在线访谈，征集公众的意见和建议，及时汇总分析，为有关部门决策提供参考，提高了科学民主决策水平。政务公开考评工作启动网上评分系统，引入群众评判，拓宽监督渠道，让政务公开考核工作更加贴近群众。

二是坚持打造精品突出工作创新，是促进各项工作质量不断提高的内在动力。注重争创一流，突出打造精品。有效发挥综合、信息等工作的以文辅政作用，对有关部门提供文稿严格把关，认真修改，努力提高以文辅政的运用水平，受到了市政府领导的肯定；《重要信息通报》充分发挥参谋助手作用，9期得到了市政府主要领导批示，报省信息有2条得到省领导批示。注重保持荣誉，树立争先意识。督办检查、应急管理、政务公开、诚信建设、网站建设等工作始终保持全省前列位次，多次得到市政府主要领导的表扬。注重创新方法，健全工作机制。政府网站建设通过市委办、市政府办联合下发《关于加强政府网站建设和信息资源保障工作的通知》和《关于政府职能部门开通政务微博的通知》等文件，建立健全通报、考评奖励等一系列制度，将政府网站信息报送、政民互动、政务微博等工作纳入全市目标考核、政务公开考核、政府诚信建设目标考核范围，激约并举，构建全市信息资源保障体系，畅通了信息报送渠道。设计的"场景式服务"功能，让百姓更直观地获取所需要的信息，真正体现"为民、高效、务实、勤政"的政府形象。针对今年省政府信息采用重点的变化，及时调整政务信息搜集、整理的方式方法，加强定向约稿和问题类信息约稿力度，提高对我市政务信息的关注度。

三是坚持围绕中心服务全市大局，是强化政府综合服务部门职能的根本保证。坚持立足本职，放眼长远，将"三服务"工作置身于全市发展大局中进行审视，争做政府部门的领头羊、排头兵。在承办市政协委员提案工作中，根据市政协由往届一次性受理政协委员提案向随时受理工作方式的改变，通过调整工作机制，在加大跟踪督办的同时，要求必须达到办复满意率和基本满意率98%以上，并完成了对43家单位的政协委员实地检查、回访、集中办理答辩会等项工作，充分发挥了与市人大、市政协的沟通协调纽带作用。协助市领导完成了援疆干部病逝善后处理、机关办公楼部门房间调配等工作，参加了全市高考安保，开展了×××宾馆改制工作，认真做好市政府党组教育实践活动和市政府系统开展"走百姓路、办百姓事、解百姓难"主题实践活动的文字综合、录音整理、意见梳理等具体工作。在省委第二巡视组来我市2个月的巡视期间，按照上级要求完成了与政府有关部门的协调沟通、材料收集、会议筹办及政府系统联络员等项工作，承办省委巡视组转给市政府信访件2批共178件。在各项临时交办工作中，注重树立大局观念，发挥职能优势，努力完成任务，受到市领导的肯定。

四是坚持求真务实保持优良作风，是树立政府工作人员良好形象的有力举措。工作中，强调结合实际，突出真抓实干，注重工作实效，以实实在在的工作业绩赢得了上级部门和领导的好评。在综合调研、政务信息、办文办会、督办检查、政务公开、应急管理、诚信建设、电子政务、政务接待、定向服务、老干部服务、机关党建、综合保障等各项工作中坚持从大局着眼，从细微处入手，注重日常积累，促进量变向质变的转化，不断实现了工作水平的提升。督办检查工作组在小区健身器材安装、裸地整治、城区道路建设、行政审批服务、广告牌规范治理等18项工作中开展暗访督查13次，客观、全面反映各部门落实情况，为市领导决策提供真实情况和科学依据。市政府主要领导批示指出："我们的工作就是要发现问题，解决问题，完善制度，形成系统的工作机制"，求真务实的精神受到市领导的赞许。

五是坚持健全制度加强规范管理，是确保各项工作规程有序运行的重要手段。坚持"靠制度管人、用制度管事"，对办内50余项规章制度进行了修订，保障了办公室各项工作的高效运转。按照办内政务公开制度的有关要求，定期对办内的财务收支情况进行公开，对拟提拔干部和优秀公务员评选情况进行公示，保证了人、财、物管理公开透明。按照贯彻落实中央"八项规定"和反对"四风"的有关要求，严肃机关风纪，转变机关作风，增强服务意识，提高工作效能，树立了良好服务形象。按照勤俭办公的有关规定，强化财务、用油和车辆维修等管理，节省了大量开支。通过建立健全保密管理、印信使用、档案查阅、信息采用和上报审批等相关制度，促进了工作质量和效率的提高。

六是坚持加强党建促进政务工作，是推动各项工作水平全面提高的关键所在。坚持"围绕效能抓党建，抓好党建促政务"的原则，不断提升机关党建工作水平，为政务工作提供动力支持。发挥办公室领导班子的领导核心作用，通过开展教育实践活动聚焦"四风"查找问题、剖析原因、加强整改，有效提升建班子、带队伍的能力，推动了科学管理体系建设，促进了领导干部的表率作用、基层党组织的战斗堡垒作用和共产党员的先锋模范作用的有效发挥。注重在领导班子和干部队伍中打造团队精神、务实精神、进取精神，健全问责机制、激励机制、典型机制、联动机制，树立了雷厉风行、勤廉务实、艰苦奋斗的优良作风，切实增强了办公室的凝聚力、战斗力和创造力，有力地推动了机关整体水平的提升，在全办形成比干劲、赶先进、争排头、创一流的崭新局面。

三、存在的不足

市政府办公室虽然取得了一定成绩，但与市委、市政府领导的要求相比还存在一定差距，还有需要改进和加强的地方。一是干部队伍的整体素质与新形势、新任务对办公室工作提出的新要求、新期待还存在一定差距，开拓创新、务实高效的精神需要进一步培养，在办公部门政务力量提升方面还需进一步增强；二是调动全市政府办公系统提高服务水平和建立健全长效机制方面还需要努力；三是在推动工作深入开展方面还需探索新途径、拓展新领域、提升新高度。四是办属单位在机构改革、经营发展等方面还面临诸多困难。

四、下半年工作打算

下半年，面临的工作任务仍然比较繁重。我们要按照年初确定的工作目标，继续抓好各项工作的落实和推进。

（一）深入推进教育实践活动开展，抓好查摆问题、开展批评和整改落实、建章立制环节等各项工作。

（二）保证政府机关高效有序运转。

（三）突出重点抓好政务工作。

1.应急管理工作要加快推进应急指挥平台建设，确保年底前全部竣工投入使用，2068个摄像头全部启用。

2.综合调研工作要深入开展调查研究，选好题，力争拿出精品，促进成果转化，发挥参谋助手作用。

3. 政务公开、政务信息、诚信建设、政府门户网站建设等工作要继续保持全省前列位次。

4. 督办检查、办文办会等工作要高效运转，不断拓宽政令畅通渠道，进一步加大决策执行力度。

（四）精细求实抓好综合保障工作。定向服务、财务管理、车辆管理、办公室自动化维护等项工作要继续在精、细、实上下功夫，做好超前服务、主动服务、满意服务。

（五）机关党的建设、干部队伍建设、纪检监察等工作要发挥好组织统领作用，努力营造秩序井然、积极向上、展现活力的机关工作环境。

例文解析

市政府办公室的主要任务就是围绕市委，市政府中心工作，贯彻落实市委的会议精神，协助市政府领导组织会议决定事项的实施，开展党的群众路线教育实践活动，坚持"枢纽畅通、服务有效、责任到位、保障有力"的工作方针，努力推进各项工作任务的完成。

例文从优化服务环境践行优良作风、提高综合信息水平、拓宽政令畅通渠道、服务发展能力、加强机关自身建设五方面落笔阐述了上半年的工作情况，总结得很详细，很全面。然后叙述了对于上半年工作情况的几点体会，体会切合实际，很深刻，是例文的重要组成部分。最后说了市政府办公室工作存在的问题，结构完整，清晰明了。但是例文中关于工作总结、今后打算等部分占的篇幅过大，有计划之嫌。我们在行文中应该尽力避免。

例文九：

县教育局 2013 年工作总结

2013 年，全县教育系统在县委、县政府的正确领导下，以邓小平理论和"三个代表"重要思想为指导，深入贯彻落实科学发展观，认真贯彻党的十八大会议精神，按照优先发展、育人为本、改革创新、促进公平、提高质量、服务大局的要求，加快教育强县建设步伐，努力办好人民满意的教育。通过全体同志的共同努力，奋力开拓，取得了较好成绩，为圆满完成年度工作任务奠定了良好的基础。

一、提升办学水平，提高教育品质

（一）学生"幸福成长工程"进一步深化。2013年，在巩固农村中小学生"幸福成长工程"的基础上，积极探索学生"幸福成长工程"关爱机制的新路子。一是加强管理，拓展食宿改善工程的内涵和外延，加快全县学校标准化食堂建设进度（截至目前，全县除××学校、××学校正在创建标准化食堂外，全县其他学校已全部通过验收），完善食宿改善工程网络管理体系，确保这一惠民工程落到实处；二是继续完善乡镇学校基础建设，配齐配足生活教师和生活辅助员，完善工作考评机制，扎实推进学生"幸福成长工程"的深入实施。2013年，共为16所农村中小学配备了80名生活教师和25名生活辅助员，共投入资金300多万元，完善了农村学校"三房五室一基地"的建设，修建了××学校塑胶跑道运动场，做好迎检点各项准备工作；三是以美化校园环境为重点，以创建学校特色文化为载体，以开展丰富多彩的学生活动为抓手，积极营造学生健康成长的良好环境。2013年，组织各校开展了清明节、学雷锋、学习道德模范、法制安全等主题教育活动计155场次，有效地对学生进行法制安全意识、爱国主义精神和文明礼仪教育。四是积极探索城区实施学生"幸福成长工程"的新路子。今年初，全县城区学校结合自身特点，将该工程作为学校德育工作的主要抓手、主要载体，通过营造良好的文化氛围、关爱氛围，加快推进学生"幸福成长工程"工作，取得了良好的效果。今年5月22日，省委、省政府工作检查组到××学校视察，对我县实施学生"幸福成长工程"给予了高度评价。

（二）学校办学条件进一步改善。2013年教育民生工程项目进展顺利。一是投资1620万元建设××中心幼儿园。该项目竣工并投入使用，极大地缓解城区幼儿入学难问题。二是继续抓好教师周转房建设，进一步改善教师住宿条件。投资365万元新建××中心校教师周转房1800平方米；投资375万元，改造2幢教师周转房（其中××小学教师周转房1447平方米，××小学教师周转房2465平方米）。三是抓好新建实小、四中宿舍楼B座等工程续建工作，提升学校办学水平。

（三）教育公平得到保障。一是做好农村义务教育阶段贫困家庭学生免杂费、免课本费、免簿籍费、补助寄宿生生活费工作，2013年共落实经费达 1284.66 万元。二是做好高中助学工作。2013 年共为 298 名困难学生发放补助 21.65 万元。三是落实中职学生助学政策，为 135 名职专学生发放助学金以及免学费、免住宿费，合计补助 26 万元。四是做好低保幼儿家庭保教费补助工作，2013 年为我县 93 名低保幼儿发放补助 9.1 万元。今年全县对 × 中、× 中两校独女、二女结扎户学生减免学费共计 32.67 万元，惠及独女户、二女结扎户学生 441 人。

二、统筹全县教育资源，促进教育均衡发展

（一）推动学前教育健康发展。全面实施《××县关于加快学前教育发展的实施意见》《××县 2011～2013 年学前教育发展三年规划》，加强全县幼教统筹管理。一是做好城区幼儿园的布局规划工作，完成××幼儿园项目建设并投入使用，规划新建××幼儿园和××幼儿园，缓解城区幼儿入园难问题；二是强化农村示范幼儿园的示范和引领职能，促进全县幼儿园（点）办园的规范管理；三是强化早教工作领导小组职能，完善××幼儿园、××幼儿园两个早教试点，积极探索开展早期教育的新方法，并充分发挥试点的示范作用，促进我县早教事业的稳步发展。

（二）均衡发展义务教育。制定了《××县农村义务教育学校布局专项规划（2013～2015 年）》，优化农村中小学布局结构调整，合理配置教育资源，改善办学条件，实现教育公平，提高办学效益，缩小城乡教育差距，提高教育投资效益和教育质量，保证我县农村中小学教育事业稳步、健康、持续发展，全面统筹全县义务教育均衡发展。一是全面推进素质教育，提高教育质量。坚持面向全体，围绕减负增效，深化课程改革和教学模式改革，丰富学校办学内涵，全面实施素质教育。二是深入实施省、市级综合推进素质教育改革试点项目，开发特色课程，建立有利于学生全面发展的教育质量监测、评估体系，提高学生综合素质。三是发挥青少年学生校外活动中心的作用，坚持面向广大未成年人开展各项活动，提高使用效率，充分发挥中心主阵地教育作用，丰富未成年人的校外生活。2013 年，中心共完成各类培训近 5000 人次。

（三）高中教育质量稳步提升。一是深化教育改革，密切 ×中和×中两校高中教师的学习和交流，提升优质高中教育水平，全面提高我县高中教育质量；二是以课程改革和特色课程建设为抓手，大力推进普通高中办学与培养模式的多样化改革，突出学校办学特色，促进高中教育多样化发展。2013年，我县高考再创新高，本科上线人数达664人（其中本一上线213人，本二上线451人），××一中考生×××理科总分667分，列全省前50名，被清华大学正式录取。

（四）加强职业教育特色品牌。抓好职业教育，突破职业教育发展的瓶颈，加快职业教育发展步伐。根据区域经济发展走向，增强中职与市场、产业、就业紧密对接，科学调整专业设置，统筹布局，协调发展。一是加快职业教育发展品牌专业的建设。今年春季，××职业中专学校新开设"宠物美容与护理"专业，并与××农业职业技术学院有关专业顺利实现对接，招收首届新生38人。目前，该专业运行态势良好。二是探索校企合作新机制，构建教学过程与生产过程对接的技能型人才培养模式。三是完成新型农民培训、农村实用技术培训、农村劳动力转移培训等培训任务，2013年共完成各类培训1850人次。

三、加强学校管理，提升学校办学水平

（一）加大平安先行学校创建力度。一是加强组织领导，切实强化"创建"意识。下发《安全稳定工作目标管理责任书》，同时，会同有关部门开展校园及周边安全大检查、大排查工作。2013年我局组织相关人员对全县中小学（含村小）、职专、幼儿园开展拉网式的安全隐患排查，一年来共检查出校园安全隐患52处，全部整改到位；二是开展学校及周边非法网吧专项整治活动。2013年，我局积极配合有关部门开展校园周边食品安全、网吧等专项整治活动，有效治理了校园周边环境，营造良好的校园周边氛围。三是与交通管理部门开展校车及学校周边交通安全整治活动，查处了违法载客学生车辆1辆，违法停车12起，防止发生校园周边道路交通事故。四是开展校园安全宣传活动。2013年，全县学校开展法制、交通、防溺水、消防、高铁安全等主题安全教育活动近百场，参加学生人次达2.4万人，发放各类宣传资料3.3万份，制作专题板报、专栏67期。五是积极开展防震减灾安全演练活动。2013年全县学校共开展各种安全演练60多场次，参加人次达3万多人，有效地对学生进行了安全教育，提高学生的安全防范意识，为平安校园的建设夯实了基础。

（二）做好控辍保学工作。认真执行上级有关文件精神，成立领导小组，层层签订责任制，实行控辍保学奖惩和辍学报告制度。对有辍学迹象的学生及时进行家访、了解情况，做好动员工作，做好学困生的转化工作。2013年，全县小学入学率达100%，辍学率为零，初中适龄人口入学率达98.8%，辍学率为1.7%。同时，强化措施，切实加大解决进城务工人员随迁子女和农村留守儿童教育问题的力度，本学年共接收进城务工人员随迁子女3176人，留守儿童2900人，全部安排到公办学校就读。

（三）抓好教学常规工作。2013年，我局组织中教、初教等相关股室深入全县各中小学、农村办学点，加大学校常规工作的督查力度。一是规范课程设置，严格执行课程方案，按照国家、省课程计划的规定安排教育、教学活动，做到按标准课时开课，不随意增减课时。二是规范作息时间。根据要求每周上课5天，学生每日在校参加教育教学活动的时间不超过6小时，初中生在校时间不超过7小时，小学每节课上课时间为40分钟，初中45分钟。严格执行节假日放假通知，不占用课余和节假日等时间安排学生集体补课或上新课。三是规范招生行为。我县坚持义务教育免试就近入学原则，实行按学生户籍所在地招生，确保服务区适龄少年儿童全部入学接受义务教育。要求学校在编班过程做到公开、透明、规范，并进行公示。在学生入学后，及时完成学籍电子注册，同时按要求做好学生变动及资料更新工作，目前学生学籍管理的制度健全。

（四）大力推进学校德育建设。贯彻《关于进一步加强和改进未成年人思想道德建设若干意见》精神，积极营造体现鲜明教育内涵和特色的校园德育氛围。一是强化"文明礼仪养成"教育内涵。从环境卫生、文明礼仪、安全、交通习惯、学习、感恩等方面对学生进行行为习惯的养成教育，以培养学生良好习惯，树立良好校风。二是推进校园文化建设。按照校园文化建设项目验收的要求，完善校训、校歌、校报校刊、宣传栏等载体，体现各具特色的校园文化精神，抓好学风、教风、校风建设，让师生受到熏陶和激励。三是开展丰富多彩的校园活动。以主题教育活动为载体，深化"做一个有道德的人"和"我们的节日"活动，办好"形势教育大课堂"，开展"爱祖国、爱家乡、爱学校"系列活动，组织"中小学弘扬和培育民族精神月"教育活动，增强中小学生爱党、爱国、爱社会主义的情感。四是大力开展"我的中国梦"主题教育实践活动，积极践行社会主义核心价值体系。开学第一周各校组织开展了"我的中国梦"主题班（团、队）会，并在全县各校组织歌唱比赛、征文比赛、摄影评比、演讲竞赛等活动，让学生在实践中熏陶思想感情、充实精神生活、提高道德境界、增长知识才干，树立与祖国共奋进、与时代同进步、与社会齐发展的理想信念。

（五）加强学校财务监督，规范教育收费行为。进一步加强学校财务监督，规范教育收费行为。各校也加强了学校收费监督和校长经济责任审计，强化财务内审和教育收费督导工作，巩固教育收费示范县成果。严格执行收费政策，严格实行教育收费公示制度，坚决制止教育乱收费行为。同时，加强基建项目管理，严格实行基建项目审批制度。加强财会队伍建设，积极推进会计电算化步伐，不断提高财会人员的业务能力和管理水平。

四、强化师德师风建设，提高教师业务素质

（一）开展教育系统师德师风建设年活动。今年3月，全教育系统师德建设年动员大会顺利召开，全县教育系统2013年师德师风建设年活动全面启动。全县各校也采取有力措施，推进该项活动不断深入，努力提高全县教师队伍的整体素质，建设一支师德高尚、作风优良、业务精湛的教师队伍。一是各校成立了以校长为组长的师德师风教育活动领导小组，结合学校实际，制定活动方案。二是各校召开动员大会，组织全体教师学习有关文件精神，并就此项活动的开展做出安排部署，三是切实开展活动。各校围绕"两项承诺"、"三访三创"、"四项关爱"等实践主题，按照计划，认真落实。四是大力开展《中小学教师职业道德规范》和《中小学班主任工作规定》宣传教育和培训活动，树立教师爱生乐教、忠诚履职的思想。严肃查处有偿家教、乱办班、体罚和变相体罚学生等违规行为，保持人民教师崇高的社会形象。

（二）提高教师业务水平，打造名师工程。贯彻落实《××县进一步加强教师队伍建设的若干意见》精神，努力提高教师队伍业务素质。一是加强教师业务培训。开展"新理念、新课程、新技术"全员培训，加快培养骨干教师的步伐，完善中小学教师继续教育制度，进一步改善教师知识结构，提升教师的综合素质。2013年，共组织教师参加各级各类培训达1256人次。二是加强校长队伍建设。进一步加强校长队伍建设，努力打造一支政治坚定、德才兼备、素质较高的职业型校长队伍，进一步改进和理顺校长队伍管理体制，提高学校的管理水平。2013 年，共外派 35 名校（园）长参加各级培训。三是实施"名师工程"。2013 年，我县将"提高学术水准，打造名师工程"列入年度教育系统抓大项目打品牌工作方案，并组织力量，抓好工程的实施。为此，教育主管部门建章立制，积极培训和推进中青年教师参加各级各类教学竞赛、比武活动，进一步提升广大教师的理论水平，引导和鼓励广大教师不断总结教育教学经验，将教育经验上升到理论的高度，同时，用足用好专项经费，统筹安排落实教师培训计划，切实将县财政按教职工年度工资总额 1.5-2.5% 的标准全部用于教师培训，并投入专项资金，确保名师工作室建设顺利进行。

（三）规范中小学教辅资料征订工作。一是加强学习，提高认识。组织教师认真学习 ×× 省教育厅《关于规范义务教育阶段中小学教辅材料征订发行管理工作的通知》《关于进一步规范中小学教辅材料选用和管理的通知》等有关文件，从"讲政治、讲大局"的高度明确实行教辅材料征订发行规范管理运行模式的重要意义，通过广泛宣传发动，强化责任意识，密切部门配合，加强队伍管理，精心组织实施，确保了规范教辅材料征订发行管理工作正常有序开展。二是规范程序，加强管理。各校切实加强对教辅材料征订工作的管理，实行教辅材料征订工作校长第一责任人制度，层层建立责任制，明确各自工作职责，严格按照三明市教育局《关于公布 ×× 市 2012-2013 学年中小学进校教辅材料目录的通知》等精神，做好教辅材料的征订工作，同时，还设立举报电话、信箱，通过明查暗访等形式，加强对教辅材料的监督与管理。三是强化监督，专项检查。各校本着对教育事业、对学生负责的精神，按照省市教育部门相关政策办事，精心组织做好教辅材料征订工作，教育局会同县纠风减负办对各校的教辅资料征订情况进行了专项检查、审计，促进教辅资料征订采购的规范操作。

五、加强党的建设和思想政治工作。

（一）认真学习贯彻党的十八大精神。2013 年，教育系统组织广大教职员工认真学深学透十八大提出的一系列新思想、新观点、新目标、新举措，用十八大精神武装头脑。同时，抓好十八大精神进教材、进课堂、进学生头脑的"三进"工作，使十八大精神在青少年学生中入眼、入耳、入脑、入心。教育局加强了该项工作的督促检查，及时总结和推广学习过程中创造的好经验、好做法、好典型，把学习活动不断引向深入。

（二）深入开展"三送一解"，深化"四百"活动。进一步开展"三送一解"深化"四百活动"。按照县委、县政府下达的目标责任书，结合"三访三创三争"等活动，通过"下学校、进班级、交师生、访家长"，开展"送文化、送服务、送温暖、解难题"活动，进一步转变作风，密切党群干群关系，为师生做好事、办实事，力所能及地帮助群众解决存在的困难和问题，把优质的教育服务、人才服务、智力服务送到基层、送到群众家门口，为人民群众创业创新提供智力支持和人才保障。

（三）抓好党建工作。根据教育系统实际，紧紧抓住"以党风带教风，以教风促学风"这一主线，按照县委下达的党建工作责任目标，加强基层党组织建设，扎实搞好党建工作。一是深化提升"168"基层党建机制。各校按照"目标管理""设岗定责""一岗双责、责任到人"等要求，把本校的各项工作任务落到实处。同时扎实推进"1263"机关党建工作机制，创建学习型、服务型机关，全面提升教育系统党建工作科学化水平。二是抓好日常党建工作。继续坚持和完善党内"三会一课"制度，加强党员队伍建设，推进学习型党组织建设；以各支部换届为契机，配齐配强支部班子，抓好支部班子建设；坚持按《党章》和"十六字"方针要求，推行发展党员"预审制""公示制""责任追究制"，做好发展党员工作；加强党对群团组织的领导，发挥工、青、妇的助手作用；深入开展党建"三级联创""党员先锋岗"和新一轮创建"党建工作先进单位"等活动，确保"三级联创"活动取得实效。

（四）抓好党风廉政建设。贯彻落实中央关于改进工作作风、密切联系群众"八项规定"和省市县有关意见，加强教育系统行风建设，切实纠正损害学生利益的不正之风。认真贯彻落实党风廉政建设责任制，坚持从严治党方针，进一步抓好教职员工的廉洁自律工作。继续开展"廉政文化进校园"活动，营造"廉荣腐耻、行廉拒腐"的良好氛围。进一步完善办事公开制度，抓好党务校务公开工作，接受群众监督。改进文风、会风，厉行节约，反对浪费，转变机关工作作风，推进机关效能建设，争创人民满意机关。

六、2014年主要工作：

一是推进全县"幸福成长工程"平衡发展，保障学生健康成长。

二是抓好 2014 年教育民生工程建设。××城区××小学，××小学，加快城区学校布局调整步伐；继续抓好教师周转房建设，完成××乡、××乡教师周转房建设，解决教师住宿问题。

三是提升教育教学质量。全面推进课程改革，整合教育资源，配足配齐学校教学设施，健全教学质量评估监测体系，大力推进教学常规的过程考核，全面提高教育教学质量。

四是强化教师队伍建设。结合贯彻落实中共中央关于改进工作作风、密切联系群众的"八项规定"精神，加强机关制度建设和效能建设，增强机关干部和广大教师的服务意识，进一步完善教师培训、交流、补充机制，做好新教师招聘工作。

五是做好迎接"国家三类城市语言文字工作评估"工作。

六是做好新教师招聘工作，进一步完善教师队伍结构。

例文解析

教育局的工作职责在于全面贯彻党和国家的教育方针、政策和法规，研究制定当地教育事业的具体方针、政策并组织实施。拟定当地教育事业发展的重点、规模、速度和步骤，组织、指导、协调教育发展规划、年度计划、教育体制改革和办学体制改革的实施。

例文主要包括两个方面：上一年度的工作总结和下一年度的工作计划，工作总结从提升办学水平，提高教育品质、统筹全县教育资源，促进教育均衡发展、加强学校管理，提升学校办学水平、强化师德师风建设，提高教师业务素质、加强党的建设和思想政治工作等五个方面进行阐述。内容具体不空洞，都是与实际情况相符的事实，详略得当。下一步工作打算拟定得很好，条理清晰，一目了然。例文意图以点、面结合方式总结。点上通过具体生动的典型例子，容易被读者理解和接受。面上通过概述事实和统计数字，增强了文章的科学性。点面结合，既有广度又有深度。

第三节 社会团体中层领导工作总结

例文一：

××县红十字会2013年度工作总结

2013年，是全面贯彻落实党的十八大、省第十一次党代会、省委十一届二次全会和市委三届三次全会的一年，是实施《国务院关于促进红十字事业发展的意见》的首举之年，是全县上下落实县委以"加速发展、加快转型、推动跨越"为工作目标，为全县经济社会又好又快、更好更快发展提供强劲动力和坚强保证六年，也是××县红十字事业抓住重要机遇推动科学发展的关键之年。一年来，在县委、县政府的领导下，在上级红十字会的关心和指导下，我县各级红十字会以邓小平理论和"三个代表"重要思想为指导，加强政治理论和业务学习，深入开展作风教育整顿活动，以"改善最易受损害群体境况"为工作目标，紧紧围绕县委、县政府的中心工作，贯彻"帮县、联乡、驻村"、计划生育包村工作，认真履行红十字会的职责，以"加速发展、加快转型、推动跨越"为工作目标，紧紧围绕县委、县政府的中心工作，认真履行红十字会的职责，完成了2013年度安排的各项工作任务。现将××××县红十字会2013年度工作情况总结如下：

一、业务工作

（一）宣传工作

紧紧围绕总会关于"全方位、多层次、立体化"的红十字大宣传格局要求，一是通过开展"送温暖"、"三下乡"活动以及"5·8世界红十字日""6·14世界献血者日""9.10世界急救日""12.1艾滋病宣传日""12.4全国法治宣传日"等活动为契机，深入学校、农村、社区开展宣传、咨询、义诊、募捐、救助等形式多样的活动20多次，发放宣传资料及画册12500多份，通过电视新闻报道15次，编写简报25期。

（二）备灾救灾与社会援助工作

一是积极开展备灾救灾和社会援助工作。进一步完善了《××县红十字会自然灾害与突发公共事件应急预案》，各乡镇及3个社区都明确了备灾救灾联络员，逐步构建了红十字系统的县、乡备灾救灾网络。二是严格按照救灾物资分配程序进行救助物资的发放。8月23日，在县红十字会会长×××的陪同下，省红十字会赈济救护部副部长××，××市红十字会党组书记、常务副会长××及省市相关工作人员到我县××乡支援抗旱救灾工作，慰问受灾群众，并在××乡政府院内进行抗旱救灾慰问物资发放仪式。12月为××县贫困家庭和贫困学生在对口帮扶的××市××区红十字会争取到价值20.33万元的救助物资。

（三）救护培训工作

2013年，县红十字会分别在××县民族中学、××镇××小学各举办卫生救护培训2期，培训人数约2000余人。在"5.8博爱周"和"9.10世界急救日"期间，组织县红十字医院、红十字会全体干部走入社区、学校，开展急救日宣传活动，发放宣传资料、进行救护技能培训、救护演练，普及救护常识。分别到××县民族中学、××镇××小学开展初级现场救护培训，市红十字副会长××和红十字会医院院长××带队当讲师，面向全体师生，演示了心肺复苏、人工呼吸、止血包扎、呼吸道异物清除、高温惊厥等急救措施。并且让学生亲自体验止血、包扎、搬运等各项急救措施，本次活动共发放急救知识手册、地氟病知识读本、捐献造血干细胞知识等资料共计4000余份，培训人员达2500人以上，并邀请记者作现场报道。

（四）红十字服务工作

为巩固和发展省级示范县社区红十字服务工作，我会紧紧围绕全方位、多层次、立体化的红十字大宣传格局要求开展工作。

2013年1月14日上午我会会长××在××县委宣传文化中心参加全市"红十字会博爱送万家"活动启动仪式，下午领取由市红十字会统一发放的4吨大米及春节家庭包50个，傍晚就直接赶往××镇××村对7户独生子女户、双女结扎户、孤儿、五保，75户单亲孤寡老人进行慰问。共发放救灾物资163袋大米(15公斤/袋)、价值11687.1元。紧接着在县疾控中心、县妇联、县共青团委、县农调队、县卫生监督所、县人事局、县残联、县招商局、县产业园区以及关索镇文化社区等十个单位，在全县十六个村对贫困农户进行慰问，受益人数 1650 人左右。圆满完成"红十字博爱送万家"大米和春节礼包的发放活动。按照市红十字会的要求，所发放的物资严格按照要求，坚持"公开、公正、公平、透明"的原则，将大米、礼包及时分发给了贫困、重大疾病、残疾群众。此次发放活动受益贫困群众 233 户，受益人数达到 2250 人。4 月 20 日上午，来自 ×× 县十家爱心建材家居商家聚集在 ×× 大酒店，参加了红十字会举办的爱心义拍义卖捐赠活动。当日即筹得善款 2.2 万余元，从 4 月 22 号开始到 5 月 20 号为止在本县红十字会医院、供港澳蔬菜基地、×× 二中、×× 中心小学等地组织举行为雅安地震募捐活动，共募捐现金 22901.5 元。5 月 7 日 -20 日，县红十字会全体人员和县红十字会医院积极到 ×× 镇 ×× 村开展义诊活动，一同前往的领导有县红十字会会长 ××、县红十字会医院负责人院长 ×× 等，红十字会医院 × 院长亲自带领医院的医生参加义诊，亲自给老百姓看病，前来参加诊治的群众 300 多人，发放红十字会宣传册 2000 余份，获得了很多老百姓的好评，都说红十字会和红十字会医院是为老百姓办好事，办实事的地方。活动现场还为该村老百姓送去价值 1500 元的救助药品，充分体现了社会各界的关爱和红十字会的人道主义情怀。通过红十字会和红十字会医院的共同努力，使活动达到了预期效果，进一步增强了对有关知识的了解，扩大了红十字会的影响力，增进了红十字会和村群众的感情交流，促进了社会和谐。在汶川地震 5 周年纪念日和第五个国家"防灾减灾日"之际，围绕"救灾、救护、救助"的主题，在 ×× 镇 ×× 小学开展一次"防灾减灾"和"自救互救"的初级救护培训暨防灾减灾培训活动。县红十字会在学校徐校长和各位老师的组织下，对全校师生 200 多人进行了一次现场初级培训暨防灾救灾培训，结合近期发生的四川雅安地震灾区情况，给同学们讲述地震和泥石流来临时的一些应变措施，并发放宣传资料 2000 余份。配合国际红十字会与红新月会国际联合会开展的"志愿者与志愿服务年"主题，围绕"救灾、救护、救助"和在文化社区和永宁镇尧上小学开展一次"减灾防灾"和"自救互救"救护培训活动。在汶川地震 5 周年纪念日和第五个国家"防灾减灾日"之际，结合本县经费困难的实际，在本县部分学校红十字会举行一次募捐活动，用于解决本校困难学生入学难的问题。以典型宣传为重点，发现、推荐和宣传一批诸如郭明义、魏霞和"微尘"等红十字志愿服务先进个人和集体，弘扬时代精神，宣传先进事迹。期间针对家庭贫困的留守儿童和孤儿学生29位发放每人200元的爱心款，共计5800元。在年中的时候为我县贫困学生争取救助金五万元，解决××镇××村小学、××镇杉林、××乡××小学、××小学、××镇××小学一百名学生的就学困难、得到学校师生和学生家长的一致好评。8月23日，在县红十字会会长××的陪同下，省红十字会赈济救护部副部长××，××市红十字会党组书记、常务副会长××及省市相关工作人员到我县板贵乡支援抗旱救灾工作，慰问受灾群众，并在板贵乡政府院内进行抗旱救灾慰问物资发放仪式。仪式由板贵乡乡长××主持，省红十字会赈济救护部副部长××，××市红十字会党组书记、常务副会长××，县红十字会会长××分别作了讲话，乡长××对省红十字会这种"一方有难，八方支援，扶危济困"的义举和雪中送炭的精神表示感谢，仪式现场为20户受灾群众每户发放1袋大米(15kg/袋)、1桶食用油(5kg/桶)。仪式结束后，省、市、县红十字会领导一同到一户独生子女户家送上抗旱救灾慰问物资，1袋大米、1桶食用油。在"9.10世界急救日"期间，在××小学，以班级为单位，实施有针对性的急救主题教学活动，由红十字会医院院长当讲师，面向各个班级师生讲解了心肺复苏、人工呼吸、止血包扎、呼吸道异物清除、高温惊厥等急救措施。同时，开设了急救知识专题讲座，讲述通过成功施救，挽救生命的真实故事，让全校的教职员工以及幼儿都对急救知识有一个感性的认识。本次活动共发放急救知识手册、地氟病知识读本、造血干细胞知识等资料共计2000余份。贯彻××发【2011】15号文件，开展"绿色家园博爱童心"活动解决××镇、××镇、××镇三名心脏病患儿的就医困难。在七一期间还主动为沙云乡路支村困难老党员送去每位200元钱的慰问金。12月为××县贫困家庭和贫困学生在对口帮扶的××市××区红十字会争取到价值20.33万元的救助物资。

（五）积极开展法制宣传及艾滋病预防宣传工作

借"6.14献血日"活动及"12.1艾滋病宣传日"积极开展艾滋病预防宣传工作，我会联合××县计生局、××县计生协会、县疾控中心、县司法局、县总工会和××镇人民政府在县城中心信用联社门口将"12.1世界艾滋病日"和"12·4法制宣传日"宣传活动同时进行，总结六五普法的工作，加强六五普法的贯彻落实学习，并对老百姓进行普法知识讲座，让每一位老百姓都能增强法律意识，熟悉基本的劳动法，本次活动发放法律、法规、艾滋病宣传单10000余份、宣传资料袋800余个、避孕套8000个、围裙1000余张，相关优惠政策宣传资料5000余份，受教育群众累计6000余人。

（六）积极开展无偿献血及造血干细胞捐献的宣传工作

2013年度开展无偿献血两次，在"5.8"博爱周和"6·14"世界献血者日期间，开展自愿献血活动，联合县献血办、县疾控中心在县城中心×××县信用联社门前开展预防艾滋病宣传活动、无偿献血和捐献造血干细胞活动，全县共有955人参加无偿献血，献血量344700万毫升，共发放宣传资料及画册4000多份、宣传人群达4000多人次，并认真做好志愿者登记表填写的指导工作，今年新增加捐献造血干细胞自愿者61人。

（七）开展"绿色家园行动"及项目工作

在××乡、××镇、××乡、××镇等乡镇分别开展项目调查申报，并在本会帮扶点××镇一村冬瓜山组种植太子参的项目进行筹资一次，金额为3000元。

二、专项工作

（一）信息及办公室工作

按要求及时向县委办、政府办及上级红十字会报送有关信息。一年来上报信息共25期；重大信息无迟报、漏报、瞒报现象发生。办公室已认真做好相关文件的收、发、登记、分发，以及对文件资料的整理存档工作，会前做好签到本、茶水、椅子、会议通知等各项准备工作，保证会议按时召开。全体人员自觉提高服务水平，坚持不迟到、早退，办公室整齐、干净、卫生，做到了自觉节约水、电、纸张，文书档案及资产管理规范有序。严格规范办事程序，坚持把服务协调工作贯穿于领导决策前、决策中、决策后，贯穿于办文、办会等具体工作中，围绕工作重点，抓好督查、督办和协调工作，办事效率不断提高，解决问题的能力逐步增强。认真组织学习了党和国家领导人关于党风廉政建设的重要讲话，自觉执行了有关廉洁自律的各项规定，确保了在廉洁自律方面不出现任何问题。

（二）招商引资工作

本年度以来认真贯彻招商引资文件精神，制定招商引资的工作方案，实行奖励制度。把招商引资工作列入本年度日常工作议程中。4月在市红十字会争取到五万的青岛微尘阳光助学金，帮助了100名在校成绩优秀家庭贫困的留守儿童。8月在省、市红十字会为××乡争取到大米5吨，200桶食用油、1箱药品，价值共计8万元的抗旱物资。12月为××县贫困家庭和贫困学生在对口帮扶的青岛市城阳区红十字会争取到价值20.33万元的救助物资，分别发放在××镇和××镇贫困村寨。

（三）"两违"工作

为科学、合理、规范用地建设行为，创建优美的居住环境，维护良好的城市形象，为切实遵守、执行国家的法律法规，根据有关"两违"专项整治规定精神。全面学习了"两违"专项整治的重大意义、整治范围、整治内容、处理原则、处理办法、时间安排、工作步骤、工作要求等，切实营造了我会人人关心专项整治、人人支持专项整治、人人理解专项整治、人人知晓专项整治工作的浓厚氛围。

（四）计划生育工作

积极宣传计划生育有关政策，本单位的女职工按时参加妇检，参检率100%；认真抓好本单位计生帮扶工作，帮扶独生子女户、双女结扎户；按规定交纳计生奖励扶助基金。从2月份起，××县红十字会干部就深入计划生育监测户家，在一线摸情况、做宣传、查实情、找问题、寻对策，真正做到深入计划生育对象家中。做到每周到所包村不低于1天，到我会所包村××镇××村、××镇×村、××镇××村，了解到该几个村现有情况：××村"双女结扎户"有4户人家，现享受低保农户有120人，"独生子女户"有2户；××村有双女户2户，独子户1户、独女户1户，三村有双女户4，独子女3户，三个村已经实施新农村合作医疗；都已经于2009年实现教育"两基"达标，现"两基"达标成果得到巩固和提高，素质教育进一步发展，小学适龄儿童入学率达98%，九年义务教育普及率为90%，并对三个村的一些贫困的家庭给予一定的帮助。在2013年2月19日，分别对××镇××村、××镇三村、×××镇××村计划生育两户进行了慰问，每户送去棉被、棉衣、大米和糖果等物资。

（五）机关党的建设

认真拟定县红十字会政治理论学习计划和制定学习制度。坚持每周学习半天，努力学习政治理论知识和业务知识，不断提高政治理论和业务水平。

推进发展型党组织建设，为我会"基层组织建设年"活动营造良好的宣传氛围。组织建设的工作信息，有针对性地将党员群众最关注的党组织管理、干部职责、评先选优、联系和服务党员群众、工作业绩等事项进行公开，接受群众监督，慰问贫困老党员，抓好村级党组织书记队伍建设，采用深入挖掘、重点培养的方式加强村级党组织书记后备干部队伍建设，加强党的执政能力建设和先进性建设，为建设小康××、和谐××提供强有力的组织保障。使基层党组织更好地服务发展、服务民生、服务群众，为实现全县经济社会又好又快、更好更快发展提供坚强的组织保证。

（六）社会治安综合治理

认真做好本单位的安全、保卫及保密工作，节假日安排好值日，领导带班值日；在本单位积极开展扫黄、禁赌、禁毒教育，一年来没有一个参加赌博和涉毒人员，无偷盗现象和安全事故发生。

（七）老龄事业发展和老年人权益保障工作

在县委、县政府的正确领导和老龄小的亲切指导下，认真贯彻落实科学发展观，紧紧围绕县委、县政府确立的总体工作思路和目标任务，深入扎实地开展老龄各项业务工作，有力地推动了全县老龄事业的不断创新发展，为推进富民强县新跨越、建设幸福魅力××打造了良好的社会环境。一是加大力度宣传《中华人民共和国老年人权益保障法》《××省老年人权益保障条例》等涉老法律法规，努力形成全社会尊重、关爱、孝敬老年人的良好社会风气。二是积极热情地为老年人办理《老年人优待证》。三是做好高龄补贴申报发放工作。

（八）安全生产工作

制定××县红十字会安全管理办法，成立领导小组，一年来没有发生安全事故，没有发生被盗、抢现象。并积极主动配合相关部门做好相关安全工作。

（九）消防安全工作

认真贯彻执行《消防法》《××省消防法》《机关、团体、企业、事业单位消防安全管理规定》和国务院《关于加强和改进消防工作的意见》以及有关消防工作的法规，切实贯彻"预防为主，防消结合"的消防工作方针，进一步加强各级防火安全责任制的落实，不断提高全体员工的防火安全意识，杜绝各类火灾事故的发生，更好地确保国家财产和职工生命安全，我会特制订《消防安全管理规则》，供全体干部职工学习，并自觉遵守。群策群力，齐抓共管，确保防火安全，为单位经济建设的发展创造一个平安的良好环境。

（十）信访维稳工作

积极做好接待信访人员的工作，全年无上访事件发生。健全各项规章制度并装订成册，制作上墙，制定信访工作制度。制定维稳工作方案，落实维稳工作情况，并积极主动配合有关部门做好相关工作。

（十一）依法治县工作

积极做好接待信访人员的工作，全年无上访事件发生。健全各项规章制度并装订成册，制作上墙，制定信访工作制度。制定维稳工作方案，落实维稳工作情况，并积极主动配合有关部门做好相关工作。

（十二）环保工作

环境保护是我国的一项基本国策，是树立"以人为本"科学发展观，构建和谐社会的基础。为提高广大员工的环境保护国策意识，我会利用各种形式进行环保宣传，通过大力开展环保宣传教育，极大地增强了人民群众环境保护的意识，提高了公众关心生产生活环境，主动参与环境建设，依法维护自身环境权益的自觉性。明确部门职责和实际工作，抓住重点，齐抓共管，有效施策，强化管理，使环保目标责任状各项内容和指标落到了实处。

（十三）档案、保密、机要工作

认真开展保密宣传教育，将保密工作纳入工作计划，成立了县红十字会保密工作领导小组，制定保密制度，无泄密现象发生；按照县档案局的要求，完成了2013年档案的整理归档工作。

（十四）党风廉政建设

一是及时组织学习县委党风廉政建设和反腐败的文件精神；二是按照党风廉政和反腐败的要求，严格规范本单位的财政支出；三是严格按照领导干部《七项领导责任》要求，做好财经纪律和反腐败工作，单位干部职工没有违纪现象。

（十五）组织工作

全体成员高度地与党中央保持一致的政治立场，坚决贯彻执行党中央、省委、省政府、市委、市政府和县委、县政府以及上级红十字会的有关文件精神；团结协作，开拓进取，工作认真负责。及时贯彻落实上级精神，没有受到上级的任何批评。积极参加党员干部民主生活会，做好民主评议工作，积极交纳党费。单位重大问题一律经集体研究决定，单位全体成员团结协作，没有受到任何举报意见。认真抓好本单位的驻村工作，帮扶××镇××村、××村、×村的独生子女户、双女结扎户等工作。推进发展型党组织建设，为我会"基层组织建设年"活动营造良好的宣传氛围。组织建设的工作信息，有针对性地将党员群众最关注的党组织管理、干部职责、评先选优、联系和服务党员群众、工作业绩等事项进行公开，接受群众监督，慰问贫困老党员，抓好村级党组织书记队伍建设，采用深入挖掘、重点培养的方式加强村级党组织书记后备干部队伍建设，加强党的执政能力建设和先进性建设，为建设小康××、和谐××提供强有力的组织保障。使基层党组织更好地服务发展、服务民生、服务群众，为实现全县经济社会又好又快、更好更快发展提供坚强的组织保证。认真贯彻县委下发的《××县实施基层组织建设年"十大工程"推进发展型党组织建设的方案》在"5.8"世界红十字日、"红十字博爱送万家"活动期间进行重点宣传。做好了"环境建设年"温暖送万家"活动，从元月14日起，到2月14日止，在××镇××村，××镇×村，××镇村委会，××镇×村，××镇××村、××乡××村，××乡××村，××乡××村，××镇××村，××镇××村，××镇××村，××镇××村，××镇××社区，××镇××村，××镇××社区，××镇×××村等四个乡镇的十六个村贫困农户进行慰问，此次发放活动受益贫困群众233户，受益人数达到2250人，为民办事做到了让人民满意。

（十六）宣传工作

以科学发展观为统领，坚持"高位求进，加快发展"的总体要求，围绕"和谐××"建设开展主题宣传，唱响"团结鼓劲、积极进取、昂扬向上"的主旋律，为"十二五"起好步、开好局，为开创全局经济社会发展新局面提供强劲的新闻舆论支持。积极支持和配合辖区开展创建文明县城、卫生县城、园林县城、环保模范城市的创建工作，"多彩××文明行动"中责任包保区无违反"多彩××文明行动"记录，完善了未成年人思想道德建设主题活动。做好"三关爱"活动，招募"三关爱"志愿者40余名。做好红十字会"三救"、"三献"宣传工作。我们围绕学习贯彻党的十八大精神这条主线，切实加强理论学习和理论宣传，全面推进了理论武装工作，抓好中心组的学习，增强了理论工作的带动力。精神文明建设坚持以人为本，大力加强思想道德建设，深化创建活动，城乡文明程度和群众的文明素质进一步提高。

三、存在的问题：

这一年以来，经过大家的共同努力，我县红十字会工作虽取得一定成绩，但仍然存在一些不足之处：一是由于人少事多，红十字会的工作无法完全顾及，宣传还不是很到位，群众对红十字的知晓率不是很高，以致影响红十字会的全面发展；二是备灾救灾力量薄弱，影响救助工作的开展。

四、下一年工作安排

1.进一步加大对红十字会有关法律法规的宣传，努力营造促进红十字会工作全面发展的社会氛围。

2.当好政府在人道主义领域内的助手，履行红十字职责，加强对外联系，争取更多的援助，积极主动开展备灾救灾工作。

3.认真深入学习贯彻党的十八大报告精神、十八大三中全会精神以及胡锦涛总书记在《关于十年来我国红十字事业发展情况的报告》上重要批示的精神。

4.积极开展现场救护培训，帮助社会大众不断增强自我保护意识，掌握自救互救技能。

5.进一步加强红十字青少年工作，力争县一中、××二小两所学校达到市级示范学校标准。

总之，2013年是全面推进红十字各项工作全面发展的关键之年。县红十字会相信，在省、市红十字会的精心指导和帮助下，在××自治县委、县人民政府的高度重视、关心和支持下。2014年，我们将继续努力，不断总结经验，克服困难，发挥好政府助手的作用，为富民兴安，实现××经济社会跨越式发展，构建和谐秀美文明富裕的××而努力。

例文解析 ···

红十字会的职责在于：宣传和筹资宣传，弘扬"人道、博爱、奉献"的红十字精神。通过多种途径积极开展筹资工作。对青少年进行人道主义教育和自救互救知识教育，开展社会服务活动，配合学校素质教育，改善学生健康状况，促进学生的德育发展；开展自然灾害的救助工作，除紧急阶段实施救援工作外，还进行灾后重建开展初级卫生救护培训和防病知识的宣传普及工作，在易发生意外伤害的行业和基层组织培训救护员，组织群众参加意外伤害和自然灾害的现场救护。

例文将总结分为四部分，前两部分并列陈述了工作情况，总结了经验，中间，后一部分归纳不足，最后一部分对未来展望，全文思路清晰，但是对于工作情况的总结过多，叙述略有繁琐，我们需要从中选出亮点。与之相比归纳不足处过于简单，内容较少，而且没有再深入反思不足的原因，也没有总结出教训，我们在今后的写作中应该注意写作深度。

例文二：

××市作家协会2013年工作总结

2013年，市作家协会以党的十八大精神为指针，围绕中心，服务大局，在推动文艺创作、促进文化惠民、打造文学品牌、扩大对外交流、加强队伍建设等方面凸显作家协会的作用，开展了卓有成效的工作。全市作家作为有高尚理想追求的群体，勇于担当、贴近生活、打造精品、传承创新、德艺双馨，始终挺立在时代潮头，更加自觉主动地承担起了引领社会进步的历史责任，以文人的情怀展现人间正道，在作品的思想性、艺术性与群众性方面取得丰硕成果。

一、认真组织作协会员学习党的十八大精神。一年来，作协组织主席团和理事会成员认真学习贯彻党的十八大精神，学习十八届三中全会决定。通过学习，较为深刻地认识了建设社会主义文化强国的实质内涵，始终把人民群众作为艺术创作表现的主体，以十八届三中全会决定为指针，以饱满的热情、昂扬的精神，创作出一批为群众喜闻乐见的优秀作品，丰富人民的文化生活，鼓舞群众提高文明素质、增强精神力量，为伟人故里增光添彩，为建设社会主义文化强市贡献更大的力量。

今年，市作协会员中，××、××被评为××市首届"德艺双馨"文艺工作者，××被评为××省首届十大优秀青年诗人；35人获得第四届广安文艺奖，12人获得第二届川东周末文艺奖；×××、×××、×××、××、×××等作家成功加入了××省作家协会。

二、顺利召开了市作协第三次代表大会，完成了换届工作。今年4月22日，市作协第三次代表大会顺利召开，50余名代表出席会议。大会选举了新一届市作协理事会，落实了理事分工责任制，加强了会员联络和新会员发展工作。

三、积极组织作家开展文艺采风活动，积极创作优秀精品力作。在创作上，协会密切关注作家的创作选题，鼓励作家与时代同呼吸、共命运，投入现实生活洪流，按照社会主义核心价值体系要求，找准和培育新的创作点。鼓励作者创作集中体现和展示××文化精髓的作品，写广安、唱广安，创作更多在全市、全省乃至全国都有一定影响的精品力作。对有潜力的重点作品积极给予扶持。今年，市作协先后组织作家参加了市纪委的"宕渠清风行"采风活动、市城管执法局的采风活动。通过采风，全市作家更加贴近生活，对全市社会经济文化发展的大好形势有了具体的了解，纷纷以自己的笔进行热情讴歌，创作出了一批质量较高的作品。

2013年，各区县（市）作协也积极开展采风活动。××县作协两次组织会员到该县××镇×××村考察、采风，创作了近40件高质量作品，向外界传递×××人文景观和生态农业的可开发信息与价值。《××文苑》还出版了专刊宣传×××，引起了投资者的关注与热情。××县作协先后组织开展"桃花美景——春天相约同兴""银城新天地——感受城南工业园区、城东城市建设区"等系列文学采风活动。××市作协组织作家深入工厂、农村，开展了"××作家进矿区""欢歌笑语20年"等采风活动，创作、发表文学作品50余件。

四、全市文学创作再上新台阶。2013年，我市作家创作的作品丰富多彩。童光辉的诗歌集《独白》深受读者好评。××县作家在全国、省、市文学刊物上发表作品40余件，该县作协主席×××创作出版了长篇小说《一条弯弯的山路》；×××创作出版了长篇报告文学《巴蜀阿信》，主编了新人作品集《滴水潭》；×××出版了小说集《请你下车》《冠军是这样练成的》；×××创作出版了文学作品集《垭口》文艺作品集《雪莲花》。××县作家××、×××、××、×××等在《诗刊》《星星诗刊》《诗选刊》《诗潮》《散文诗》《散文选刊》《诗歌月报》等报刊发表了诗歌、散文、小说、电影文学及文学评论作品。××出版诗集《夜深人静》，×××创作出版《广安龙门阵》《龙的传说在岳池》，×××创作出版教育随记《烙印》。××县创作活动成果颇丰，创作出了反映新农村建设的清音演唱台本《春到农家乐陶陶》、情景剧《危情时刻》、朗诵诗《我们是新时期的政协委员》等作品。

五、网络文学异军突起。2013年尤为可喜的是，我市在网络文学创作方面有了新发展。××县作协主席×××的《一群单身汉的欲望》《漂亮的白玉兰》，×××的《黑龙沟纪事》《川东新年》，×××的《黑天使》，×××的《胡老兵》等先后在凤凰网站发表，特别是×××的《漂亮的白玉兰》点击率已达8600多万。网络文学不但扩大了我市作家的影响，同时也为作家们带来了较好的经济效益。

六、发现和推荐本土作家的好作品，组织评论研讨，促进全市文学创作水平的提高。今年，市作协在××县作家协会、××市作家协会的大力支持下，先后举行了××市诗歌创作暨诗集《独白》研讨会、××市散文创作暨散文集《沉吟渠江》研讨会。与会者各抒己见，百家争鸣，就我市诗歌、散文创作发表了意见，对我市诗歌、散文创作情况进行了很好的总结，对推动我市文学创作产生了积极影响。2013年，市作协还推出文艺评论集两种，一为对童光辉诗歌创作的评论文集《读老童的诗》，一为对邱秋散文创作的评论文集《烟雨渠江听秋歌》。

××市作协举行了×××长篇小说《××山游击队传奇》座谈会，邀请××、××作家、文学爱好者8人，对《××山游击队传奇》进行研讨、剖析，提出修改意见，提高了作品的质量。

××县组织文艺创作座谈会四次，多次邀请市文联主席×××到会指导。

七、巩固文学阵地，办好文学刊物，推出作家和作品。2013年，在积极开展各类文学活动同时，市作协积极参与文学杂志的编辑工作，积极推出优秀作家和优秀作品。市作协与市文联一起做好《××文艺》的编辑工作，与××日报《××周末》一道不断推出新人新作。

各区市（县）文学阵地建设也成为作协的一项重要任务。2013年，××县作协主办的《××文苑》出版四期，发表作品130余件，近50万余字，在作品质量方面严把选稿关、审稿关、校对关，进一步提高了作品质量，深受读者好评，成为了××的一张名片。××县出刊作协会刊《龙女湖》三期，用稿150余件，总字数达30万字，作品均系本县作者的原创作品，部分作品还被国家公开出版发行的报刊选发。××市作协主办文学期刊《××山》两期，同时协助××市文化馆办好文艺刊物《红杜鹃》，出刊4期，发表各类文艺作品约120件。文学阵地的巩固，极大地推动了全市文学艺术创作的蓬勃发展。

八、努力培养文学新人，为文学源头输入活水。2013年，市作协积极培养文学新人，努力为他们成长创造条件，选送了两名青年作者参加全省青年作家培训班学习。

××县作协把发现和培养文学新人、提高作协会员素质当作一件大事来抓，在××实验学校建立了"文学新人培养基地"。×××、×××、×××等老作家多次到基地授课，引发了师生对文学的兴趣和爱好，激发了他们的创作热情。目前，该校建立起了"启航文学社"，拥有500多名会员，在省、市、县文学刊物上发表文章100多篇，结集出版了2部学生文学作品集；《××文苑》第一期开辟专栏刊登了20多名该社会员的文章，《××周末》也辟专刊刊载了××实验学校"启航文学社"会员文章，该社多名社员的作品在省市县获奖。××县开展校园文艺创作辅导活动，在县城中小学开办青少年习作班，开展"金色阳光、快乐成长"校园征文活动、2013年校园"小作家"培育活动，发现部分文学苗子，向××省作协推荐××省青少年作家协会会员26名。××市利用作协刊物《××山》吸引青少年作者，开辟"青春风铃"栏目刊发初学者和学生文学作品，繁荣了校园文学创作。

九、结合邓小平同志诞辰110周年，开展相关文学创作活动，弘扬伟人精神，宣传广安。邓小平纪念网建成以来，我市作家为该网提供了不少歌颂小平丰功伟绩的文学作品。目前，市作协正与××市诗词学会联合筹备纪念邓小平诞辰110周年诗歌大赛，即将在2014年8月22日小平诞辰前夕推出一批颂伟人唱××的精品力作，出版一本纪念小平的文学作品集。

十、加强与兄弟市州作协的沟通联系，相互学习交流，取长补短。

××县作协组织作家到××周边县市作协交流，激发会员的创作热情，取得了一定的创作成果。××县作协加强了与上海、宁波、成都、攀枝花等地作者的往来交流。

十一、我市作协工作及文学创作存在的不足。

我市文学创作目前主要存在的问题表现在：作者文学功力有待进一步提高；作家对生活的贴近与关注不够，创作视野不广阔，难以把握时代脉搏；创作上对作品缺乏精雕细琢的态度，好题材不能得到很好地利用，难以上升到应有的文学高度。这是我们缺少好作品、缺少有影响的精品力作的重要因素。作协工作经费严重短缺，影响了作协工作的有效开展，活动还不够丰富。

例文解析

作家协会的主要职责是：组织作家学习党的方针政策、组织文学评奖、对优秀的创作成果和创作人才，给予表彰和奖励、进行文学理论研究、发现和培养文学创作的人才，同会员与各地作协及团体会员联系、组织文学评奖和进行会员会籍管理，负责机关党的思想、组织和作风建设。

例文意图以点、面结合方式总结。点上通过具体生动的典型例子，容易被读者理解和接受。面上通过概述事实和统计数字，增强了文章的科学性。点面结合，既有广度又有深度，将作家协会一年以来的工作情况介绍得具体不空洞，非常全面。同时提出了我市作协工作及文学创作存在的不足，以"总——分"大结构辅之以并列式分布局进行总结，条理清晰，对存在的问题认识到位，但是没有提出解决问题的中肯方案，我们需要在以后撰写公文时注意这个问题。

例文三：

××县红十字会2012年工作总结

2012年，是××红十字会成立的第一年，是艰苦的一年，更是奋斗的一年。一年来，我会紧紧围绕县委、县政府中心工作，以"强基础，抓重点，干实事"为原则，攻坚克难、开拓创新，使雏形的××红十字事业有了较大较快的发展，充分发挥了红十字会在政府人道救助领域的助手作用。现将工作总结如下：

加强组织建设，筑牢了红十字事业发展之基。××县红十字会自2011年10月成立以来，县委、县政府高度重视，陆续解决了办公场所、开办经费、办事人员等重大问题。现我会拥有工作人员7名（常务副会长1名，见习生5名，司机1名），办公室两间，配备了电脑、复印机、传真机等办公用具。内设"一室三部一中心"，即办公室、事业发展部、筹资与财务部、赈济救护部和救护培训中心。面对新单位、新工作、新人员、新任务、新要求，我们感到困难重重，举步维艰。为了打破僵局，找准切入点，学习就成为我会人员的重中之重。

苦练内功，创建了学习型机关。学习出人才，出思路，出办法，出成果，于是我会先后组织人员赴宁波、长治、晋城、太原、郑州等地考察学习，但是越看感觉难度越大，越学感觉问题越多。面对重重压力，大家都产生了畏难怕苦的情绪，针对这一情况，会领导多次手把手、心贴心地引导大家，并牵头组织大家开展每周一次的"模拟会务会"活动，号召大家立足现实，群策群力，倡导大家积极思考"假如我是会长，我该怎么做"等实际性问题，逐步端正了我会人员的工作作风和态度，牢固树立了大家正确稳定的人生观和价值观。为尽快提高工作效率，强化思想政治意识，提升职业技能，我会还制定了"一日一小时"的学习体制和"一事一报道一总结"的实践机制，形成团体学习和自主学习等多样化的学习模式。实现了从几个人写一篇报道到一人可独立完成的转变，实现了过去由几个人完成一项任务到现在一人可独立完成多项任务的转变，让每个红会人都成为了"一专多能"的复合型人才。如今我会人员虽然不多，但工作起来游刃有余，形成了"在工作中学习，在学习中工作"的良好习惯，创建了一个勤于学习，勤于工作的学习型机关。

建章立制，创建了服务型机关。我会根据《中国红十字会法》《中国红十字章程》以及《××省红十字会条例》，起草并出台了三个纲领性文件，即《××县人民政府关于加强红十字会工作意见》（××〔2012〕18号）、《××县人民政府办公室关于印发<××县红十字会募捐款物管理办法（试行）>

的通知》（×× 办发 [2012]78 号文件）和《×× 县人民政府办公室关于在全县开展"博爱一日捐"募捐活动的通知》（×× 办发 [2012]79 号文件）。同时在办公室内部制定了"一室三部一中心"《岗位职责》和《工作日志效能考评制度》《学习培训考核制度》《文明服务工作制度》《财务与财产管理制度》《档案资料管理制度》《冠名医疗机构管理制度》《百姓来电来访管理制度》《志愿者服务管理制度》。这"三个纲领性文件"和"九个规章制度"的出台和建立，为我会开展各项工作指明了发展方向，确立了行为准则，提出了服务规则，建立了监督机制，规范、约束、激励了我会人员，从而打造了一支精神饱满、认真工作、微笑服务的红十字特色队伍。拓展思维，创建了创新型机关。思路决定出路，创新推动发展。为了让社会各界能够尽快了解红会、支持红会、参与红会，进一步的推动红会事业发展，我会人员敢为人先，勇于探索，创新性地开辟了一条新思路：借助网络平台推广红十字。于是在 ×× 政府网站的支持下我会建立了专属自己的门户网站——中国·×× 红十字会，成为 ×× 首家县级红会网站。该网设立"走进红十字会""红会动态""红会公告""爱心行动""志愿服务""三救三献""在线捐赠""救护培训""法律法规"等多个栏目。通过及时、准确、真实、全面地上传红会最新政策、最新公告、最新救助项目和最新培训活动，更加方便、快捷、明了地与群众进行心贴心的互动交流。真正做到了阳光办公、阳光捐赠、阳光救助、阳光服务，做到了让捐赠者放心，救助者称心，受益者顺心，老百姓满意的创新型机关，全面提升了红会工作的透明度和公信力。

认真履行职责，铸造了政府人道工作助手之魂。我会始终秉承和发扬"人道，博爱，奉献"的红十字精神，以宣传发动为主导，以拓展项目基金为依托，以组织志愿服务和救护培训为己任，认真履责，扎实有效地启动了各种助医、助学、助困等惠民、利民、为民的工程。

宣传发动，红会工作深入人心。一年来，我会利用自己的节日隆重宣传，借助其他节日特色宣传，全年共举办户外宣传活动 11 次。即"5·8"世界红十字纪念日、"3·5"学雷锋纪念日、"3·9"综治宣传日、"3·24"预防结核病日、"5·12"防震减灾日、"6·1"儿童节、"6·14"无偿献血日、"9.9"世界急救日、"12·24"法制宣传日等。每次活动都设立红十字标志的咨询台、义诊台，红十字志愿者都是统一着装（身穿红十字马夹和头戴红十字帽），为过往群众答疑解惑，热情服务，并散发印有红十字标志的宣传品和宣传资料。全年 11 次活动共发放红十字雨伞 5000 把、红十字纸杯 100000 个、红十字手提袋 5000 个、资料袋 5000 个、红十字圆珠笔 20000 支、宣传资料 30000 份。别是今年 5 月 8 日，我会首次在广场举行了"5·8 世界红十字日"纪念活动。活动设立了备灾救灾、博爱一日捐、卫生救护等咨询服务台和义诊服务台。副县长 ×× 出席，并为过往群众散发红十字雨伞、圆珠笔等宣传品，常务副会长 ×× 亲自为现场群众答疑解惑，红十字医务人员为群众义诊，送免费体检卡。活动现场人如潮水，当天就登记志愿者 30 余名，个人会员 20 名，康洁干洗店首例捐款 10000 元，其他现场群众也纷纷将自己的拳拳爱心投入募捐箱。这次活动使 ×× 红会受到了广大群众的密切关注，大大彰显了红十字的公益形象，起到了良好的宣传动员效果。之后，我会还陆陆续续收到很多善款，有农民，司机，干部等很多人的捐赠，他们非常感谢政府成立了红十字会这个机构，让他们找到了奉献爱心的平台。另外，我会创办了自己的期刊——《×× 红十字》。截至目前，共编印 ×× 红十字工作简报 75 期，被国家红十字会采用 6 篇，省红十字会采用 33 篇，县委书记批示 4 篇，新闻媒体报道 13 次，电视台专题采访 8 次。通过多元化，多渠道的宣传发动，红十字公益形象进一步树立，红会的知名度、影响力逐步提升，了解、支持、参与红十字事业的单位和个人逐步增加，得到红会救助的群众越来越多，救助的面越来越广，使红会工作逐步深入人心。

　　严格管理，冠名机构人人放心。我县拥有 3 个红十字冠名医疗机构，我会对其实行分类指导和分类管理。一年来，通过我会的严格监督，精心指导，三个冠名医疗机构成了老百姓放心满意的医疗机构。×× 县红十字医院是我县的第一个冠名医疗机构，创建在 ×× 会成立之前，由于以前缺乏管理，存在许多纰漏，红会组织形同虚设、红会活动更是寥寥无几，甚至"画蛇添足"错误地使用了红十字标志。我会成立后，多次去红十字医院检查指导工作，针对性地督促整改。第一，完善机制，设立了红会办公室，配备了红会工作人员，理顺了管理体制；第二，立即让他们规范了红十字标志的使用；第三，在候诊大厅设立举报箱，以便随时随地的了解并改进工作中的不足和漏洞；第四，指导他们开展红十字讲座，时刻牢记红十字宗旨；第五，引导开展各项爱心活动，及时救助贫困患者等弱势群体。到目前为止，××县红十字医院共减免医疗费用56.4万余元，受益人群达676人。其中（1）为468名环卫工人免费进行体检，折合人民币17万元，且承诺对需要后续治疗的患者，根据具体情况给予全部减免或部分减免；（2）日常门诊病人住院治疗时，为特困户和弱势群体减免金额达39万多元，救助208人；（3）为"百人复明"项目白内障患者救助往返太原的差旅费3840元。红十字口腔诊所和惠民医学检验部是今年新成立、新冠名的两个医疗机构。我会从他们的成立、审批、陈设、经营等全部过程都进行了跟踪式的指导监督管理。自9月成立以来，红十字口腔诊所开展了口腔保健义诊活动，给××××等三位五保老人进行免费口腔保健检查，为他们减免医疗费用2万元，还做出承诺：将每天营业额的1%捐赠给红十字会。红十字惠民医学检验部为50名特困患者免费治疗，为100余名贫困患者减免部分医疗费用，累计金额达10000元。

项目救助，惠及百姓凝聚民心。由于我会先进的工作理念和工作模式得到了上级红会的充分肯定，因此在许多救助项目方面省市红会就给予我会大幅度倾斜，更吸引了境内境外知名企业捐赠和帮助，让老百姓得到实惠，同时不断壮大了我县红会的人道力量。截至目前，我会共组织吸收捐赠款物折合人民币152万元，受益群众达5100余人。一是争取到"省市红会救助物资"。折合人民币7.7万元，救助贫困人口760人。其中1月份市红十字会"博爱送万家"救助物资3.2万元，救助贫困人口120人；11月省红十字会救助物资4.48万元，救助贫困人口640人。二是启动了"天使阳光基金"项目。省红十字会在国家红十字总会争取到0-14周岁以下的先心病患者救助手术25例，省红会就给了××9例，占到全省总数的36%，救助金额达10万余元。三是启动了"百人复明"项目。××医院慕名而来，主动与我会精诚合作，对我县100名特困白内障患者进行免费手术治疗。救助金额达33万元。四是启动了"香港爱联助学"项目。香港爱联国际集团有限公司主动联系我会，向我会意向捐赠41万元，对我县城区16所中小学的538名特困孩子进行救助（高中生1000元、初中生600元、小学生400元），帮助他们完成学业。该项目于12月6日正式启动，县四大班子领导参加了启动仪式。

志愿服务，亲情救助温暖人心。志愿服务队伍，是广泛传播红十字精神的有效途径，不仅增加了人与人之间的亲情，更促进了邻里和谐、家庭和睦和社区文明，提升了群众幸福指数。到目前为止，我会共登记发证志愿者75人。根据每个志愿者的优势和特长划分为4类9支红十字志愿者服务队，其中医护队5支，文艺宣传队2支，家教服务队1支，家政服务队1支，实行统一组织，统一培训，统一定时定点服务。一是医护队分赴偏远山区为群众义诊，受益人群达2000人；二是家教服务队为进城农民工子弟上门辅导家庭作业；三是家政服务队深入社区为我县孤寡老人维修家电、上下水管道等；四是文艺宣传队在街头、广场义演，宣传党的政策和红十字精神；五是在医院开展导诊、导医、导送、导接的志愿服务活动。

应急救护，激励群众相互关心。为提高我县群众的自救、互救能力，保护人民群众的生命和健康，号召大家在遇到突如其来的灾难时，能互帮互助，互相关心，共渡难关，将伤害降低到最低，我会制定了《五年救护培训规划》，将分期分批逐步推进。今年着重在红十字志愿者队伍中培养救护师。目前有60余名志愿者掌握了常见突发事件的自救、互救方法，为实施《五年救护培训规划》奠定了良好的基础。

领导关怀鼓励，鼓舞了红会人团结奋斗之志雏形××红十字事业的快速发展，受到各级领导和社会各界的关注和关怀，县委书记××多次批示表扬，省市红会领导亲临调研肯定我会工作。2月21日，市红十字会常务副会长××来×调研时说："××红十字会是能办事的。"

例文解析

红十字会的职责在于：宣传和筹资宣传，弘扬"人道、博爱、奉献"的红十字精神。通过多种途径积极开展筹资工作。对青少年进行人道主义教育和自救互救知识教育，开展社会服务活动，配合学校素质教育，改善学生健康状况，促进学生的德育发展；开展自然灾害的救助工作，除紧急阶段实施救援工作外，还进行灾后重建开展初级卫生救护培训和防病知识的宣传普及工作，在易发生意外伤害的行业和基层组织培训救护员，组织群众参加意外伤害和自然灾害的现场救护。

从例文中得知该县的红十字会刚刚建立，一年以来的工作主要围绕组织建设和社会救援展开，取得了了良好的成绩。例文意图以点、面结合方式总结。点上通过具体生动的典型例子，容易被读者理解和接受。面上通过概述事实和统计数字，增强了文章的科学性。点面结合，既有广度又有深度。但例文缺憾在于仅将工作内容逐条陈述，并未归纳总结出经验，对不足更是只字未提，犯了缺乏两点论的错误，我们在今后写作中应该尽量避免。

例文四：

××基金会2013年度工作总结

一、开创多元化筹资模式，为我会赢得可持续发展的先机。股权捐赠的造血功能产生了良好的效应。筹集资金采用了年度筹款委员会的方式，成功举办"母婴平安""中国心""赛珍珠公益基金"等慈善晚会，依托筹委们的实力和社会影响力，将自我价值实现与公益目标高度统一，以透明公开为前提，不仅为我会公益项目募集善款，更提升了我会公益项目的社会影响力。设立资产运营监督委员会，财务和资产管理的规范更进了一大步。

二、加强公信力建设，逐步形成被社会公众所信赖的内在力量。

通过透明化的管理，工作人员的信息透明意识明显提高。基金会信息公开透明的过程，已成为我会每一位员工专业能力提升的过程。在近三年基金会透明指数排行榜中，我会始终名列前茅。

三、认真参加基金会规范化建设评审，2013年，我会最终顺利通过5A级最高等级的信誉评审；逐步建立第三方评估机制和审核机制，对项目采用公开招标，以无记名投票方式，确定项目执行团队。

四、实行机构改革，专业化、规范化格局已基本形成。完成了机构去行政化，调整了机构设置，增设岗位级别，建立一套与之相适应的薪酬体系；加强专业、高效的职业化团队建设，鼓励员工参加同行业交流活动，重视机构文化建设，注重机构国际合作，加强海内外交流。

五、挖掘和运用宋庆龄思想对现代中国公益领域的深远意义，是我会与时俱进的制胜法宝。以宋庆龄"救济不是施舍""助人以自助""给最需要帮助的人以帮助"等理念也是我会追求的目标，我会以她的思想为导向创立了"农民接力棒"项目，此项目就是让贫困农民通过接力棒的形式用自己勤劳的双手创造幸福生活，真正的脱贫，并在自己脱贫的情况下去帮助更多的需要帮助的人。如今这一资助模式不仅受到农民的欢迎，也吸引来自社会、政府的资源，在社会上产生了良好反响，新浪、凤凰等各大网站以及解放日报、文汇报等媒体纷纷予以好评。

不足：

1. 执行团队的工作水平离规范化、国际化、专业化目标还有距离。队伍建设跟不上公益项目开展速度，优质公益项目开展的进度不够快。基金会已开展了数十项大大小小的公益项目，但总体上，新型的、有深度、造血型的公益项目还不多，几项重大项目还停留在论证阶段。

2. 项目管理规范化还有待改进，我们还需建立一套与项目规范管理相匹配的流程、制度。

例文解析

基金会是指利用自然人、法人或者其他组织捐赠的财产，以从事公益事业为目的，按照相关条例的规定成立的非营利性法人。例文从开创多元化筹资模式、加强公信力建设、认真参加基金会规范化建设评审、实行机构改革、挖掘和运用宋庆龄思想对现代中国公益领域的深远意义等五方面阐述了一年以来基金会所做出的努力，促进了基金会更好的发展，内容清晰，条例清楚，让人一目了然。

例文分为两部分，上半部分是对所取得的成就进行总结，下部分说了基金会工作存在的不足，内容具体，贴近实际，对存在的问题认识得很到位，并对问题的解决提出了中肯方案，全文十分符合总结的写作要求。

例文五：

××市残联 2014 年上半年工作总结

今年以来，市残联在市委、市政府的正确领导和省残联的精心指导下，深入贯彻落实党的十八大精神，认真履行"代表、服务、管理"的职能，以深化"两个体系"建设为主线，扎实开展党的群众路线教育实践活动，残疾人康复、就业、教育、扶贫、文体、维权等工作成效显著，全面推动了全市残疾人工作和残疾人事业全面深入发展。现将上半年工作情况总结如下：

一、省、市为民办实事项目进展顺利

一方面，基础工作实打实。2014年度，我会承办了"贫困残疾儿童抢救性康复"123名、"贫困残疾人家庭无障碍改造"40户的2个省政府为民办实事项目和免费为贫困残疾人适配助听器300例的市政府为民办实事项目。根据省、市要求，我会成立了专门的工作领导小组和工作机构，认真研究制定了实施方案，对实事对象条件、时间步骤要求、资金安排等方面做了周密安排部署，并于4月2日隆重举行了实事项目启动仪式，3件省、市人民政府实事任务稳步推进，进展良好。另一方面，实施效果硬过硬。上半年，我会组织85名脑瘫患儿到省市定点医院进行康复，其中省湘雅博爱康复医院30人，市一医院30人，市四医院25人；组织28名孤独症儿童在市亲园培智学校进行康复。现已完成第一批省博爱医院的7名脑瘫儿童抢救性康复，其余的将陆续完成康复训练。10名人工耳蜗适配已通过省康复中心和专家评审。通过开展贫困残疾人家庭无障碍改造对象户筛查，确定改造对象40户，现已进入"一户一策"方案制定和入户改造阶段；通过摸底调查，确定300名贫困残疾人适配助听器适配对象，现已全部筛查完毕，耳膜制作已完成65%。

二、残疾人康复工作扎实推进

医疗康复工作。上半年，共完成白内障复明手术700例；完成精神病防治康复2400名。同时，进一步完善社区康复站点的建设工作，在城区着重创建3~5个社区康复站。

康复训练工作。指导3家家长学校和康复基地开展家长培训工作。共完成低视力家长培训45名；完成聋儿语训34名，完成家长培训34名；完成肢体残疾儿童康复训练30例；完成成年肢体康复训练400例；完成智力残疾儿童系统化康复训练20名，完成智力残疾儿童家长培训和家庭康复指导20名。

辅助器具发放。完成成人助听器适配520例；完成假肢装配34例；完成矫形器装配85例；发放辅具50余件，彩票公益金配送辅具287件；其它残疾人辅助器具供应1000件。

三、残疾人教育就业工作创新发展

狠抓就业培训。改革创新方式，采用培训项目公开竞标方式，做到就业培训科学化、制度化、标准化。积极组织各县市区举办各类残疾人实用技术培训班，如××镇农村实用技术（乌鸡养殖）培训班、×××镇农村实用技术（种植白薯、大棚蔬菜）培训班、县残联养蜂培训班等，共计培训残疾人400余人。

力促残疾人就业。根据残疾人和用人单位实际情况，我会采取举办招聘会和平时推荐的办法，灵活推荐残疾人就业。5月17日，在市人力资源市场举办一期残疾人就业专场招聘会，共有20家用人单位提供了仓管、厨师等适合残疾人朋友的180个岗位，共达成就业意向78人次。上半年共安置残疾人557人。

扶持自主创业。根据《××市鼓励残疾人创业扶持办法》，将今年50个创业扶持名额科学合理地分配到各县市区，在认真做好摸底调查的基础上，对申报对象逐一进行了实地考察，最终确定好扶持对象人员名单。对各县市区推荐的省级残疾人就业示范基地逐一进行了实地调研，同时组织企业负责人开展了学习培训，正在积极申报中。

加强残保金征收。通过与税务部门多方协调，今年的残保金征收工作得到了各税务分局的密切配合，到目前为止，共审核企业259家，征收就业保障金400多万元。

规范盲人按摩行业管理。根据省残联的要求，对全市范围内的盲人按摩店进行摸底调查，全面掌握我市盲人按摩业现状。积极组织开展2014年盲人保健按摩进社区，盲人保健按摩合格机构申报工作，对申请进社区的按摩机构进行了指导督查。根据"一办法，两规范"的要求，对按摩机构提出了相关整改意见。

四、扶贫助残工作落到实处

爱心扶残助残活动。在第24个"全国助残日"期间，我会积极开展助学、助养、助就业、助防残、助交流、助融入为主题的"六助"系列活动，通过爱心募捐、文艺汇演、专场招聘、相亲服务、志愿助残等各种形式，在全市上下掀起扶残助残新高潮。为全市200名残疾学生和残疾人家庭孩子发放了15万元助学金。帮助10名残疾人成功牵手，组织20多位残疾人及其家属共计50余人赴韶山参观游览，增进感情。

阳光家园工作。制定出台《2014年××市购买残疾人居家托养服务监督管理暂行办法》，通过政府采购的形式，以残疾人居家托养服务机构为主体，为残疾人提供服务，从根本上解决就业年龄段智力残疾、精神残疾、重度肢体残疾人生活不便、缺少人员照顾的问题。现已开展了申报、审核、确定机构等工作。

"连千村帮万户"扶贫工程项目。我会研究制定出台《××市残联系统"连千村帮万户扶贫工程"实施方案》，对 2014 年联点帮扶村——"××县 ×× 乡 ×× 村"的 20 户贫困残疾人家庭开展了"一对一"的帮扶行动。为帮扶对象家庭建立了档案，完善了帮扶计划，贴心为帮扶对象服务，共送去助听器 1 个及 2 台轮椅。同时，春节期间走访慰问了 3000 多户贫困残疾人家庭，安排慰问物资资金约 120 万元，确保贫困残疾人过上欢乐祥和的春节。

五、残疾人信访维权工作取得实效

认真做好残疾人机动轮椅车燃油补贴工作。通过与省残联维权部及时良好的沟通及不定期深入基层指导和检查，市县残联与财政部门密切配合，指派专人负责，扎实开展了 2015 年度残疾人机动轮椅车燃油补贴的摸底调查、数据审核统计、数据库建设等一系列工作，共计申报录入数据库 2880 人。

积极开展贫困残疾人家庭无障碍改造。严格按照《×× 省贫困残疾人家庭无障碍改造指导手册》和全省维权工作会议要求，对全市 40 户贫困残疾人家庭无障碍改造进行了摸底筛查和对象确定。部分对象已按要求进行公示，预计 6 月底前将全部公示完毕，争取在 7 月份完成"一户一方案一设计"，迅速进入"入户施工"阶段。

大力开展残疾人法律救助工作。积极推动指导各县市区开展残疾人法律救助工作，实现了各县市区法律救助工作站的全覆盖，并将工作推广到乡镇街。上半年，市级残疾人法律救助工作站仅受理维权案 1 件，目前已为当事人协调了法律援助，办理好了相关手续。5 月份，我会认真践行党的群众路线教育实践活动，开通了"帮扶 110"热线电话。上半年共接待残疾人来信来访 66 次（件），80 余人。其中来信 2 件，来访 78 人次。办理回复红网问政 1 件。共计支付信访经费 5200 元。在各类来信来访中做到了处结率 100%，回告率 100%，做到了有访必接，有访必处，有访必复，件件有回音，事事有落实，有力地维护了残疾人群体的大局稳定。

六、残疾人宣传文体活动广泛开展

残疾人文艺活动丰富多彩。5月16日，举办第24个"全国助残日——同行你和我，携手共圆梦"文艺演出，来自全市的130多名残疾朋友献上了15个精心编排的节目，通过××市新闻频道转播给全市电视机前的观众朋友，充分展现了残疾人的特殊才艺和良好精神风貌，为大家提供了一份精神盛宴，获得了广大观众的一致好评。

残疾人运动员参训积极踊跃。为备战××省第九届残运会，我会联合市体育局组成专家组分赴各县市区，深入到各学校和各大企业进行残疾人运动员的现场选拔。对全市156名初选出来的运动员进行筛查，最终确定50名残疾人运动员对象，现集中在市体育中心进行集训。

媒体宣传推介氛围浓厚。为做好残疾人事业的宣传，我会主动策划，与××日报、××在线设立了专栏版块，及时主动报道残疾人工作中的典型事迹，充分发挥各主流媒体的作用。半年来，我市残疾人工作在中央电视台CCTV-12频道专题报道1期、市新闻频道专题报道1期、省残联网站上发稿25篇、市残联网站上发稿148篇、市级报纸网站上发稿26篇/件，营造了全社会共同关心帮助残疾人的舆论氛围，产生了良好的社会反响。

七、残疾人组织建设明显加强

进一步完善基层残疾人组织建设。4月2日，组织召开全市残疾人联合会第五届主席团三次会议暨2014年市残联工作会议。明确2014年残疾人工作示范点的工作任务是在城市两区已创建的38个示范乡镇（街道）、社区（村）的基础上，新创建5个乡镇（街道）和15个社区（村），进一步加强残联组织建设、队伍建设和能力建设，突出工作特色，打造工作亮点。现各示范点创建活动已常态化开展，社区残疾人之家对残疾人全天候开放，为残疾人在家门口提供了一个交流、康复、学习、维权的平台。

加强对各残疾人专门协会的工作指导。组织五个专门协会主席进行学习交流和深入探讨，共同制定年度工作方案。各专门协会均正常开展活动，交流互动明显加强。逐步规范全市乡镇（街道）残联和社区（村）残协组织，明确要求全市所有村（社区）均要配备残疾人工作联络员。

加强第二代残疾人证的核发和管理。截至今年6月底，我市共办理发放第二代残疾人证61655个。为认真解决好本次教育实践活动中群众反映强烈的问题，进一步规范我市残疾人证的核发和管理工作，杜绝不符合标准的残疾人证，切实保障残疾人合法权益，我会于3月份与市卫生局联合出台《关于规范管理第二代残疾人证有关事项的通知》，组织各县市区残联对残疾人证的核发和管理工作进行自查，并于5月下旬对各县市区办证情况进行了抽查和督导，效果明显。

八、教育实践活动有声有色

我会按照市委深入开展党的群众路线教育实践活动精神，在市委第五督导组的精心指导下，紧紧围绕"为民务实清廉"主题，结合工作实际，以领导班子、领导干部为重点，狠抓学习教育，提高思想认识，广泛征求意见，聚焦"四风"问题，高质量完成了前阶段各项工作，取得较好成效。一是推行"五式"学习法，学有成效。组织全体党员干部进行了"集中式""自主式""体验式""讨论式""共享式"的学习教育，组织了为期6天的集中培训，强化自学，组织去××重温入党誓词，走访残疾人家庭，上传学习体会至单位QQ群共享互相学习，召开专题讨论会和学习弘扬焦裕禄精神、践行"三严三实"要求及"五项教育""五项反思"为主题的党组专题讨论会，人均完成学时64.4小时。二是充分征求意见建议，广开言路。听取意见注意聚好焦、打开门、架好桥、选好点，通过设立"理事长信箱"、征求意见箱、发放函件邮件、召开会议、下基层调研、上门征求意见、发放调查问卷等六个层面，多渠道、全方位的征求意见建议。共征求到原汁原味意见建议145条，通过梳理，征求到的意见建议为136条。三是针对查摆问题，立行立改。组织人员对20多项内部管理制度进行认真梳理，并根据形势发展，对这些制度进行修订完善；制定下发《关于规范管理第二代残疾人证有关事项的通知》；出台残疾人职业技能自学补助办法，将残疾人申请自主参加非残联组织的职业资格培训、职业技能等级培训、职业技能远程培训纳入年度培训计划，并按按照2000元/人的标准标准给予补助。

例文解析

残联的职责在于：维护残疾人权益，为残疾人服务、弘扬人道主义，宣传残疾人事业，沟通政府、社会与残疾人之间的联系，开展残疾人康复、教育、劳动就业、扶贫、文化、体育、科研、用品供应、福利、社会服务、无障碍设施和残疾预防等工作，协调落实对残疾人的各种优惠政策，创造良好的环境和条件，扶助残疾人平等参与社会生活。

例文采用阶段式结构。即按时间顺序，将内容分成若干个阶段来写，每个阶段均有特点，相互独立，合起来又有连贯性，成为一个有机统一的整体。全文时间线索明晰，阶段性很清楚。但例文缺憾在于仅将工作内容逐条陈述，并未归纳总结出经验，对不足更是只字未提，犯了缺乏两点论的错误，我们在今后写作中应该尽量避免。

例文六：

××县餐饮行业协会 2013 年工作总结

各位领导、各位会员代表、女士们、先生们，大家上午好！

2013 年是餐饮行业发展环境最为复杂的一年，也是面临问题和困难最多的一年，也是全县餐饮行业进入深度调整发展的一年。我县餐饮市场受到了很大的冲击，中高端餐饮和大众餐饮呈两极分化趋势，中高端经营效益明显下滑，而大众餐饮却是红红火火。针对如此严峻的行业形势，我县餐饮行业在县政府、县商务局领导的关心和帮助下，在各级部门和广大会员的支持和努力下，始终坚持"服务"不动摇，提升工作质量和效率，做到思路创新、工作创新。

一、献策行业发展，助力企业转型

从调研入手，动态了解行业经营状况，及时召开了行业发展升级座谈会，打造节约型社会，保障餐饮业发展。

二、打造××大众美食，活跃餐饮消费市场

了活跃餐饮市场，增强消费信心，创新服务特色，引领餐饮业走大众化发展道路。12 月 3 日，协会与商务局、电视台联合举办了县首届生活新概念电视美食大赛，上午 19 家单位参加了初赛，前十名参加了下午的总决赛。此次总决赛与以往比赛不同的是，除了加大了难度外，现场抽签、现场抽原料、现场操作，现场评分、现场颁奖更是保证了比赛的公平、公正、公开。

××在今年严峻的形势下积极转型升级，全面打造大众餐饮市场，××二楼改造海鲜超市，全面启动星级酒店明档点菜，提升××餐饮档次。元月开业的华新品悦酒店，6个宴会厅打造××百姓宴席市场。通过内部学习六常和绩效管理，狠抓培训与学习，重视企业文化和人文关怀的建设，全面提升企业管理水平。一勤家饭店的半份菜、小份菜的设置，既让消费者节约了消费，又避免了浪费。

三、倡导光盘行动，杜绝舌尖上的浪费

中央八项规定政策的实施，使厉行勤俭节约、反对铺张浪费的观念深入人心。为加强行业自律、倡导和宣传绿色环保、低碳节约、科学健康的生态文明饮食理念，树立餐饮行业良好形象，协会在3月份在锦龙召开了"厉行勤俭节约，反对铺张浪费"研讨会，在全县开展光盘行动，杜绝舌尖上的浪费。会上通过了"减少餐饮浪费、提升菜肴品质、提高服务质量"倡议书，并通过《××日报》、电视、广播等途径进行了广泛宣传，得到了广大市民的一致认同，取得了良好的社会效应。

四、抓培训工作，组织竞赛交流，为行业的发展积极培养人才

5月份协会邀请××职大的×教授前来授课，培训了服务操作技能和餐厅礼仪，进一步提升了服务员的服务水平。10月份协会与县劳动局联合举办了初中级厨师烹饪技能培训班，60多名学员参加了学习，并顺利通过了考试。协会采取请进来、走出去的形式，组织交流拓展企业发展思路，今年协会继续组织会员单位参加省国际餐饮博览会，既学习到了几百道精美的菜肴制作方法，提升了菜肴制作水平；又看到了成千种原料，丰富了××人民的餐桌美食。5月份的餐厅服务员技能比赛，12月份的电视厨师大赛，全面展示了我们海安餐饮服务业水平。

五、积极开展餐饮行业"放心消费"和"诚信经营"示范的创建工作

协会积极组织企业开展创建活动，各企业都能认真准备资料，积极开展活动，做好相关整改、提升措施。今年协会推荐了王府大酒店参加省级放心消费先进单位的申报，希望能早日通过验收检查。这样××就有2家省级放心消费的餐饮企业了。协会经过精心准备，也顺利通过了市级放心消费办的复查验收工作。2014年，我们还将推荐更多的企业参加放心消费先进企业的评选，打造"诚信、文明、放心"的海安餐饮消费市场。

六、积极配合政府工作，荣获众多殊荣

协会配合县安监局、商务局对全县餐饮企业的燃气设施设备进行了大检查，对企业提出了整改要求，企业也及时做了整改措施，保障了企业的安全。今年协会组织企业参加××市餐饮行业协会评选，被××市餐饮商会授予"优秀组织奖"。在民间组织工作中表现突出，被县民政局授予"××县先进社团"。

2014年工作计划草案

一、继续深入调研，全面掌握××餐饮经营状况，把握行业发展动态。积极向政府献计献策，引导餐饮企业升级转型，全面打造大众化餐饮消费。

二、积极响应县委县政府号召，开展"诚信经营"示范创建活动，落实实施方案及相关验收要求。适时举办诚信经营，减少浪费，提高菜品服务质量研讨会。深入开展"放心消费"创建工作，让创建工作落到实处，让百姓得到实惠。

三、加强河豚鱼专业厨师的培训，所有在职人员须持证上岗，签署河豚鱼安全操作承诺书，确保河豚鱼安全食用无事故，保证河豚之乡的品牌。

四、联合县总工会、县劳动局、商务局举办××乡土、江鲜烹饪比赛。邀请省内外大师名师来×现场指导。

五、继续发展江苏省烹饪大师、服务大师、中国河豚大师，提升××厨艺服务技术水平。整理××籍大师名师的名菜名点以作《××名菜谱》的编辑用。积极打造××饮食文化品牌，推进文化餐饮名店、名人、名菜、名点的落实。

六、继续做好考察学习工作。组织酒店负责人、厨师长前往餐饮发达地区学习参观交流。适当的时候邀请专家学者来海加强经营理念培训，分析现有经济形势，提高抗风险能力。

七、加强协会自身建设，发展新会员，搭建相互交流学习的平台，全面提升会员服务水平。

八、积极筹备协会成立十周年庆典活动。

九、完成政府有关部门交办的有关工作。

例文解析

例文是关于餐饮行业协会的工作总结，首先分析了餐饮行业的发展形势，存在着什么样的问题，针对这些问题餐饮行业做出了怎样的工作，从以下六个方面入手进行叙述：献策行业发展，活跃餐饮消费市场，倡导光盘行动，为行业的发展积极培养人才，帮助餐饮行业创建诚信典范，积极配合政府工作。六个方面涉猎广泛，并列式说明，让人一目了然，清晰明了。

整个例文的下部分阐述的是下一年度的工作计划，共八条，都是贴近实际情况的计划，具有很强的可行性，也是采用并列的格式。这种格式具有条理清晰、层次分明、重点突出的特点，从行文即可看出作者的思路明确，对自己工作情况了然于胸。

例文七

××县侨联 2013 年工作总结

一年来，在县委县政府的领导下，县侨联紧紧团结广大归侨侨眷和海外侨胞，进百家侨门、问百家侨眷、访百家侨情、暖百家侨心，下基层，惠民生，以高度的责任感、以奋发有为的精神状态、以求真务实的工作作风、脚踏实地、锐意创新、埋头苦干、创造性地开展工作。

一、侨界活动形式多样

我们以服务侨眷为中心，以发展好，维护好广大归侨侨眷和海外侨胞的利益为宗旨，以坚持侨思我想，侨求我应，侨需我做，侨困我帮原则，以乡情、亲情、友情为纽带，以亲缘、地缘、业缘为平台，开展形式多样的侨界活动，进百家侨门，问百家侨事，访百家侨情，暖百家侨心，了解侨胞的所思、所想、所需、所盼。

1. 为每户侨眷发放便民联系卡。

2. 每遇海外人员回乡探亲，侨联都上门看望；美籍华人××、××回乡省亲，县侨联上门探望。旅德华侨××回家省亲，县侨联上门探望。加拿大华侨××回家省亲，县侨联上门探望。

3. 每遇侨属有红白大事，侨联都上门看望；美籍华人××八十多岁的父亲××去世，县侨联上门慰问。

4. 每遇侨属生病住院，侨联上门看望；新加坡华侨×××的父亲×××生病住院，县侨联到医院探视。

5. 每遇侨属遇到纠纷，侨联都依法维权。

6. 组织侨眷参加"高扬的旗帜、共同的梦想"书画摄影展，共征集作品 14 副，经评选，选出 2 副送展。组织侨眷参加《亲情中华——世界华侨华人摄影展活动》，共征集亲情作品 67 副，经评选选出 10 副送展。所有作品主题突出，格调高雅，采用不同的视角和艺术手法，歌颂了中国共产党领导的社会主义现代化建设的丰功伟绩，展现了多党合作事业的伟大成就，反映了人民群众的美好生活。突出反映了侨界群众在坚持中国特色社会主义道路，服务发展，改善民生，构建和谐的风采。

7. 组织侨眷参加县委统战部组织的"中国梦"演讲比赛，发展梦、和谐梦、统一梦，使全县侨眷心往一处想，劲往一处使，为了中国梦，激发更大的活力，发挥更大的作用。

8. 组织阳××实验小学学生和县第二小学学生参加第十五届世界华人小学生作文大赛，共收集作品 68 篇。

9. "12.4"全国法制宣传日期间，组织侨眷上街宣传《中华人民共和国归侨侨眷权益保护法》，共制作板面一块，发放宣传资料 2600 余份。县委常委、县委统战部长××，县委常委、县委政法委书记×× 参加了法律宣传日活动。

10、开展文明侨户评比活动。经过侨属互评、邻居点评，当地组织考核，共评出文明侨户 9 家。

二、服务侨眷工作扎实推进

1. 县归侨侨眷法律援助工作站充分发挥法律援助的作用，认真接待涉侨上访事项，耐心做好上访人思想工作，做到应援尽援，接待热情，提高办案质量。县侨联坚持每月一次对全县归侨侨眷进行一次法律知识教育。今年一月份，我们学习了《中华人民共和国国籍法》；二月份，我们学习了《中华人民共和国突发事件应对法》；三月份，我们学习了《中华人民共和国消费者权益保护法》；四月份，我们学习了《中华人民共和国行政许可法》；五月份，我们学习了《中华人民共和国行政处罚法》；六月份，我们学习了《中华人民共和国收养法》；七月份，我们学习了《中华人民共和国物权法》；八月份，我们学习了《中华人民共和国国家安全法》；九月份，我们学习了《中华人民共和国未成年人保护法》；十月份，我们学习了《中华人民共和国义务教育法》；十一月份，我们学习了《中华人民共和国残疾人保障法》。通过法律学习，进一步提高了归侨侨眷的法律素质，在全社会养成了学法、遵法、守法、用法的法制氛围。

2. 县侨联成立了侨联人民调解委员会，人民调解委员会充分发挥人民调解组织的作用，对各种矛盾纠纷抓早、抓小、抓苗头，设立四个调解小组，网络覆盖全县涉侨领域，每月组织一次矛盾纠纷上访大排查活动，排查工作做到县不漏乡，乡不漏村，村不漏组，组不漏人，对排查出的矛盾纠纷上访不回避、不隐瞒、及时进行调处，从而把各种矛盾纠纷化解在了基层，化解在了萌芽状态。全年共排查出 9 起纠纷，并都得到了成功调处。我县 ×× 村侨眷 ××× 的姐夫 ×××，1945 年 8 月参加工作，1988 年 5 月在 ××× 卫生院退休，1999 年 6 月去世。去世后本应按照国家政策领取遗属补助，但经多次上访卫生局人事局，才于 2004 年开始领取每月 115 元的遗属补助，2007 年开始领取每月 135 元的遗属补助至今。当事人多次上访县信访局、县人事局、县卫生局，但事情至今未果。××× 提出下列几个问题：一是事是其姐夫的事，侨联能不能帮助解决？二是其姐夫 1999 年 6 月去世后到 2003 年间未领一分钱遗属补助，该不该领？该不该补？怎么补？三是 2007 年至今一直领取每月 135 元的遗属补助，每年就没有增加？如有，该怎么补？四是我姐夫是 1945 年 8 月参加工作的，应该按建国前参加工作情况计算遗属补助，但现在执行的不是，怎么办？侨属的事就是侨联的事，侨属亲友的事也是侨联的事、只要是涉及到侨的事，侨联都有管，带着这些问题，县侨联本着稳定压倒一切的宗旨，不推诿，不扯皮，认真分析本人提出的诉求，迅速向县委常委统战部 ××× 部长进行了汇报，×× 部长明确要求："人民利益大于天，只要群众反映的诉求合理，就应该拿在手上，放在心上，及时给予解决。"随后，县侨联亲自到县人事局、卫生局协调此事，找主要领导陈述事项，向县人事局、县卫生局相关单位发出文书，到两个单位寻求政策依据，到卫生院查找当时本人资料。县人事局原局长、县卫生局 × 局长高度重视此案，在认定本人所提事项真实的情况下，县侨联多次沟通县卫生局，乡镇卫生院，拿出补偿方案，和当事人多次见面进行调解，经过四十余天的努力，最终达成给予当事人 11366 元的补偿方案，并督促赔偿款迅速到位，当事人很满意。

一起长达十五年之久的涉侨上访积案，经过侨联人的努力、沟通、协调、督办、推进、调解，终于得到了化解。

三、摸透侨情，吃透侨情

县侨联在3月15日开始至5月10日，进侨户门、访侨户事、帮侨户困，共摸透阳城县有华侨华人52人，分布在9个国家，其中美国28人，加拿大5人，德国2人，新加坡3人，英国5人，澳大利亚2人，日本5人，阿尔及利亚1人，尼日利亚1人。全县有海外留学生11人，美国5人，英国3人，法国、德国、俄罗斯各1人。

全县共有侨户128家，侨属344人。

四、积极参政议政

围绕社会热点、焦点、难点，在广泛搜集信息、准确掌握政策基础上，县政协侨联界委员积极参政议政，深入调研，积极撰写高水平议案或提案，反映在构建和谐社会中的问题，围绕熟知领域，提出对全县经济社会发展有针对性和可操作性地议案提案共9份，其中侨界委员×××提案"出租车加气难问题气需解决"已彻底解决。积极参加政协组织的各种视察活动一次和政协提案督办活动一次。

我们聘请了全县海外人员联络员，和××市侨联、××县侨联建立了友好侨联关系，多形式、多层次开展海内外联谊活动。

五、服务中心工作，加大招商引资力度

1.积极联系海外高科技人才，建立我县高科技人才资源库。

2.走出去、请进来，深交老朋友，广交新朋友，和××市侨联建立友好侨联关系，发挥侨联优势，宣传阳城，让更多的侨商来××考察、投资、兴业。

3.9月27日，组织××××集团、××煤炭运销公司、××村企业到××参加第二届华侨华人三晋年会暨海外人才回国创业项目××推介会。

4.10月26日，配合县中小企业家组织19家企业到××参加大学生招聘会，为我县引进优秀人才。

六、创建学习型机关活动有序推进

我们成立了普法教育领导组，每月对全县侨属进行一次法律培训，形成了全社会学法、懂法、守法、用法的良好氛围；我们成立了党风廉政建设

和反腐败工作领导组，每月对全县侨属进行一次廉政教育主题实践活动，狠刹三股不良风气"闲话生非的不良风气、拉拉扯扯的庸俗风气，吃拿卡要的恶劣风气"，形成了全社会清政廉洁的良好氛围。我们以学习时事政策为抓手，每月组织全县侨眷进行一次政治学习，学习习近平总书记的一系列重要讲话，学习十八大精神，学习中央、省、市、县委领导讲话，养成了勤学习、善学习的良好习惯。我们以机关建设为抓手，大力改善办公条件，增加了电脑、打印机、图书柜，形成了很好工作环境。我们以改变工作作风为平台，下基层到最困难的地方去，到群众最需要的地方去。访民生、知民情、解民事，改文风、改会风，反对铺张浪费、反对奢侈浪费、开展勤俭节约，严格执行了中央"八项规定"，严格公车节假日封存制度，没有公车私用。严格办公用房使用面积，廉洁自律不断加强。

七、扎实开展"学党章、守纪律、转作风"教育活动

全县"学党章、守纪律、转作风"活动开展后，我们迅速制定工作方案，成立组织机构，开展活动动员，购买学习教育读本，到廉政教育基地孙文龙纪念馆接受教育，看反腐倡廉反面文章和警示教育片，认真学习县委书记的党课讲座，通过学习，理想信念更加坚定，纪律意识更加牢固。

在加强学习教育的基础上，县侨联认真查找纪律和作风方面存在的问题，把分析查摆环节做得更细、更实。我们组织县人大代表，县政协委员，服务对象，友邻单位，乡镇村级代表共40余人召开征求意见座谈会，共征求意见七条：

1. 宣传侨联工作力度要大一些；

2. 对全县侨情要摸透，海外人员，留学生和侨眷侨属要底清数明，情况熟悉，完善侨情资料库；

3. 在服务侨属侨眷上下功夫，切实维护侨胞的合法权益；

4. 加强与海外人士的联络，搭建服务平台；

5. 走出去、请进来，让更多的侨商来阳投资兴业；

6. 到基层去，到一线去，帮助群众解决困难；

7. 积极参政议政，多提一些反映侨眷的提案；

针对查找出的问题，我们深刻剖析存在问题的根源和危害，进行认真整改。积极改变工作作风，走出机关，深入侨户，开展访民生、知民情、解民

事活动，与群众同吃同住同劳动，听真话交真心访真情，为全县侨户发放便民联系卡，了解侨户的困难，掌握侨户的情况。

通过"学党章、守纪律、转作风"专题教育活动，单位的风貌发生了变化，坐办公室的人少了，到基层调研的多了，到点下班的少了，加班加点、埋头苦干的多了，官僚习惯少了，接近群众，为民服务的意识强了。

八、多种形式学习宣传《关于加强和改进新形势下侨联工作的意见》

去年 3 月 26 日，中共××省委办公厅、××省人民政府办公厅以×办发（2012）6 号文件下发了《关于加强和改进新形势下侨联工作的意见》，接着××省人民政府以×政发（2012）26 号文件下发了《关于贯彻落实国家侨务工作发展（2011-2015 年）的实施意见》。两个文件出台后，××县委、县政府领导高度重视，一是认真听取侨联工作专题汇报，二是明确了侨联工作由县委常委、统战部长×××主要分管，由县人大副主任××联系侨联、县政府党组成员×××联系侨联、由政协副主席×××联系侨联。三是要求侨联系统原原本本学文件，认认真真抓落实。四是对照省两办文件，查找我县工作中的不足，扎扎实实把工作任务做好、做细、做强，确保各项规定和要求落实到位。

今年 5 月 10 日，县委办公室、县政府办公室以阳办（2013）号文件专门下发了《关于加强和改进新形势下侨联工作的意见》。

九、××编写工作顺利完成

今年以来，县侨联按照市侨联要求，组织人员查资料、访人员、编写××侨联成立以来的史志，目前，小样已好。

五月二十一日，中国侨联副主席××在×城调研期间听取了我县侨联工作的整体汇报后，对××县侨联发挥人民调解组织作用，化解涉侨上访纠纷的做法很满意，要求尽快总结经验、加以推广。

例文解析

侨联的性质决定了为侨服务的根本宗旨，侨联的基本职能是"群众工作、参政议政、维护侨益、海外联谊"。本文从侨界活动、服务侨眷工作、了解侨情、参政议政、服务中心工作，招商引资力度、创建学习型机关、开展教育活动、学习宣传上级对侨联的指导意见、××编写工作等方面入手具体详细地介绍了侨联的工作成绩。

例文使得读者对总结者的工作清楚了解，但例文对侨联所做工作及取得成绩仅作简单罗列，未免有罗列之嫌，我们可以对这些成绩进行简单的分类，从中选取亮点就可以了，而且例文仅仅写了成就，没有写工作中存在的问题，也没有对下一步工作进行计划，结构是不完整的，在我们的行文应该尽力避免。

第四节　事业单位中层领导工作总结

例文一：

×× 博物馆 2014 年工作总结

×× 博物馆经过近三年的修缮和展陈改造，今年重新对外开放。全馆职工共同努力，不畏困难，团结协作，充分发挥主人翁精神，完成了全年的各项工作任务。根据我馆与文物局签定的目标责任书的工作内容，现将今年工作总结如下：

一、基础工作

为配合我馆的人事制度改革，先后召开两次职工大会，对原有的规章制度进行整理修改，着重补充了岗位责任制的相关条款，为我馆下一步的人事制度改革打下了坚实的基础。

2 月 27 日万寿阁油漆彩画开始，7 月 10 日完工，标志着万寿寺中路修缮及万寿阁复建工程顺利完工。该工程已于 9 月 24 日通过全面验收。为改善厕所条件，更好地服务于观众，年内完成了中路前院卫生间的设计、预算编制和报批工作。为继续做好古建修缮保护工作，我馆委托北京市古建研究所对中路办公区古建筑进行了勘测，并制定了修缮设计方案。为做好我馆的古树保护工作，我馆制定了详细的古树扶壮和养护计划，并根据今年的古树扶壮工作，聘请专家制定了扶壮方案、预算，已报我局。为改善文物的保管条件，我馆明年拟对文物库房进行改造，为此今年请局各有关处室及有资质的设计、施工单位来现场勘查，制定了初步改造方案，现已完成项目文本的报送工作。

二、业务工作

保管征集工作

1. 完成 * 以上馆藏文物的初鉴工作，对馆藏文物进行新账、旧账、文物三对照工作，目前已完成 57186 件（套）的三对照工作，其余部分正在继续查对。

2. 开始建立文物大账体系，目前已对 500 件文物进行了登录；

3. 在局有关部门的大力支持下，我馆修复破损字画 51 件；

4. 为文物配备囊匣 500 个；

5. 年内完成已经局鉴定委员会认定的 * 以上文物《藏品档案》的报局备案工作；

6. 为馆藏文物建立检索卡片，目前已完成一万余件；

7. 在业务资料整理的基础上，已将本馆收藏的 2551 件拓片按照馆藏文物管理规定建帐保管；

8. 已经完成馆藏 * 以上文物照片（含底片）档案的建立，并按文物藏品管理规定进行管理；

9. 收回我馆外借文物。

10. 从西藏地区征集丝织文物六件，并已鉴定入库。

三、社教工作

1. 圆满完成了全国政协主席 ××× 同志、其他领导同志视察 ×× 寺西路、参观馆内展览和鉴赏馆藏品的接待工作。

2. 充分发挥教育基地作用，先后举办了《"庆三八"五人迎春画展》《花鸟女画家王倩作品展》《邓小平诞辰 100 周年书画展》《辅仁大学校友会油画艺术展》《周尊德个人道画展》《爱海淀、爱博物馆、我与祖国共成长，庆祝建国五十周年工艺、书法绘画获奖作品展》《"寿"文化展》。

3. 在"六一"儿童节期间，举办了"×× 区师生艺术成果汇报展"，×× 区三所学校师生 200 幅作品参展。

4. 根据社区需要，我馆先后组织 ×× 寺街道、青年 * 学院居委会、×× 院社区的老人来我馆参观，共接待 170 余人次。

5. 结合我馆建筑和展线文物，先后组织 ×× 大学传统文化小组、北京信息管理学校工美专业、中国青年*学院的学生，进行现场教学四次；此外在石景山少儿图书馆举办了两次"走进博物馆——文物的故事"的专题讲座。

6. 我馆于5月21日——6月21日，在××市博物馆举办了《民国政要书画展》参展展品120件，接待观众6500人。雅典奥运会期间，我馆部分藏品参加了《帝王之都—北京文物精华展》和该展览的回国汇报展。

7. 积极参加5.18博物馆日活动（包括局组织的会场活动）；参加国家文物局在农业博物馆举办的"博物馆与相关产品信息博览会"。

8. 我馆严格执行博物馆对中小学责任的同时，下大力气对方丈院进行整治，在资金紧张的情况下，投资5000余元，清理易燃物、搭建围挡、增加配置灭火器材。

四、安全工作为提高安全技防能力，我馆明年拟对安全技防设施进行更新改造，现已完成项目文本的报送。

由于我馆始终把安全工作放在首位，给予高度重视，所以全年未发生任何安全事故和*事故，真正做到无着火、无盗窃、无治安刑事案件、无*事故、无重大交通事故。

五、财务管理工作

1. 遵守《会计法》和《会计管理条例》，建立健全并严格执行财务制度，做到不违纪、不违规。

2. 我馆在编制预算和重大财务支出时，做到领导班子研究，中层干部讨论，征求群众意见，增加透明度，把民主决策落到实处。

3. 严格预算管理，做到预算资金使用的规范性、计划性和效益性，增收节支，最大限度发挥资金的效能。配合我馆的实际工作需要，合理编制三年滚动计划，为我馆今后的发展做好准备。

4. 对2014年以前的未封帐的项目进行清理。

5. 完善固定资产帐，保证国有资产不流失、不损坏。

6. 全年完成创收60万元，上缴局12万元。

六、思想建设、廉政建设工作

根据文物局2014年思想*工作要点，制定了我馆党支部工作计划及廉政建设计划，并按照计划组织实施。

（一）艺博党支部坚持"三会一课"制度，定期过好组织生活。

1.根据局党组有关要求，党支部组织全体党员开展了"保持 * 党员先进性"教育活动的动员，完成了问卷调查并就问卷调查结果做出了支部分析，上交局党组。

2.根据局党组[2014]8号文件精神，组织我馆全体党员及中层以上干部，查找本单位领导班子存在的问题。领导班子对大家提出的问题进行了专题研究。

3.在"感受崇高精神，实践党的宗旨"的专题教育活动中，党支部组织全体党员及党外积极分子，参观了张思德事迹展览，并认真参加了征文活动，全体党员都在规定时间内上交了征文。

4.党支部召开了学习党的十六届四中全会精神的动员会，要求全体党员及领导干部，认真学习十六届四中全会会议精神，从通读开始，结合我单位实际进行精读。

（二）支持配合行政领导做好各项工作。在全年工作中，党支部积极支持和配合行政领导开展工作。树立全局一盘棋的思想，以思想 * 工作保障各项业务工作的完成。每逢全馆重要任务来临，党支部都会召开支部会议，给党员提出要求。党员出现问题，支部也会主动配合行政领导解决。党政一把手团结一致，努力工作，为全面完成任务奠定了基础。

（三）在全年工作中，我们始终把廉政建设作为主要工作来抓。坚持了各种会议制度，特别是民主公开制度。凡是馆内主要工作、重大项目、重要改革情况，领导班子都在各种会议上进行通报。主要工作都要征求大家意见，共同商量。全年未发生违纪违规情况。

七、人事工作

1.按照老干部处的规定，落实好两项待遇，组织老干部外出参观学习一次。

2.完成离休人员的工资改革和职工的工资普调工作。

3.接收两名大学毕业生，充实了专业力量。

4.完成职工职称评定工作。

八、信息工作

我馆领导十分重视信息上报工作，深知信息工作的重要性，保证在第一时间将信息上报。今年我馆共上报信息 51 条，截止到三季度，采用 18 条。

九、工会工作

关心职工生活，在我馆经费紧张的情况下，给予特困职工适当帮助，以解职工燃眉之急。为保障职工身体健康，组织职工和离退休人员，参加健康检查。积极组织职工参加局工会组织的羽毛球比赛。请中科院专家为我馆职工进行健康讲座。

例文解析

博物馆是征集、典藏、陈列和研究代表自然和人类文化遗产的实物的场所，并对有科学性、历史性、或者艺术价值的物品进行分类，为公众提供知识，教育和欣赏的文化教育机构。例文从博物馆的基础工作、业务工作、财务管理、思想建设、廉政建设工作、人事工作、信息工作等方面对博物馆一年的工作情况进行了总结，每一部分都有一个标题，结构清晰，让人一目了然。

例文意图以点、面结合方式总结。点上通过具体生动的典型例子，容易被读者理解和接受。面上通过概述事实和统计数字，增强了文章的科学性。点面结合，既有广度又有深度。但例文缺憾在于仅将工作内容逐条陈述，并未归纳总结出经验，对不足更是只字未提，犯了缺乏两点论的错误，我们在今后写作中应该尽量避免。

例文二：

××大学 2013 年工作总结

一年来，在学校党委、行政和分管校领导的直接领导下，发展规划办公室紧紧围绕学校中心工作，认真履行自身职责，扎实推动各项工作，取得了一定的成绩。现将发展规划办公室 2013 年度完成的主要工作总结汇报如下。

一、本年度完成的重点工作

根据发展规划办工作计划，2013 年度主要有国家教育体制改革试点项目、"211 工程"、"985 工程"建设工作、重点学科建设工作、校本研究工作、医学院、特色学院建设工作、"十二五"发展规划中期评估工作共 6 项重点工作。以上工作已计划全部完满完成。

1.国家教育体制改革试点项目

（1）国家教育体制改革试点项目阶段总结工作。根据《关于开展国家教育体制改革试点项目阶段总结工作的通知》（教改办〔2013〕2号），组织研究生院、教务处、人力资源处等项目承担单位，对改革试点项目工作开展情况、取得的成效、存在的问题及原因，下一步改革重点的意见等进行总结，形成了《国家教育体制改革试点项目阶段总结报告》。

（2）"改革学科建设绩效评估方式"项目工作。根据教育部《关于检查调研国家教改项目"完善学术评价机制"实施情况的通知》（教技司〔2013〕67号）要求，从试点项目总体目标和阶段目标、阶段目标完成情况、项目实施中存在的主要问题以及几点认识和建议等方面进行了总结，形成了《分类指导，量化评估，绩效优先——××大学国家教育体制改革试点项目"改革学科建设绩效评估方式"汇报》。

（3）学校改革试点项目获得教育部肯定。《国家教育体制改革试点进展情况通报》（教改办函【2013】5号），对我校构建基于实验、设计、工程训练、创新为主线的开放式、立体化的实践教学体系，实施实验教学资源共建共享、创新能力训练、现代工程训练、产学研结合四种模式，强化学生创新能力的经验和做法给予了肯定。

2."211工程""985工程"建设工作

（1）新一轮"985工程"检查验收工作。根据教育部《关于做好"985工程"（2010—2013年）阶段检查工作的通知》（教重办字〔2013〕1号）的精神，组织开展了新一轮"985工程"检查验收工作，撰写了《××大学"985工程"（2010-2013年）建设情况报告》《××大学"985工程"改革方案实施情况报告》《××大学"985工程"标志性成果简介（2010-2013年）》共计6.3万字。

（2）组织"985工程"验收报告评审。根据教育部《关于对学校"985工程"（2010—2013年）建设情况进行评审的通知》（教重办〔2013〕2号）精神，发展规划办组织专家对××大学、×××××大学、××大学、××大学、××大学等5所高校的"985工程"总体规划、改革方案建设完成的基本情况、标志性成果、存在的不足等进行了评价。

（3）进一步加强"985 工程"建设管理。修订和完善了大型精密贵重仪器设备预算经费拨付流程，提高了经费执行效率。全年下拨"985 工程"建设经费 7476 万元；充分发挥了"985 工程"建设资金管理委员会作用，所有"985 工程"学科建设项目都经立项评审和预算审核，共削减经费预算 20%。

（4）组织做好重点学科建设平台组织论证工作。组织做好 ×× 大学微纳加工与器件测试公用平台、化学生物学与纳米医学研究所、激光制造前沿科技创新平台的论证工作，并分别通过校长办公会审议通过。

3．重点学科建设工作

（1）×× 省"十二五"重点学科中期检查。根据《关于开展 ×× 省"十二五"重点学科中期检查的通知》（湘教通 [2013]496 号）精神，下发《关于开展 ×× 省"十二五"重点学科中期检查的通知》，组织了对全校 22 个 ×× 省"十二五"重点学科的学科建设计划中期任务完成情况、学科建设经费使用及管理情况、学科大型仪器设备上网共享情况等的检查评估。

（2）×× 省重点学科建设工作。根据各学院的《×× 大学 2013 年湖南省重点学科建设经费使用计划表》，下拨 2013 年度 ×× 省重点学科建设经费共计 812 万元，其中优势特色重点学科机械工程 180 万元、化学 150 万元，其他人文社科类学科每个 18 万元，理学学科每个 25 万元，工学学科每个 30 万元。

4．校本研究工作

编印《×× 领导参考》2 期。《21 所"985 工程"高校 2012 年学科评估对比分析》，选取 21 所"985 工程"高校，查询整理了其参评学科在近两次学科评估中的排名情况，进行了比较分析（2013 第 1 期）。《荷兰莱顿大学科学技术研究中心世界大学排行 ×× 大学排名情况分析、首批"2011 计划"国家协同创新中心相关经验借鉴》（2013 第 2 期）。

5．医学院、特色学院的建设工作

（1）组织 ×× 大学临床医学专业设置申请工作。撰写并向教育部提交了《×× 大学增设临床医学本科专业申请表》《×× 大学增设临床医学本科专业报告》共计 4.9 万字。起草了《关于恳请 ×× 市政府批准 ×× 市中心医院等市直医院为 ×× 大学附属医院的请示》（×× 行字【2013】9 号），

2013 年 7 月 31 日，市政府下发了《××市人民政府关于××市中心医院第四医院分别列为××大学附属医院和教学医院的函》（长政函【2013】98 号），起草了《××大学关于请求增设临床医学本科专业的函》（××行字【2013】17 号），7 月 27 日，省卫生厅下发了《××省卫生厅对××大学申请增设临床医学本科专业的意见》；起草了《××大学、××市中心医院战略合作协议》，并在向教育部递交增设临床医学本科专业报告前签订合作协议。

（2）推进"××大学××工业设计特色学院"筹建工作。就学院总体规划、学校性质、办学定位、办学规模等进行了论证，起草了《××大学关于筹建××工业设计特色学院的商议要点》，并向××市特色办递交了相关材料；向××××理工学院了递交了《筹建中外合作湖南××大学××工业设计特色学院合作协议》。学校先后 8 次与××市人民政府××市长，××市教育局及××区、××区领导进行了会谈，与××区政府正式签署《筹建中外合作××大学××工业设计特色学院合作协议》；与美国××××理工学院签署了《××大学与××××理工学院联合办学谅解备忘录》；向教育部国际合作司专题汇报了特色学院相关情况并详细咨询了相关政策。

6. ××大学"十二五"发展规划中期评估工作

根据《××大学"十二五"发展规划纲要》（×大党字〔2012〕120 号）要求，下发了《关于开展"十二五"发展规划实施情况中期评估的通知》，就人才培养、学科建设、队伍建设、科学研究、国际交流与合作、社会服务和科技产业等方面进行中期评估，目前正在结合 2013 年度学院目标管理考核的结果和相关数据，起草评估报告。

二、本年度完成的特色工作

1. 编制《××大学艺术教育发展规划（2013-2018 年）》

根据教育部《学校艺术教育工作规程》《××大学创建高水平大学规划》和《××大学"十二五"发展规划纲要》，发展规划办公室在充分调研、广泛征求师生员工意见和建议的基础上编制了《××大学艺术教育发展规划（2013—2018 年）》。

2. 党政机构及直附属单位部门职责梳理及规范工作

经过部门草拟——统一修订——反馈修改——部门负责人和分管校领导签字审示——提交校长办公会审议——统一修改——再次提交校长办公审议通过等程序，对学校 36 个党政机构及直附属单位部门职责进行了整理、完善。4 月 1 日获校长办公会原则通过。

3. 机构设置及论证工作

先后对成立××大学教师教学发展中心、××大学孔子学院工作办公室、人才工程办公室、军工保密办公室、国家电能变换与控制工程技术研究中心、××大学经济管理中心等机构进行论证，论证方案通过校编制委员会、校长办公会的审议。

4. 中央高校基本科研业务费的管理工作

制定了《××大学中央高校基本科研业务费专项资金管理暂行办法（试行）》《××大学中青年教师仪器设备专项资助管理办法（试行）》（××行字〔2013〕7 号），进一步加强对经费、项目的规范管理；邀请了教育部科技司计划处领导来校，现场指导学校基本科研业务费的管理工作；提前执行完毕教育部下达资金 2770 万元，并获得教育部 2014 年绩效奖励 210 万元；编制 2014 年经费预算方案，下发《关于申报 2014 年中青年教师购置仪器设备支持专项资金的通知》《关于申报 2014 年国内外高水平学术会议资助计划支持专项资金的通知》，提前启动部分项目的申报、立项工作。

5. 学术委员会相关工作

组织专门人员对《××大学学术委员会章程》进行修订，目前已进入征求意见阶段；7 月组织召开校学术委员会全体会议，回顾了本届校学术委员会的工作情况，对委员会换届改选以及未来工作征集意见和建议；根据教育部政策法规司《关于协助提供高校学术委员会制度相关材料的函》（教政法司函〔2013〕10 号）的精神，提交《××大学学术委员会相关材料汇报》；先后 2 次对教育部《高等学校学术委员会规程（征求意见稿）》提出修改建议。

6. 学院年度考核工作。

牵头组织开展 2013 年学院目标管理考核，会同校信息化办联合开发了"湖南××大学综合信息数据平台"，并首次采用信息平台进行学院年度目标管理考核。

例文解析 ··

　　本文是由发展规划办公室对学校一年以来的工作情况进行了总结。总结主要分为两大部分。上半部分是本年度完成的重点工作，从国家教育体制改革试点项目、"211 工程"、"985 工程"建设工作、重点学科建设工作、校本研究工作、医学院、特色学院建设工作、"十二五"发展规划中期评估工作等方面落笔。以"总——分"大结构辅之并列式分布局进行总结，条理清晰。

　　例文下半部分是本年度完成的特色工作，所谓特色工作就是计划之外的收获，在行文过程中这是一个亮点，是使文章闪光的地方，值得我们借鉴。但是文章没有提到大学在工作过程中遇到的问题，也没有提出下一部分的发展规划，使文章结构上和内容上不够完整。犯了缺乏两点论的错误，我们在今后写作中应该尽量避免。

例文三：

××县广播电视台 2014 年上半年工作总结

　　2014 年，我台在县委、县政府的正确领导下，紧紧围绕县委提出的"三个先行、两个并重、一个统筹"的工作思路，积极宣传县委、县政府方针政策、展示全县经济社会发展成果、反映人民群众的心声，不断提高了广播电视新闻宣传水平，推进事业快速发展，较好地完成了各项工作任务。现将具体工作总结如下：

　　一、提高宣传质量，打造精品栏目，全面提升广播电视影响力

　　（一）围绕中心，服务大局，做好内宣工作

　　1. 十八届三中全会闭幕以后，我台始终把深入宣传贯彻十八届三中全会作为宣传重点来抓，全面做好十八届三中全会宣传报道工作。首先我台对公报内容进行深入分析，精心策划，快速制定宣传计划，组织记者深入基层，充分采访报道我县社会各界收听收看十八届三中全会闭幕实况、认真学习十八届三中全会精神的盛况，开辟了《学习宣传贯彻十八届三中全会精神》专栏，重点对县委、政府、各行政事业单位、工矿企业等收听收看、学习贯彻情况第一时间予以报道，并及时向×电台和电视台报送，收到了良好效果。同时，在《××新闻》中开辟《十八届三中全会解读》栏目，深入阐述全会精神，围绕全面深化改革的指导思想、目标任务、方针原则和重大部署等进行全面解读，帮助广大干部群众准确理解全会提出的新观点、新举措，营造了良好的宣传氛围。

2. 有序做好"两会"宣传报道。今年的"两会"宣传，广播电视遵循"依程、合法、准确、及时"的原则，对"两会"的各项议程进行全面的报道，紧紧围绕《政府工作报告》的主要精神，以《××新闻》作为广播电视主阵地，开设了《直通两会》《群众心声》两个专栏，在《两会"面对面"》专栏中我台还邀请县长×××做客演播室，就目前区域中心城市建设及扩权强县和撤县建市等情况进行了访谈，使社会各界对我县今后的发展规划及发展方向有了进一步了解，为把我县建设成为"××××区域中心城市——××古城、草原水乡"营造良好的舆论环境。

3. 为提升全县经济社会发展速度营造良好舆论环境。一是围绕县委、政府工作重点，周密策划，精心组织，加大对重点工程项目的宣传报道力度，尤其是群众关心的我县××文化广场、×××公园（湿地公园）、×××公园改造工程及公厕改造、供热、污雨水配套管网等市政基础设施建设进行动态全面报道，通过正确的舆论引导赢得群众的理解和支持，为项目建设创造良好的社会环境。二是做好春耕生产的宣传报道工作，注重对提升农业科技含量的宣传，及时报道各部门春耕生产进度、涌现出来的先进典型。三是加大了对"三农"问题、招商引资的宣传力度，通过广播电视对大力培植农业龙头企业，促进农民增收的事例进行报道，为我县改革开放和现代化建设营造了良好的舆论环境。

4. 着力营造群众路线教育浓厚宣传氛围。2014年上半年，全县上下掀起了学习党的群众路线教育实践活动的热潮，我台积极做出表率，在教育实践活动中承担起双重任务：一是抓好自身教育实践活动。按照全县党的群众路线教育实践活动领导小组安排部署，台党支部组织全体党员干部及部分干部职工从学习教育，提出意见；查摆问题，自我批评；整改落实，建章立制几个环节依次进行，扎实有序地开展推进。将征求到的意见和查摆出的问题进行认真梳理、登记汇总立行立改、狠抓整改落实，使党的群众路线教育实践活动上升到一个新的高度。二是我台为做好全县教育实践活动宣传工作，高标准制订宣传报道方案，按照活动进展节点进行宣传报道，着力深入解读，力求宣传报道有声有色。开辟《深入开展党的群众路线教育实践活动》专栏，同时下设《立行立改》《走基层》《身边典型》等几个子栏目。以习近平总书记亲临我区考察指导工作为契机，围绕习总书记的重要讲话为主线，结合我区实际积极开办了《牢记嘱托、共谋发展》专栏，全面解读总书记重要讲话精神。同时，从群众关心的问题入手，贴近百姓关切、贴近社会关注、贴近党政工作关键，报道教育实践活动的工作部署、进展动态、举措成效，以丰富多样的形式加强活动日常宣传报道。期间播出的《县内各机关单位迅速行动，认真组织开展党的群众路线教育实践活动》《理发屋搬进居民家》《农资打假在行动，走好一公里党群零距离》《党员文化活动室带领农民"文化脱贫"》《教育实践活动让农家自来水流得更顺畅》《"三严三实"做标尺，丈量为民新尺度》等新闻受到社会各界一致好评。截至目前，《××新闻》已播发教育实践活动各类新闻报道70多篇，切实做到"教育实践"报道天天有、报道不断线。同时，我台还加大外宣力度，累计向盟两台上报群众路线教育实践活动相关新闻30余篇。

5.精心策划、增强效果，不断丰富节目内容。

（1）我台成功录制××县2014马年春节联欢晚会。此次春晚，我台勇于创新选拔模式，借助《我的舞台》这档栏目，层层选拔，优中选优，通过总决赛筛选出12名优秀选手与乌兰牧骑推荐的选手联合录制春晚。在五彩纷呈的舞台上，他们协同配合、尽情表演，为观众们奉献了一台精彩纷呈的迎新春联欢晚会，受到了广大观众的一致好评，与此同时也满足了广大群众的精神文化需求。整台晚会充分运用现代化的声光电，把春晚推向一个更高的水平，展现了多伦人的精神风貌。

（2）2014年度，本土栏目《我的舞台》在原有基础上进行大胆创新，拓宽表演渠道，增设主题节目录制，以崭新的面貌面向选手和观众。第一期以"五·一"劳动节为契机，与县总工会联合举办，由企业职工参与的主题为"最美劳动者"《我的舞台》专场文艺演出，通过歌曲竞技的形式，体现了广大工人美好的精神状态，把节日的问候传递给广大劳动者。第二期成功举办了"六一专场——欢乐童心、放飞梦想"专题演出。经过各中小学校的推荐，12 名选手以特有的演艺方式庆祝自己的节日，本台演出也将做为一份特别的礼物送给全县的少年儿童。第三期通过海选的 8 名选手依次精彩亮相，选手们真挚、热情的演唱把观众的情绪带入一个又一个的高潮，整场演出的气氛异常热烈。

（3）不断加大新闻宣传策划力度，关注重点部门、关注重点领域，使电视宣传工作更富有针对性和实效性。上半年，我台继续筹划做好《百年××》、《县域经济风采录》《有事您说话》《百姓身边事》《法制之窗》等精品栏目，结合党的群众路线教育实践活动，《百姓身边事》栏目更加为民务实，贴近群众，《老有所养幼有所学》《卖只柴鸡能住院——农村医改助农民看得起病住得起院》《旧"民风"新变化》《红火的日子红火的村》《"民风民俗"演绎新农村新变化》《让梦与车一起飞》《做义工的八旬老人》等反应民生百态的专题，引起了广大老百姓的共鸣，为弘扬社会主义核心价值观起到了积极作用。为倡导讲文明、树新风的良好风尚，开辟了《携手共建美好家园》栏目，揭露一些社会上的不文明的丑陋现象。鼓励广大群众爱护这座美丽的城市，从我做起，共同携手为城市"除尘去垢"。从调整产业结构为出发点，开辟了《畜牧经唱响富民曲》栏目，在"五一"劳动节来临之际，开办了《最美劳动者》栏目，并在全县范围内寻找"最美劳动者"典型，用他们凡人善举服务社会的先进事迹诠释着"最美劳动者"的感人之处。与公安联手创办了精品专题栏目《警民连心桥》，为警民搭建起交流平台。按照国务院"推动文化大发展大繁荣"精神，积极与北京中传奥美地亚传媒有限公司联系合作，引进一档 360 集优质生活服务类专题节目——《生活大百科》栏目。

6. 围绕全县各阶段中心活动重点宣传。对"三八"妇女节、"3.15""清明节""学习雷锋日""全国读书日""端午节""6.26 世界禁毒日"等传统节日及重要日开展系列活动情况进行大量的宣传报道；在体育赛事方面报道了全盟中小学生毽球比赛、首届"恒信××湖杯"暨××县第十三届钓鱼比赛等活动；参与了我县在北京举办的"情系多伦、感念治还"活动；配合宣传部宣传报道了"书香草原、读书城镇"活动及情系北疆心系多伦"央行青年林"植树活动的启动仪式。

7. 调频广播内容丰富多彩。在《欢乐时光》栏目中开设的《家有妙招》

《爱美女人》《影视直通车》《娱乐新干线》《生活加油站》《都市生活》六个板块，始终推旧陈新，紧跟时代新步伐，受到了广大听众的好评。"世界读书日"期间推出《阅读欣赏》专栏，主要介绍中华民族优秀的传统文化，此栏目自开播以来，受到了广大听众的喜爱。《资讯直播间》为广大听众畅通信息渠道，更好为听众服务。截止目前我台已播出《××新闻》160多期，新闻600多条，制作播出《百姓身边事》11期，《法制之窗》4期，《我的舞台》3期；调频广播已播出《多伦新闻》《欢乐时光》《老梁故事会》《老梁观世界》各160多期，播出《纪实60分》《小说欣赏》《评书联播》各300多期，《资讯直播间》120多期，新闻700多条。

（二）不断加大对外宣传交流力度

增加外宣上稿数量，提高××知晓度。截至目前，我台新闻稿件在×电视台播发60多篇；在×电台播发180多篇。新闻稿件在全×采用率一直保持在全×各旗县前列，同时向×局及×报社上报信息50多条，被×电视台采用4条。

二、"2131"电影放映、"户户通"工程等工作正常开展

1. 推进农村数字电影"2131工程"。为创新农村电影"2131"工程放映形式，我们把服务"三农"作为放映工作的出发点，以播放警示片、爱国主义教育影视片为主体，深入乡镇、村、组放映影片，截至目前，已完成放映任务300余场。

2. 2014年，"户户通"工程纳入全县农村牧区十个全覆盖工程。我台按照年初计划，实施安装"户户通"工程建设指标5000套，建设直放站4处。截至目前，2014年5月已完成二处直放站建设，其中一处建在××县××镇××坝；另一处建在×××大石砬。"户户通"设备配件到齐后，我台将组织力量加快进度完成"户户通"的安装任务，逐渐向"户户通"工程100%全覆盖的指标推进，彻底解决农村牧区看电视、听广播难的问题。

三、安全播出

建立健全各项规章制度，如《股室主任带班制度》《机务人员值班制度》《设备检修制度》《安全播出奖惩制度》《卫生工作制度》《安全防范及防火制度》。通过完善安全播出工作方案，开展设备维修检修和执机人员的教育培训等办法进一步强化了广播电视安全播出工作。在召开全县"两会"期间，

提前做好设备和传输线路的检查维修，查找薄弱环节，发现问题迅速处理，及时解决安全播出隐患；坚持双岗24小时值班，明确领导带班；制定应急预案，建立信息畅通机制，确保播出工作有序开展。1至6月份实现了零错播、零事故。

四、加强队伍建设，全面提升广电人的总体素质，完善制度机制

（一）加大外出学习培训力度

我台始终采取"请进来、走出去"的培训方式，不断为年轻的采编播人员提供学习培训机会，使培训人员从中增长知识、拓宽视野、增加交流，优化自身专业技术，从而提升广电队伍整体水平。15名新闻采编人员赴××参加新闻采编人员岗位培训考试，其中有六名同志取得了满分的好成绩。派出2名摄像记者赴××参加专业摄像培训。同时加大了采编人员的对外交流学习力度，参加了"美丽彭水"全国百家电视台联播大型采访活动，为拓宽采编人员视野提升素质起到了推动作用。

（二）完善系列规章制度

结合党的群众路线教育实践活动，进一步完善了学习、考勤、请销假、培训和教育等一系列规章制度。组织党员干部学习一系列党内法规和"十八大、十八届三中全会、习近平系列重要讲话，学习了《广播电视管理条例法律法规》。通过学习大幅提升了全台干部职工的政治理论和专业领域知识，为更好地践行党的群众路线教育实践活动打下扎实基础。进一步加强广电系统党风廉政建设和反腐败工作，做好宣传教育、领导干部廉洁自律、信访和案件查办等方面工作。

（三）获奖情况

1月份，《法治之窗》栏目获优秀节目制作奖。2月底，在全县开展的"巾帼建功"活动中，我台被评为全县巾帼文明岗，单位职工刘伟被评为全县巾帼建功标兵。4月底，四名记者被评为2013年度全×广播电视优秀通讯员。6月，两名记者被评为2013年度全县优秀通讯员。

五、存在的问题

（一）新闻宣传方面

1.会议新闻报道多、民生类新闻报道少；一般化新闻报道多、典型深度新闻报道少。

2.新闻报道模式化，缺少新意，新闻质量有待提高。

3.专业人才缺乏。如灯光、音响 3D 制作的人才缺乏。

（二）实施"户户通"工程方面

1.资金投入不足。

2.后期维护管理缺乏人员。

3.村村通、农村无线数字电视改造升级到户户通的项目衔接。

4.农村自发解决看电视的做法，带来不稳定因素。

5.村村通突出电视通，削弱了农村广播发展。

六、下半年工作思路

围绕全县中心工作，搞好舆论宣传，继续当好党和政府的喉舌，营造良好的舆论氛围。实施精品工程，持续打造一批群众喜爱的精品节目、栏目。加强改进对外宣传，扩大多伦对外的影响力。

一是以新闻宣传为主线，围绕中心，服务大局，突出敏感性、主动性，确保安全性、规范性，为建设"繁荣、美丽、和谐新多伦"营造良好舆论氛围。

1.做好××第八届环××湖公路自行车邀请赛的全程宣传报道，更好地加强 ×× 与周边地区交流，充分向外界宣传展示我县旅游资源，提高知名度和美誉度。

2.做好我县迎接自治区推动科学发展现场观摩会的前期各项准备工作和会议期间的深度宣传报道。

3.继续做好党的群众路线教育实践活动各阶段的回头看和下一步各单位召开民主生活会等工作的宣传报道。

4.围绕下半年全县时事动态进行宣传报道。

5.围绕七一、八一、教师节、中秋节、国庆节等特殊节日开展的活动进行宣传报道。

二是注重改进新闻节目"三多三少"的局面，继续开展"走转改"，深入一线贴地气，做一些群众喜闻乐见的节目。

三是筹划、拍摄体现社会主义核心价值观、孝老敬亲主题的微电影。

四是加快事业建设，年内再建 2 处直放站，保质保量完成 5000 户"户户通"的安装任务，尽早实现全县农村牧区电视、广播节目的全覆盖。

五是抓好班子建设，加强队伍学习培训教育。为进一步拓宽全台采编播人员视野，提高专业知识和技能，我台将采取走出去，请进来的培训模式，请专业人士来单位对各岗位采编播人员进行面对面交流培训。

六是继续深化内部改革，完善人事制度、用工制度，优化人员队伍结构。细化各项管理，创新和完善激励机制，促进各项工作顺利开展。

例文解析

广播电视台的职能在于把握正确的舆论导向，当好县委、政府的"喉舌"，大力发展广播电视事业，监督管理广播电视节目，在本县范围内组织开展广播电视新闻宣传和广播电视节目，研究制订广播电视管理的实施方法和事业发展规划，对全县卫星地面接收站（点）进行监督管理，完成县委、县政府交办的其它工作任务。

例文意图以点、面结合方式总结。点上通过具体生动的典型例子，容易被读者理解和接受。面上通过概述事实和统计数字，增强了文章的科学性。点面结合，既有广度又有深度。而且例文既有工作情况的总结，还提到了工作中遇到的问题，找到自己的缺点和不足，对电视台下一步的发展做好了规划，这两点难能可贵，使文章结构和内容都很完整。条理清晰，一目了然，值得我们借鉴。

例文四：

××博物馆 2013 年工作总结

随着 2012 年 11 月 ×× 民俗博物馆建成并对外开放，市博物馆即全面完成了新馆和民俗博物馆的建设任务，2013 年成为全面对外开放并取得丰硕成果的一年。通过近年来的工作实践，我们集思广益，提出了"人才兴馆、科研兴馆、团结兴馆、创新兴馆"的发展理念。在局党委的正确领导下，通过凝聚全馆人员的智慧，充分调动和发挥大家的积极性，以开办独具特色的文博展览为中心，以全力争取有关部门对文博发展事业的支持为重点，以加强业务研究和人才培养为目标，以提供优质服务充分发挥社会效益为主宗旨，团结一致、务实创新、艰苦创业，狠抓各项工作的落实，各项文博事业得到了长足发展，取得了显著成绩。2013年共争取到各级财政部门除了正常经费以外的文博项目资金1157万元，包括国家文物专项经费584万元、省文物专项经费315万元、市文物专项经费133万元，文物项目经费再创历史新高，为今后文博事业的发展奠定了最重要的物质基础。现将有关工作情况汇报如下：

一、开拓创新，力求精品，举办系列特色展览

1.推出系列独具特色的文博展览

对开办的每个文物展览，我们都努力打造精品展览，力求突出烟台地方特色，不片面追求展览数量，而以展品的档次价值、展陈的艺术水平以及产生的社会效果为目标，并引进国内高层次的文物展览。在新馆先后推出了《君子比德》《走近王铎》《他们》《黄宾虹艺术作品特展》等10个文博展览；在民俗博物馆举办了《盆中景致——文革紫砂花盆展》《烟台根雕艺术展》《中国钧瓷展》等9个民俗和书画展览。这些展览均以独具匠心的内容设计和精彩纷呈的展示形式，为广大观众奉送了高层次的文化艺术盛宴，产生了强烈社会反响，受到社会各界的高度赞誉，为充分发挥馆藏文物优势，开办丰富多彩的文物展览迈出了坚实一步。

2.全面开展馆际之间文博交流展

2012年我们推出的《掌上乾坤——馆藏鼻烟壶展》，以独具特色的文物精品和鲜明的地域特征享誉国内文博界。2013年我们成功将这一展览进行推介，3月份在××市博物馆展出，展出4天即接待观众近2万余人次。10月份，该展览又在××省××市博物馆展出并引起轰动。另外，我们已与××市博物馆、××市博物馆、××××博物馆、××××史博物、××市博物馆等协商沟通，筹划文物展览交流，并已达成合作协议，在2014年拟在我馆举办《山东民间木版年画展》《藏传佛教唐卡展》《彩陶世界展》《鸟类自然标本展》《唐元中外文化交流石刻拓片展》等文博展览，从而进一步丰富了展览内容，克服了馆藏不足的弊端，探索了一条"请进来，走出去"办展新途径。

3.举办《巍巍丰碑——胶东红色文化图片展》

按照市委宣传部和市局工作部署，市博物馆承办了《巍巍丰碑——胶东红色文化图片展》。接到任务后，我们克服了重重困难，组织专业人员加班加点，合理安排，精心设计，科学制作，在不到一个月的时间内圆满完成了展览任务，确保展览如期开展，并受到市领导和有关部门的充分肯定，参加开幕式的市领导规模和层次创文化系统近年之最。在对外展出的一个月时间内，又积极组织观众参观，努力提供高讲解服务水平，共接待各级领导、嘉宾及团体观众近8万余人次，极大推动了我市红色文化建设，为打造"红色烟台"做出了重要贡献。

二、举办丰富民俗文化活动，加强××会馆的保护利用

1.广泛发动，打造妈祖文化名片

成功举办了××市2013妈祖文化节暨××天后行宫第四届妈祖文化节。为体现公益文化社会办的宗旨，我们积极对外宣传推介，广泛吸引社会各界参与妈祖文化活动，与××省××集团××分公司合作，共同举办妈祖文化节。通过近年来妈祖文化节的实践，我们探索并建立了"公益文化社会办，繁荣文化为社会"的成功模式。通过社会化运作方式，把联合国非遗项目、国家非遗项目福建南音戏、闽南布袋戏请到××，进行现场艺术表演，让广大观众欣赏了具有浓郁地方特色的闽南民俗文化。妈祖文化节由开始的福建会馆妈祖文化节，发展到现在的××市级妈祖文化节，其作用和影响已发生了质的变化，并成为国家和省对台重要的文化交流项目，已逐步成为对外文化交流的平台和烟台文化的名片。

2.突出重点，加强××会馆保护利用

今年我们成功争取市财政部门175万元资金，用于文物科技保护中心建设和××会馆安防系统升级改造。为此我们组织专业人员对文保中心建设方案和安防设计方案进行了多次修改完善，按照规定的要求和程序，顺利实施了政府工程招标，全面完成了工程建设任务。重新安装的安防系统建设达到了无缝监控、全覆盖的技术要求，为福建会馆的建筑安全和文物安全提供了技术保障。为使福建会馆得到科学保护，保障建筑安全，委托清华建筑设计研究院编制的福建会馆文物保护规划和福建会馆大殿修缮设计方案，已全部完成并通过国家文物局批复。××会馆的彩绘维修设计方案也在进行中。

三、加强业务建设，促进文博事业全面发展

1.安全并全面完成了文物库房搬迁任务

由于历史原因，多年来文物库房保存条件较差，新库房经过两年试运行，环境稳定，设施运转良好，上半年启动了老馆文物库房搬迁计划。经过前期周密的查对、包装等准备工作，历经近半年多的时间，将老馆库房的15000余件文物安全搬迁至新馆库房。文物库房搬迁任务艰巨，责任重大，时间紧迫，条件艰苦，藏品管理部的同志克服了重重困难，特别感人的是部分人员带病工作，坚持轻伤不下火线，在大家的共同努力下，文物库房按计划完成搬迁任务，并确保了文物的安全，目前已完成了文物整理、上架。

2. 文物修复保护工作取得重要成果

继外送××博物院和安徽××博物院文物修复保护完成之后，组织专家对国家博物馆为我馆修复的53件（套）铜器和书画全面验收，并安全运回入藏，文物修复保护工作取得了阶段性重要成果。邀请××博物院的专家对包括元青花瓷瓶在内的部分瓷器和全部漆器文物编制保护方案，为下步的修复保护创造了条件。通过3年多坚持不懈的争取和努力，国家文物局批准了我馆上报的书画和金属文物修复保护方案，并下拨了209万元文物修复保护专款用于馆藏文物的修复保护，为今后文物的保护提供了重要的资金保障。

3. 通过文物征集进一步丰富馆藏

为完成文物征集任务，文物征集人员长期奔波于胶东各地，与文物收藏者广泛沟通，致力于文物线索的搜集和文物藏品征集。为配合全市红色文化建设，多次与××警备区等协商，努力征集革命文物。全年来，共征集文物线索2000余条，征集得文物150余件，接收社会文物捐赠80余件，既满足了展陈需要，又丰富了馆藏，也加强了民间流散文物的保护。另外，按照上级部门工作安排，为海关、公安、法院等部门3000余件文物进行鉴定，较好发挥了博物馆文物鉴定的社会服务职能。

4. 启动馆藏文物普查

为掌握全市国有可移动文物的基本情况，根据上级文物部门工作部署，自2012年10月开始，在全市范围内进行可移动文物进行普查，目前已经进入文物普查实施阶段。按照市局工作安排，市博物馆具体负责全市文物普查的组织管理、培训宣传和业务指导。作为此次可移动文物普查的重点单位，我们承担着馆藏5万余件文物的普查工作，普查任务非常繁重。10月份，聘请有关专家组织举办了全市可移动文物普查培训班，培训了全市文物收藏单位专业人员 120 余人，为下步文物普查的全面开展提供了保障。12月份，争取到了市财政部门 13 万元文物普查设备专项资金，用于文物普查设备采购，保证了普查的需求。

5. 全力推进红色文化建设

按照市有关部门工作要求，我们先后派出文物征集专业人员分赴北京、济南及胶东各地进行革命文物史料征集。从国家博物馆征集文物信息 107 条，从中国军事博物馆征集文物信息 25 条，从国家文物局文物信息中心征集信息 21 条，从首都博物馆征集信息 15 条，从山东博物馆征集文物信息 50 条，从胶东其它地方征集文物信息 35 条，整理我馆革命文物信息 567 条，共计获得信息 820 条，有力促进了胶东红色文化建设史料征集工作。为了按期完成《胶东革命史陈列馆》的建设任务，我们紧急动员全馆力量，抽调了精干的业务人员，短时间完成了内容方案的设计，及时启动了项目建设，目前已经完成了初步的形式设计方案和工程预算，各项工作进展顺利，保证如期完成革命史馆的建设任务。

6. 文博科学研究硕果累累

经过积极申报和争取，胶东地区晋代墓葬研究、博物馆陈列新技术研究、山东海防遗存与海防文化研究、山东莱西岱墅西汉墓出土漆器脱水保护研究、奇山所城历史文化街区研究等 5 个科研项目获省级立项，另外还承担了环中国海海洋文化遗产调查国家级科研项目。出版专业书籍 8 本，国家正式刊物发表学术论文 26 篇，内容涵盖文物、历史、古生物、陈列研究、藏品保护、博物馆研究等各个领域，标志着我馆科研水平又上一个新台阶。承办了北京大学、山东省文物局联合举办的"胶东史前文化学术研讨会"，邀请来自国家文物局、社科院、北京大学以及其它国内专家 30 余人与会，研究探讨了胶东史前文化的主要内容，为下步保护利用打下基础。

四、积极配合基本工程建设，文物考古发掘喜获成果

1. 文物考古勘探

先后对龙口港城大道、栖霞下瑶沟墓地、烟台液化天然气项目输气管道工程、龙口归城遗址、海阳嘴子前墓地和蓬莱至栖霞的高速公路沿线进行考古调查、勘探，完成考古勘探面积 100 多万平方米，重点勘探面积近 10 万平方米，编写了《××液化天然气(LNG)项目输气管道工程考古勘探报告》

《龙口石黄公路改扩建工程归城遗址考古勘探报告》等。

2. 文物考古发掘

一是对××开发区三十里堡西墓区建设控制地带工程用地的考古发掘。历时近5个月，发掘面积约1万平方米，共清理古墓葬151座，随葬器物近800件，首次发现了汉代酒，这是目前为止，全国首次发现的用陶器盛置的汉代酒，新华网、凤凰网及《齐鲁晚报》等新闻媒体报道后，引起了国内学术界的极大轰动，并得到中国秦汉史学会等专业机构的充分肯定。该工地被山东省文物局评为优秀工地。

二是对午台遗址西南工程占地部分进行抢救性发掘。发掘面积400平方米，清理灰坑33个，墓葬21座，房址2处，以及大量的柱坑、柱洞等遗迹。该遗址发掘极大地丰富了胶东地区史前聚落遗址，通过对人体骨骼、动物骨骼等的检测，可以复原古人体质特征、环境以及农业的起源与传播，同时，对研究龙山时代胶东地区的墓葬结构以及丧葬习俗具有重大意义。

三是对龙口于高遗址及西三甲墓群进行抢救性发掘。发掘面积100平方米，清理灰坑30个，时代为西周时期。西三甲墓群发掘面积约900平方米，清理91座墓，时代从战国一直延续到魏晋。该墓群的发掘为研究西周时期胶东地区聚落分布及聚落形态提供了绝佳的实物资料，对研究胶东地区墓葬形制、丧葬习俗等均具有重大意义。

四是对莱州南五里北宋壁画墓的发掘。该墓葬是山东境内至今为止唯一的一处将墓志写在墓壁上的宋代墓葬，并且有明确纪年的壁画墓，全国发现也较少，为研究中国美术史、音乐史等提供了重要资料。通过争取省文物局下拨专款，对壁画进行提取保护，现已完成了壁画保护工程。

五、强化宣传教育职能，提高公益文化服务水平

1. 扩大宣教服务阵地

为充分发挥博物馆宣教服务职能，2013年继续举办××历史文化讲堂。通过邀请业内专家，选择观众最感兴趣的内容，先后举办了《××历史文化》《魅力集邮》《探索中国饮食文化》《文革紫砂陶》《小记者成长讲堂文博知识竞赛培训》等12期历史文化讲堂，有效宣传普及了历史文化知识。××历史文化讲堂的创办，改变了博物馆宣传教育方式单一的状况，满足了参观者的学习求知需求，进一步扩大了博物馆的知名度。

2. 开辟学生第二课堂

为发挥博物馆教育阵地作用，协同市教育部门联手打造青少年中小学第二教育课堂，邀请中小学生走进博物馆，并提供免费优质服务。全年接待包括××区、××区、××区10余所学校70余次20000余人到博物馆参观学习，让学生了解烟台历史，拓展了知识面，也扩大了博物馆的社会影响。与××晚报小记者团联合联合举办了"DIY新春民俗相册"活动，丰富了孩子们民俗文化知识。在国际博物馆日、文化遗产日之际，举办"文博知识小能手竞赛"等系列宣教活动。这些活动的开展，不仅加深了孩子们对文博知识的认知，而且充实了他们的精神生活，也培养了文化遗产保护意识。

3. 提高《胶东文博》学术期刊水平

经过一年多的努力，由市博物馆协会、市博物馆主办的学术性刊物《胶东文博》获得了内部准刊号，馆刊编辑出版再上新台阶。2013年，《胶东文博》刊登学术论文50余篇，内容涵盖考古、历史、展陈、宣教、藏品等方面。《胶东文博》的开办，加强了博物馆之间的学术交流，促进了××文博领域研究水平的提高，为广大文博业务人员提供了良好的学术交流平台，宣传普及了××历史文化知识，扩大了文博工作社会影响。

4. 努力扩大对外宣传影响

对妈祖文化节活动、各类展览、考古发掘、文物征集、修复等项工作，通过积极与新闻媒体协调，将烟台文博工作在《××晚报》《今晨六点》《齐鲁晚报》《大众日报》《中国文物报》《走向世界》等报刊上进行宣传报道60余篇，在山东文博网、胶东在线网、水母网、大众网、烟台论坛等网站及烟台电视台、齐鲁电视台的报道60余次，在博物馆官网报道100余次。这些宣传和报道，提高了博物馆的知名度，收到了良好宣传效果，使市博物馆逐步成为我市重要的文化窗口。

六、强化安全责任意识，确保观众文物安全

1. 加强教育培训，及时检查整改安全隐患

通过制定严格的考核办法，加强对安保人员的安全教育和专业技能培训，提高安保队伍的整体素质，将安全检查规范化、制度化，不断提高安防意识和防范工作水平。另一方面，不定期开展安全检查，特别是对夜间执勤和值班情况的安全检查，加强对值班人员的管理，做到检查考核与劳务费直

接挂钩，对发现的安全隐患及时排查整改，做到警钟长鸣，防患于未然。

2.落实责任，杜绝安全事故发生

以开展安全生产月活动为契机，层层签订安全保卫工作目标管理责任书，建立"一级抓一级、一级对一级"负责的安全责任制，进一步明确了各岗位安全工作职责，把安全管理工作目标分解到各部门，责任落实到人。不断加强对物业安保考核力度，使考核制度更具操作性、更全面、更有力，确保了博物馆安全保卫工作的正常开展，杜绝了各类安全事故的发生。

七、认真实施廉洁勤政建设，杜绝各种违规事件发生

我们始终坚定的执行财政政策和廉洁规定，坚持例行节约，以制度规范管理行为，所有规模以上工程以及物资采购项目都严格实施了招投标管理，由政府采购部门实施集中采购，选择施工单位和供应商，杜绝了违规和暗箱操作，做到了公开、公平、廉洁，避免了经费使用过程中的弊端。另一方面，根据局党委统一部署，全面贯彻执行中央"八项规定"和"四不准"，在党员领导干部中加强廉政学习教育，提高干部廉政意识，使反腐倡廉工作取得明显实效，营造了积极向上、勤政廉洁的环境氛围，做到了廉洁做事，清廉做人。

2014年我们将在局党委的坚强领导下，认真履行博物馆各项职责，以更加饱满的热情，鼓足干劲，真抓实干，再创新佳绩，再上新台阶，再铸新辉煌，全面实施文博事业的发展繁荣。

例文解析··

博物馆是征集、典藏、陈列、和研究代表自然和人类文化遗产的实物的场所，并对有科学性、历史性、或者艺术价值的物品进行分类，为公众提供知识，教育和欣赏的文化教育机构。本文从举办系列特色展览、举办丰富民俗文化活动、加强业务建设、积极配合基本工程建设、强化宣传教育职能、强化安全责任意识、认真实施廉洁勤政建设等方面入手对博物馆一年的工作进行了全面而具体的总结。

但是例文关于工作情况的总结过多，应该从中找出亮点进行总结，做到详略得当，承前启后，结构清晰明了。而且只是将工作内容逐条陈述，并未归纳总结出经验，对不足更是只字未提，犯了两点论的错误，我们在今后写作中应该尽量避免。

例文五：

××学院2014年上半年工作总结

2014年是实现学校"十二五"发展目标的攻坚之年。上半年学校以学习贯彻党的十八届三中全会精神为契机，认真贯彻××高等教育改革的工作部署和任务举措，巩固和扩大党的群众路线教育实践活动成果，顺利完成行政领导班子换届述职工作，在人才培养、学科科研水平、社会服务等方面取得了新的成绩，圆满完成上半年的各项工作任务。

一、专项工作

（一）深入学习贯彻习近平总书记系列讲话和十八届三中全会精神

积极落实《××学院关于学习贯彻党的十八届三中全会精神的实施方案》，举办"中层干部学习贯彻习近平总书记系列讲话精神研讨班"，分类分层加强领导班子队伍、中层领导干部以及广大教职员工的政治理论学习活动。开展党委中心组（扩大）学习会4次，中层领导干部学习4次，院领导分别赴基层联系点深入开展专题学习宣讲会1次。

（二）认真做好第九次党代会筹备工作

按照市教卫工作党委和学校党委的工作部署，成立了党代会筹备工作领导小组及工作机构，各项准备工作有序推进，努力做到三个"结合"，即将第九次党代会的召开与促进党内民主政治建设有机结合，与全面推进基层服务型党组织建设有机结合，与推进学校事业发展有机结合。严格按照程序，完成"两委"委员和党代表推选工作。按照集思广益、发扬民主的精神，组织撰写"两委"工作报告，先后召开离退休老同志代表、职能部门负责人代表、民主党派代表等近10场座谈会听取师生意见，吸纳合理建议80余条。

（三）积极推进整改落实，巩固扩大党的群众路线教育实践活动成果

召开党的群众路线教育实践活动总结大会，全面总结群众路线教育实践活动成效，并把巡视整改工作同开展党的群众路线教育实践活动结合起来，把贯彻党的群众路线融入办学实践各环节，通过强制度、增互动、抓督促，巩固教育实践活动成果，增强了党员干部的宗旨意识、服务意识，进一步改进了工作作风，密切了党群干群关系，整改落实初显成效。继续做好建章立

制工作，完善重点部门、重点环节、重点岗位的内控制度。进一步完善院领导分工联系基层制度，打破领导班子联系基层的日常分工，形成交叉联系调研的工作机制。以建立现代大学制度，完善学校内部治理为目标，紧密结合学校当前工作，完善《××××学院章程（草案）》，修订学校学术委员会章程，推进教授治学，不断提高管理的科学化和制度化水平。全面推进中国乒乓球学院建设。推进中乒院分党委建设，成立教工和学生两个党支部，建立健全党的基层组织机构。推进体教结合工作，招收国家乒乓球队运动员本科生3名，选派10人为国家乒乓球队备战世锦赛做好科技支撑和服务保障工作。开展"推广乒乓球文化，推动高校乒乓球运动发展"系列主题活动，先后走进××××大学等三所高校进行乒乓球文化推广。继续与国际乒联、市府和市教委加强联系，积极推进国际乒联博物馆"落沪"工作。有序推进校园信息化建设。全面推动《××学院信息化建设三年规划》实施，完成信息门户、统一认证和数据中心三大基础平台的提升工作，完成学校短信平台建设。

二、主要工作

（一）党的建设

1．以能力建设为重点加强领导班子建设

按照市委关于进一步加强市属高校领导班子建设的意见和精神，定期组织党委中心组学习，不断提高理论水平和能力素质，认真贯彻民主集中制，完善领导责任分工，形成党委领导、党政分工合作、协调配合的工作运行机制。按照市委组织部和市教卫工作党委要求，精心组织校行政领导班子换届述职大会。构建院领导调研常态机制，以深化重点领域改革为主题，确定9项校级调研课题。加强领导班子学习能力建设，2人参加××市第10期干部选学高级研修班，1人参加市教卫工作系统"党政领导干部选拔任用工作条例"专题培训班。

2．扎实推进党风廉政和反腐败工作

制定《2014年××学院领导班子成员反腐倡廉建设工作责任分工》，召开党风廉政建设大会，与新任处级领导干部签订《领导干部廉洁从政承诺书》。开展廉洁文化教育，与××检察院共建，承办廉政文化巡展，组织参观张闻天故居和张闻天生平陈列馆。更新完善纪委监察审计网站、党务公开网和廉政文化教育网，形成"三网一体"的网络反腐倡廉教育模式。

3．有序推进干部队伍和人才队伍建设

坚持党管人才，严格做好干部的选拔任用。完成2人的考察转正和1个副处级岗位的选拔任命工作。选派2名中层干部参加市教卫工作系统专题培训，推荐2名青年骨干教师到××区挂职锻炼，2名辅导员参加2014年第一期高校学生党支部书记培训班，组织30余名中层干部和科级干部参加"××干部在线学习城"活动。将国际化培训延伸至管理岗位，7名处级管理干部分赴美国、加拿大参加学生事务、教务管理等领导力研修班。签署"××区大中小学体育教师发展联盟"合作协议，为教师教学能力提升提供平台。

4．进一步加强基层党建工作

制定《××学院关于创建基层服务型党组织的实施意见》，深入开展基层服务型党组织创建工作，收到特色申报项目15项。组织参观焦裕禄事迹图片展，改进基层党务干部工作作风。完成2014年党建、统战研究课题立项申请，2个项目分获市教卫工作党委党建研究会和市教卫统战处课题立项。严格按照党章规定要求，上半年发展党员149名，转正党员112名，举办入党积极分子培训班1期。

5．深入推进精神文明（和谐校园）和大学文化建设

贯彻落实学校《2013-2014年度精神文明创建实施意见》，出台学校《关于培育和践行社会主义核心价值观的实施意见》和《关于组织开展社会主义核心价值观宣传教育实践活动的实施方案》，深入开展上体精神大讨论、师德建设月等系列主题活动，引领社会主义核心价值体系"入耳、入脑、入心"。开展基层文明单位创建和评选工作，成功召开2013-2014年度精神文明总结表彰大会。依托中国武术博物馆和大学生武术艺术实践基地，推动文教结合和传统文化国际化传播。体育文化系列丛书编撰工作稳步推进，4本专著完成编写工作。辐射文明成果，积极服务社会，学校荣获"高校智慧学堂"铜牌。充分发挥统一战线和各类群团组织作用。坚持召开民主党派双月座谈会，发挥民主党派参政议政作用。定期向离退休老同志通报学校发展情况，加强关工委工作，发挥老同志在大学生思想道德建设中的作用，实现关工委工作常态化。××市欧美同学会·××市留学人员联合会××学院分

会顺利举行揭牌仪式。全面落实退休教职工大病住院互助医疗参保工作，加强对离退休教职工的人文关怀和服务。进一步建立健全各类规章制度和实施意见的征询制、论证制等，在重要文件、重要措施出台过程中，扩大教职工的参与面。举行"艺友汇聚心田快乐学学快乐"为主题的"慧聚沙龙"系列讲座，在不断推进二级单位"教工小家"建设的同时，主动创新"妈咪小屋""妇女小屋"建设。

（二）人才培养

1. 全面推动教育教学改革

加强制度建设，规范教学管理，全面修订教学教务相关制度文件。加大教务管理信息技术化投入，建成学生成绩单自助打印系统、学分信息查询系统。强化培养过程管理，进一步完善短学期教学内容体系，推进和支持实习基地建设，加强对实习各个环节的监控和分析，首次实施本科生毕业论文抄袭网络抽检。

2. 加强本科质量工程建设

积极落实教育部"质量工程"，健全本科教学质量保障体系。成功获批××市级教学成果奖特等奖1项，一等奖1项，二等奖3项。加强校内教材资助和培育，8本教材获资助出版。第三轮校内教学评估进入审核总结阶段。

3. 强化研究生培养质量管理

成功申报新闻与传播、艺术和公共管理三个硕士专业学位点。完成085专项2014年研究生创新项目申报与审核，博士研究生立项10项，硕士研究生立项30项。完成各学科博士研究生培养方案修订工作，增设全日制体育硕士专业学位研究生校外实践点5个，组织各类毕业生学位论文"双盲"通讯评审330篇次，无异议。一篇博士论文获全国优秀博士学位论文提名，两篇博士论文获上海市研究生优秀成果（学位论文）。

4. 组织开展研究生学术文化交流

选派12名硕博研究生赴国（境）外进行学术访问交流。成功举办2014年××市研究生暑期学校，筹办2014年××市研究生学术论坛。

（三）学科与科研工作

1. 新增一批科研立项和科技奖励

坚持服务国家战略、着眼前沿领域，积极组织申报重大科研项目。获国家社科基金5项，教育部人文社会科学项目4项，国家体育总局科技司重点研究领域项目6项，国家体育总局政法司课题4项，××市科委专项课题4项，××市政府决策咨询课题1项，××市科技进步奖三等奖1项。完成2014年度中央财政支持地方高校发展专项资金项目申报。《××学院学报》荣获"精品"科技期刊奖，《中国体育教练员》获得××高校"特色"科技期刊奖，《运动与健康科学》（英文版）获上海高校科技期刊"最快进步"奖。

2. 稳步推进科学研究院和实验室（基地）建设

坚持在服务国家战略和地方经济社会发展中提升学科发展和科学研究能力，把学科科研水平的提高反哺于人才培养工作。新签约2名研究型教师。完成2名××市海外名师的年度绩效考核，协助3名教师申报××市教委海外名师项目。审核立项省部级重点实验室、一流学科开放基金6项。获批××高校E-研究院建设项目《体育与健康伦理》和××社会调查中心××体院分中心，承担并完成国家体育总局委派的中国体育产业发展情况报告、中外体育产业发展比较研究报告，协助国家体育总局开展《全民健身计划（2011—2015年）》效果评估工作。召开体育产业发展研究院专家委员会第一次会议。提升协同创新能力，联合兄弟院校共建体力活动·中国研究院，致力于人民体力活动充分的生活方式研究和推广实践。国家体育总局重点实验室"运动技战术诊断与分析重点实验室"顺利通过绩效考核，完成教育部省部共建重点实验室"运动健身科技"验收工作并获得好评，获批国家体育总局"运动心理和认知"重点实验室。

（四）人事工作

1. 深化人事制度改革

根据上级要求，积极推进绩效工资改革，发挥其在人事管理中的激励导向作用。按照"规范管理、平稳过渡"原则，完成绩效工资补差工作。开展培训绩效评估，制定《××"教师专业发展工程及管理人员能力提升项目"管理与考核办法》《××学院关于教师公派境外访学项目评估实施办法》，着力探索符合教学、科研工作实际的培训绩效评估方法和有效途径。修订

2014 年教师和其他专业技术职务聘任办法，继续向一线教师倾斜。

2. 提高教师专业发展能力

始终把建设一支符合世界一流体育大学要求的高水平师资队伍作为中心工作来抓，采取多项措施，推进教师能力建设。启动"骨干教师激励计划"方案的制定工作。选送 9 名专业技术人员出国业务进修 1 年，2 名教师获高校国际师资核心课程进修计划资助，2 名教师参加国家体育总局体育人文社科专项赴日本培训班。

3. 完成上半年招聘工作

本着公开、公平、公正的原则，认真做好上半年的招聘工作。引进人才 4 名，招聘教职工 37 人，其中教师岗位 19 人，具有博士学位 11 人。

（五）德育工作

1. 深入开展大学生思想政治教育

围绕"大学生成才价值观""大学生人际交往价值观"等八个领域开展社会主义核心价值观系列专题调研，有针对性地组织开展形式多样的主题宣传教育活动，引导大学生将成才愿望和中国梦有机统一。认真组织落实形势政策教育和十八届三中全会精神"三进"工作。开展"我和我的祖国"主题团日、"纪念五四运动 95 周年"——与青年共话社会主义核心价值观座谈会、学雷锋志愿服务月等特色教育活动，依托易班网络平台教育功能，深入开展网络思政教育工作。举办第五期研究生骨干训练营。

2. 继续做好就业创业工作

截至 7 月 6 日，毕业生一次就业率 76.6%。完成《2013 年毕业生就业质量分析报告》。进一步推进大学生创新创业教育，举行第九届大学生科技学术节，完成竞攀杯校内预孵化项目 30 个，9 项在第八届"挑战杯"××市大学生创业大赛中获奖，其中金奖 1 项，银奖 1 项，铜奖 7 项。继续做好创业孵化中心项目管理，在驻项目中 6 家团队已成功注册公司。科普志愿者服务社成为校园创新成果转化为社会服务能力的创新创业成果输出平台。

3. 加强学生工作队伍建设

根据《××学院学生辅导员队伍建设规划》（2013-2015 年）要求，坚持高标准、严要求，推荐 14 名辅导员参加市级人文素养、心理咨询、学生管理等不同领域的专题培训。积极推动学习型辅导员队伍建设，完成

2014 年度德育研究课题申报工作，立项 39 个校级德育课题。

4. 大力开展实践育人工作

以"践行核心价值观、共筑复兴中国梦"为主题，召开 2014 年暑期社会实践宣讲会。依托体育专业特色，开展包括 2014 国际田联钻石大奖赛等大型赛事活动志愿者工作。选派 2 名志愿者赴云南、重庆开展志愿服务。深入开展大学生慈善公益服务工作，共组建 12 支慈善分队，学生义工近 1000 人，受益者达 7000 余人次。开展"第五届读书节"等校园十大节日特色文化活动，积极开展高雅艺术进校园活动。完成 2013 年级本科生军训工作，启动 2014 年征兵工作。继续做好奖、助、勤、贷、补等资助工作，完成《大学生心理健康》课程教学，开展心理辅导员沙龙。

（六）竞技体育工作

"国家高水平体育后备人才基地"通过××市年检，被评为 2013 年度"年检优秀单位"。××学院田径运动项目训练基地在××师范学院正式挂牌。××市花样跳绳协会在我院成立。积极组织参加全国体育院校排球、田径锦标赛和××市足球联盟杯等赛事。截至 6 月底，共获得全国锦标赛金牌 5 枚，银牌 2 枚；市运会比赛金牌 20 枚，银牌 9 枚，铜牌 5 枚；全国大学生锦标赛金牌 2 枚，银牌 3 枚；全国体育院校锦标赛金牌 6 枚，银牌 4 枚。顺利完成 2014 年阳光体育联赛。

（七）国际交流与留学生教育工作

学校以人才培养国际化为根本，不断完善国际化办学的体制机制，传播中国体育文化，提升国际影响力。接待境外来访团组 23 批次，因公出访团组 4 批次。共派出交流生 48 人赴辅仁大学等 10 所学校访学交流，接受境外交流生 2 人。获批××市教委"高校学生海外学习、实习项目"11 项。与比利时自由大学、美国北卡罗来纳大学、日本早稻田大学等 8 所大学签订合作交流协议书。长短期留学生继续保持平稳态势，目前有 441 名长期留学生。完成市教委支持地方政府奖学金及教育部留学生留基委的"高校研究生项目"招生计划，完成市教委预科留学生项目的选拔与报送。

（八）继续教育工作

加强成人学历教育工作，毕业 375 人，招录 2013 级新生 250 人。进一步开展"××市终身学分银行高校网点"建设。积极开展非学历教育培训，承办中国足球 D 级教练员培训班 4 期，体重控制管理师培训班 1 期等。加强 ×× 市体育师资培训基地建设，整合校内骨干教师资源，组织实施 ×× 市高中体育试点学校体育教师暑期培训班。

（九）全面推进 ×× 体育国家大学科技园建设

围绕科技部、教育部 2015 年国家级大学科技园绩效考核标准，做好各项复评准备工作。组织召开 "×× 体育国家大学科技园建设与发展研讨会" 及 "体育产权交易板块推介会"，启动体育产权交易中心筹建工作。截至 5 月 31 日，完成国税地税约 900 万，达到全年指标的 53.3%。

（十）基本建设工作

中国乒乓球学院训练馆单体进入施工收尾阶段，综合大楼单体进入主体 10 层结构施工阶段。完成 "新建学生公寓项目" 可研报告。完成上报 "游泳球类馆、实验综合楼和实训教学楼" 工程项目建议书。完成学生管理综合服务系统项目等数十项招标工作。编制上报 2015-2017 年校内修缮项目数据库。

（十一）审计工作

开展 1 位干部离任经济责任审计、1 项科研专项审计、1 项信息化建设一期专项审计，4 项基建修缮项目审计，配合市教委进行 2014 年 ×× 市高校领导干部经济责任审计工作。加强对科研经费等重点领域和关键环节的监督检查，完善合同管理、经费使用审核、招投标等制度，提高经费使用绩效。

（十二）校园保障工作

1. 图书馆工作

完成 8000 余册图书订购，完成 16 个中外文数据库的续订及自建数据库更新维护。扩大服务范围，逐步实现由传统服务型向研究智库型图书馆转型。

2. 教学训练保障工作

圆满完成上半年的教学训练科研的保障任务，实现零投诉和零安全事故。扩大学生自主管理实训基地规模，筹建 ×× 市青少年体育运动项目培训中心。

3. 校园安全与后勤保障工作

强化安全生产管理，持续后勤安全零事故。进一步实施 "校区综合照明"工程。完成学生宿舍空调安装工程。1 个班组荣获"市高后文明窗口"，1 人获"市高后服务明星"。不断完善学校资产管理系统建设，严控办公设备调拨与维护工作，切实做好二级单位、部门设备报废手续，确保各项工作手续齐备、程序规范、服务到位。进一步加强治安、消防、校园安全综合治理工作，强化"人防、物防、技防"体系建设，切实做好 ×× 亚信峰会期间的安全维稳工作，确保校园平稳有序。

例文解析 ....

例文分两部分对学院的工作情况进行总结，一部分是专项工作，一部分是主要工作。其中专项工作从深入学习贯彻党的会议将神，党代会的筹备，群众路线教育实践活动，乒乓学院建设和校园信息化建设入手进行阐述。主要工作从党的建设、人才培养、学科与科研工作、人事工作、德育工作、竞技体育工作、国际交流与留学生教育工作、继续教育工作、全面推进上海体育国家大学科技园建设、基本建设工作、审计工作、校园保障工作等方面落笔。

文章对学院一年以来工作总结十分全面，内容很具体，采取并列式的结构，逐条阐述工作内容，有罗列工作内容的嫌疑，应该对工作重点或者是工作亮点进行突出陈述，争取做到详略得当，使人一目了然。而且例文只总结了工作成就，没有对遇到的问题进行总结，也没有提出下一步计划，结构是不完整的，在我们撰写工作总结时应该注意。

第五节　其他部门中层领导工作总结

例文一：

2013 年护士工作总结

医护人员的工作是挺辛苦的。要付出很多的耐心和心血在照料病人的事情上。在这种特别的工作岗位上，是要尽心尽力的。

1. 兼顾新厦、主楼，全院一盘棋，尤其在新厦抓操作规范，实现输液反应"零"突破；抓查对制度，全年查堵药品质量漏洞 12 例、一次性物品质量漏洞 29 例。

2. 配合股份制管理模式，抓护理质量和优秀服务，合理使用护工，保证患者基础护理到位率；强调病区环境管理，彻底杜绝了针灸科环境脏、乱、差，尿垫无处晾晒的问题。

3. 从业务技能、管理理论等方面强化新厦年轻护士长的培训，使她们尽快成熟，成为管理骨干。今年通过考核评议，5 名副护士长转正、3 名被提升为病区副护士长。

4. 加大对外宣传力度，今年策划了"5.12 护士节"大型庆典活动，得到市级领导及护理界专家同行的赞誉；积极开拓××报、每日新报、××日报、××电台、电视台等多种媒体的宣传空间，通过健康教育、事迹报告会、作品展示会等形式表现护士的辛勤工作和爱心奉献。

5. 注重在职职工继续教育，举办院级讲座普及面达 90% 以上；开办新分配职工、新调入职工中医基础知识培训班；完成护理人员年度理论及操作考核，合格率达 97.9%。抓护士素质教育方面开展"尊重生命、关爱患者"教育，倡导多项捐赠活动，向血液科、心外科等患者献爱心。

6. 迎接市卫生局组织的年度质控大检查，我院护理各项工作成绩达标，总分 96.7，名列全市榜首。

7. 个人在自我建设方面：今年荣获"××市市级优秀护理工作者"称号；通过赴美国考察学习，带回来一些先进的管理经验，并积极总结临床经验，本年度完成国家级论文 3 篇、会议总结 2 篇及综述 1 篇。

作为护理部主任、一名光荣的中共党员，我特别注重自己的廉洁自律性，吃苦在前、享受在后，带病坚持工作，亲自带领科护士长、护士长巡查各岗；努力提高自己的思想认识，积极参与护理支部建设，发展更多的年轻党员梯队，现在新厦的党员队伍已经扩大到 20 余名，其中以年轻的临床骨干为主，使护理支部呈现一派积极向上的朝气和活力。

护理工作的顺利开展和护理水平的提高，得益于以×院长为首的各位领导的正确决策和各级基层护理人员的共同努力，明年护理部要创立自己的学术期刊，提高学术水平，发挥中医、中西医结合护理优势，争取使我院的护理质量得到国际化认证。

2013 年上半年，海南区卫生工作在区委、区政府的正确领导和市卫生局的业务指导下，以科学发展观为指导，认真贯彻落实市、区两级卫生工作会议精神，继续深化医药卫生体制改革，各项卫生工作进展顺利。现将上半年卫生工作进展情况汇报如下：

一、上半年工作进展情况汇报

（一）落实医改五项重点任务有新进展

稳步推行基本药品零差率销售工作。继续在区人民医院及基层公立医疗机构实施国家基本药物零差率销售工作，截止到 2013 年 6 月 1 日，基本目录药物共销售 88.95 万元，减收 13.34 万元。优化整合基层医疗卫生服务体系。组织疾控、妇幼、卫生院专业人员对全区 26 个乡村医生进行考核，按照绩效考核办法，发放乡村医生补助，最高金额达 2600 元。开展村卫生室清理整顿工作，按照一个行政村设置一所政府举办村卫生室原则，将巴音陶亥镇原 26 个自然村卫生室优化整合为 8 个行政村卫生室。召开了第一季度社区卫生工作会议，协调解决社区工作中存在的问题，安排部署 2013 年重点工作。开展了农区及社区卫生人员培训，共计培训 52 人。九项基本公共卫生服务稳步推进。继续开展规范化健康档案建档工作，共建档案 53947 份，建档率达 52%，其中农区建档 6200 份。各社区卫生服务中心结合实际制定了健康教育工作计划和工作制度，开展了健康教育人员培训，制作健康教育专栏 18 期，儿童保健、老年保健、免疫规划、传染病报告管理、慢性病管理各项工作逐步规范，开展公共健康教育咨询活动 6 次，印发慢性病、健康教育、妇幼保健、控烟等宣传资料 18 种 3000 余份。组织专业人员对巴镇卫生院及 5 个社区卫生服务中心基本公共卫生服务项目实施情况进行了专项督查，并对存在问题进行了通报。举办了 2013 年海南区重性精神病管理培训班，有效提高了医务人员对重性精神病有关知识的知晓率。在全区各医疗卫生机构积极开展"无烟医疗卫生机构"创建活动，进一步营造了健康优美的医疗服务环境。

（二）医疗卫生事业投入明显加大，医疗卫生工作成效显著

1. 医疗卫生事业取得较大成效。区人民医院探索实行岗位绩效工资制度，有效调动了医护人员的工作积极性，社会效益和经济效益明显提升。

上半年，共接诊患者 12919 人次，收治住院患者 1296 人，实施各类手术 141 例，业务收入达到 961 万元。

2. 与上级医院的协作关系进一步增强。邀请内蒙古自治区医院专家组于 3 月 7 日来我区坐诊，共接诊门诊患者 414 人次，举办专家讲座 4 次，通过专家指导和外派专业人员进修学习相结合，各科室管理进一步规范，专业技术水平大幅提高，专业特色逐渐凸显，医护质量不断加强，医疗纠纷明显减少。

3. 提高医疗服务质量和安全管理。努力构建和谐医患关系，加强医院管理，切实增强广大医护人员的医疗安全和质量意识，提高基础医疗和护理质量。落实医疗事故责任追究制度，从源头上抓好医疗事故、医疗纠纷的预防，努力改善医患关系。在抓制度建设的同时，严格抓好基本技能的培训。开展了第一季度"三基"考试，合格率达到 100%。建立平安医院建设的长效机制，积极开展防震减灾应急演练及"安全生产宣传咨询月"活动，努力构建平安医院。

4. 全面启动创建二级甲等医院。对照二级甲等医院评审标准，逐条分析研究，在北京老年医院的帮助指导下，制定了整改方案，下达各科室认真落实整改措施，推动医院医疗质量服务水平和管理水平全面提升。

（三）卫生监督工作

食品卫生监督。制定实施《食品卫生安全保障专项整治实施方案》，餐饮行业的卫生状况得到明显改观。开展了食品卫生专项督查行动，对辖区内餐饮业、学校食堂、幼儿园食堂、企业食堂、建筑工地食堂进行巡回监督检查。对存在环境卫生不合格、食品贮存不当、餐具不消毒、无防蝇防虫卫生设施等问题的责令限期改正。累计出动卫生监督人员 163 人次，监督检查 135 户次，出动车辆 27 台次，下达整改意见书 31 份，有效地保证了我区餐饮服务消费环节食品安全。公共场所卫生监督。加大了对辖区内公共场所的监督检查力度，对公共场所展开了大规模的环境卫生大清查；开展了公共场所从业人员卫生知识培训，培训从业人员 83 人，健康体检 83 人；开展了美容美发场所专项执法检查行动，检查美容美发店 38 家，出动人员 91 人次，车辆 13 台次。医疗卫生监督。按照医疗服务市场整治工作重点内容，对取得《医疗机构执业许可证》的单位组织开展检查，在全区范围集中开展大规模整治活动，检查持证医疗机构 113 户次，对 8 户无证经营、3 户超范围执业、2 户使用非卫生技术人员的医疗机构予以行政处罚，没收医疗器械及药品 15 件，价值人民币 4200 元。职业卫生监督。认真开展职业危害监管工作，重点针对辖区内接触有毒有害因素的工厂进行。共出动车辆 53 台次，人员 106 人次，检查企业 52 户次，发放宣传资料 2400 余份。通过监管，有效预防和控制了职业危害事故和职业病的发生，切实维护广大劳动者的健康权益和社会稳定。

（四）疾病预防控制工作

继续加大对传染病的防控和监测。截至五月底，乙类传染病 8 种 103 例，总发病率为 93.87/10 万；丙类传染病 4 种 123 例，总发病率为 112.09/ 十万。按照现住址及传染病网络直报系统审核日期统计，截至 6 月 16 日上午 9 时，累计报告手足口病 207 例，其中重症 10 例，轻症 197 例。坚持预防为主的工作方针，强化手足口病、艾滋病等传染病防控工作。加强对中、小学校及托幼机构春季呼吸道传染病及手足口病的预防和主动检测，要求学校和托幼机构加强晨检工作，开展医疗机构传染病报告管理督导检查及漏报调查。指导各医疗机构建立规范预检分诊制度，做好应急技术准备，防止院内感染发生；指导学校、托幼机构做好防控措施。加强疾控应急组织和队伍建设，积极储备应急物资，开展相关人员的技术演练。

完成了 1996-×× 年出生儿童的第三针次乙肝疫苗补种工作，补种儿童 2133 名；完成 0-4 岁儿童两轮糖丸强化免疫接种工作，共计接种 9912 剂次；完成 8-14 岁儿童麻疹疫苗查漏补种工作，补种人次达 700 余人；开展了鼠疫踏查、监测工作，监测面积约 500 平方公里，未发现鼠间鼠疫和人间鼠疫。

深入开展艾滋病防控工作的宣传教育、自愿咨询检测、高危人群行为干预，落实政府"四免一关怀"政策，共体检从业人员 500 余人次，完成咨询检测 66 人次，发放宣传资料 200 余份；完成了国家下发 hiv 抗体盲样检测和碘盐实验室质控；按要求完成居民 300 户碘盐监测工作及盐业公司全年碘盐监测。

（五）妇幼保健工作

农村孕产妇住院分娩补助项目。认真贯彻落实医药卫生体制改革精神，不断加大孕产妇住院分娩补助力度，成立了领导小组，制定了补助标准和补助流程，开通了急救绿色通道，印制农村孕产妇住院分娩补助项目政策宣传资料，共发放 1200 余份，共接受群众咨询 130 余人次。增补叶酸预防神经管缺陷项目。按照要求成立了项目领导小组，制定项目实施方案，建立良性互动协作机制。截至目前，共发放叶酸人数 360 人，依从人数 127 人，其中农村 81 人，共发放叶酸 1081 瓶。同时利用"三下乡""世界卫生日"等节日，发放叶酸增补知识宣传单 700 余份。妇幼双系列工作。认真贯彻执行"一法两纲"，依法搞好母婴保健技术服务和管理工作，规范服务内容，保证了妇女儿童获得法律所规定的服务。通过定期下乡督促检查，产科质量专项检查等形式，加大《母婴保健法》执法力度。在贯彻《母婴保健法》的同时加大力度监督指导各三级网点的孕产妇、儿童系统管理工作，规范了乡（镇）村三级妇幼保健网。

（六）爱国卫生运动

深入开展爱国卫生运动，制定并下发《××-2014 年 ×× 市 ×× 区城乡环境卫生整洁行动方案》，认真做好创建国家卫生城市启动和宣传工作，积极营造创建国家卫生城市宣传氛围。在全区医疗卫生机构开展了爱国卫生检查评比活动，彻底清除各医疗卫生单位卫生死角，进一步给辖区居民营造环境整洁优美、公共卫生安全、文明健康的就医环境。开展了集中统一灭蚊蝇行动，组织各镇办、住建局、商务局、城市管理综合执法局、园林局等主要部门对各自责任区内的垃圾点、垃圾场、垃圾箱、零散垃圾点、绿地、公共厕所、建筑工地、市场等蚊蝇孳生地进行了统一消杀。共喷洒灭蚊蝇药物800 余瓶，出动专用喷药车 8 台次，农用四轮车 5 台，手动式喷雾机 35 台，消杀绿地、绿化带面积 170 多万平方米，消杀公共厕所 200 多座，消杀垃圾场（建筑垃圾场 2 个）4 个约 17 万平方米，消杀垃圾点（包括零散垃圾点）1200 多个，消杀垃圾箱、果皮箱（包括小区的）500 多个，集贸市场 3 个，学校 13 所，消杀河槽周边绿化区域和河槽水域面积约 2 万平方米，消杀住宅小区 20 多个，消杀建筑工地生活垃圾点、厕所 7 个，出动人员 200 余人次。

（七）党建工作成效显著

结合工作实际，以推进医药卫生体制改革、构建人民满意的卫生工作为目标，深入开展创先争优活动，将卫生部提出的"三好一满意"（服务好、质量好、医德好，群众满意）活动与我市提出的"三比一创建"（比环境、比管理、比服务、创建精神文明窗口单位）活动紧密结合，以医务人员医德考评和卫生系统文化建设为长效机制，继续深入开展创先争优活动，激发调动广大党员、干部和职工积极性，履职尽责。开展了"××区卫生系统德医双馨十佳健康卫士"评选活动。通过积极动员、组织争创等步骤和环节，以点带面，广泛开展医疗卫生优质服务竞赛，增强医务工作者创先争优意识。充分发挥党员先锋模范带头作用，加强医疗卫生行风建设。借助卫生系统政风行风评议工作平台，努力查找工作中的不足，为创先争优工作的开展夯实基础。开展了"5.12"国际护士节护理技能比武活动，有效提升了护理队伍整体素质，进一步推动了医疗质量万里行和优质护理示范工程行动深入开展。

二、存在的困难和问题

1.人员编制不足

（1）乡镇卫生院。镇卫生院现有在编人员15人，其中医师8名，护士2名，调剂师2名，检验师1名，放射科1名，其他人员1名。在职工作人员中，有4人被借调。服务人口2.3万人。

根据《××××××人民政府关于基层医药卫生体制综合改革试点的实施意见》（×政发【××】25号）文件精神，苏木乡镇卫生院编制按农牧业户籍人口的1.3‰实行总量控制，并分类核定。×××镇卫生院应安排编制27名（按2.1万人口计算），其中中医师1名，专职公共卫生人员4名，护士5名，全科医师5名，各类医技人员11名，其他人员1名。现缺编制人数12名。×××卫生院和×××卫生院机构存在，但不经营。

（2）社区卫生服务中心。按照《关于印发××××城市社区卫生服务机构设置和编制标准实施意见的通知》（×机编办发【××】32号）文件精神，服务居民1-5万名的社区卫生服务中心，按每万名居民配备2-3名全科医师、1名公共卫生医师，全科医师与护士的比例1：1配备，具体计算时，服务居民超过1万的，万后尾数≥5000，按1万计算。拉僧仲社区卫生服务中心服务居民39000人，应安排编制26名，其中全科医师8名，公共卫生医师4名，护士12名，其他人员2名。现临时聘用工作人员21名，尚缺

5名。公乌素社区卫生服务中心服务居民24200人，应安排编制17名，其中全科医师5名，××××医师3名，护士8名，其他人员1名。现有在编人员7名，其他人员均为临聘人员。

由于基层社区缺乏必要的专业技术人员，影响其正常业务的开展。

2. 乡村一体化改革推进缓慢

根据××自治区卫生厅《关于清理整顿××××查村卫生室的通知》（××农字【180】号）文件要求，每个行政村设置村卫生室1个。整合后村卫生室数量暂不能解决现有农区居民对基本公共卫生服务的需求。××区现有农区人口2.3万人，自然村卫生室26个。每个村民小组之间距离远、跨度大、从南到北跨度70多公里。按照科学规划、合理布局的设置原则，村卫生室的设置必须有利于合理配置农村卫生资源，有利于满足广大群众的预防保健和基本医疗需求。村医多渠道合理补偿机制尚未健全，村医工作积极性不高，队伍不稳定。依据《××××深化医药卫生体制改革近期重点实施方案》文件精神，对乡村医生承担的公共卫生服务给予合理补助，补助金额每人每年不低于××元。目前对村医补偿机制不完善，平均每个村医每月仅补100元。由于行政村卫生室尚未确定，村卫生室仍未实行药品零差率销售，镇卫生院难以对村卫生室实行"五统一"管理，阻碍了乡村卫生服务一体化进程。

3. 基层医疗卫生机构运行经费不足

基层社区运行经费严重不足，各基层社区除开展一般诊疗服务外，还承担辖区内基本公共卫生服务，由于各基层社区没有核定人员编制，大部分为临聘人员，工资由业务收入及基本公共卫生服务经费中支出，导致各基层社区运行经费严重不足。此外，×××社区卫生服务中心及×××社区卫生服务中心近期搬入新楼，由于缺乏经费购置必要的设备，导致业务无法正常开展。

4. 缺乏必备的应急装备

由于我区是自然灾害频发地区，做好突发公共事件处理，最大限度的预防和减少突发公共事件及其造成的损失，需配齐配强各种应急装备，需要提供资金保障。

三、下一步工作重点

（一）全力推进医改重点工作

探索实施医院人事制度改革。实行岗位分类管理，实行全员聘用制度。完善医院分配制度，建立以服务质量和工作量为核心、以岗位责任与绩效为基础、以专业技术能力和医德医风等为主要评价标准的绩效考核体系；加强重点专科和人才队伍建设，提高医疗技术水平。推广适宜技术和基本药物，继续在公立医疗机构实行基本药物零差率销售，落实政府补助资金。提高医疗信息化水平。以医院管理和电子病历为重点推进医院信息化建设。以大力改善农村医疗卫生服务条件为出发点，形成镇、村公共卫生服务一体化管理新格局。

（二）做好卫生应急和"第三届精神文明建设经验交流会"的保障工作

做好各类突发公共卫生事件的网络信息系统建设，提高急救系统装备水平，加强各级医疗卫生专业技术人员的培训演练和必备物资的储备，进一步完善突发公共卫生事件应急处置机制，提高突发公共卫生事件的应急处置能力。按照"保安全、保质量、树形象"要求，争取各项工作落实到位。各医疗单位按照各自职责，分工协作，认真开展培训检查活动，对相关部门及人员进行有关政策、计划、方案的学习培训，积极开展监督检查，确保两会期间的食品药品市场安全，使各项工作落到实处。对传染病暴发危险因素进行排查，对可能造成传染病暴发的危险因素进行干预和控制，有效开展疾病防控工作，做到早预测、早预防，确保不发生重点传染病暴发流行。

认真履行食品安全监管职责，全力做好食品安全专项整顿工作。加强食品安全风险监测和安全整顿工作力度，对不符合要求的违法餐饮经营行为保持高压态势，严肃查处食品安全事故和案件。继续加大对相关法律、法规的学习，强化自身素质建设，着力提高卫生监督相关公共卫生专业服务水平和依法行政的能力。重点开展环境卫生综合整治和除"四害"工作，确保××市第三届精神文明建设经验交流会在我区圆满召开。

（三）进一步加强疾病预防控制工作

继续做好流感和手足口病防控工作，认真落实各项防控措施。继续推行现代结核病控制策略，做好肺结核病人发现、治疗、系统管理工作，深入开展艾滋病防控工作的宣传教育、自愿咨询检测、高危人群行为干预，切实提高预防控制艾滋病工作质量。做好全区扩大国家免疫规划实施工作，为全区0-6岁儿童提供安全、有效、免费、均等化的国家免疫规划疫苗预防接种服务，"六苗"接种率达到95%以上，有效预防传染病发生。对15岁以下儿童实施乙肝疫苗接种工作和儿童麻疹疫苗强化免疫活动。主动开展慢性非传染性疾病防治工作，促进疾病预防控制工作与社区慢性病等综合防治工作的有效结合，推广有效干预措施。对重性精神疾病病人的建档立卡、规范管理治疗和追踪随访，开展我区精神疾病流行病学调查，开展精神心理疾病的行为干预工作。

（四）扎实开展爱国卫生运动

严格按照《××市城乡环境卫生整洁行动方案》要求，全面推进落实城乡环境卫生整洁行动的各项任务，制定长效的卫生管理制度，建立长效的管理队伍，完善各项基础设施建设。重点抓好城乡结合部、农贸市场、"五小行业"集中整治，加大镇村的综合整治力度，组织发动农区居民进行卫生大扫除。彻底清除垃圾、粪便、污水等"五乱"现象，完成此次行动的各项目标任务。建立长效的市容环境卫生检查评比制度，确保城区环境卫生得到明显改善。继续深入开展医疗卫生单位爱国卫生检查评比活动，建立长效工作机制，确保工作落到实处。

（五）深入开展医疗服务质量和管理工作

继续深入开展医院管理年和医疗质量万里行等活动，加强"三基三严"培训，切实增强广大医护人员的医疗安全和质量意识，提高基础医疗和护理质量。加强抗菌药物的临床应用管理，落实"三合理"要求。制定医院感染管理评价细则，加强医院感染管理，最大限度地减少医院感染的发生。强化采供血管理，保证用血安全。以方便、高效、温馨为原则，简化服务环节，缩短病人等候和各项检查预约报告时间，提高服务效率。积极推进预约诊疗服务，积极推进建立医疗责任保险制度，落实医疗事故责任追究制度，从源头上抓好医疗事故、医疗纠纷的预防，努力改善医患关系。降低医疗费用，规范临床诊疗和用药管理。合理调配临床资源，优化服务流程，缩短平均住院日；落实医学检验、影像检查互认制度，避免重复检查；完善医疗机构药事管理制度，规范医院处方点评，促进合理用药。加强应急救治，提高临床诊疗水平。重点加强疑难重症诊疗能力和突发事件医疗救治能力建设。严把医疗机构、从业人员、卫生技术应用准入关，加强医疗机构定期校验管理，加强技术准入和管理，规范技术应用和医疗服务行为。严厉打击各种非法行医行为，全面治理违法医疗广告，加强个体门诊规范管理。加快培养和引进高层次卫生人才队伍。以高层次医疗卫生人才引进和培养为突破口，促进医疗卫生技术服务水平的提升。

（六）切实搞好妇幼卫生工作

落实"一法两纲"，提高孕产妇、儿童系统管理质量，降低孕产妇和婴儿死亡率。加强妇幼保健机构能力建设，普及产科孕产妇急救危重症综合抢救技术、新生儿窒息复苏技术，提高妇幼保健工作质量。继续开展"降消"项目、新生儿窒息复苏培训项目、出生缺陷防治项目、农村孕产妇住院分娩补助项目。做好新生儿疾病筛查和产前诊断工作。

（七）扎实做好基层卫生工作

按照社区卫生服务体系发展和建设规划，基本完成社区卫生服务网络建设，建立社区卫生服务信息网络系统。不断规范服务内容和服务形式。探索开展社区医生"首诊负责制""双向转诊制度"，推广农区、社区卫生适宜技术。完善农区、社区卫生工作考核制度。继续开展二级以上医疗卫生机构对口支援农区、社区工作，提高基层服务能力和水平。

（八）拓展卫生对口支援与协作领域

采取多种形式和途径，发展与区内外其他先进地区的交流与合作。积极争取先进地区在人才、信息、技术、资金、设备等方面的支持，不断拓宽协作领域和规模，促进我区卫生事业的全面发展。继续深化区人民医院与自治区医院、北京老年医院的对口支援工作力度。积极开展区人民医院创建二级甲等医院工作，力争在两年内顺利通过评审。

（九）加强基层党建和党风廉政建设

创新工作思路，加强基层组织建设和党员队伍建设，发挥基层党组织的战斗堡垒作用，切实增强卫生系统各级党组织的凝聚力和战斗力。从源头上预防和治理医药购销领域商业贿赂和医疗服务中不正之风，为医药卫生体制改革提供坚强的组织纪律保障。以深化创先争优活动长效机制为契机，加强医务人员医德医风建设和行业作风建设，结合"三好一满意"进一步细化"三比一创建"活动和医德医风考评办法，落实考评措施，在全区各级医疗机构开展医德考评工作。

在今后的工作中，我们要抢抓机遇，以落实医改五项工作任务为中心，以奋发有为的精神状态、求真务实的工作作风，积极进取，开拓创新，全面完成今年的各项工作任务。

例文解析

例文共分三部分，首先是对过去的工作情况进行总结，然后提出工作过程中遇到的问题，最后对下一步的工作做出了打算。本文结构十分完整，条理清晰，先总结情况，后找出自身不足，让人一目了然。但吸取经验教训以及今后打算部分叙述得过于教条，要注意精简，找出重点和亮点，简单叙述。我们在行文中可以在此多下一些功夫加以改正。

例文二：

2013年大学生村官的工作总结

转眼间，我离开校园走上大学生村官的岗位已近一年。回顾这段时间的工作经历，感受颇深，既有对工作经验的收获，也看到了自身存在的许多问题和不足。农村既是施展才华的大舞台，又是历练人生的大学校。在农村最基层经受锻炼，通过了解和配合村支部、村委会的工作，可以帮助自己打下良好的思想工作基础，积累宝贵的精神财富，树立正确的人生观、价值观，让我在实践中领悟到"为人民服务"的真谛，体现自我价值，相信这对我今后的成长和发展，都具有重大意义。

这一年多来，我力所能及地参与了村上的一些工作，也接触了很多的人与事。作为一名大学生村官，作为村委班子的一员，我既感受到了肩上的重担和老百姓对我们村干部的期待，又体会到了农村工作的快乐和成就感。现将我这段时间以来工作、学习和思想情况总结如下：

一、学习是提高自身业务水平的根基

作为一名走出校门不久的大学生，在工作过程中，我深深感到加强自身学习、提高自身素质的紧迫性，因此，我没有放松对自己的要求，通过勤奋学习，不断提高自身业务水平。

1. 向书本学习。在过去的一年中，我主动加强对政治理论知识的学习。在原有的基础上，系统学习了科学发展观、和谐社会、社会主义新农村等重大战略路线方针，同时注重加强对外界时政的了解，通过学习，提高自己理论水平。

2. 向周围的同志学习。工作中我始终保持谦虚谨慎、虚心求教的态度，主动向领导、同事们请教，学习他们的工作作风和处理问题的方法。在领导和同事们的关心和帮助下，我迅速适应农村工作，提高了自己的工作能力。

3. 向实践学习。把所学的知识运用于实际工作中，在实践中检验所学知识，查找不足，提高自己，防止和克服浅尝辄止、一知半解的倾向。

二、踏实肯干，认真完成好各项本职工作

1. 这一年来，我帮助村里撰写、整理材料，参与村里大大小小的事务；由于我所学的专业是法律，村部设置法律咨询点，实行逢墟值班制。此外，有上级领导莅临我村指导工作的时候，我还协同村书记、主任负责接待上级领导，并汇报工作。

2. 远程教育播放是上级交给我们的又一项任务。我学习了网线连接、键盘应用等技术，认真开展好农村党员干部现代远程教育工作。在全村干部、党员、群众中播放现代远程教育课件，定时下载有关课件，并把重要课件及时反馈给村党支部，及时通知党员群众学习。每月组织全体党员进行学习，为大家讲解相关内容，记下大家在学习过程中遇到的问题以及通过学习而获得的心得体会、对本村发展所提的意见建议，并把播放过程中遇到的有关问题、意见和建议及时反馈给村党支部，取得了良好的效果。

三、工作中存在的问题与不足

在乡、村领导的关心与支持下，我的工作有很多收获，但同时也发现了几个方面的问题和不足：

1. 工作方式方法要加强。平时和村干部的沟通交流还是不够，有些问题和想法没能做到及时提出，对工作还是有些拘束，办事畏手畏脚。

2. 处理复杂问题的能力不够，和农民交流方式和处理工作方式上还没有完全适应和改变，与群众协商问题的能力有待提高。

四、明年工作打算

1. 加强自身思想建设，塑造自己的品格。要以饱满的工作热情和积极的心态去对待每一件事情，在农村我要学习的地方很多，碰到的困难也会很多，但是思想上要自信，要有接受挑战的勇气。

2.继续强化学习，提高综合素质，成为村干部的得力助手。学习是一个民族进步的不竭动力，也是人生的永恒主题。我需要学习的东西很多，包括认真学习政治理论，增强政治敏锐性和鉴别力，做到坚持原则，明辨是非；认真学习农村政策法规，熟练掌握村级规章制度；认真学习农村实用技能，用所掌握的知识技能为村民服务。同时，继续虚心向老同志、老党员学习，向群众学习，掌握农村工作方法，提高做好农村工作的本领和能力。

3.树立百折不挠的奋斗精神，提高自身工作韧性。农村工作复杂而又富有挑战，环境的艰苦，条件的恶劣，吃闭门羹、受到冷言冷语更是很常见的事情，但是我们坚信有领导的指导和同事的关爱团结作后盾，我们就会有信心、有勇气克服任何障碍，百折不挠，知难而上，把自己打造成一个能打能拼，韧劲十足的村干部。

一年的时间短暂但却充实，农村是一片充满希望的热土，是社会主义建设的新时期大学生展现才华的舞台。只有不断加强自己各方面的素质，加深对农村政策的理解和运用，利用自己的各方面积极因素为老百姓谋实事，我们才能够成为一名合格的大学生村官，我们才能够不辜负各级领导的嘱托和信任。今后，我将以村官岗位为平台，努力学习、积极工作，在实践中不断提高个人综合素质和工作能力，增强责任感、使命感和紧迫感，发扬主人翁精神，增强宗旨观念、提高服务意识，以更大的热情，务实工作，积极进取，继续为祖国的新农村建设尽自己的绵薄之力，为新农村建设挥洒自己的青春与汗水。

例文解析

　　大学生村官的职责是：协助做好党的方针政策、国家法律法规和上级党委政府有关文件精神的宣传贯彻工作；协助完成富民强村建设的各项任务；协助做好村内的综合治理、计划生育、矛盾调解、社会保障等服务工作；协助做好远程教育、科技普及和精神文明推广工作；积极参与镇、村和大学生村干部集体组织的各项文体活动。完成镇和村两委交办的其他各项任务。

　　例文分为三大部分，对自己工作的总结，提出自己遇到的问题，自身的不足，对下一步工作进行计划。对自己的总结包括提升个人素质和向别人学习两点，简单而又全面。提出的问题也都符合客观实际，都是贴近农村生活的问题。本文篇幅不长，但是结构十分完整，条理清晰，让人一目了然，能让人感受到大学生村官确实深入到农村服务了他人，也提升了自己，融入了真情实感，这一点我们在撰写公文时可以学习。

下编
述职报告的写作

第九章 述职报告概述

第一节 述职报告的概念和作用

一、述职报告的概念

所谓述职报告是党政机关、企事业单位、人民团体的干部为接受考核，根据自己履行岗位职责情况，从各个方面进行的自我回顾和评估，并向主管部门、组织人事部门或本单位的职工群体进行陈述汇报的一种书面报告。它是机关事务文书的一种，也是个人日常应用文体的一种。

述职报告的形成经历了漫长的发展历程，最早可以上溯到春秋年间，在《左传峭昭》中，述职一词首次出现："朝聘有珪，享觐有璋，小有述职，大有巡功。"而在《孟子·梁惠王下》中也有记载："诸侯朝于天子曰述职，述职者，述所职也。"也就是先秦诸子时期，各地诸侯都要按时向周王报告其封地的治理情况，这可能就是最早的述职公务活动。及至秦始皇统一中国，才开始正式的要求朝廷大臣和地方郡县吏用书面的形式向皇帝述职，这应该是我们所知道的最早的述职报告。此种方式被历代沿袭，只不过不再称做述职罢了。到中华人民共和国成立以后，实际上也有种种述职的公务活动。例如我国驻外大使到一定期限必须要离任回国述职，往往也要写成书面报告，这种书面报告实质上就是述职报告，只是一般称之为工作报告、工作汇总或工作总结等等。至此，述职报告还仍未成为一种正式的、独立的应用文体而得到社会各界的广泛认可。近些年来，我国在进行政治、经济体制改革的过程中，推行了干部管理和专业技术人员岗位责任制及定期任制，这些人员在任职到一定期限或者试聘期满后，要向有关领导部门报告本人的工作实绩、存在问题以及今后的设想、建议等等。由此，人们便恰当地借用了"述职"这一词汇来表示这种公务活动，同时，应运而生的特殊文体才被正式称之为"述职报告"。

二、述职报告的作用

述职报告经过了历朝历代的演变，在现代终于成为一种固定的公文文种，被政府机关等广泛应用，在中国的政治舞台上扮演着重要的角色，在发展进程中起着重要的推动作用。具体表现在以下几个方面。

（一）撰写述职报告是完善干部管理制度的一项重要措施

在岗位职责明确的前提下，要求具有一定职务的领导定期撰写述职报告，便于干部管理下属部门，明确权责关系；也便于全面细致地考察领导干部的理论水平、道德品质、文化修养和业务能力。这样可以根据干部自身的发展趋势，有计划有目的地进行选拔、培养和使用干部，减少和避免出现领导自身的主观性、盲目性错误。

（二）述职报告能作为广大群众评议干部的依据

领导干部在岗位上工作一段时间后，通过述职报告的形式向广大群众进行汇报，陈述自身履行岗位职责和为群众服务的情况，接受群众的审查和评议，这是领导干部与人民群众一次非常亲密的接触，有利于提高领导的亲和力。同时这也是接受群众监督、倾听群众意见的有效途径，有助于密切干部与群众的关系，克服官僚主义和不正之风。

（三）撰写述职报告有利于干部的自身建设

领导干部在某个岗位上工作一段时间之后，需要通过述职的方式对自己前一阶段的工作实践内容进行回顾，总结以前的工作经验，汲取失败的教训，进而强化自身的责任意识。这有利于领导干部更好地探索本职工作中的规律，促进其自我认识、自我学习和自我提高。

（四）有利于国家权力机关强化对任命干部的监督

述职通常是上级机关对任命的领导干部进行监督的重要方法之一，述职者通过对自己工作情况的概述，有利于上级领导对所任命干部的政策水平、依法行政水平、组织管理才能以及工作实绩增加了解，以便于在今后工作中更好地实现监督，促进工作又好又快地向前发展。

（五）有利于各部门之间的沟通和相互支持

通过公开述职，上下级、同级各部门之间可以相互了解、增加认识、增进感情，以便于在今后的工作当中得到上级的支持、同级部门的帮助以及本单位或本部门群众的积极配合，促使工作更加有序地开展。

总之，述职报告不仅有利于领导干部个人理论、实践水平的提高，也有助于增进上下级之间的相互了解和各部门之间的联系，同时还有利于加强工作的透明度与公开化，拉近与基层的距离，让更多的人参与到社会建设当中，从而更好地推动中国的现代化进程。

第二节　述职报告的特点

述职报告作为一种实用文体，自从得到正式的确认以来，便被广泛地应用到各个领域。它是我国在社会主义现代化建设过程中，实行新的干部管理体制及考核体系的一种重要工具，在我国的政治工作中发挥着不可比拟的作用。述职报告与个人工作总结、专业技术职称的个人申报等一些考核材料相同之处在于，都是在一定时间内通过自我回顾并以叙述为主要表达方式的实用文体，讲究材料的真实性与可靠性，讲究定性与定量的相互结合。但是它们之间也存在着不可小觑的差别：与个人工作总结相比较，述职报告侧重于写领导干部在一定时期内履行岗位职责的思考过程和自己的能力等，必须回答自己是否称职的相关问题，具有相当的规范性；而个人工作总结则要把重要的工作成绩、工作中出现的问题、今后的发展方向等都加以表述，虽然也有详有略，但基本上是做了什么就总结什么，内容上有较强的真实性与全面性。与专业技术职称个人申报材料相比较，述职报告是述职人员在某个特定时段内对有关情况进行的回顾，具有明显的阶段性特点，同时它也是述职者自觉接受上级领导干部和人民群众的考核与监督的表现，具有非常强的客观性与严谨性；而专业技术职称个人申报考核材料则是个人的业务实绩和水平的全部总结和有效评价，具有很强的贯通性和综合性，也带有较强的专业性和功利性。

具体而言，述职报告有以下特点。

一、述职主体的法定性

述职是担任一定职务的人向特定对象陈述自己履行岗位责任的情况，不任职者，则不存在其"述职"的行为。任何个人和集体都不得代替其他个人和集体进行述职，述职人必然具有一定职务，所以述职的主体总是以第一人称的口吻出现，针对自己的有关情况进行自我述评，而绝不会从第三者的角度检查、总结和评价他人的工作情况。

二、述职范围的固定性

述职报告是述职人针对固定时间段内其所在岗位的职责履行情况形成的报告，而每一个岗位的职责和目标大都是由国家、部门或单位统一制定的，它规定了每一岗位的职权范围和工作责任，因而述职报告的内容大体上也是既定的、明确的、可循的。写作述职报告时要求述职者根据自身的岗位要求，从德、能、政、绩、廉等诸多方面进行全面的报告，如实地阐述全部业绩。

三、拟写时效的特定性

述职报告是述职主体在特定的时间范围内为接受一定的考核而拟定的。无论是任职期或是试聘期满、年度结束的述职报告，还是上级领导不定期、临时布置的一些述职活动所需的书面材料，都必须在有效时间内全部完成，否则就会影响述职的进程，从而影响全局的工作，迟到的述职报告也就失去了它应该具有的效用。

四、实用价值的鉴定性

述职报告的使用程序和最终目的决定了它具有鉴定审核的实际价值这一基本特征。它既是上级领导考核干部并作出鉴定的依据，又是群众民主评议的基础，最后形成的材料将作为述职人升迁、留任、降职、调任的重要凭据。述职报告大多要纳入干部管理档案，对干部的发展具有明显的鉴定性和行政约束力。

五、文书的公开透明性

述职报告既是对领导干部考核的重要依据，又是开展民主评议的重要前提。它既要通过领导考查小组审核，又要向下级或本部门的全体干部、职工宣读，以便接受群众的监督和评议，所以它必须在一定范围内公开发表，具有较强的透明度，要做到公平公正。只有这样，才能督促被考核者实事求是地撰写述职报告，进而杜绝弄虚作假的不正之风，营造良好的氛围。

六、内容的确定性

述职报告的内容要有明确的针对性，早在《孟子·梁惠王上》中就说到："诸侯朝天子曰述职，述职者，述所职也。"可见，述职是陈述职责、报告份内的工作，它不涉及工作以外的事项，否则将分散或冲淡主题，所以述职报告一定要集中论述固定的主题。

七、报告的客观性

述职报告的撰写、宣读与送审不仅具有严格的时间限制，而且有着严格的写作要求。写作时要仔细回顾和反思任职期间内的岗位职责、预定目标、工作情况、实际成绩、所得经验、存在问题和今后努力的方向等，这些内容一定要符合客观实际，尤其应该注意的是，不要夸张讲成绩，而是主动提及问题，以求真务实作为写作的出发点，恰如其分地表述成绩、说透问题、讲清措施、点明方向。如果有人在述职时把成绩吹上天，对问题却不沾边，凡是功劳全部归己，有错误都推给他人或解释成是客观原因，便是撰写述职报告的大忌。

八、分析的理论性

述职报告的内容重点虽然在于述职，但它不能像大事记那样只是简要、客观地记叙大事、要事，更不能事无巨细般采取罗列的形式堆积材料，而是必须突出重点、兼顾全面地陈述成绩和问题，同时注重定性、定量分析，将工作实践上升到一定的理论高度，从中发现规律，最终实现总结经验、吸取教训、发现问题、寻找办法、明确方向的目的。需要注意的是，作者在进行画龙点睛式地评说时，不可夸夸其谈，以免喧宾夺主；需要交代某些情况时，尽量言简意赅，不能过于拖沓冗杂；运用数字列举、对比等方法来增强效果时，所用的数字要少而精并且具有典型意义，对比时要注意目的、角度、方法及其效果。

九、评价的标准性

述职报告要对自己的德、能、勤、绩、廉等方面作出全面正确的评价，这就要求述职者必须以自己的岗位职责、目标为评价标准来衡量自己的任职情况。述职者的职务层次各不相同，各自的述职重点就不一样，有的重点强调组织效率，有的在于管理效率，而有的则侧重于机械效率。不管怎样，每个述职者都应该根据自己的实际情况，按适合自己的标准严格衡量自己的任职情况，作出正确且恰如其分的评价。如果评价标准偏高或偏低，都会导致评价失当，产生负面效应。

通过以上总结，不难看出，述职报告虽然多种多样，涉及到各个领域，但却有着许多共同的特点，只要把握好述职报告的特性，也就不难写出优秀的述职报告。

第三节 述职报告的类别

述职报告有很多种格式，无论是企事业单位还是政府机关，述职报告都频繁地出现在我们的视线范围内。按照不同的标准，述职报告可以有不同的分类。

一、从时效上分类

从时效上分类，述职报告有任期述职报告、试聘期述职报告、年度述职报告以及一些应急、不定期的述职报告。这种述职报告分类的主要依据是时间的长短，有固定性的述职报告，例如年度、季度、任期或者是试用期的一定时间段内的工作总结与概述。也有非固定性的应急述职报告，主要是针对一些突发事件，不定期的做出短时间内的工作总结与陈述，以便于对近期的问题进行解决，对工作进行有效布置。

二、从内容上分类

从内容上分类，有综合性述职报告和专题性述职报告两种。一般来说，综合性报告会对相应的政府机关、企事业单位一定时间内的全部工作内容进行具体的总结，通过回顾的方式形成兼顾各个方面的书面报告。而专题性述职报告则主要针对专门的工作进行回顾和总结，对上级部门进行工作汇报，向广大群众进行述职，相比综合性述职报告，专题性述职更为详细，对问题的论述和剖析更为深刻细腻。

三、从述职主体上分类

从述职主体上分类，则有管理干部述职报告和专业技术人员述职报告。管理干部的述职主要针对日常工作的管理，通过对日常工作中出现的问题与成绩的回顾，向上级部门展示一年的工作业绩。而专业技术人员的述职则主要针对生产过程中的技术问题，对于各种技术难关的攻破以及技术上的突破等方面进行回顾与总结，并向上级部门进行汇报。本书重点在于介绍管理干部述职报告。

四、从表达主体上分类

从表达形式上分类，有书面述职报告和口头述职报告等多种类型。书面述职报告相对正式，用词要求准确，各项材料、数据都应精准，它具有很强的政治性。而口头述职报告相对随意，用词用句也相对通俗，与书面报告相比，没有较强的约束力和固定性。我们主要谈的就是针对书面述职报告的内容。

五、从单位性质上分类

从单位性质上分类，有党委部门、政府部门、社会团体、事业单位和其他部门的述职报告，本书正是针对这些部门的中层领导述职报告加以论述。

当然，由于分类的标准不同，我们可以对述职报告作出多种多样的分类，无论是从述职领域、述职主题还是述职任期的长短，都可以有不同的分类。

第十章　述职报告的结构及写作流程

第一节　述职报告的结构安排

对于一篇好的述职报告而言，结构是它必不可少的框架与灵魂，掌握述职报告的结构是撰写述职报告的基础。述职报告虽有基本的模式，但行文内容不拘一格，写作时可根据具体情况进行结构安排。通常，述职报告的结构由首部、正文和落款三大部分组成。其中首部包括标题、主考者，正文包括前言、主体，结尾是文章的收束部分，结尾的最后是落款。

一、标题

述职报告的标题由述职人职务（含机关名称）、姓名及文种述职报告三部分组成，如《黑龙江大学学生处处长×××述职报告》。述职报告的标题主要有以下两种形式：

（一）单标题

1. 文称式，即直接以文体名称作为标题只写出"述职报告"或"我的述职报告"。

2. 公文式：①任职时间＋职务＋文种名称，如《2008年××市公安局局长述职报告》。②时限＋内容＋文种名称，如《20××年至20××年任××职务期间的述职报告》。③职务＋文种名称，如《××局副局长述职报告》。④时间＋文种名称，如《2007-2008年度述职报告》。

（二）双标题

双标题又称文章式或正、副标题式，这类标题常用正标题点出报告的

主题 (基本评价、经验、教训等)，对述职内容进行高度概括，副标题与单标题的构成大体相似。如《全心全意为下岗职工服务——2008 年度 × × 县劳动和社会保障局局长 × × × 述职报告》；《深化贯彻落实科学发展观工作——我的述职报告》。

二、主考者

主考者是对述职人实施考核或考评的主管部门或由主管部门牵头组成的临时组织——即考评委员会或考核领导小组。主考者一般来说是依据干部管理权限确定的，是述职报告的收受者、审阅者和评价者，是考核的主体。主考者是述职报告的重要组成部分之一。严格地说，述职人只能向他的任命机关和首长述职。而向群众如实报告自己的工作、倾听群众意见的做法，虽然是群众对干部实行民主监督的有效过程，但由于在现行干部管理体制中，群众尚无直接升降、调配、罢免、奖惩干部的权力，非选举制产生的干部更是如此，所以，群众不是干部考核工作的主体。但当听众是领导和群众时应当标明"同志们"等。

三、前言

前言即开头，这部分是述职人述职的依据，也是主考者对被考者实施考核的前提和依据。这部分要根据任职对象、述职内容的需要来加以介绍、说明，要做到简明扼要。所以，这部分只需用简洁的文字交待清楚述职人的现任职务、职责任务、任职时间、岗位责任、目标、主管或分管工作、任期内工作目标等即可。

四、主体

这部分是述职报告的重要核心之一，要紧紧围绕自己分工所负责的工作来写，它是就本人所负责和分管的工作进行陈述、评估的部分。通常有两种写法：一种是横式结构，一种是纵式结构。对于任期内的述职，或是分管多项工作的述职者，由于其任职时间长，职责范围较宽，宜采用横式结构，把自己职责范围内的工作分成几个方面来陈述；而一般的年度述职、阶段性述职可采用纵式结构，按时间顺序分几个阶段陈述，也可以把某项工作或任务按进程分阶段述说，然后得出综合结论。但不管用什么方式陈述，都应抓住重点。在述职报告中，述职人大多按自己行为特征的德、能、勤、绩、廉这些属性的现实表现来加以陈述。述职不是评功摆好，目的是要准确评估，忽视了这一点，重点就不会突出。值得指出的是，对于任何被考核者来说，其行为事实都包含着是与非两方面，所以，无论是成绩与失误，还是功劳与过错，都应同属于述职报告的主体。有的述职报告将存在的问题放在结尾部分，高度概括，一笔带过，这不是实事求是的做法。我们既要发扬工作中取得的成绩，总结经验；同时也要正视工作中的不足，吸取过去的教训，这样才能更好地促进今后工作的发展。

五、结尾

结尾是在主体部分陈述、评估之后，分析、判断自己的工作是否称职，是对前两部分顺理成章的结论。它主要表明干部的态度，要体现简洁真诚，文字要明确，用语要肯定。这部分通常不宜过于冗长，可以简述自我评价，表明态度，对未来作出展望，也可以针对过去工作的连贯性和现有的条件与环境对未来的工作进行初步的规划，这也是对工作的一种高度负责，但与此同时应该注意篇幅上的调整，述职报告毕竟不同于工作计划，更多的还是强调对过去工作的回顾，所以，我们要注意结尾尽量简活凝练。

六、落款

在正文右下角的适当位置需要署上述职人的姓名及日期，其格式如"述职人×××"，"××××年×月×日"。姓名前要空一格，在述职人姓名下方要用公元纪年标明撰写述职报告的年月日，这与其他公文都是类似的，我们通常以这样的落款做结，标志着一篇公文写作的完整性。

第二节　述职报告的写作准备

述职报告是党政机关、企事业单位、人民团体的干部为接受考核，就自己履行岗位职责的情况，从德、能、勤、绩、廉等方面进行自我回顾和评估而写的，向主管部门、组织人事部门或本单位的职工群体进行陈述汇报的书面报告。所以要想写出一份优秀的述职报告，离不开对于自身工作的了解和长时期的积累，通常我们需要做以下准备。

一、端正的心态

述职报告是对自己过去工作的一种回顾，我们要以一颗平静心，去仔细审视以往的得失，注意积累工作中的经验，以便更好地指导以后的工作，同时正确面对工作中的不足，总结教训，通过一次一次的尝试和改正不断推动工作更好更快地开展。因此，述职时不能片面强调工作中的经验，不断渲染自己取得的成绩，而对问题避而不谈或者找各种的理由推诿。述职报告在很大程度上并不是要展示取得了什么成绩，而是通过对过去的总结与回顾客观地展现工作的事实，发现自身的不足，从而更好地解决问题。所以，端正心态，正确面对得失，是写作述职报告的首要前提。

二、工作的积累

述职报告是对自己过去工作的一次清晰的梳理，要写好述职报告，首先要对过去的工作有一个整体的把握，明确在过去的工作中做了什么事情，出现了什么问题，有哪些经验与教训。这些工作中的积累是述职报告的重要组成部分，也是我们中层领导干部要向上级领导阐述的最主要的部分，只有对自己的工作有了一个全面的把握，才能在成文过程中做好布局谋篇，突出主次，有所侧重，全面的叙述出自己的观点，汇报好自己的工作情况。

三、资料的收集

对于过去工作资料的搜集可以说是一个非常有必要的过程。材料的来源是十分宽广的，如历年的年终综合总结、阶段性的单项主题性总结、汇报材料、对外宣传材料等，与述职工作相关的简报、总结和规章制度也可以作为参考，还包括各级业务职能部门提供报送的剪辑、摘要、报纸、内部刊物等材料。它们涉及领导工作的各个层面，全面反映了本单位、本机关的各项基本情况，这样便有助于新老相参、正反相映、点面结合，增强对自身工作的把握，并且通过与其他机关或者历史上工作的横纵对比，做到"见贤思齐，见不贤而内省"。

四、巧妙合理的构思

公文写作犹如建造高楼，平时积累的素材如砖瓦，有质无形，一经构思谋用，如同设计图纸在握，文稿已在头脑中初步形成，假如忽视这一环节，边写边改，势必"十步九回头"，导致体系混乱、内容交叉、结构松散、层次不清。

五、对政策的把握

在搜集资料的同时，我们也要关注党和国家的方针、政策以及各项法律、法规，并收集领导人的讲话、指示，以便撰文中引证、查考，并作为提出本地区、本单位具体实施的界限依据。行文时一定要注意不能违背国家的方针政策和规章制度。

六、语言的运用

除了全面了解自身的工作，我们也要明晰公文写作的原则和要求，通过认真地遣词造句，做到规范行文，明确表达出一篇述职报告的中心思想。

第三节　述职报告的写作流程

一、前写作阶段

前写作阶段包括六个步骤：

（一）整理任职期间的工作情况

对所要述职的工作内容有总体的把握和了解。其中包括之前制定的工作计划，计划的完成情况，典型的工作事例，突出的工作人员，还有各类统计数字、图表，主要成绩、问题，距离上级要求的差距，是否有失误或错误等。这些内容都应该有详细的口头汇报或书面材料。"工欲善其事，必先利其器"，一旦搜集好这些资料，并认真加以整理，便为述职报告的写作奠定了坚实的基础。

（二）注意借鉴和总结兄弟单位及历史上的成功经验

他山之石，可以攻玉，更何况是兄弟单位的宝贵经验。只要我们在平时注意留心与积累，就可以发现别人工作中的闪光点，不断提升自己。同时信息时代，网络资源的丰富，通讯科技的发展，都为我们搜集资料创造了有利的环境。只要我们自己做个有心人，就一定可以大有收获。

（三）选好报告的理论视角

这是在做好学习党和国家的有关方针、政策、理论和领导指示的理论准备之后如何表达事物规律的问题，也就是解决基本经验的表达形式问题，即赋形思维。通常我们要对自己的述职报告有一个总体的把握，有所侧重，有所突出，形成明确的行文方向，选取科学的理论视角。

述职报告一般采用夹叙夹议的方式行文，既要叙议结合陈述履行职责的成果、展示努力的过程，又要详细介绍履行职责的出发点、思路和归宿，还要申述处理问题的理由和依据。这一切都要与国家的路线、方针政策和法律法规紧密结合，要具有一定的理论高度。

（四）确定述职报告的主题

述职报告一定要明确树立一个鲜明的主题，即一个判断句，还要在报告中反复突出。既要提出对现实公务的认识，从客观的角度考虑报告对象所关心的问题，针对问题作出自己的解答，给受众明确的答复，又要研究读者的心理，适应读者的心理需要，使之产生亲切感和参与感，形成一定的冲击力。

述职报告的主题一般是明晰的，比起一般的事务性公文来说，述职报告的主题要集中、新颖、深刻得多。确定主题是写作最为重要的工作。主题句可以是口号、标语、广告语，并用它来贯穿全文、反复突出。主题句必须做到深入人心，还要符合记忆规律（7个字左右），最好让听众口耳相传。

1.主题的本质。正确的主题认识应是从它的本质属性出发的，主题的本质属性是抽象性，也就是说，它是对事物的一个中心认识判断。主题的抽象性更表现在它的具体表达形式是一个逻辑判断句。正确的主题写法是一个有主语（可以省略）、谓语和宾语（也可以单独省略）的判断句。如《××局副局长述职报告》的主题就是一句话"中层领导干部是联系上下级的重要纽带"。

2.主题句的层次。正如灵魂的高低决定着人的水平一样，主题句的高低也决定着全文的水平。述职者一定要充分发挥主观性，让主题句达到更高的层次。这里不谈述职者自身修养的提高问题，仅就述职报告主题句本身的提炼简要地谈一谈。主题句可以有三个层次。

①客观特色层次。主题句最基本的层次应该是客观层次，即主题句准确反映了报告的中心内容和客观特色。如："建设经济效益高的……"

②时代特色层次。时代特色中最突出的是科学技术，这种主题句是具有科学技术新颖性和先进性的认识。如："建设信息时代的……"

③文化色彩层次。这就要求述职者的思想文化修养的提高。如："建设和谐社会的……"

3. 主题句的表达。主题句应用一句话来准确表达。在各种文体中，主题不论是称为中心论点、中心思想还是主旨，都应是一句简要的话。至于述职报告，为了让受众更加简明直观地了解述职者的意图，更应该用一句凝练的话来准确表述。

（五）确定报告核心内容的逻辑顺序

述职报告的撰写体现着述职人的思维方式和习惯。"写作即思维"，这是当代著名教育家皮亚杰先生的一个重要命题，意即写作的过程就是思维的过程。众所周知，文学写作与公文写作所运用的思维是不同类型的，文学写作以形象思维为主，主要通过塑造形象去感染读者，以引起读者强烈的情感共鸣，而公文写作则以逻辑思维为主，运用概念、判断、推理等方法去阐明观点，以此说服读者。

述职报告作为一种公文文种，在写作过程中理所当然要以逻辑思维为主导，其主体部分内容包括德、能、勤、绩、廉五个方面。在书写述职报告的过程中，我们可以更加简单地把它分成三个部分，其中德和能属于虚，勤、绩属于实，而廉则属于总体脉络，我们可以按照虚——实——总的顺序来进行书写。

（六）明确核心内容的主次、辨证关系

述职报告的核心内容是述职人履行职位、职责过程中的德才表现和工作实绩。具体来说，其内容包括德、能、勤、绩、廉五个方面，从这五个方面可以看出写作人取得的成绩。但是，由于德才表现和工作实绩本身就内涵模糊、外延广泛，很难予以准确核定，而德、能、勤、绩、廉又是一种高度概括性的表述，很难确定具体操作依据。因此，有不少述职报告的"德"空喊口号，"能"体现不出来，"勤"仅指出勤数量，"绩"尽唱高调，"廉"言而不实，这样就很难全面真实地说明述职者履行职位职责的情况。所以，准确地表述述职报告的核心内容，正确阐释"德、能、勤、绩、廉"之间的辩证关系，是写作述职报告必不可少的一项内容。

这里的"德"包括政治品质、思想品质和道德品质及其表现。政治品质中又包含政治认识、政治态度与政治行为；思想品质包括世界观、人生观和思维方式；在道德品质中有职业道德和生活道德。具体来说，德的范围是十分宽广的，在报告里它主要指述职人的思想道德修养、政治表现和工作作风。在作述职报告时，可以考虑从坚定的信念与理想、严明的纪律、务实的作风、高尚的情操以及开拓进取的精神等几个方面搜集、归类材料进行表述。

"能"即能力。它包括从事本职工作所必备的基本能力和应用能力两个层次。其中基本能力是指述职者的文化程度、政策理论水平、专业知识与技能和必要的健康状况。而应用能力则是指述职人直接应用于工作中的表达能力、分析和解决问题的能力、理解力与判断力、规划预测能力、组织协调能力、领导管理能力、团结协作能力、调研综合能力、开拓创新能力、工作适应能力等。二者有效发挥作用，将共同促进工作的开展。

"勤"即勤政与勤事之表现，包括履行职责过程中的出勤、勤奋、勤恳、勤快、勤思等行为表现。"勤"由出勤数量与出勤质量两部分组成，出勤数量是指工作时间量，出勤质量是指述职人出勤后或值勤时对工作时间利用的方式和效率。

"绩"是绩效。《国家公务员考核规定》中指出，"绩"包括完成工作的数量、质量、效率以及所产生的经济效益与社会效益。"绩"是针对职责履行与任务完成的情况来说的，"效"是达到工作目的的相对"价值"与"速度"。

"廉"即廉洁，主要指国家机关人员在廉洁方面的表现，这是工作人员必须具备的素质，也是其应该树立的工作态度。在廉洁奉公的指引下，切实为百姓谋福利，为人民解决问题，是每一个领导干部工作的宗旨。

作为述职报告主体部分的这五项内容要建立在开头概述自己的职能、职责即"应该做什么"的基础之上。这样一来，述职报告要回答的五个主要问题，按照规范的逻辑顺序应该是："我"有什么职责，即应该做什么；"我"为什么要做，突出述职者的思想认识境界；"我"是如何做的，即陈述述职者的履职行为；"我"做了什么、做到了何种程度，即说明履职效果，包括正面的成绩和反面的问题；"我"是否称职、有什么能力，也就是述职者的自我评价。

　　基于上述分析，述职报告的内容构成已基本呈现出清晰的逻辑顺序，但德、勤、绩、能、廉五个方面不可用力平均，写作中要以实为主，化虚为实，给人以干练、务实的印象。整个述职报告要以廉字为基础，从廉字展开，以叙述和说明勤、绩为主，以议论德、能为辅。述职时如果大谈自己的思想认识和如何奉公守法等就会显得空洞无物，给人留下"只会说，不会做"的印象，但如果忽略这一环节，又会给人以思想境界不高的印象。述职时对自己的评价也应恰如其分，如果夸夸其谈、华而不实，只会引起阅读者的反感。因此，怎样处理虚实的关系是撰写述职报告时不能忽视的问题。

　　正确的做法应该是以勤、绩为主，在其中掺杂德、能，充分渗透廉政思想。述职报告的说服力在于要有典型性、实质性的具体事例，要充分利用典型事例、统计资料、具体数据来说明取得的成绩，给人以深刻的印象；同时要充分利用导致问题出现的具体事例，分析问题的要害实质，做到客观分析，尊重事实。行文中应正确处理好陈述与评议的关系，"陈述"就是述说自己的任职情况，列出成绩与问题的事实材料；"评议"就是将材料上升到一定的理论高度对任职情况进行分析，总结经验教训，寻找解决方法，明确工作方向。陈述是基础，评议是陈述必要的升华。

　　因此撰写述职报告时，既不能就事论事，写成大事记，也不能徒发评议，缺乏事实依据。正确的做法是要运用写实的手法，以陈述自己履行职责的情况为主，以客观评议自己在工作中发挥作用的大小为辅，把报告中具体工作的"实"与自我评价的"虚"结合起来，以增强述职报告的说服力。

二、写作阶段

　　述职报告的写作阶段包括七个步骤，但是具体写作并非按固定顺序进行，而是将问题、工作阐释清楚作为第一要务，现分述如下。

（一）分析归纳具有规律性的基本经验

　　这是述职报告的一个重要部分，也是述职报告的理论价值的体现，通过对以往工作的总结，可以对今后的工作提供指导意见，也可以有助于述职者自身的提高，加强对工作的把握度，同时也有助于提升述职者平时的自我反思意识、总结意识，有助于形成良好的工作习惯和工作氛围，更好地推进各项工作的开展。

（二）列出工作中存在的问题和与其他部门、其他时期的差距

在此环节中，适当使用反面典型人物和事例、统计数字、图表等更具说服力。我们可以通过对事实的列举加强我们对于错误的深刻反思与分析，从中吸取更多的经验与教训。

（三）概括成绩和做法

概括成绩和做法时，可用典型人物、事例、统计数字、图表列述。如果是综合性述职报告，就要用横式结构分述，这一部分是对计划落实的情况而言，涉及到对前一阶段的工作情况和工作方法的评价，也是客观存在的实际，只是进行条理性地概括而已。如果是专题式述职报告，可以通过纵向结构对以往的工作进行贯穿性的总结，通过不同的时间段或者工作分期进行总结与回顾，结合自身作出恰当的述职报告。

（四）今后的设想或打算

在这一部分中，可以通过对未来的展望，总结经验教训，提出改进工作方法、解决实际问题的办法；如果有需要，可以说明拟出台的举措、开展的工作等；也可以针对存在问题和差距提出今后设想或打算。写作时要切记实际而具体，切勿云山雾罩，这样就丧失了述职报告的针对性和真实性。这部分涉及今后工作的开展，是述职报告后半部分的重点写作内容。

（五）撰写语言部分

前言部分包括单位名称、工作性质、主要任务、时代背景、指导思想、总结目的以及主要内容提示等，这一部分主要是客观情况。

（六）拟定标题

此时报告文体已成，全局在目，拟定标题就比较轻松了。

（七）签署落款和日期

至此报告初稿已完成，要及时准确标明报告人及报告日期。

三、后写作阶段

后写作阶段包括修改润色；版面设计；打印文稿；请领导审阅，提出修改意见；必要时征求群众意见；分析反馈意见，进行相应修改；反复修改；领导审定，成文八个步骤。述职报告的后写作阶段与前述的总结的后写作阶段情况类似，故此处从略。

第十一章 述职报告的写作要求

第一节 述职报告写作的基本要求

述职报告属于事务性公文范畴，是对干部本职工作完成情况的检验，也是考察干部能否很好地履行职责、是否称职的一种重要手段。述职者要对自己前一段时间或整个任职期内完成的工作做一份综合的、自我评述性的汇报，突出表现德、能、勤、绩、廉五方面，展现履行职责的能力。

述职报告能够相对全面地反映述职者的基本情况和工作能力，有利于组织部门或上级领导对述职者进行各方面的考核；同时，述职报告作为一项重要的业绩材料，有利于群众对述职者进行监督与评判；从述职者自身来说，更有利于及时检查自身，古语云"吾日三省吾身"，从而不断提高自身的素质。

伴随我国干部人事制度改革的不断深入，述职报告现今已经成为各类人才精英充分展示自己才华的一条重要渠道，已成为政府部门及有关单位考核领导干部的一种重要手段和干部选拔与任用的重要依据，所以述职报告的写作要求也日益规范化。述职报告写作的基本要求包括以下几个方面。

一、坚持实事求是的原则

撰写述职报告，应坚持实事求是的原则，切忌华而不实。述职报告务必要讲真话，讲实话，讲心里话。无论称职与否，都要与事实相符，既不能自吹自擂，也不能过分谦虚。述职报告一般要当众宣读，一些同志为了顾及面子或获取领导和群众的好感，对自己的工作成绩大加渲染，夸大其辞，片面讲自己的优点和所取得的成绩，而对工作中存在的问题和不足采取回避态度。其实，任何人无论做什么工作，即使尽职尽责，缺点和错误也是不可避免的，并且每个人所取得的成绩并非一己之功，而是全体同仁密切配合、共同努力的结果。作为一名合格的国家干部，应排除私心杂念，以群众的利益为重，下不瞒群众，上不欺领导，正确处理好个人与集体、主观与客观的关系，时刻保持头脑清醒，分清功过是非，做任何事都不抢头功，做到实事求是。在肯定自己成绩的同时，也要敢于承担责任，使述职报告真正全面地反映出自己的德、能、勤、绩、廉五个方面的情况。同时，要恰如其分地评价工作中取得的成绩和存在的问题，不能文过饰非，不能推过揽功，把领导班子所做的工作全部记在自己名下。

二、叙述工作要全面系统

在述职报告中，应将自己分管的工作全面、系统地进行叙述。述职报告是对以往工作的一次重大总结和回顾，要仔细把握过去工作中的每一个细节，不能以偏盖全，也不能顾此失彼，要从全局出发，对过去的工作进行整体的评估，从而完善自己的述职报告，使其从各个角度来说都是全面的，都有参考的意义。而从得失的角度来说，我们也不能只讲成绩，不说问题，只有全面地叙述我们的全部工作才能使上级领导部门深入了解述职者的工作情况，并对述职者作出公正的评价，也能使述职者正确认识自己的工作状态，促使自己进一步提高与进步。

三、既要统筹兼顾，也要重点突出

述职报告统筹兼顾，顾全大局，又要有所突出，抓住重点，切忌写成流水账。平时的工作是琐碎的，工作的材料也可能是零星的、分散的，但是写作者在动笔之前，必须要对自己的工作有一个整体把握，事先对材料进行筛选、整理，选择主要的工作、抓住主要的政绩来写，不要事无巨细，全部罗列。所谓重点突出，就是要求全文紧紧围绕主要工作这个中心来进行述职，要阐明自己的工作职责、履行职责的指导思想、履行职责的方式、工作中遇到的问题、工作中是否称职等情况。如果为了评功摆好，照顾各方面的关系，把述职报告写成啰啰嗦嗦的"流水账"，就会让人不知所云。述职报告的写作目的是为了说明述职者工作是否称职，因此，要将履行职责的过程，取得的成绩和出现的失误以及对工作的认识表述出来。要全面解释棘手问题的处理方法，特别是要交代清楚是如何认识和处理群众迫切关心的问题；剖析工作失误产生的原因，做到一切从实际出发，对得失作出客观公正的评价，真正体现出述职者的道德素质、政治理论素质、处事决断能力以及开拓进取精神。这些内容只有写得恰切适度，才能全面反映述职者的工作能力和基本素质，才能让领导和群众清楚了解述职者称职与否，从而对述职者作出恰当的评价。

四、情理相宜，可以适当抒发情感

述职报告写作时要情理相宜，不必在个人述职报告叙事说理的过程中过分说理，可以有适当的感情色彩。每个人都是有情感的。书写述职报告时，可以有情感的流露，但是个人情感不宜融入过多，以免造成不良影响。述职者要对自己以往所从事的工作进行归纳、概括、提炼，围绕履行职责的实际情况进行认真、全面的反思，肯定成绩，找出问题和差距。要与群众面对面地沟通交流，以坦诚的胸怀虚心听取各方面的意见。另外，述职报告要如实陈述群众的反映，特别要勇于面对群众反映较多的、意见较为突出的问题，将自己的真实想法公之于众，这样群众不仅感到亲切，而且也加深了群众对自己的理解与信任。然而，中层领导干部中常有些竞争上一级职务的述职报告，写作时述职者不宜过多地考虑个人利益，看重描述取得的成绩，缺乏面对错误与失败的勇气，因为这已经严重违背了述职报告的宗旨。作为党的干部，一切从党和人民的利益出发，乐于奉献，光明磊落，襟怀坦白，才能更好地为群众办实事。

五、要语言朴实，切忌虚饰浮夸

述职者要有良好的驾驭语言的能力，简单明了地给受众以豁然开朗的感觉，不宜兜来绕去，给人云山雾罩、不知所云的感觉。述职报告主要以表达清晰为第一目标，朴实之美历来受人们推崇，在述职时，用朴实的语言叙事说理，不仅缩短了与群众的距离，也密切了与群众之间的联系。可是有些人为了显示自己的才学，在述职报告中使用艰涩难懂或洋里洋气的语言，群众听起来如"雾里看花"摸不着头绪，反倒弄巧成拙。作为公文文种之一的述职报告，它的实用性就决定了其语言必须自然质朴，述职者面对的听众有文化层次上的差异，这就要求陈述时语言表达通俗易懂，多采用质朴无华的群众性语言，直陈其意，不能哗众取宠，也不能用一些生僻字眼，故作高深。

第二节　述职报告写作方法和技巧

一、述职报告写作的基本方法

（一）抓住特点

所谓特点，是述职报告与其它文体相比较而呈现出的不同点和区别点。分析和认识述职报告的文体特点，是写好述职报告的关键所在。不了解这一特点，就抓不到重点，也就很难写出有鲜明特色的述职报告。通过总结与归纳，述职报告与其它文体相比较，有以下六方面特点。

1. 在内容上，不是写现在，而是写过去。述职报告是对已经做过的一段时期工作，进行全面系统地回顾、检查、分析、研究、归纳和提炼，是把大量的感性材料集中起来，使之科学化、条理化、系统化，来展现自己在工作中取得的成绩和存在的不足，让上级领导或者群众对自己的工作有所了解，有所认可。

2. 在对象上，不是写机关、团体，而是写个人。它是总结述职者在工作岗位中的指导思想、组织领导、工作作风和工作方法等有什么经验和教训，评价自身以前做得怎么样，今后将怎样继续服好务。

3. 在方法上，不是"我"说"你"怎么样，而是说我（们）怎样。就是自我剖析、自我认识、自我肯定、自我表扬、自我批评、自我提高。因此，述职一般是以第一人称（我或我们）的口吻出现，也有用第三人称的。但依然要注意突出主体的能动性，即对述职者本人的意义与作用。

4. 在目的上，不是预测情况、估算数据、盘算问题，而是肯定成绩，找准问题，悟出道理，明确方向。就是写昨天，看今天，指导明天。述职报告不是最终目的，真正目的是通过深刻的总结与盘点，引起反思意识，为今后的工作打好基础。

5. 在体裁上，不是记叙文而是议论文。述职报告不是简单对情况与事实作概略性的综合归纳，而主要是对事物作本质上的分析，由感性认识上升到理性认识，找出事物发生发展的基本规律。揭示规律性的重要程度不言而喻，我们不仅要千方百计地找出规律，清楚明白地反映规律，更要用事实明白无误地说明规律，并更好地应用到以后的工作和学习中去。

6. 在作用上，是向本单位职工、群众报告情况，向上级汇报情况以及向外单位介绍情况和经验。向群众作总结并报告工作，是让群众了解述职者各方面工作的情况，接受群众的监督；向上级汇报工作，是让上级机关全面了解下级工作的情况，以便及时获得上级的指导；向外单位介绍本单位的工作情况和经验教训，目的在于提供学习借鉴，加强彼此的联系。

（二）区分类型

述职报告的的种类从不同角度细分有很多种，前面第一章第三节已谈到此问题。但无论是从内容上，或是从范围上、时间上分，都不外乎两大种：一种叫全面性工作述职报告，还有一种叫专题性工作述职报告。

1. 全面性工作述职报告，就是述职者对一个单位、一个组织、一个部门的一个时期、一个阶段的工作实践进行全面总结。凡在机关工作的领导，都经常和这一文体打交道，它主要是为总结经验与教训。全面性工作述职报告，一般时间跨度长，涉及范围广，包含内容多。在写作过程中，既要把各方面的工作情况反映出来，又要突出中心、抓住重点、纵深结合。笔者认为，写好此类述职的有效办法就是搞好三个统一。

第一是统一述职报告的的中心内容。报告不管是以反映工作情况为主，还是以反映经验体会为主，或者是以反省反思为主，都要有一个明确的思路，便于述职者与读者形成共鸣，实现更好的交流。

第二是统一述职报告的主题思想。写全面的述职报告要明确一个主题思想，确定一个主题，围绕主题写就不会跑题。不树立一个主题思想，写出来的公文就很难突破一般化的程式，同时也给人主次不清的感觉，不利于突出工作中的重点，也不利于更好地表述述职报告的中心思想。

第三是统一工作形势的评价。写全面述职报告之前，要对本单位、部门、组织在该阶段的工作形势有明确的评价，弄清楚总的形势如何，哪些工作做得好、成效突出，哪些经验和做法值得总结推广，哪些单位、部门、组织的工作最典型，哪些问题和原因需要总结上报。在这些方面有了统一的思想认识之后，执笔者就有了主攻方向，结构编排就会化难为简，下笔也就有了一定的保障。所谓胸有成竹，就是说在对自己的工作有了全面的了解后，写好述职报告就变得容易了。

2.专题性工作述职报告，就是对某项工作进行专题总结，即针对某一项工作、某一个方面的经验教训进行专门的述职。其特点是突出一个"专"字，要求主题专、内容专、事例专、经验专、写作手法也专。在写专题述职时，必须对有关专题的原则、内容、要求、方法有全面深刻地认识和理解，知道所要写的述职报告专在哪里，专得是否有理，专得是否有据，专得是否新颖。如果不掌握这些情况，就很可能把专题述职写成一般性的述职，甚至写成流水账，毫无特点可言，这是我们在写述职报告时应该杜绝的问题。我们要给受众一种条理清晰、主次明了的印象，要让受众知道我们在说什么，所以在写作过程中，最好按照"提出问题——分析问题——解决问题"的顺序进行。

（三）突出经验

写述职报告的根本目的，不只是为了肯定成绩、找出问题，更重要的是为了吸取以往的经验和教训，做好当前以及今后的工作。这一目的要求我们在写述职报告时，不能仅满足于把成绩讲够、把问题找准、把措施定好，更应该在总结经验上多花气力，多动脑筋，多下功夫。哪怕是一份述职报告里面只总结出一条具有普遍指导意义的经验，它也是成功的。笔者认为写好经验，要把握好以下三点。

1.要有精巧的构思。开好头、收好尾、突出中间，这是写好经验总结的基本要求。这个原则同样适用于述职报告的写作，我们要尽量使用最精简的结构叙述基本问题，可以用简洁的语言对述职报告的整体进行概括，让读者知道我们此篇报告主要讲了什么问题，有什么主题。然后对工作进行全面分析，把想要突出展现的部分陈述得清楚明白。最后把经验部分写得饱满充实，把措施部分写得具有说服力。

2.要广泛占有资料。写好一个单位、部门或组织工作的个人述职报告，必须充分占有资料。最起码要掌握以下四方面内容：第一要准确掌握在该阶段内做了哪些主要工作，每项工作的起止时间、发展过程如何，以及哪些工作做得较好、哪些工作做得一般、哪些工作做得较差。第二要详细了解在该阶段工作中，面临的背景情况、利弊条件、困难阻碍以及解决这些困难和问题采取了什么办法和措施，有什么成效，有什么经验教训。第三要清楚有哪些能说明工作成效、经验教训的典型事例，要掌握与事例相关的精确数据、群众意见及建议和各级的评价等。第四要洞悉当前工作中存在的问题及其原因，哪些是一般性的问题，哪些是带有倾向性的问题，哪些是老问题，哪些是新问题。只有充分地了解和把握以上所有问题，才能对自己在述职报告中所要说明的问题有所取舍，有所侧重，以有限的篇幅更好地做到对工作的述职。

3. 要搞好"结合"。能否利用已收集的资料做好述职报告，关键在于"结合"得好不好。有很多同志对于本职工作非常了解，可以说凡事皆在胸，可就是无法进行有效地整合，工作一落实到笔头上或者一到要总结的时刻，总是说不出一个明晰的条理，给不出一个清楚的框架。所以，无论是围绕观点选择事例，还是围绕事例得出观点，都应该做到事例和观点有机结合，从理论和实践相结合的基础上说明经验。这是做好文字资料整理和书写工作的基本功。

无论是哪种述职报告，都有一定的工作内容、工作时限，我们都要求其内容全面、材料充分。在写作过程中，有的作者往往这也不想丢，那也不想砍，搞不好很容易写成观点加事例，形成材料堆砌，导致"经验写不深，靠事例取胜"的结果。相反如果这也不重要那也不突出，最后满纸空言同样不可取。这些是在写述职报告中常犯的毛病，有时过于流水账，有时又过于空话没有实质。所以，凡是质量高的述职报告，都是做到了将观点和材料有机结合，这是述职报告的普遍规律。

"结合"的方法每个人都各有所好，各有所长，各有高招。有的喜欢先讲事例，而后从对事例的分析中引出道理；有的喜欢边叙述材料，边提出观点；有的喜欢先提出观点，然后用材料说明观点；有的喜欢在一份总结中，把多种"结合"方法交替运用。不管采用哪一种"结合"方法，都要防止和避免把两者结合片面写成了观点加事例。所谓两者结合，不是讲两者并列，更不是两者相加，而是要求选用的事例与提出的观点，都有着直接的内在联系。衡量两者是否结合得好，不仅要看是否把观点和材料粘贴到一起，更要看是否在分析论证过程中，把两者的内在联系正确地揭示出来，得出了规律性的结论和认识，从而反映出事物的本质。

（四）综合分析

占有丰富的资料之后，我们不可能、也不应该把所了解到的资料全部用到述职报告中去，这就需要搞好综合分析。所谓综合分析，就是把搜集到的资料分门别类、仔细筛选。把能够体现报告主题思想、能够反映事物本质和规律的材料留下来，加工提炼后写进报告中去。讲到"分析"，可能有的人会说："工作上的成绩、做法和问题都是明摆着的，还用得着分析吗？"其实不然，"明摆着"，不见得每个人都能认识明白，看得清楚。这需要述职者认真加以分析，通过分析，可以帮助我们消除视觉上的盲区，力求把情况和问题看得全面、深刻。

首先，从上面向下面看，看对不对。也就是意味着用近期党中央、国务院和省市主要文件精神和党的路线、方针、政策以及上级的有关规定，来衡量本单位、本部门、本级组织在工作中所制定的决策、采取的措施、取得的成效、总结的经验是否符合上级精神。用上级的精神一衡量，就知道哪儿该舍，哪儿可取。

其次，从外面向里面看，看新不新。用近期媒体上发表的重要评论文章和省内外、市内外先进经验，对照本单位、本部门、本级组织的做法，看是否较为新颖和创新。在写作中，要争取把自己工作中的闪光点、创新点都以述职报告的方式展现出来，这样不仅可以使自己的工作上一个台阶，而且也能让更多人了解述职者工作上的成绩，从而打造良好的工作平台，为其他兄弟部门提供借鉴，为其他机关、部门工作的开展尽一份力量，最终共同推动工作的发展。

最后，从全局向局部看，看有没有指导性。即站在大局看自己，看所要总结的经验和教训以及拟采取的措施，哪些具有指导意义，哪些没有指导意义；哪些事例和观点可取，哪些不可取。经过比较后，进行认真取舍，去其糟粕，留其精华。

二、述职报告的写作技巧

述职报告具有总结性、理论性和评估性的特点，述职者对任期内干了哪些工作，取得了哪些成绩，作出了哪些贡献，都必须进行客观、中肯的陈述和分析。这里包括工作的数量、质量、水准和效率，不仅要有定性分析，还要有认真、准确的定量分析。通过述职报告，能从一个侧面了解公务员的个性、创新意识、进取精神、务实作风、领导水平、综合分析能力、理论和文字功底等全面素质。同时，述职者通过对自己一定时期内的工作进行回顾、解剖和思考，可以起到考核自己、认识自己、教育自己、管理自己的重要作用。所以，写好述职报告，对于政府机关、企事业单位、社会团体的中层领导干部来说至关重要。下面将介绍几个关于述职报告的写作技巧。

（一）首先要了解述职报告的写作内容

述职报告作为一种事务性公文，写作格式区别于其它文体。了解了述职报告的结构，对述职报告的写作内容就有清晰的轮廓了。述职报告的结构我们在本书第十章第一节有详细的说明，故此处从略。

（二）了解述职报告写作需要注意之处

述职报告作为一种实用性比较强的事务性文体，必须体现客观公正的原则，实事求是地对自己的工作进行陈述和评价。所以在述职报告写作中要注意以下几点。

1. 标准要清楚。要围绕岗位职责和工作目标来讲述自己的工作，尤其要体现出个人的作用，不能写成工作总结。

2. 内容要客观。必须实事求是、客观实在、全面准确。既要讲成绩，又要讲失误；既要讲优点，又要讲不足；既不能夸大成绩，也不能回避问题。只有客观陈述履行职务的情况，才能有助于上级机关和所属单位群众对自身工作做出全面、准确、客观的评价。

3. 重点要突出。抓住带有影响性、全局性的主要工作，对有创造性、开拓性的特色工作重点着笔，力求详尽具体，对日常性、一般性、事务性工作表述要尽量简洁，略作介绍即可。

4. 个性要鲜明。不同的岗位有着不同的职责要求，即使是相同的岗位，由于不同述职者的个性差异，在工作方法、工作业绩上也不尽相同。因此，述职报告要突出个性特点，展示出述职者个人风格和魄力，切忌千人一面。

5. 语言要庄重。行文语言要朴实，评价要中肯，措词要严谨，语气要谦恭，尽量以陈述为主，可写一些工作的感想和启示，但不能使用夸张的语言，不能随意抬高或贬低，要掌握好分寸，写得恰到好处。

（三）要侧重突出述职报告"我"、"职"、"权"、"实"的特点

"我"是指述职报告中要以"我"为主，写出"我"做了哪些工作，取得了多少成绩，在工作中有什么创见、收获，献出了哪些锦囊妙计，并取得了哪些成果。对于成绩要据实写全，但对问题也不能避重就轻，而要讲深讲透，并从主观上找出原因，勇于承担责任。

"职"是谈自己在其位谋其政的情况，是不是忠于职守、尽职尽责，是不是切实发挥了这个职位赋予自己的权利，同时最大限度地服务了人民与社会，尤其在民主决策中，到底发挥了什么样以及多大的作用，是否切实落实了工作职责等。

"权"是指看"我"用没用好党和人民赋予的权力，是否认真贯彻执行了党的路线方针政策，是否坚决执行上级指示，是否在自己的职权范围内有徇私情的现象和不清廉的行为，是否在言行一致、表率作用上有慎独不严、自我放纵的现象等。

"实"是指写述职报告必须坚持实事求是的原则，一方面要如实地反映情况，尊重客观事实；另一方面要秉持一分为二的原则，对事物的分析要全面、客观，不可只强调一面，忽略另一面。

（四）注意区分述职报告中的工作成绩

公务人员的工作成绩一般属于群体中的个体成绩。因为按照职责分工，领导干部特别是处在中层的领导干部，主要担负组织、指挥、协调工作。具体工作任务的实施，则主要是由一般的干部和群众完成的。事实上，一项工作成绩的取得，是领导干部、一般干部和群众的共同劳动和共同智慧的体现。所以，在撰写工作成绩时，要分清哪些属于自己的工作成绩；哪些属于别人的工作成绩。另外，那些属于自己独创的并具有实际效果和推广价值的成绩应重点写好，那些属于大家的智慧应该大众分享。具体写作述职报告时，我们可以从三个方面进行区分。

一是对工作的重视程度如何，是否尽自己最大的努力参与到这项工作中来，是如何布置和指导实施的。

二是工作起到了什么作用，出了什么问题，在风险性决策中自己承担了多少风险并付出了多大的代价。

三是做了哪些工作，取得了哪些成绩，例如一线指挥、调查研究、总结经验等。

总之，述职报告写得好坏与否，关系到组织、领导和群众对一项工作的了解和肯定程度。所以，述职报告的写作技巧已经日益受到人们的重视，为此，只有切实按照以上的程序进行写作，并抓住技巧的要点，才能写出过硬的述职报告。

第三节　述职报告写作的注意事项

在坚持上述公文写作的基本原则基础上，要想写一份优秀的述职报告，还要注意以下几点。

一、忌以部门总结代个人述职

不少中层领导干部的述职报告中个人述职甚少，却往往过多地讲工作的宏观方面，如讲："经济持续稳定增长，财政收入创历史最好水平，城市建设取得新成就，文教、卫三、计划生育有了新发展"等等大范围的概况，甚至还一一列举出本单位、本部门的各项工作、发展指标的完成值，与上年相比增长幅度数。而自己在取得这些成绩中究竟起到了什么作用，收获了什么经验教训，取得了什么成果一概无从提及，把述职报告的重点落在了工作总结上，则这不是一篇合格的述职报告。述职报告是个人向上级领导或机关的汇报，而不是整个机关、部门的一纸总结，不合规范的述职报告在宣读时，会让人难以断定他是作述职报告还是在进行工作总结，这是不符合述职要求的。

二、忌以集体代个人

述职报告本是讲自己本职工作情况的，但有些中层干部，尤其是喜欢扮演"班长"角色的领导，总是跳不出"我们这个单位"或"我们这个领导班子"的圈子，总喜欢讲述"我们这个班子"如何如何，把整个班子介绍得淋漓尽致，却通篇提不到自己的"角色"，使人难以辨出述职者的"清晰图象"。有一份中层领导的年度述职报告，篇幅长达 1.4 万字，基本上是将分管系统各部门的工作总结"一块一块拼凑"而成，甚至可以说是一本齐备的年度档案，可是这些档案始终无法代表个人的成绩。

三、忌以日常事务代职责

述职报告本应反映本人在组织赋予的职、权、责范围内进行的一系列实践活动，主要叙述自己开展的主要工作及取得的主要成绩。我们不可能事无巨细，把鸡毛蒜皮的例行小事都写到述职报告中来，这样的述职报告不仅观点不清、行文不畅，同时也会造成主次不分，混乱无序。

四、忌缺乏两点论

相当大一部分中层领导干部的述职报告，习惯于多报喜、少报忧，大都喜欢宣扬在工作中取得的成绩，而对工作中的教训与不足却只是模糊的一笔带过。有的述职报告则只愿意讲开创新局面的良好规划，却往往忽视了对那些扎扎实实的基础性工作进行汇报与总结。对此，在写作中不能过于偏执一方，而要从马克思哲学原理的角度，辩证地看问题，切实分析工作中的各类情况，正视自己的述职报告，从各个方面各个角度全面阐释自己的工作。

五、忌长短无度，没有章法

一般述职报告总是反映一个人或一个部门一年的工作、思想、作风等情况，这样的的述职报告每篇最少不少于1500字，最多不超过4000字。然而，有的述职报告却不顾篇幅，成了标准的"万言书"，却还触及不到重点，在文字上兜来绕去，离题甚远。有的却只有干巴巴的列出条框，不过几百字，干涩的同时也无法完整阐述过去一年的工作及心得，让人有捉襟见肘之感。

领导干部述职报告要紧紧围绕所任职务的特点、职责、重点来书写，要反映出本人怎么工作、怎样任用干部、如何制定和完成工作目标等实际情况。

第十二章　述职报告的范例解析

第一节　党委部门中层领导述职报告

例文一：

2013 年县委书记落实党建工作责任制述职报告

2013 年，在市委的正确领导下，××县委坚持以科学发展观为指导，全面贯彻落实党的十八大、十八届三中全会精神，按照《××市 2013-2016 年党的建设发展规划》和《××市党建工作责任制"五级联述联评联考"实施意见（试行）》要求，扎实开展基层党建工作，激发了基层组织活力，提升了凝聚力、战斗力和创造力，为全县经济社会又好又快发展提供了坚强的组织保证。现将一年主要工作汇报如下：

一、加强思想建设，着力提高党的凝聚力

（一）高度重视理论武装工作，提升领导干部执政水平。一是强化理论学习。以党委中心组学习为重点，突出抓好学习型党组织建设。今年组织了 9 次县委中心组专题学习，通过邀请省级教授、专家到我县授课，进一步提高了领导干部的理论素养，增强了领导科学发展的能力。在县委中心组的带头示范及相关考核机制的约束激励下，基层党委对理论学习及创建学习型党组织工作日益重视，学习氛围日益浓郁。二是搭建理论交流平台。在《××》报开辟《理论与实践》专栏，引导各行各业的理论工作者踊跃参与理论研究和探讨，并对表现突出的理论工作者给予表彰奖励。今年以来，

《理论与实践》专栏刊登理论文章 38 篇。三是撰写理论学习文章。县党政班子主要领导带头，结合理论学习，深入基层开展调研，厘清发展思路，边学边干，以学促干。班子成员积极撰写理论文章或心得体会，部分文章分别在《领导科学》《××改革》《××调研》等理论刊物上发表。

（二）高度重视舆情掌控工作，营造良好的舆论氛围。一是抓好舆论安全工作。在加强网络正面宣传的同时，推动网络舆情监督、研判、上报、疏导日常化。探索网络问政新渠道，在奥一网问政平台注册了"××发布"帐号，积极向外宣传××的新事物、新形象。及时有效回应网络舆情，引导网上舆论向有利于解决问题、促进和谐的方向发展。二是建立新闻发布和新闻发言人制度。在县委工作部门、县政府组成部门以及各乡镇组建起了一支新闻发言人队伍，通过举行培训班等方式，不断提高新闻发言人的业务素养和应对舆情的能力。根据工作的需要，适时召开新闻发布会。

（三）高度重视精神文明建设，提升××文化内涵。一是加强宣传队伍建设。2013 年 11 月，我县的创文工作已接受省的检查验收。县直宣传文化系统 8 个单位，在编在职人数 158 人。全县各乡镇党委均配备宣传委员、宣传干事以及文化站、广播站负责人，目前全县共有乡镇宣传文化干部 41 人。二是加强公民思想道德建设。通过组织"中国梦"主题宣传教育活动、推荐"××好人""最美××人"和志愿服务等活动，提升公民的思想道德素质。同时大力宣传典型人物的先进事迹，以道德模范为榜样，推进社会主义核心价值体系建设。三是抓好文明县城创建工作。紧紧围绕××省文明县城创建标准，全力做好各项基础工作。

（四）高度重视思想理论建设创新，提升广大市民素质。一是创新宣传平台。与××日报社签署了战略合作协议，共同打造《××日报·××新闻》，及时向社会总结、宣传××各项工作取得的新成果。二是创新宣传载体。选定县公路局等一批试点单位，举办各类型的道德讲座 10 余场，覆盖社区居民、农民、公务员、学生、企业职工、新市民等各类人群。三是创新培训平台。举办年轻公务员培训班，邀请×农大教授及省委组织部专家，针对"现代领导新观念""公文写作与管理"等方面强化培训，并在传统培训形式上增加了"无领导小组辩论""人机测试"等环节，提升年轻干部的思想理论水平。

（五）高度重视党管武装工作，促进军民融合式发展。一是加强组织领导。由县委书记亲自担任县人武部党委第一书记，把武装工作纳入经济社会发展总体规划、纳入党委政府重要议事日程、纳入年度目标责任考核内容，广泛开展国防教育，强化全民国防观念。二是加大支持力度。县党政主要领导带领县四套班子和相关部门领导坚持在每年春节后上班的第一天到武装部过军事日，看望和慰问县人武部官兵。此外，积极帮助驻军干部解决家属就业和子女入学问题，大幅度提高全县烈军属等各类优待抚恤补助标准，确保各类优抚对象的生活水平高于当地群众平均水平，真正做到武装工作的实际问题和困难优先解决、经费物资优先保障。三是加强武装队伍建设。提拔了2名专武副部长任部长，3名专武干部任乡镇党委委员，充分调动专武干部的工作积极性。加强基层民兵组织建设，建立民兵轻舟分队和民兵森林灭火大队，为保护人民群众生命财产安全发挥了重要作用；在城东医院成立民兵医疗救护分队，填补了我县在非公组织成立民兵分队的空白。

二、加强组织建设，着力提高党的战斗力

（一）加强领导班子建设，强化党建责任制意识。一是建立完善领导干部联系点。每名领导班子成员都确定了联系部门，每月不少于一次到联系点指导工作，进一步密切了党群干群关系。二是坚持民主生活会制度。对照检查执行《中国共产党党员领导干部廉洁从政若干准则（试行）》和党风廉政建设责任制的情况，认真开展批评和自我批评。广泛征求党员干部群众的意见和建议，及时反馈，提出整改措施。

（二）加强基层组织建设，提高服务群众能力。一是完善村级基础组织。以××镇为试点，以点带面，全面铺开完善村级基层组织建设工作。至2013年6月止，全县共组建村民理事会2386个；成立村小组（自然村）党支部1289个，片区党总支167个；建立社会综合服务站（党政公共服务站）167个。二是开展帮建活动。县四套领导班子成员和县副科以上单位分别联系一镇挂一村，县直单位抽调干部组成167个"联镇挂村帮建"专项工作组，进驻挂点村一对一开展"帮建"工作。各"帮建"单位已派出党员干部深入基层帮建2530余人次，投入资金30多万元。三是做好"后进村"排查整改工作。今年以来，县挂点领导到后进村指导工作36次，联络员到后进村了解情况148次。8个后进村共排查出问题76个、解决问题73个，化解矛盾纠纷26个，办好事实事32件、投入资金91.2万元；扶持经济发展项目15个、扶持资金178.7万元；培养后备干部23人；8个后进村中，调整"两委"班子1个，调整"两委"干部2个。通过细化考核标准，8个后进村自评整顿转化率达到100%。

（三）打造党建工作品牌，强化干部日常监督管理。一是打造"书记项目"品牌。依托社会综合服务网络，利用"网络、电视、广播、手机"四大终端平台，积极构建覆盖县、镇、村三级的"网络党建信息化平台"，努力实现网络党建工作覆盖全县的目标。该项目被列入2013年省级"书记项目"库。二是开展"干部日常管理监督示范县"创建活动。以构建"三早三先三任"干部管理监督体系为目标，高起点谋划、高标准推进创建工作，注重健全制度，规范监督管理，初步取得成效，得到干部群众广泛好评。

（四）抓好人才和培训工作，树立正确的用人导向。一是创新人才工作机制。对全县人才队伍现状进行全面调查，掌握人才队伍底数，建立人才档案，结合全县经济社会发展规划，制定××县中长期人才发展规划纲要。县财政划拨100万元，作为人才工作专项资金，用于高层次人才培养、紧缺适用人才引进、农村实用人才培训、突出贡献人才激励等方面。建立人才孵化基地，实施人才培养工程。二是抓好干部教育培训工作。重点办好公务员初任培训班、公务员全员培训班、年轻公务员培训班、党外后备干部培训班，参训人员2540人次；做好各级干部的调训工作，选派领导干部到上级党校、高校、省市直部门参加培训共116人次。三是抓好干部选拔任用工作。坚持德才兼备、群众公认的原则，注重实绩选人、注重优化结构、注重关爱基层，严格按照选拔程序和标准，把好选人用人关。2013年度，共任免干部169人次，干部选拔任用工作民主评议总满意度达97.23%。

（五）抓好三项重点工作，开创基层党建工作新局面。一是加强"两新"组织建设。2013年6目前，我县共有"两新"组织184家、党员604名，"两新"组织党组织覆盖率和党的工作覆盖率达标，组建了全市首个个体私营协会党委。此外，挑选10个党支部作为市、县两级党建工作示范点的培育点，扎实开展"两新"组织规范化建设年活动。二是做好党联工作。在县、镇两级社会综合服务中心设立"两代表一委员"工作窗口，今年以来党代表上岗轮值943人次，接待党员群众93人次，受理党员群众反映的问题、意见和建议 81 件，办结率、回复反馈率、党员群众对办理结果满意率分别达 100%。积极探索驻室党代表接待日活动，安排县领导为驻室党代表到县党代表工作室开展接访活动，听取和收集党员群众的意见建议，解决实际问题。认真开展试点乡镇党代会年会制工作，对开展党代会届中补选党委领导班子进行了有益尝试，为日后开展乡镇党代会年会制工作提供了借鉴经验。三是做好党的群众路线教育实践活动前期准备工作。按照中央和省市工作部署，我县成立了县委党的群众路线教育实践活动筹备工作领导小组及其办公室，积极开展前期准备工作，为教育实践活动的开展打好基础。

三、加强作风建设，着力提高党的先进性

（一）深化"正风"行动。贯彻执行中央及省市关于改进工作作风的规定，坚决克服形式主义、官僚主义、享乐主义和奢靡之风的"四风"问题。继续深入开展以治理"庸懒散奢软"为主要内容的"正风"行动，全年共组织开展暗访 103 次，发出情况通报 16 次，12 个副科以上单位被全县通报，25 人被不同程度问责。深化行政审批制度改革，全年共督促指导 15 个行政职能部门将 38 个事项共 798 个工作日的办结时限压缩到 391 个工作日，进一步提高行政效率。构建电子监察"大系统"，从行政效能、业务规范等方面对各业务领域的业务规则进行动态全程监控，广泛收集线索。今年共受理群众投诉 66 宗，其中效能投诉共 60 宗，已办结 59 宗，正在办理 1 宗。

（二）推进"公述民评"活动。修改完善"公述民评"活动方案和考核办法，将全县 123 个县直单位分为 A、B 两类进行评议，评议结果与单位领导班子落实科学发展观年度工作考评奖励挂钩。改版升级县政府门户网站的"公述民评"版块，方便市民了解情况、评议打分。在县镇社会综合服务中心办事窗口统一安装了即时评价器，方便参与评议。

四、加强党风廉政建设，着力提高党的纯洁性

（一）抓好"廉洁镇村"创建活动。目前，全县 167 个村完善了村廉政监督员、乡镇纪检干部和县纪委派驻纪检组联系制度，将省核定帮扶的 45 个贫困村作为重点"创廉"示范村，促进村级廉政监督室运作规范化、常态化。健全村干部勤廉双述、四议两公开、村民询问质询、民主评议等制度，推动基层民主建设。85 个行政村已完成"勤廉指数"测评工作，参加测评共 9490 人，被测评村干部 1153 人。

（二）抓好党风廉政平台建设。一是率先建立完善农村"三资"管理平台。镇级综合交易中心成功交易了75宗，全县167个村（居）委会及3115个村小组委托代理和资金代管缴存交易金额达到600多万元，基本实现全县农村"三资"管理交易信息化、规范化、公开化。二是率先开通网上办事大厅。目前，有50个部门的审批以及便民服务纳入网上办事大厅，有852条对外公示办事指南信息，开通网上申请事项8501个，开通率达99.8%。网上办事大厅运行至今，网上提交业务为93443宗，满意率99.99%。三是率先运行公共资源交易中心。按照"管办分离、统一进场、规则主导、强化监管"的原则，投资270万元建设1300平方米的县公共资源交易中心，将产权交易、政府采购、土地交易、工程招投标等有形市场要素纳入范围，建立公平开放透明的市场规则，提高群众对政府工作的满意度。

（三）抓好廉政风险防控工作。探索廉政风险预警、农村集体"三资"预警以及县电子监察平台的整合和对接，推进全县预防腐败信息管理平台建设。指导完善现代企业制度建设，规范权力行使，防控管理风险。实行岗位廉政风险常态化管理，对可能引起腐败的苗头性、倾向性问题提出预警意见。今年共实施廉政风险预警26次，诫勉谈话23人次。对全县320名"三新"（新人员、新岗位、新项目）人员，共查找廉政风险点742个，制订防控措施877条，签订防控承诺书320份。

（四）落实党风廉政建设责任制。认真落实党政班子成员"一岗双责"制度，严格落实廉洁从政的各项规章制度，946名股级干部将个人重大事项及执行礼品登记制度情况进行了报告，69名新任科级领导干部和850名科级以上干部、29名拟提任科级领导干部参加了任前廉政教育。严肃查处违法违纪案件，保持反腐高压态势，今年共立案查办违纪违法案件37件，给予党政纪处分37人，查办大要案14件，挽回经济损失82.6万元，结案率达100%。在县林业局建设党风廉政教育基地、廉洁文化教育室等宣传阵地，组织开展"政途迷津"反腐倡廉警示教育图片展等学教活动，组织领导干部参观省市廉政教育基地，进一步增强领导干部廉洁从政意识，提高拒腐防变能力。

例文解析

述职者主要从加强思想建设，着力提高党的凝聚力、加强组织建设，着力提高党的战斗力、加强作风建设，着力提高党的先进性、加强党风廉政建设，着力提高党的纯洁性四个方面对落实党建工作责任制进行述职。

例文语言简明扼要，但内容上给人感觉都是泛泛之谈。述职报告侧重于写领导干部在一定时期内履行岗位职责的思考过程和自己的能力等，必须回答自己是否称职的相关问题，而例文恰巧缺乏思考过程，仅仅是作者工作成果的简单罗列，过于套话，不够诚恳，也没有明确给出自己是否称职的答复，这是述职报告的一大忌讳，值得我们注意。

例文二：

××镇党委书记党建工作述职报告

今年以来，本人围绕县委《关于在创先争优活动中开展基层组织建设年的实施意见》，切实履行党委书记抓党建工作第一责任人的职责，团结带领党政一班人，创新机制破难题，奋发有为谋发展，积极落实基层党组织建设工作各项措施，全镇各党组织活力明显增强，党员干部创业激情明显提高，为民服务水平明显提升，创新社会管理机制明显收效，各项社会事业发展明显提速，助推全镇经济社会发展实现了新的跨越。半年来，省委常委、政法委书记××及市、县领导多次来我镇检查工作，并给予了充分肯定，同时，也引起社会各界的热心关注。下面，我就半年度党建工作述职如下：

一、基本情况

××镇有基层党组织36个，其中总支1个，村级支部16个，外建支部2个，企业支部1个，共有党员1145名。

二、党建工作开展情况

（一）全面落实党建工作责任制。一是切实履行党建工作职责。实行周一党委会制度，定期研究党建工作运行情况。今年镇党委会专题研究党建工作12次，召开全镇村级党建工作会4次，召开全镇基层党建工作会4次，落实党建工作责任人，对党建工作负责。二是建立健全党建工作责任制。建立和完善了镇党委班子成员联系村党建工作点的工作制度，明确了党委"一把手"负总责，分管领导具体抓，其他领导协助抓的工作责任制，并负责对村党建工作的指导、协调工作。完善目标考核体系，镇党委与村党支部签订了《组织工作目标管理责任书》，以严肃党建工作职责。三是加强领导，落实保障。为全面有效推进党建工作，镇党委将党建工作经费纳入财政预算，保质保量地完成各项目标任务。在财政资金紧张的情况下，镇党委挤出资金为13个村统一制作党务、村务公开栏等硬件、软件设施，为××等村配备了桌椅等办公设备，对村级组织场所建设工作较好的村，采取以奖代补的形式，予以了奖励。及时落实村工作经费及工作报酬。

（二）注重"三提升、四坚持"，抓班子带队伍，充分发挥党委班子的领导核心作用。一是抓班子提升三种能力。第一是提升班子的执行力。我们规定：凡是县委、县政府作出的决策和部署的工作，所有班子成员都要不折不扣的执行，我作班长带头执行。第二是注重提升班子的创新力。我们要求：每位班子成员都要驻村撰写民情日记，学会在实践中创造新思路，解决新问题。第三是注重提升班子的团结力。把"团结也是一种能力"的理念贯穿在班子建设之中。关心尊重班子中的年长者，培育锻炼年轻者，使每一位班子成员都成为干部眼中的一个标尺，群众心中的一面旗帜。二是带队伍注重"三坚持"。第一是坚持正确的用人机制。结合镇部分站所长年龄老化，工作热情差的情况，通过干部自荐、集体推荐的形式，调整充实了联创办、村建中心等重要岗位的站所长职务，让那些开拓进取、埋头苦干的同志得到了重用，在全镇形成想干事、让干事、能成事的良好氛围。第二是坚持良好的学习习惯。制定了周二、周五学习制度，以学促用，以学促干，使党员先锋模范作用得到提升，干部为民服务本领得到增强。第三是坚持优化良好的创业环境。打造镇便民服务中心，将13个站所整合到便民服务大院集中办公，通过一站式的高效便民服务，切实转变基层站所的工作作风，在全镇营造出爱岗敬业、争当模范的良好风气。第四是坚持民主监督。利用好党务、政务公开栏这个有效载体和平台，加强制度建设，规范权力运行，推行阳光政务，确保政府工作都置于广大群众的监督之下，从而密切了党群、干群关系。通过抓班子队伍，镇党政班子团结务实，干部群众心齐劲足，全镇上下风清气正，各项工作取得长足进步。

（三）加强机关干部队伍管理，切实转变干部作风。牢固树立"干部是关键"的理念，严把"选、育、用、管"四个环节，打造了一支纪律严明、办事高效的镇机关干部队伍。半年来，我镇实行党员干部承诺和党委考核相结合的管理模式，干部在年初对本职工作进行年度承诺，承诺规定要有工作思路、工作措施、工作职责和工作目标，让干部自己给自己"增压"。党委把各项工作分解到部门，落实到岗，明确到人，实行年中和年尾两次量化与定性相结合的考核，考核结果与干部年终待遇直接挂钩，以此激励干部开拓创新、务实工作。结合制度建设，镇从学习制度、工作作风、生活作风、财务管理等方面再次细化了一系列可操作的规章制度，并编印成册，发放到每位干部职工手中。在机关内部实行机关干部去向告知制、亮牌服务制等，强化干部上班签到制，出差、请假事前登记制和月底公示制，加强干部作风建设。由于制度完善，责任明确，机关干部作风明显好转，机关效能进一步提高，群众满意度明显提升。

（四）开展"双学双提"、创先争优和争当"五好干部"三项活动，砺炼党员干部队伍，营造了拼抢争超的干事氛围。自"双学双提"活动开展以来，镇党委把活动开展与创先争优和争当"五好干部"活动三者有机结合起来，做到"三不误，三发展"，精心组织，强力推进。一是通过强化组织领导，确保活动进展顺利。镇成立了活动领导小组，制定了方案，成立了专门办公室和工作指导组。充实"双学双提"办人员，做到事有人管，专人专事。镇党委还在资金紧张的状况下，对"双学双提"办活动场所进行了高标准建设和配备，投资1.8万元，整合2间大办公室，新增电脑、复印机一套，办公桌椅一套，做到办公设备齐全，场地宽敞。通过发放宣传册、刷写标语、悬挂条幅等措施，强化舆论宣传，在全镇形成了浓厚的活动氛围。二是通过开展蹲点驻村活动，达到促进工作的目的。镇制定了《××镇开展"六个一"活动实施细则》《××镇党员干部蹲点驻村活动实施细则》。在驻村期间，10位镇领导干部都撰写一篇高质量的调研报告，办理了一批实事，共化解民间纠纷16件，引导、督促村组群众新修村组路14公里，整修大塘11口，新建村组垃圾池26个，资助困难大学生8名，为农民群众提供创业帮扶资金17万元。通过"六个一"活动的开展，全镇党员干部作风得到转变，党员干部访民情、汇民智、释民惑、解民忧、惠民生渐成热潮，并在社会中产生了极大反响。三是创新活动载体，增强活动实效。镇从创新机制、优化服务、关注民生的角度创新活动载体，做到与工作相结合，与改善民生相衔接。镇"双学双提"办把各类惠农政策编辑成册，发放到每位党员干部手中，让惠农小册子成为干部的"床头书"，时时学，天天学。同时，镇党委还组织了15期惠农政策知识大竞赛，4期党员干部"学政策、建业绩"报告会，3期争当"五好干部"大演讲，各村支部书记、站所负责人和机关公务员都登台演讲，各自谈体会、谈思路、谈决心，集中展示干部的精神风貌，体现干部的工作水平和业绩。在服务行业，开展技能大比武活动。如在信用社、营业所、供电所、派出所、计生所等窗口服务行业，开展了4期电子政务技能竞赛。在年初，评选了"十佳公务员""十佳村党支部书记""十佳六大员"，在便民服务中心评选"每月一星""红旗窗口"。5月26日，结合开展"五好干部"活动和庆祝建党91周年，镇召开了创先争优活动"五好干部"表彰大会，表彰了10名"五好支部书记"、4名"五好公务员"、15名"五好职工"、3名"五好政法干部"、5名"五好医生"、12名"五好教师"。随后，同台举办了"庆七一、报党恩"的文艺演出，以丰富多彩的形式庆祝党的91岁生日。镇党委、政府对先进进行了隆重表彰和大张旗鼓地宣传，镇党政府主要领导亲自为获奖的单位和集体授牌并发放奖品。通过表彰先进，选树了典型，让党员干部学有方向，争有标杆，在全镇营造了学先进、争先进的良好氛围，形成一个促进工作，引领发展，真抓实干，争创一流的良好机制。如××村支部书记×××同志投资50万元带头土地流转，创办合作社。××村支部书记××同志投资100万元，承包茶场，注册专业合作社，带领群众致富。××村支部书记×××同志投资40万元，种植苗木，发展林业经济，带领群众致富。党员自富与带富，在我镇已成为一种新风。

（五）加强村级党组织建设，充分发挥基层党组织的战斗堡垒作用。半年来，我镇始终把村级党组织建设作为一项基础工作来抓，通过"五抓"，切实抓紧抓好抓出了成效。一是抓村级组织分类定级，科学引导促晋级。按照县委组织部《关于做好基层党组织分类定级工作的实施意见》，镇党委派出工作组深入基层，通过走访党员群众、问卷调查等多种形式，深入摸底，准确掌握了各村党支部在自身建设、作用发挥和群众评价等方面的问题，做好划类定级，其中"好"类党支部11个，"较好"类党支部3个，"一般"类党支部1个，"较差"类党支部1个。每个支部通过支部研究、党员讨论、征求群众意见、党委审定"四道关口"，确定年度升级目标、转化措施和转化升级任务。本着"一类党组织上水平、二类党组织上台阶、三类党组织换面貌"的工作目标，各支部明确活动主题和创新载体，确保创建活动的分类推进，实现晋级。二是抓村级组织活动场所建设，筑实了党组织阵地堡垒。今年是基层党组织建设年。开展村级组织活动场所建设，是基层党组织建设的重要内容，也是中央作出的一项重要决策，我镇把这项工作纳入了今年承诺的十件实事。镇党委、政府围绕中组部提出"全覆盖、强功能、重实效"的思路，找准突破切入点，做到早谋划、早着手、早动工，加快村级组织活动场所建设。镇党委还通过规划座谈会、典型引路会，后进加压会等多种促进方式，在全镇兴起了村级组织建设的高潮。目前，全镇×××等3个有新建任务的村，本着"高起点规划，高标准建设"的原则，各村均投入资金在40万元以上，早在今年2月初就动工建设，现3个村均完成总工程量的60%以上，可望7月底竣工并投入使用；××等13个村，不惜资金，不遗余力地对活动场所进行高标准升级改造。在改建的村中，呈现出"一村一品"，亮点纷呈的格局。如××村，按照"八有"标准，从活动场地、办公条件、内部设施到软件建设，都能做到高标准、高质量，具有"规范、合理、统一、便民、美观"的特点。××井村在改建中，能因地制宜，因势利导，把原有的花坛、花木、景观池与改建工程做到有机结合，错落有致，实现了合理布局、节省工程的目的，很有代表性、典型性。通过建设，村级场所充分发挥了干部办公、村民议事、党员活动、学习培训、文化娱乐"五位一体"的功能，成为村干部的办公室，成为党员的活动中心，成为村民学习法律法规、了解各项惠农政策的窗口。由于我镇村级组织活动场所建设启动早、起色快、全覆盖，此项工作走在了全县前列，得到了县领导的高度赞扬。三是抓牵手联帮共建活动，提升联创成果。全镇10名党政领导和25个镇单位，继续开展"领导挂点、部门包村、干部帮户"共建活动。共建单位坚持"多方联动，多方投入"的原则，积极开展"帮、送、建、助"活动。"七一"前夕，3名县处级领导和6个县直单位的领导班子，都纷纷到我镇牵手共建的相关村，开展调研，走访群众，慰问老党员，关爱弱势群体，促进社会和谐。我镇的10名党政领导，也在6月底深入对口关爱的老党员家中，了解困难党员的生产和生活情况，解决一批实际问题，送出了慰问金，帮助困难党员度过难关，感受党的温暖。四是抓"四议两公开"制度，改善民生。社会百态，民生为先。镇党委监督各村开展好"四议两公开"活动，进一步规范和完善监督制约机制。规范了党务、村务公开，要求各村对党务工作思路及奋斗目标、工作动态及其它内容进行公开，使各村群众能及时地了解党组织和监督党的各项工作。在发扬民主的基础上，全镇16个村都启动"一事一议"，编制和实施了17个一事一议项目，其中村级道路项目13个，农田水利项目4个，计划总投入资金270万元。目前，各个项目均在建设中，其中3个项目已经竣工，并接受了上级验收。通过实施"一事一议"项目，极大地提升了农村基础设施建设水准，改善了农民生产、生活条件，推动了幸福商城建设。五是抓"一定三有"，落实村干部待遇。全面落实村干部误工补助和村办公经费，积极落实村干部养老保险和离职保障制度，建立了全镇离职村干部档案，积极解决离职村干部待遇问题。镇党委、政府成立村干部离职补助工作领导小组，负责村干部离职补助工作的组织领导和补助对象的审核、上报及资金拨付工作，制定了《村干部离职补助暂行办法》，保障在职和离职村干部的权益，促进党组织内部党员干部的和谐稳定。

（六）做好党员发展和管理工作，充分发挥党员的先锋模范作用。一是认真抓好党员发展工作。始终坚持"三个培养"，即：把优秀青年农民培养成入党积极分子、把个人致富能力强、带领群众致富能力强的入党积极分子培养发展成党员、把双强党员培养选配到村级班子，不断提高村级党员队伍素质，把村级党组织打造成农村经济发展的人才聚集地，增强支部的凝聚力和战斗力。七一前夕，我镇举办了今年第一期入党积极分子培训班，65名入党积极分子参加了培训，接受了党的教育，为提高全镇党员干部队伍素质，奠定坚实的思想基础。二是提高收看率，充分发挥农村党员现代远程教育作用。今年16个行政村已完成远程教育接收站点检修工作，部分村配备了电脑和相关接收设备。各站点远程教育工作制度规范上墙，由大学生村干部担任远程教育操作员，利用远程教育不定期对党员群众进行技术培训。今年累计培训党员群众1500人次，培养各类科技示范户12户。以远程教育基地为平台，加强培训，增强了农民致富的本领。三是加强各类优秀实用人才的推荐和管理。通过激励党员干部创业，全镇涌现出一批在养殖、种植和加工方面的农村实用人才。今年，我镇有4名党员，入围了县级优秀实用人才的公开评选。对农村实用人才，镇纪委半年开展一次定期考核，了解掌握其思想政治表现、工作目标完成等情况。通过实用人才的示范带动，培育和发展了致富产业。全镇新开发种植油茶面积2000亩。建立合作社，使吊瓜种植面积增至3000亩，新发展立体养殖户12户，新增××富民养鸭场3个，培育××羊养殖基地2个，发展××鸭养殖专业组60个，专业户200户，农民传统养殖项目得到做大做强，群众增收明显。

（七）加强党风廉政建设，增强廉洁自律能力。年初，镇党委与各村、镇直各单位分别签订了党风廉政建设责任书，把落实党风廉政建设作为年终绩效考核一项重要内容。加大了农村党风廉政建设工作力度，完善"三资"管理制度，认真开展了村级财务清理规范工作，强化村级财务管理。进一步强化了厉行节约工作力度，实行村级零接待制度，镇机关和各单位严禁在外用餐，规范小车管理，严禁公车私用，实行财务次月初会审制，全面建设节约型机关。本人时常以"五好干部"为榜样，以党员标准严格要求自己，带头遵守各项纪律制度，工作积极肯干，脚踏实地，恪尽职守。能自觉坚持民主集中制，加强自身的廉政勤政建设，时时处处争当"五好干部"。

三、创新社会管理机制，深化便民服务

我镇创立了"12345"模式，即搭建一个平台（即建立了规范化便民服务中心），开展基层大走访和关爱帮扶两项活动，实施基层组织建设、素能提升和惠民富民三项工程，健全阳光政务、诉求表达、信访评估、矛盾调处四种机制，实现服务零距离，矛盾零上交，关爱零遗漏，发展零阻力，惠民零缺位五个目标，创新了社会管理机制。我镇通过采取"12345"模式，以拓展社会管理职能、提升公共服务效能为重点，积极推进集群众诉求服务中心、治安防控中心、行政便民服务中心为一体的社会服务管理平台建设，实现了一体化管理、一站式服务，健全完善联动机制，形成各司其职、齐抓共管、联动高效的社会服务管理工作体系。上半年，全镇信访量明显降低，没有发生赴县以上的信访、人访，做到了小事不出村，大事不出镇，促进了社会和谐。我镇在社会管理方面创新举措，得到了省委政法委和市、县各级领导的现场观摩和充分肯定。

四、开展践行雷锋精神活动，弘扬社会新风正气

通过层层发动，开展形式多样的活动，践行雷锋精神。一是以"伴护、关爱、援助"为主题，成立了由40人组成的青年志愿队，在镇机关大院举行了签名誓师仪式。志愿队分为了心理咨询队、医疗卫生队、科技文化宣传队、法律援助队、六城联创队、空巢老人关爱队等6个专业队，分赴全镇各个村组、学校、企业、集镇，有针对性地开展各种援助关爱服务活动。3月17日，本人带领镇机关干部和志愿者一起，深入镇光荣敬老院，开展义务劳动，关爱五保老人。二是开展爱心捐献与访贫问苦活动。镇先后开展了"学习雷锋、奉献爱心"捐款和"慈善一日捐"活动，全体党政领导、机关干部和全体村干部积极捐款，先后共捐集资金3.8万元，除上缴县慈善总会的捐款外，其余资金将用于资助部分困难群众生产、生活。三是开展平安建设巡逻活动。组织各村、各单位党员干部开展夜间义务巡逻，参与村组和街区秩序治理，打造和谐安全的社会环境。通过各种学雷锋社会实践活动，在全镇发挥了示范带动作用，倡树了新风正气，社会反响极大，全镇践行雷锋精神活动渐入高潮。

五、存在的问题和今后的工作打算

半年来，我镇的党建工作虽然取得了一定成绩，但也存在一些问题和不足，如少数党员、干部的大局意识和全局观念不强，对党员干部的教育培训力度不够，个别党组织还存在"等靠要"思想等，这些都引起了我们的关注，需要积极帮扶和正确引导。

在今后的工作中，我将牢固树立"围绕全局抓党建，抓好党建促发展"的思想，以求真务实的精神，开拓创新的胆识，争创一流的理念，不断改进方法，继续提升自己、完善自己，做到"五个明白"，充分履行好党委书记的职责，落实党建工作责任制，为全力打造丰集豫南商贸重镇，构建幸福商城作出自己应有的贡献。

例文解析 ···

例文强调一个"真"字，要有真情实感，要怀着对自身问题和经验总结的前提上进行，要对自身在过去一段时间的经历进行全面的总结，并对今后的工作制定大致的方向或目标。例文作者意在从汇报情况、找出不足、未来打算的思路进行述职，全文条理清晰，述职者所做工作让人一目了然，但例文将不足与今后打算写在一起，篇幅较少，有欠妥当。

例文三：

××系统党委书记抓党建工作述职报告

今年3月，本人从××镇调任县××局局长、×××系统党委书记。××系统党委配备党委委员8人，其中书记1人，副书记1人，下辖2个党总支，42个党支部，其中非公支部11个，共有党员748人。作为抓基层党建工作的"第一责任人"，本人牢固树立"围绕经济抓党建、抓好党建促发展"的意识，积极主动地管党建、抓党建，农口系统党委党建工作取得了良好的成效。现将就职以来抓党建工作情况述职如下。

一、提高认识，增强抓党建工作的责任感和使命感

一年来，我严格按照"班子建设年"和"项目建设年"的部署和要求，坚持把加强对系统党委党建工作的领导和指导作为一项重要政治任务来抓，充分认识抓好党建工作的重大意义，不断加强政治理论学习和党性锻炼，以强烈的政治责任感和使命感，切实抓好系统党委党建工作。

二、完善机制，认真落实党建工作责任制

××系统党委下设支部多，单位职能多样，为落实好党建工作责任，年初我们在认真调研分析的基础上，制定了年度党建工作目标，并将各项责任、目标、计划层层分解落实到系统内各单位、各支部；进一步明确了党建工作分工，形成了党委书记负总责，专职副书记具体抓、专项抓，各支部密切配合、齐抓共管的党建工作格局。继续完善党委委员挂钩联系点制度，8位党委委员分别挂钩联系2个党总支及42个党支部。

三、抓班子带队伍，不断夯实党建工作基础

一是加强班子自身建设。一年来，始终把党建工作摆上位、抓在手。以"班子建设年"为抓手，通过开展党委中心组理论学习、召开民主生活会、班子成员述职述廉等活动，切实加强了党委班子自身建设。同时，注重加强所属各单位领导班子建设，积极协调党建工作与局机关业务工作的关系，做到既抓好党建又抓好业务，形成了良好的工作合力。今年共组织党委中心组理论学习7次，主题实践活动2次。召开党委会议4次，党务干部会议7次。

二是抓好党员队伍建设。把学习教育作为提高党员干部队伍素质的有效

载体来抓。积极开展解放思想大讨论和支部每月学一文机关读书活动，引导党员干部为我县发展出谋献策，以支部为单位形成书面意见建议条，选送年轻党员参加论坛和演讲比赛，并通过开展党员培训、支部学习、知识竞赛、党员示范岗、技能比武等活动，加强了全系统党员干部队伍建设，使系统内党员成为方针政策明白人、科学技术传播人、作风优良带头人。同时，注重抓好发展党员和离退休党员的管理工作。指导各支部制定了发展党员的规划，落实专人负责和跟踪，对离退休党员、流动党员加强联系、指导和管理，今年以来，共发展了 13 名新党员，培养入党积极分子 14 名，不断改善和优化党员队伍结构。

三是抓好党团共建。××系统党委紧密围绕全县党建工作的重心，坚持党、团建的配套联动，不断创新工作形式，探索工作思路，逐步形成了"党建带团建、党团共发展"的工作格局。9 月 27 日农口系统党委成立了全县首支基层青年志愿者服务队，并分别到××镇社会福利院开展孝老敬老活动和上举苍子下风景区开展清洁环境卫生、宣传森林防火知识活动。

四是抓好党风廉政建设工作。建立和完善了党风廉政建设责任制和领导干部廉洁自律制度；认真抓好廉政教育和主题教育，结合纪教月活动，组织党员干部学习《反腐倡廉教育读本》《领导干部廉洁从政教育读本》，组织观看电教片、图片展等；严格落实民主生活会、述职述廉、民主评议、政务、党务公开等制度，加强党内外群众监督，保证领导干部掌好权、用好权，自觉筑起拒腐防变的思想防线。

四、创新思路抓亮点，服务大局促发展

一是创新方式强覆盖。按照"基层组织建设年"的要求，积极探索"两新"党组织向产业延伸，集中力量抓组建扩覆盖。今年以来，××系统新成立了××发展有限公司党支部、××企业联合支部、××有限公司党支部等三个"两新"党组织。目前农口系统共建立了 11 个非公有制经济党支部，覆盖非公有制企业 23 家，覆盖率 61%，党建工作覆盖率达到 100%。

二是创新载体抓特色。今年年初，我们按照县委的要求，结合本系统实际，研究确立了党组织服务脐橙大户推动××特色农业发展这一"书记项目"，制订了"书记项目"实施方案。"书记项目"启动实施以来，亲自牵头制订了《绿色食品·××脐橙生产技术规程》，收集相关资料并向国家工商总局申报了"××慈橙"和"慈橙"两个注册商标，在××电视台等新闻媒体广泛征集慈橙图标，开设"××慈橙标准化种植培训班""慈橙绿色防控项目培训班"，发放了320份"书记项目"专家组联系卡和200多份书籍、技术资料，派出系统内党员干部和技术人员帮助橙农解决种植栽培等一系列问题，为擦亮××慈橙品牌，开拓市场，服务橙农增收等方面做了大量卓有成效的工作，初步探索实践出了一条提升××慈橙产业发展的新模式。

三是创新机制抓成效。首先是在全系统积极开展"强班子带队伍提高执行力"排头兵实践活动和"创先争优比奉献"活动，提出了总体要求和活动内容，指导系统内各单位结合行业特点制定活动方案，开展"三查三评"等活动，定期不定期开展督促检查和听取各单位活动开展情况汇报。如县农业局在制定活动方案时，结合农业农村工作实际，围绕"生态经济"这个核心，以大力发展精致高效农业为重点，以农业技术推广服务体系为依托，进一步优化农业产业结构，提高产品质量，提升产业层次，实现农业经济再上新台阶。同时，各支部结合实践活动，进一步完善了考勤、考核、卫生管理、车辆管理等制度。我们还将开展活动与完善制度有机结合起来，建立了领导干部党建工作联系点制度、党内激励关怀帮扶制度、党建工作督查和定期汇报制度、党员岗位量化考核制度、支部书记述职制度等，为党建工作提供人、财、物保障，形成了规范有序的党建工作机制。

四是创新平台强服务。以党代表工作室建设、使用和管理服务为载体，打造市、县党代表联系群众、服务群众的平台，充分发挥基层党组织和广大基层党员推动发展、服务群众、凝聚人心、促进和谐的战斗堡垒和先锋模范作用，切实帮助党员干部和广大群众解决生产生活困难。今年××系统党代表工作室接访群众5人次，受理案件1宗，约谈案件1宗，两案均按期办理完毕；各级党代表撰写调研报告、意见建议篇。积极引导各党支部和党员深入基层、服务群众，用党员干部的"奉献指数"来提升人民群众幸福指数。据不完全统计，今年以来，××系统各单位党员干部帮助群众办实事好事175件，落实帮扶资金1100多万元。

一年来，我在履行书记抓党建工作中取得了一些成效，但还存在着一些差距和不足，主要表现在：抓队伍建设的措施不够实，党员队伍建设还不能完全适应新形势的要求；以党建统揽农村各项工作的本领不够强，管党意识还需进一步提高，谋划工作的思路有待进一步拓宽，措施还需进一步强化。

在今后的工作中，我将进一步加强自身学习，增强管党意识，充分履行好党委书记的职责，团结带领党委班子成员，凝聚××系统内各单位党组织，切实落实党建工作责任制，积极探索党员服务群众长效工作机制，帮助农民群众开辟增收致富新渠道，继续做大做强慈橙这一主导产业、特色产业，用实际行动向县委、向群众交一份满意答卷，为××经济社会发展做出新贡献。

以上述职，如有不妥之处，敬请批评指正，谢谢！

例文解析 ··

农业口的党委书记主管农业，例文主要从提高认识，增强抓党建工作的责任感和使命感；完善机制，认真落实党建工作责任制；抓班子带队伍，不断夯实党建工作基础；抓好党风廉政建设工作；创新思路抓亮点，服务大局促发展五个方面进行述职。

例文结构简明、条理清晰，但内容上有所欠缺：述职的重点在于陈述领导干部忠于职守、履行职责的情况，应讲清自己"该干什么、干了什么、干得怎么样。"而例文着重写了作者思想上的认识，忽略了这三点。另外，例文结构层次序数出现错误，应准确掌握和使用，即：第一层用"一、"，第二层用"（一）"，第三层用"1."，第四层用"（1）"。以上两方面我们在写作中都应该避免。

例文四：

2014 学院党委书记述职报告

2014年，在院党组和分院党组的领导下，我们以江泽民同志"三个代表"重要思想为指导，认真贯彻院新时期办院方针和各项工作部署，紧紧围绕着研究所知识创新工程与改革发展中心工作，统一思想、凝聚力量、振奋精神，努力抓好物质文明、精神文明、党风廉政建设及创新文化建设。注重发挥党委的政治核心作用，保证党的各项方针政策在研究所贯彻执行，保证所长负责制顺利实施，保证知识创新工程和科研管理顺利进行，使我所的科研工作保持了良好的发展势头，职工队伍保持着良好的精神状态。在全所党员和职工共同努力下，取得了可喜的成绩，科研收入达到 1.06 个亿，合同签订额达 1.3 个亿，首次实现双过亿。全面完成了党委和行政班子制定的各项工作目标计划。现将个人一年来的工作述职如下：

一、加强党的思想建设，抓好党员、干部思想教育

（一）抓好党员、干部学习教育。

为了贯彻落实"三个代表"重要思想，抓好党的思想建设和党员、干部学习教育，2014 年党委下发了《2014 年党委工作要点》。对加强党的思想建设，抓好党员干部思想教育，深入贯彻落实党的十五届六中全会精神和十六大精神，进行了全面部署，通过学习教育，使党员干部思想稳定，保持着良好的精神状态，为研究所的发展提供了思想保证。

2. 采取灵活的学习方法，提高学习效能。为了使学习收到实效，我们改变了过去死板的学习方法，主要采取了集中学与个人学、通读文件与专题研讨相结合的方式，通过观看录像、报告会、研讨会、参观学习等方法，提高了学习效能，促进了工作。为了进一步加强和改进党的建设，做好新时期党的基层组织工作和思想政治工作，组织支部书记到 ×× 小鸭集团进行了考察学习，对开阔思路，做好工作起到了积极作用。

3. 有针对性的选择学习内容，提高学习的积极性。根据上级部门的要求和形势的发展，组织全所党员、干部认真学习邓小平理论、江泽民同志"三个代表"重要思想、十六大会议精神。结合我所工作实际，分别组织收看"十六大会议报告""思想大解放""国际竞争力""安全重于泰山""诚信的呼唤""世界反黑战""进入 WTO 对我国科技发展的影响"等录像片和报告。

通过上述行之有效的学习，不但提高了学习的积极性，而且增强了学习的有效性，把学习教育真正落到了实处，收到了良好的效果。

（二）抓好党员干部思想教育。

为了以现实生活教育党员干部和群众，相继组织党员干部集中观看思想教育影片《寻枪》、反邪教题材影片《深渊—邪教的本质》等影片；组织党员参观反腐倡廉案例图片展、收听反腐败录音报告等，对广大党员干部进行反腐倡廉教育。为了提高职工道德意识，开展了对职工公民道德教育，在全所范围内组织进行了"公民道德建设知识竞答"测试，参加人员达 700 多人。为了使职工树立正确的科技价值观，相继对职工进行了创新文化价值理念的教育，以培养广大职工的科技价值观，构建研究所价值的共同体。

（三）以实际行动学习十六大会议精神。

党的十六大，是我们党在新世纪召开的第一次全国代表大会，也是在我国进入全面建设小康社会，加快推进社会主义现代化的新发展阶段召开的一次十分重要的代表大会。为了把十六大精神学习好、宣传好、领会好、贯彻落实好，我们根据中央和中科院的有关部署和要求，结合我所实际，党委及时下发了《关于认真学习贯彻党的十六大精神安排意见的通知》，并组织全所党员干部开展了一系列学习活动。

1. 组织各支部积极开展学习活动。各总支、支部通过多种学习形式组织支部党员认真学习了十六大报告。

2. 做好专题辅导工作。为了配合十六大报告的学习，我们购置了《当前党员干部学习热点问题新报告》专题辅导音像片，组织专门辅导学习，推动了全所学习十六大精神的深入进行。

3. 分别组织召开了所领导班子成员、中层干部、基层支部书记、工会基层干部、团干部和青年骨干等人员参加的座谈会。通过开展学习，使全所广大党员和干部职工进一步增强了坚持"解放思想、实事求是、与时俱进"思想路线的自觉性，大家纷纷表示，要以实际行动贯彻落实十六大提出的发展目标，进一步做好我所知识创新工程工作。

（四）加强理论研究。

为了紧紧围绕研究所的中心工作，不断加强和改进党的建设，努力提高党组织的管理工作水平，为知识创新工程试点工作提供强有力的政治保证，针对近年来在我所全面实施知识创新工程试点工作中，党的建设工作面临着许多新情况和新问题，今年我们组织举办了"新形势下加强党的建设工作理论研讨会"。所党委委员、纪委委员、各支部书记及有关人员30余人参加了会议，会议共收到研讨文章22篇。通过研讨，不但进一步提高了我所广大党员干部对在新形势下加强党建工作的重要性的认识，而且还从理论和实践上探讨了搞好研究所党建工作的新思路和新方法，为今后进一步加强和改进研究所党的建设工作奠定了良好的基础。

（五）认真落实院党组夏季扩大会议精神。

2014年夏季院党组扩大会议召开后，党委及时组织职工进行传达学习，为了贯彻落实会议精神，结合研究所具体情况，组织职工进行了认真的讨论，分别就人才队伍建设、研究生教育培养、创新队伍建设、学科布局调整、研究所评价体系建设、激励制度建设等方面提出了 50 余条建设性意见。

二、加强党的组织建设，做好入党积极分子的教育、发展工作

1.做好调查研究工作。为了更好地发挥党的政治核心作用，今年我们结合我所科研工作的实际情况，对《党委工作暂行办法》《党支部（总支）工作暂行办法》的贯彻落实情况对各支部进行了检查，在检查中了解掌握了情况，并有针对性地把握和指导各支部工作，把制度建设落到了实处。

2.组织举办"党的知识"培训班。为了加强对新党员和入党积极分子的思想教育，今年"七一"前夕我们组织举办了"党的知识"培训班。全所17 个党支部的 48 名新党员和入党积极分子参加了培训班学习。培训中我们结合学习的内容，同时又组织进行了"党的知识"答题活动，许多同志通过如何做一名合格的共产党员的学习，受到了教育，进一步表述了迫切加入党组织的心声，取得了培训学习的效果。

3.进一步加强党支部的管理工作。为了配合研究所改革和结构调整，我们及时调整和建立新的党支部，以完善党的组织体系，指导基层党支部围绕知识创新和科研生产独立开展工作，发挥党支部的战斗堡垒作用，今年共完成了四个支部的调整。并规范了离退休党员的组织管理工作。

4.做好组织发展工作。按照党组织"坚持标准，保证质量，改进结构，慎重发展"的原则，今年注重在科技骨干、管理骨干和研究生中发展党员，2014年共发展党员25名，其中科技骨干10名，管理骨干8名，研究生7名。

三、加强党的作风建设，深入群众、为群众办实事

在 2014 年党委工作要点中我们明确提出"深入贯彻党的十五届六中全会精神，加强和改进作风建设"，并对作风建设工作做出了全面部署。在解放思想、实事求是和开拓创新上，我们教育干部群众，解放思想，坚持实事求是，不断开拓创新，克服科研工作中的浮躁情绪；在工作中坚持讲求实效，一切从实际出发，做不到的不提，执行不了的不定；在研究问题时充分发扬民主，听取大家意见，不搞一言堂，以避免主观意志办事，防止工作中的随意性、片面性。在求真务实，真抓实干上，我们多次在干部会上强调机关工作和所级领导要深入实际、深入群众，帮助一线解决实际困难和问题，并把优化职能、提高工作效率摆在机关改革重要的位置上，对干部的工作实施全面认真的考核，以扭转办事拖拉的作风。在关心群众、密切联系群众上，我们注重解决干部群众生活和工作中的实际困难，努力为干部群众办实事、办好事。如：为了满足职工活动的需要，我们为职工建了健身广场；为了美化环境满足职工生活的需要，对生活区进行了绿化改造；为了满足老年教育的需要，所里投资30多万元，为老年大学兴建了新的教室，购置了新的桌椅、空调、钢琴；为了加强同群众的联系与沟通，定期召开全所职工大会，所领导每季度向离退休人员通报一次情况和报告工作，认真听取群众的意见，这已成为一项制度。在团结协作、顾全大局上，我们在发扬团队创新精神，注意最大发挥科研人员个人潜能的同时，集中优势协作攻关。应该说研究所的作风建设工作在加强，作风也在不断的改进。

四、抓党风、促廉政，全面搞好我所党的建设工作

2014年我所认真落实院纪检监察工作会议精神，结合研究所工作实际做到标本兼治，综合治理，强化责任，抓好落实，加大从源头上预防治理腐败的力度，不断推进党风廉政建设和反腐败工作深入发展，建立了由所一把手任组长的党风廉政建设责任制领导小组，指导督促检查落实工作。为了使各级领导干部在工作中切实负起对党风廉政建设的领导责任，履行责任制要求：

一是：制定了《党风廉政建设责任一览表》，明确了各级领导干部的党风廉政建设工作职责；

二是：加强学习宣传教育，经常敲响警钟，予以警示；

三是：加强监督检查。所里成立了行政监督检查小组，每年针对一些情况进行专项检查，并将检查结果以简报形式发至全所。一年来我所党员干部廉洁自律情况基本是好的，没有发现腐败现象。

1. 根据《×××关于局（所）级领导干部配偶、子女不准在该领导干部的职权范围内个人从事可能与本单位利益发生冲突的经商办企业活动的实施意见》，组织了对处级以上领导干部进行了检查和监督，扩大了范围，深化了工作。

2. 组织做好对"四项制度"执行情况的监督检查，将"四项制度"执行情况纳入领导干部廉政考核范围。

3. 组织制定了《党风廉政建设责任一览表》，明确了各级领导干部的党风廉政工作职责。

4. 加强对干部群众党风廉政学习、宣传教育，利用中心组学习、专题学习、辅导报告会、音像报告会、橱窗宣传等形式对干部群众进行学习教育，做到防微杜渐。

5. 加强监督队伍建设，为了提高党风廉政联络员的工作能力，发挥他们的监督作用，年初组织举办了党风廉政联络员培训班，对党风廉政工作进行了学习讨论。

6. 按照院开展收入检查的通知要求，认真组织了研究所收入情况的自查工作，重点对财务部门进行了检查。

7. 组织召开了领导班子民主生活会。会前广泛组织征求意见60余条，为民主生活会统一思想、解决问题、制定措施提供了依据，为开好民主生活会创造了条件。

8. 认真处理群众来信来访，坚持所领导"信访接待日"制度。收到群众信访5起，处理问题3起，接待群众来访20余人次，处理问题19起。

9. 完成了四个项目的内审任务。

五、抓好班子自身建设，形成坚强有力的战斗集体

2014年我所领导班子自身建设，一是抓学习，中心组的学习已形成制度化；二是开好所长办公会和党委会，有事研究事情，无事沟通情况，会上民主气氛比较浓，允许大家充分发表意见，对意见不统一的不做决定；三是抓好民主生活会，会议召开前，充分征求干部群众意见，并将意见提前发至各成员手中，会上进行认真分析，大家畅所欲言，积极开展批评与自我批评，相互分析原因总结经验教训，达到共同认识共同提高；四是开展谈心活动，遇到一些会议上不好说的问题，或者相互有看法和意见分歧时，主要领导能够及时开展谈心，不让意见憋在心里。五是生活上相互关心，工作上相互支持。工作不相互拆台，班子对外一个声音是班子的一条纪律。应该说本届班子是团结奋进的班子，奋发向上的班子。

六、以创新文化建设为载体，推进党建工作上台阶

创新文化建设是知识创新工程的五大目标之一，按照中国科学院关于创新文化建设"要往深里去，往高里提"的要求，我所在被列入试点单位后进一步推进创新文化建设。

2.制定了《深入推进团队精神培育试点工作实施方案》《深入推进创新精神培育试点工作实施方案》，并在所内选定了六个部门为试点单位。

3.组织对全所职工进行了创新文化知识和理念的培训，共四批300余人。

4.为了调动基层部门和职工关心参与创新文化建设，设立了创新文化建设基金。

5.所团委按照创新文化工作部署，承办了多期"创新文化沙龙"活动，以音乐赏析、佳片欣赏、航天技术发展报告会、创新文化知识竞赛、迎新座谈会、新年联谊会等形式调动广大青年的积极性，并在活动中注重培育青年人的"团队精神"。

6.建立了光机所"党建网"，开设了"党建之窗"栏目。

7.组织筹办了"×××学院2014年创新文化建设工作研讨会"。

8.分别接待××分院、××集团705所等单位，进行创新文化交流。

9.组织制定了《所务公开暂行办法》，并建立了所务公开网，坚持重大决策由职代会讨论审议。通过三年多的创新文化建设，创新文化工作已逐步深入人心，研究室十分注重文化建设和管理。如：光电子学研究室、医电计算机研究室、纤维光学研究室成立后，管理工作先从文化建设入手，统一思想，凝聚人心，发扬精神，开创工作，均取得可喜的成绩。瞬态室、空间室、科园物业公司通过文化建设，促进了科研生产工作。

七、积极开展精神文明建设活动，激发职工群众积极性

精神文明建设是新时期党建工作一个重要组成部分，2014年我所通过开展一系列创建活动，把思想道德教育作为主线贯穿到各项创建活动中去，调动大家的工作热情和积极性，广大党员的先锋模范作用得到了进一步的发挥。

1.组织开办"文明市民学校"，对广大职工和家属进行思想道德素质教育。通过宣贯文明市民"十不"行为规范和"三管住"等要求，提高职工群众的文明化程度。

2.组织开办"人口学校"，通过普及计划生育常识、宣讲计划生育基本国策、宣讲人口与国情、人口与环保等专题，提高广大职工执行计划生育的自觉性。

3.组织进行了全所700多人参加的"公民道德建设知识竞赛"，提高广大职工的公民道德意识。

4.组织开展评选"五好文明家庭"和"五好文明楼洞"活动。评出"五好文明家庭"10户。

5.组织开展评选先进集体、先进工作者活动，共评出先进集体三个、先进工作者10名。

6.2014年我所生活区被授予"文明小区""绿色社区""绿色科研院所"，并被推荐为"市文明单位"。

7.先后组织举办五次文艺演出，八次不同体育项目的比赛，并组织举办了职工秋季趣味运动会，对提高团队意识，增强凝聚力起到了促进作用。

8.为促进"文明小区"建设，组织举办了"文明小区之夏"纳凉晚会。

9.多次组织举办职工书画展。

10.组织兴建了开放式的全民健身广场，配置各类健身器械十余件，受到职工家属的好评。

九、积极组织做好离退休工作，促进研究所的稳定发展

我所，现有离退休职工535人，其中党员191人，这些人的稳定对研究所的发展起着重要的作用。为了加强对离退休工作的管理，今年重点做了以下工作：

1.抓组织建设，将离退休管理职能从人教处分离出来，成立专设机构，配备两名专职人员进行管理，同时加强支部建设，认真组织好离退休职工的学习教育，使离退休职工思想稳定。

2.认真抓二项待遇的落实，不拖欠离退休职工的工资与医疗费。

3.认真抓了老年教育和文体活动，组织离退休职工多次参加了研究所及市的重大活动，取得了好的成绩，受到领导的好评和职工群众的赞扬，仅秧歌队就100多人，极大丰富了老年同志的文化生活。

4.认真做好老年大学工作。2014年按照"三个代表"的要求，与时俱进，开拓创新，规范教学，加强制度管理建设，使老年大学具有一定规模和声誉，在社会上产生了积极影响。现在已由最初的三个教学班几十人发展到包括书画、电脑、英语、保健、音乐、舞蹈、模特等10个专业13个教学班，在校学员450人次。

5.组织完成了老年大学新校舍的建设工作，使教学场地增加到400平方米，新配备了桌椅、空调、钢琴，使教学设施完备，教学环境优雅舒适，促

进了研究所的稳定和发展。2014年我所老年大学（分校）在市26所分校中，被市老年大学（总校）评为先进分校。

总的来说2014年我所党的建设工作取得了可喜的成绩，但是我们还应看到在许多方面还存在着不足，许多问题仍需要我们不断努力，在改革发展中用改革的办法在发展中去逐一解决。2014年，对我所来说是关键性的一年，任务十分艰巨繁重，面对众多重大科研项目，特别是航天项目，任务完成的好坏，直接影响着研究所今后的发展与生存；同时又面临着行政与党委领导班子的换届，如何使新老班子平稳过渡，实现顺利交接，也直接影响着研究所的稳定和持续地发展；同时，研究所也将面临新老园区的全面建设。面对如此多的困难如何办？全体党员应鼓足勇气，坚定信心，进一步发挥党员先锋模范作用，促进和推动研究所的发展。让我们以"雄关漫道真如铁，而今迈步从头越"的大无畏精神去迎接新的挑战，创造新的辉煌。

例文解析

学院党委书记不仅需要进行党的思想建设，还需要管理教学工作。例文述职内容全面，结构清晰，但例文基本上是将各部门的工作总结"块块拼凑"而成，甚至可以说是一本齐备的年度档案，可是这些档案始终无法代替个人的成绩。述职报告本是讲自己本职工作情况的，但例文将集体代个人。通篇提不到自己的"角色"，使人难以辨出述职者的"清晰图象"，更像是一篇年度的总结。另外，例文结构层次序数出现错误，应准确掌握和使用，即：第一层用"一、"，第二层用"（一）"，第三层用"1."，第四层用"（1）"。以上两方面我们在写作中都应该避免。

例文五：

市委组织部机关党委工作报告

同志们：

我受部机关党委的委托，向大会报告工作，请予审议。

一、本届机关党委工作回顾

自上次换届以来，部机关党委在部领导班子和市直机关工委的领导下，解放思想、开拓进取，踏实工作、竭诚服务，紧紧围绕全市工作大局和组织工作中心任务，以先进性建设和能力建设为主线，切实加强理论武装、队伍建设和制度建设，扎实履行抓机关党的建设工作职责，较好地完成各项工作任务。

1.抓基层打基础，全面推进党的基层组织建设

——以落实管党责任为重点，建立健全基层党建工作体系。推行"五个一"管理，即年初签订一份责任状，年中抽调部分镇办、市直单位党委书记向市委述职一次，半年每个基层党委向市委书面述职一次，每年组织一次党建工作综合考核，年底通报一次考核结果。采取明查暗访、工作推进会、现场会等多种形式，加强基层党建工作检查督办与指导。近年来，先后召开了村级组织规范化建设、农村无职党员"设岗定责"、创先争优、"五个基本"建设等工作的推进会和现场会。今年5月10日至15日，由部长带领6个检查督办组，采取不打招呼、明查暗访、集中汇报方式，对全市21个镇（办园场）上半年工作进行了集中检查督办。同时加强日常检查督办，由部长带队随机抽查各镇办基层党建工作，对发现的问题现场办公、就地解决。加强组织工作标准化建设，坚持把标准化建设作为组织工作提升水平、规范管理的重要内容。去年，针对村级组织规范化建设的具体实际，制定出台了《××市村级组织规范化建设标准》，从村部建设、支部活动、村干部办公、档案管理等12个方面提出了具体建设标准，成为村级组织规范化建设的操作指南。今年，又先后制发了《创建××试验区基层党建示范区实施方案》《市委组织部机关规范化管理制度》《党校主体班学员综合考核暂行办法》《困难党员帮扶专项资金管理办法》等多个规范性文件。

——以"红旗创建"活动为重点，深入推进基层党组织和党员创先争优活动。坚持以"红旗创建"推进创先争优，制发创先争优十大主题实践活动的实施方案，深入开展挖掘先进典型、公开承诺、业绩网上公布、政治理论测试、示范点创建、评选表彰、"我为群众办实事"、格言征集、开设专栏、文体活动等十大主题实践活动。每项活动都规定具体时间，指定责任单位，确定活动内容，制定实施方案，在指导小组精心指导下组织实施。坚持在具体工作实践中推进创先争优活动，引导各级基层党组织把"创先"体现在服务大局、发展事业、凝聚民心、锻造队伍上，引导广大党员把"争优"体现

在提升综合素质、做好本职工作、服务中心任务、塑造优秀品格上。今年防汛抗洪救灾关键时期，市委发出紧急通知，号召各级党组织在防汛抗洪救灾中创先进，广大党员干部防汛抗洪救灾中争优秀，涌现了一大批先进基层党组织和优秀党员干部，为夺取防汛抗洪救灾全面胜利作出了重要贡献。中组部、省委组织部工作简报对我市作法进行刊发。

——以"五个基本"建设为重点，扎实推进各领域基层党组织建设。认真落实省委"五个基本"建设系列要求，迅速采取"九个一"做法，全面掀起"五个基本"建设高潮，即一次拉网式摸底排查，组织专班集中对21个镇（办园场）673个行政村（居）基层组织基本情况逐村进行拉网式调查摸底；一次专题研究"五个基本"的市委常委会议，专题汇报全市调查摸底情况，确定一批市领导党建工作联系点；一套统一的"五个基本"建设体系标准，对基层组织建设提出明确要求，确保每个基层组织都按照统一的标准和体系建设；一次高规格推进动员会；一次部长巡回培训会，分片逐镇对基层党组织书记开展"五个基本"建设培训；从今年8月底开始，每半个月召开一次"五个基本"建设工作推进会；增加一系列专项经费投入，提高村干部工资待遇，改善村级办公条件；为35个难点村选派了一批村党支部"第一书记"。着力推进仙洪试验区基层党建示范区创建。大力推进"5+1"工程，即："凝聚力"工程、"领头雁"工程、"接班人"工程、"手拉手"工程、"村村富"工程和"党建主题月"活动。积极开展"五个基本"进非公企业、进社区、进机关事业单位活动，9月份启动了"社区党建百日创建活动"，召开了非公有制企业党建工作座谈会，将各领域基层组织与农村基层组织"五个基本"建设同布置、同检查、同考核，推进各领域党建工作水平整体提升。广泛开展"共产党员亮身份""双建双带显身手""设岗定责作表率"以及非公企业党员"三无一带头"活动，充分发挥党员发挥先锋模范作用。

——以提高选人用人公信度为重点，着力加强领导班子和干部队伍建设。主要是三个坚持：一是坚持把干部谈心谈话活动作为加强思想政治建设的重要内容，制定《关于建立干部谈心谈话制度的意见》，严格坚持"四必谈"，镇办每年谈心一次，市直部门每两年轮换一次。去年9月中旬到10月底，由部长带队到21个镇（办园场）和29家市直单位集中开展首次"部长谈心周"活动；今年5月下旬又到39家市直单位集中开展第二轮"部长谈心周"活动，共约谈各级领导干部600多人，与1000多名青年干部集中谈心谈话。二是坚持把竞争性培训选拔干部作为培养和选用干部的常态化手段。创新干部教育培训内容与方式，把专题讲座、理论测试、才艺展示、小组研讨、中心发言、模拟面试等活动引入党校课堂，发现了一批优秀人才，从中选拔了1名团市委副书记、6名党外领导干部和10名市直单位机关干部。两年来，共举办各级各类培训班40多期，培训干部3000多人次，选送40多名干部参加中央和省委党校各类培训班学习；选派18名青年干部到武汉市江夏区、东西湖区等地挂职锻炼；选派100多名优秀干部到新农村建设、南城新区、招商引资、信访维稳等一线培养锻炼。三是坚持把贯彻落实四项监督制度作为提高选人用人公信度的重要抓手。着力抓好干部监督工作机制和监督网络建设，选聘干部监督员，广泛开展"坚决抵制拉票行为"承诺活动。以贯彻落实四项监督制度为提高选人用人公信度的重要抓手，采取"六个一"方式，即组织一次专题学习、举办一次集中培训、开展一次自我测试、撰写一篇心得体会、备份一份学习影像资料、实施一次检查考核，全面学习贯彻。"七一"期间组织开展干部工作政策法规知识竞赛，200多名党政干部组成的70余支代表队报名参赛，8支代表队在预赛中脱颖而出;9月3日下午成功举办决赛，市电信代表队夺得冠军。中组部检查贯彻执行《干部任用条例》情况时，对我市干部选拔任用工作和选人用人风气给予较高评价。

——以领军人才和拔尖人才为重点，统筹抓好各类人才队伍建设。建立健全人才工作体制机制，制发《关于进一步完善市委人才工作领导小组运行机制的意见》，及时调整充实领导小组成员单位，定期召开例会研究人才工作，争取市财政每年拨出不少于上年度一般预算收入的0.5%作为专款，建立了市级人才开发专项基金。主要是四个方面的工作：一是主动对接武汉科技人才优势。坚持每年组织举办人才交流会、招聘会、洽谈会，面向武汉选聘招聘优秀人才。2008年底，在武汉成功举办人才引进与科技合作洽谈会，与武汉大学、华中科技大学等20所高校建立了校市合作关系，签订协议44个。2009年举办两场人才引进洽谈会，引进人才230人，推动企业实施技改项目27个。今年6月15日又举办大中专毕业生暨人才交流会，吸引

269家企业、1.5万名求职者进场。为了有效地对接大武汉，我们建立了经常性的交流沟通机制，每半年召开一次工作例会，研究解决项目实施中的具体问题；每年举行一次市校交流沟通联系会，互通合作进展情况，推动项目顺利实施。二是着力抓好五支人才队伍建设。根据经济社会发展对人才的新要求，统筹抓好党政人才、企业经营管理人才等五支人才队伍建设，建设了一支规模较大、结构合理、素质优良的人才队伍。三是大力储备高素质后备人才。根据××经济社会发展需要，每年引进一定数量硕士研究生充实到市直单位或镇（办场园）工作，加强高素质后备人才储备。今年5月研究生人才引进工作启动后，吸引了来自清华、人大、复旦大学等名牌大学和部分"海归"学子500多人报名，从中成功招录20名研究生。在向外招引优秀人才同时，制定了《××市专业技术拔尖人才管理办法》，明确了专业技术拔尖人才选拔程序、调整办法、享受待遇和职责任务，实行专业技术拔尖人才任期目标管理，确定了30名市管专业技术拔尖人才。四是逐步完善人才支撑网络。充分发挥各种论坛、协会、行业组织的联系纽带作用，搭建人才交流平台，更好地服务全市经济社会发展。成立"百名人才论坛"。团结一批各行各业的优秀拔尖人才更好地为经济社会服务。建立回乡创业大学生信息库，成立"回乡大学生创业协会"，出台优惠政策，吸纳100多名大学生回乡创业。开辟"百名选调生论坛"，组织全市优秀选调生，定期开展活动，引导他们扎根仙桃干事创业。深入实施"一村一名大学生计划"，300多名农村青年拿到大专文凭，成为新农村建设的生力军。举办专题研修班。今年8月底全市首期党政领导干部经济管理专题研修班走出仙桃在苏州举办，9月中旬在青岛举办全市企业经营管理人才专题培训班，进一步开阔了视野，解放了思想，提升了素质。

2.强素质树形象，着力加强组织部门自身建设

坚持把"讲党性、重品行、作表率"和创先争优活动有机结合，按照"五个第一"即第一标准是党性最强、第一品质是公道正派、第一精神是甘为人梯、第一纪律是严守秘密、第一操守是廉洁自律的要求，建设全省一流的"模范部门"和"过硬队伍"。

——扎实抓好组工干部"五种能力"建设。一是提升学习能力。坚持每周集中学习一次，每月闭卷考试一次，部机关干部每天读书一小时，每天上

网半小时，每年讲课一次、到联系村驻村一周。部机关专门组建图书室，购买图书249本；两年来共举办组工干部培训班3期，组织集中学习59次，闭卷考试13次，机关干部主讲专题15个。二是提升思考能力。坚持结合"部长谈心周"、"集中调研月"、机关干部下基层和"结对帮扶"等活动，深入基层开展调查研究，共到21个镇办园场、所有村（社区）、80多家非公企业和20多个市直单位调研。去年12月由各位部长带队，全体部机关干部参加，深入各镇办园和部分市直单位，开展"集中调研月"活动，并集中4天时间，组织全体部机关干部和镇办场园组织委员，采取集中研讨、逐个汇报方式，分两轮开展集中研讨活动。坚持部机关干部每季度完成一篇调研文章和一篇思考性文章，共上报调研文章、思考性文章158篇。三是提升执行能力。推行"精细工作法""限时工作法"和"思考工作法"，实行日清月结制度，高标准、快节奏抓好工作落实。四是提升创新能力。全市每年实施1-2项创新工作，各科室、每名部机关干部每年实施一项创新工作，每名组工干部每两月提一条创新性意见建议，共征集各类建议372条，采用53条。五是提升塑造健康人格的能力。认真开展交心谈心活动，成立篮球、摄影、书法等兴趣小组，每名机关干部至少参加一个小组，引导干部塑造良好的品格。每名干部结对帮扶1名××中学高一年级贫困学生，每月给予定期援助并了解学习生活情况，引导他们健康成长。

——深入推进组织系统创先争优活动。根据中央、省委和市委有关要求，积极开展"建设模范部门、打造一流队伍"创先争优活动。一是明确目标。要求部机关建设全省一流组织部门，争创"红旗党组织"；组织工作"逢牌必夺、逢旗必争"；部机关干部争当优秀组工干部，争创一流业绩。二是细化措施。结合组织工作实际，从"培养优良素质、锻炼过硬作风、打造创新团队、培养健康情趣、推进标准管理、构建透明组工、争创一流业绩"等7个方面开展争创活动。三是创新方式。采取"年初公开承诺、每月领导点评、年底群众评议、年终评选表彰"方式进行，一年一个周期，持续推进。四是周密部署。结合实际制订具体实施方案，成立创先争优活动领导小组及专班，按动员部署、全面推进、深化提升、总结完善等四个阶段有计划、分步骤推进，将创先争优活动与组织工作创新发展结合起来，确保"两不误、两促进"。

——大力加强组织工作对外宣传。坚持传统媒体和新兴媒体相结合，增强组工宣传吸引力，构建开放型组织工作。一是办好××组工网。先后3次改版，从最初的12个栏目发展到28个栏目，坚持专人维护，事事有报道，天天有更新，日均访问量超过800人次。二是推行新闻发布制度。先后组织全市第二批学习实践活动整改承诺新闻发布会、离任村干部生活补贴有关问题开展答记者问活动，第一时间将政策交给群众，掌握舆论宣传主动权。三是开展网上征求意见活动。元月10日至2月10日，在××组工网和中国××网"××社区"开展"网上征求2010年全市组织工作意见"活动，引起社会关注，点击量达5000多次，收集整理网友意见建议近100条，部分合理化建议被吸纳进全市2010年组织工作要点，对20条有价值建议在进行网上回复。四是加强先进典型宣传。在市内主要媒体开辟专栏，《××日报》"党旗风采"每周宣传一个先进典型、××电视台《××新闻》"堡垒先锋"每天宣传一个先进典型，营造出创先争优的良好氛围。五是注重运用多媒体手段宣传组织工作。先后推出《开拓》《求索》等10多部组织工作多媒体宣传片，电视片《青春的选择》荣获全省第九届党员教育电视片暨远程教育教材课件一等奖。六是借传统习俗宣传组织工作。利用春节挂年历、贴年画的传统习俗，将新春祝福、××组工网址、干部监督电话、党员咨询服务电话等印制成精美年历，送到4万多名党员干部手中。

本届机关党委在任期内做了大量工作，较好履行了职责。成绩的取得是与部领导班子正确领导、市直机关工委有效指导分不开的，是全体机关党员干部共同努力的结果，在此，请允许我代表部机关党委，向同志们表示衷心的感谢！

二、今后一个时期的主要任务

下段工作的总体思路是：认真贯彻落实五中全会精神，进一步抓基层打基础，着力在组织工作改革创新上下功夫，切实为"十二五"规划开好头起好步提供坚强组织保证。重点抓好以下五项工作：

1.深入学习贯彻五中全会精神，大力推进学习型党组织建设。要把传达好、学习好、贯彻落实好五中全会精神作为当前和今后一个时期首要的政治任务抓紧抓好。要结合工作实际，通过举办培训班、专题讲座、大讨论等多种形式，广泛深入地开展学习活动，迅速掀起学习贯彻五中全会精神高潮。要坚持从领导抓起，带头加强五中全会精神学习，总结"十一五"发展经验，研究"十二五"发展思路和工作举措，把学习全会精神的过程转化为统筹科学发展、破解发展难题、提升工作水平的过程。要通过学习五中全会精神，加快学习型政党建设，推进思想作风建设。

2.坚持推进创先争优活动，着力加强基层组织建设。今年4月，根据中央和省委统一部署，各级基层党组织和党员创先争优活动取得明显成效。按照五中全会精神，要把加强基层组织作为创先争优活动的重要任务，构建抓基层打基础、落实科学发展观的长效机制。要进一步形成分布广泛、完善严密、坚强有力的基层党组织网络体系，为科学发展夯实组织基础。要强化基层党组织功能，不断增强基层党组织服务大局、推动科学发展的能力。要加强基层党组织书记队伍建设，为科学发展建好带头人队伍。要加强党员队伍建设，通过广泛开展公开承诺、志愿服务、设岗定责等活动，搭建广大党员推动科学发展的平台，发挥广大党员在推动科学发展中的先锋模范作用。

3.创新干部选拔任用机制，进一步加强领导班子和干部队伍建设。坚持从建立健全体制机制入手，积极探索贯彻落实四项监督制度的有效途径，着力建设高素质领导班子和干部队伍。一是坚持开展交心谈心活动。继续把干部谈心谈话活动作为加强思想政治建设的重要内容，坚持一年一年、一轮一轮、一级一级地抓实抓好，进一步统一思想，理顺情绪，推进领导班子和干部队伍建设。二是坚持竞争性选拔干部。积极探索建立竞争性选拔规范化机制，使竞争性选拔成为选拔任用干部的常态化手段。明年要拿出一批敏感度较高、影响力较大的重要岗位，面向社会公开选拔干部。三是坚持抓好干部教育培训。结合实际创新培训形式，加强经常性教育培训，加强实践锻炼，提高干部队伍整体素质和领导经济社会发展的能力。四是坚持抓好四项监督制度落实。进一步加强宣传，自觉运用好四项监督制度，严格按制度选人用人。

4.着力抓好人才队伍建设，切实强化经济社会发展智力支撑。找准××人才需求结合点，营造全社会重视人才的社会环境和制度环境，以人才新优势增创发展新优势。一是坚定不移加强人才战略储备。根据××经济社会发展需要，再引进一批硕士研究生充实到市直单位或镇办工作，为××未来发展储备一批高素质后备人才。二是着力引进高端智力人才。把目光瞄准在领军人才上，瞄准在企业家队伍上，瞄准在拔尖人才上，制定优惠政策引入××，形成高端人才集群。三是下大力培养本土人才。结合××实际，健全人才支撑网络，加大对本地企业经营管理人才、专业技术人才、新型产业工人、农村实用人才培养力度，提升发展竞争力。

5. 全面落实管党责任，不断提高基层党建工作水平。一是落实管党责任。坚持书记抓、抓书记，继续实行"五个一"管理，逐级签定党建目标责任书，层层分解目标，形成一级抓一级、层层抓落实的工作格局。二是严格考核检查。采取不定期督查、巡回检查、随机抽查和明查暗访等方法，强化工作落实；严格考核奖惩，把考核结果与评先评优、干部提拔使用挂钩。三是注重调研创新。确定一批党建工作重点课题，加强调查研究，推进改革创新，努力提升基层党建工作水平。

同志们，机关党委换届选举是机关党员的一件大事，本届机关党委希望机关全体党员在新一届机关党委的领导下，围绕中心工作，同心同德、艰苦奋斗、扎实工作，开拓进取，不断加强和改进部机关党的建设，推动我市组织工作的新发展，为我市经济社会发展提供坚强的组织保证。

例文解析 ···

组织部是党委中从事党员干部人事组织任免和工作绩效考核的工作部门，组织部必须认真学习贯彻三个代表重要思想，狠抓制度建设，着力创建一流领导集体；部务会一班人精诚团结，廉洁自律，带头树立宣传干部的良好形象；领导率先垂范，主动做好"三个服务"。

例文条理清晰、述职内容明确，将下一阶段的工作计划融入了述职报告当中也未尝不可，但述职报告毕竟不同于工作计划，更多的还是强调对过去工作的回顾。所以，我们要注意结尾尽量简洁凝练，同时予人以希望即可。同时，报告中缺少规律性的经验教训总结，让下阶段工作打算缺少反思性、指导性、可信性。例文的亮点在于每一项述职内容都有破折号引出主题句，报告重点突出、特色鲜明、直观明了。

例文六 ▶

党委书记××同志在2013年度领导班子及领导干部考核会上的述职报告

我自担任××镇党委书记以来，在县委、县政府的正确领导下，在同志们的大力支持下，立足我镇实际，以各项活动开展为抓手，紧紧围绕县委、县政府确定的工作思路，真抓实干，攻坚克难，突出抓好党的建设，廉政建设，民生，农业，经济发展，农村面貌改造提升，信访稳定等重点工作，实现了全镇经济持续、快速、健康发展和各项社会事业全面进步，现将去年的工作述职如下：

一、加强学习，提高服务群众的素质和能力

我始终把理论学习放在首位，把勤于学习、修炼内功作为第一要务，千方百计克服工学矛盾，拓展学习领域，改进学习方法，讲求学习效果。一是健全学习制度。在抓好个人学习的同时，重点抓好其它班子成员的学习，坚持党委中心组学习制度，尤其是以各项活动开展为契机，制定学习计划，明确学习篇目、主讲人和学时，做到学有考勤、学有笔记、学有心得，确实起到真学真会的效果。二是坚持理论联系实际。坚持理论学习与工作实际紧密结合，用理论作为强大思想武器，用科学发展观指导工作实践，把学习成果转化为解放思想的内在动力，谋划发展的正确思路，科学运作的方式方法。

二、履职尽责，用实干汇聚发展正能量

（一）党建工作

1.抓好党委自身建设，提升凝聚力和战斗力。镇党委始终以高度的责任感和使命感，以加强自身建设为目标，提高驾驭农村工作的能力。一是抓思想、抓作风，促进领导班子适应新时期的需要。要求领导干部深入基层进行调查研究，密切联系群众，牢固树立服务群众观念。二是抓民主集中制，促进领导班子的团结。严格按照党委的职责范围、议事规则和决策程序办事，对重大问题坚持集体研究、集体决策，集体决定后实行分工负责、落实责任，自觉维护班子的团结。三是抓制度建设，促进了监督激励机制的健全和落实。要求从领导做起，增强办事透明度，提高班子的凝聚力和战斗力。

2.抓好阵地建设，夯实基层党组织执政基础。对全镇26个村级组织活动场所全部进行整改，粉刷墙壁，清理卫生，镇里为村里统一配齐了党建图版、国旗、党旗、会议记录本和部分办公用品，确保实现村级组织活动场所的全覆盖。镇组织员办公室帮助各村支部认真落实"三会一课""四议两公开""一制三化""三制一化"和发展党员"两推两决三公示"等各项党建规章制度，并帮助村完善各种台帐资料，全面推进基层党建的开展。

3.创新党建工作，提升基层党组织战斗力。出台了《××镇农村两委干部考核办法》，组织对全镇所有村两委干部进行了评优挂钩绩效考核，针对乡镇7项重点工作制定了百分制考核细则。一是召开了测评大会，机关全体党员干部和村"两委"全体干部参加了大会，大会上每名干部分别进行了大会述职，介绍一年来自己的工作情况，然后所有参会人员采取无记名投票的方式对每名村干部进行了测评；二是召开了个别座谈会，分别与部分村干部代表进行了座谈，听取他们的意见、建议及评价。考核结束后，我镇对除村党支部书记外的其他"两委"干部考核结果进行了通报。村"两委"干部的考核结果与个人绩效工资挂钩，作为评模选优的重要依据。同时严格按照《××市农村干部岗位职责管理办法（试行）》《××县农村干部岗位职责管理办法（试行）》等有关规定落实奖惩。该项工作客观、公正、准确地评价了基层党组织一年的工作实绩，鼓励先进，激励中间，鞭策后进，充分调动了各基层党组织工作的积极性、主动性和创造性。

（二）农村面貌改造提升工作。

成立了以我任政委，×镇长任指挥长的农村环境综合整治工作领导小组。一是加强管理，压死责任。镇分别与各村签定了环境综合整治工作目标责任书，严格兑现奖惩，形成长效管理机制。目前街道卫生已得到较大改观。二是以"五乱"为重点，合力攻坚。全镇投入了大量的人力、物力、财力，新购置了铲车和三马车，在全镇26个村开展了农村环境整治攻坚战，使村庄环境有明显改观。三是分期分批，打造提升。因为各村均无集体收入，我镇农村环境卫生整治工作且任务较大，单靠上级拨付资金差距还很大，为此我们在巩固现有成果的基础上，采取分年度分批次对各村环境卫生整治工作逐步改造提升，把有限资金充分投入到农村环境卫生整治工作中来，提升了农村环境整治工作的水平。

（三）信访工作方面

成立了由我任组长的信访工作领导小组，定期调研解决重大信访案件。实行镇领导班子成员每日值勤接待制，对广大群众进行依法信访、有序信访、文明信访的宣传教育。信访维稳工作始终坚持"三抓"，即一抓全面排查，二抓重点排查，三抓及时调处。始终站在讲政治、顾大局的高度，不推不拖，不等不靠，投入大量的人力、物力和精力认真做好在社会敏感时期重点对象的稳控工作，扎实解决了大量信访疑难问题，真正做到了"小事不出村，大事不出镇"，在全镇形成人民群众安居乐业局面。

（四）经济发展工作

一是加大招商力度，去年与商城工业区管委会成功招引企业一家，即××市利宝门窗装饰有限公司，占地180亩，已于去年11月份开工建设，预计6月份投产。今年引进的市物资回收公司，年回收、拆解6万台报废汽车项目，已经通过县项目评审组评审，正在进一步对接。二是按照"扶优、扶大、扶强"的原则，以"全国蔬菜产业重点县"为依托，加快建设无公害蔬菜种植基地的步伐，打造对接超市链条，扩大订单规模。××村投资600多万元的"思源果蔬种植有限公司"，今年又追加投资200多万，新建8个温室和2个大型弓棚，带动了当地用工。三是建立秸秆饲料压块基地，提高秸秆利用率，从而达到使农民增收的目的。

（五）计生工作

狠抓计划生育工作，强化人口控制，突出人口管理、信息化建设、综合治理出生人口性别等重点工作，大力抓育龄妇女康检、"四术"遗留清理和社会抚养费征收。2013年，较好地完成了人口与计划生育各项目标任务。

（六）农口工作

××镇为传统农业大镇，农作物以棉花、玉米和小麦为主，农田水利基础设施条件较差，造成抵御自然灾害的能力较弱。一是加快农业基础设施建设。进一步改善农业水利设施条件，积极对接争取上级农业资金，提高灌溉水利用率。二是提高粮食综合生产能力。以"棉麦套种连作"为重点，创新农业增收种植模式，实现粮食持续增产。

（七）民生工作

镇党委始终坚持以人为本，大力发展社会各项事业，集中力量多办利民惠民实事。农村低保户五保户供养实现了应保尽保；村卫生室建造工程顺利完工，硬件设施全部到位。新型农村合作医疗使农民看病难、看病贵的问题得到缓解；安全生产监督形势保持稳定。

三、加强廉政建设，提高拒腐防变能力

（一）建立规章制度，公开透明公平

不断完善各项规章制度，从加强各项规章制度建设入手，把廉政建设的重点放在对权力的制约、资金的监督和干部任用的监督上，坚持"按制度办事，靠制度管人"，把制度建设贯穿于反腐倡廉工作之中。1、认真执行上级关于廉政建设的制度和规定，完善廉政教育制度、交心谈心制度、民主决策制度和考核奖惩制度，加强督查与考核，将党风廉政建设情况列入干部岗位责任制的重要内容，实行一票否决制；2、严格财务公开、财务审批、公费招待、政府采购、公用品管理等制度，要求全镇机关干部尤其是领导干部要严格遵守、认真履行，着力抓好政务、政府采购、预算外资金公开，细化收支账目公开，方便群众监督。2013年度全镇五费（会议费、招待费、办公费、车辆油修费、手机费）支出共计36.0429万元；3、对干部人事调整实行竞争公示。凡是机关干部岗位职能变换、评优、入党等都严格按按照程序，在民主推荐的基础上，按得票多少进行排队，推行任用考察公示，引入民主、公开、竞争机制，增加透明度。

（二）吃好自己的饭，管好自己的人

严格执行中央"八项规定"和领导干部廉洁从政各项规定，对镇领导干部办公用房进行整改。在镇机关深入开展了"严纪律、强作风、重落实"思想纪律作风大整顿活动，为党的群众路线教育实践活动开展预热升温，有效解决了机关存在的"散、懒、庸、低、浮、奢"问题。严格按照规定执行个人收入申报和个人重大事项报告制度，无收受礼品礼金行为，无赌博行为，无从事个人经商办企业和从事有偿中介及买卖股票等盈利活动，没有利用职务之便到基层报销应由个人支付的各种费用，全年无挥霍浪费和假公济私行为发生。

（四）存在的问题和今后努力方向

一年来，在县委、县政府的领导下，在同志们的积极支持下，工作取得了一定的成绩，但与新形势、新任务的要求相比，感到还有一些工作不到位的地方。2014年我们将坚持以党的群众路线教育实践活动为契机，以开拓创新、团结干事、脚踏实地、勤政廉政的工作作风，扎扎实实做好各项工作，为建设繁荣富强、文明和谐的美丽漳河店而努力奋斗！

例文解析

镇党委在做好党建工作的同时，还要负责农村面貌改造提升工作、信访工作、计生工作、农口工作（农业大镇的侧重）、民生工作，在新一代以习总书记为代表的领导集体下，廉政建设必不可少。

例文开头建议加上"特此汇报"之类的语言，以免与正文衔接突兀。整篇文章虽然格式工整，但缺乏清晰的逻辑主线，正文有些主次不分，混乱无序。述职报告本应反映本人在组织赋予的职、权、责内进行的一系列实践活动，以叙述自己开展的主要工作及取得的主要成绩为主，各种例行小事不应该不加筛选地写到述职报告中来，应该有所侧重，突出重点，做到思路清晰，条理分明。

第二节　政府部门中层领导述职报告

例文一：

县教育局局长 2013 年度述职报告

根据县人大镇人通〔2004〕7 号文件《关于对××县第十三届人大及其常委会选举任命的国家工作人员进行书面述职的通知》要求，我将一年来贯彻执行党和国家教育法律法规，遵守执行民主集中制，完成教育年度工作目标，落实人大决议，接受人大监督和加强党风廉政建设等的情况报告如下。

一年来，在县委、县政府的领导下，在县人大常委会的监督和支持下，在市教育局的指导下，在广大教职员工的共同努力下，我恪尽职守，廉洁奉公，锐意创新，务实奋进，把发展作为"执政兴教"的第一要务，致力于"强素质，创示范，升品位，办特色，育人才"的工作目标，与班子成员和广大教职员工一道，促进了我县各级各类教育协调、健康发展。

一、认真贯彻落实教育法律法规和各级人大常委会的决议决定，多元办学格局初步形成，师生权利得到保障

作为一名教育管理者，我十分注重教育法律法规的学习和宣传，把认真贯彻落实《教育法》《义务教育法》《职业教育法》《教师法》等教育法律法规作为首要任务，不断强化教育执法行为，促进了我县教育的改革与发展。

（一）深入贯彻《教育法》《义务教育法》，巩固了"普六"成果

大力开展送法下乡、送法到校、送法进户活动。全面宣传教育法律法规，指导各校举办教育法律法规讲座活动，聘请中小学法制副校长260人，组织机关中层以上干部15人参加县政府举办的《行政许可法》知识培训和竞赛，组织全县教职工8215人和小学四年级以上学生154923人参加普法考试，增强了人民群众、教职员工的法律法规意识。镇三条公路沿线的学校确定为文明学校和依法治校示范校进行建设。全县共创建省级文明学校2所，市级文明学校18所，县级文明学校47所。

指导完善了控辍保学双线目标责任制，层层签订控辍保学目标责任书，组织开展控辍保学专项执法检查，把小学、初中辍学率控制在0.99%和3.07%以内，有效地保障了学生享受义务教育的权利。

深入实施助学帮困工程，争取香港"苗圃行动"助学款100300元，对农业人口独生子女就学实行"三免费"计49088元，争取半寄宿制经费1236000元，挽救濒临失学儿童少年860余人；对自己帮扶的5个贫困高中学生，我针对他们的特点，积极与当地村、镇联系，帮助他们排忧解难，使其家庭情况和个人学习情况有了极大的改善。目前，全县3~6周岁儿童入园率14.07%，7~12周岁学龄人口入学率98.08%，13~15周岁学龄人口毛入学率64.78%，高中学龄人口毛入学率12.8%。

（二）大力宣传《教师法》，强化师德师风，维护了教师的合法权益

加强师德师风教育，提高教师思想素质。对新形势下师德状况进行调查，制定《关于开展师德师风学习教育活动的意见》。8月24日至9月6日，在全县教职工中开展了师德师风学习教育活动。按照人人参与、人人过关的要求，参学对象人人作了不少于3000字的学习笔记，写出不少于1500字的心得，撰写了不少于1500字的剖析材料。制订教师职业道德评估标准及考核办法，组织师德师风评价。大力开展各项选评活动，推荐上报省级优秀教育工作者1人、先进教师5人，推荐上报市级优秀教育工作者13人、先进教师14人，有6人被评为"侨通希望工程园丁奖"。召开教师节表彰大会，表彰优秀教育工作者34人、先进教师60人。

加强师资培训，提高教师业务素质。鼓励广大教师参加脱产、函授和自修进行学历提升教育，立足"校本培训"进行教师基本功、普通话、计算机操作等各项教育技能培训，深入实施"名师导引"工程。今年我县小学、初中专任教师学历合格率分别由 2003 年的 90.21%、79.32% 提高到 91.81%、82.27%，高中专任教师学历合格率达 46.12%；组织 3335 人参加继续教育培训，888 人参加成人高考，2368 人参加成人 5883 科次的自学考试，办理自考毕业证书 76 人；委派 93 名干部教师参加省市级各类骨干培训。

大力开展教育人事改革。认真落实《××市事业单位人员聘用制实施细则》，完善和实施《教师聘任制实施细则》，全面开展新一轮的教师聘任制。严格落实教师资格证制度，办理教师资格证 1314 人，其中待业人员 52 人。按照省审批的教师职工编制方案，认真核编，挖掘师资潜力，确保各级各类学校工作教育教学正常开展。办理教师职称 1103 人，推荐上报副高职 30 人、中职 319 人，评审考定初职 754 人；推荐特级教师 4 人，上级认定 1 人。

积极为教师排忧解难。我亲自到基层摸排特困教职工及"大病号"教师，带头捐资、筹资近 2 万元，累计帮助贫困教职工 16 户次，慰问生病、离退休教师 50 余人次，使他们感受到了组织的温暖。

（三）扩大优质高中规模，整合优质教育资源

继续按照普通高中和职业教育"同步增长、共同发展"的基本思路，加快普及高中阶段教育步伐，重点突破，加大投入，把一中创办成了"窗口学校"，把二中与师范合并创办成了"实验中学"，满足人民群众对优质教育日益增长的需求。普通高中招收新生达到 4202 人，中专录取 121 人，初中毕业生升学率达到 41.5%。

（四）积极鼓励社会力量办学，发展成人职业教育，多元化办学格局初步形成

积极开展脱贫致富培训活动，完成农民实用技术培训 8200 人次。认真贯彻落实《民办教育促进法》，坚持"积极鼓励，大力支持，正确引导，依法管理"的方针，鼓励社会力量办学，审批私立学前班 2 个，并在教育教学上给予了有力指导和有效监管。严肃查处非法办班、随意办班行为，取缔违法办班、随意办班 11 个，净化了我县教育市场。

二、认真执行县人大常委会有关决议，积极办理代表提出的建议、批评和意见，广泛接受群众和社会监督

我认真学习每年两会期间人大审议通过的《政府工作报告》关于教育工

作的总体部署，关注两会上其他有关教育工作的指导意见和呼声，并将这些精神及时传达，让教育战线的同志共同把握，认真抓落实。这两年，县人大、县政协进一步加强了对我县教育工作的视察和专项检查指导工作力度，有力地推动了我县教育事业的健康协调发展。一年来，我局认真贯彻落实镇雄县人民代表大会常务委员会《关于对××县人民政府〈关于教育体制改革的情况报告〉的审议意见》。我认为，这个审议意见写得很有针对性也很精练，特别是敦促政府应着力解决当前困扰我县教育改革与发展的重点、难点问题，包括生均公用经费增长、学校危房改造、发展高中阶段教育、实施教师资格准入制度和调整优化教师队伍、统筹规划合理配置教育用地、各有关部门依法负起支持教育责任等问题，都提出了十分正确的指导意见。

今年，由我局承办的县人大十三届二次会议代表建议16件，县政协六届第二次会议提案8个，代表们反馈满意率达到100%，当然不少还在继续办理之中。为认真做好县人大代表和县政协委员的建议、批评和意见的办理工作，我在局党组会上提出制定了《××县教育局人大代表建议、政协委员提案办理方案》，成立了工作班子，明确了办理程序和要求。我十分追求科学精神和民主精神在教育管理和社会生活中的贯彻，因此我将人大代表建议和政协委员提案工作看成是他们履行职责、参政议政的重要形式，充分认识到通过办理工作，可以帮助我们减少决策的失误，改进提高我们的管理工作和依法行政的水平。我每年都动手修改部分重要的建议和提案的答复件，并认真阅读我局办理的所有的书面答复材料。县人大代表关心、关注我县教育改革与发展，提出了许多宝贵的意见和建议，为我县教育发展创造了一个良好的外部环境和条件，为促进我县教育持续、健康发展发挥了积极的推动作用。

根据代表意见和建议，我们采取"乡镇出地、政府减免配套费"的办法，修建学校13所，增加校舍8743平方米。组织对××中学、××中心学校的经费收支情况进行了审计，一些突出问题得到处理。

三、认真履行职责，推动了教育新体制的健康运行，各项工作取得了阶段性成果

（一）认真贯彻各级教育工作会议精神，教育管理新体制基本理顺

全国基础教育工作会议召开之后，我组织局机关各科室依据会议与文件精神，先后提请县政府出台、印发了关于贯彻落实市委、市政府《关于贯彻

落实〈××省基础教育振兴行动计划〉实施意见》的意见、《关于进一步完善农村义务教育管理体制的通知》《关于全面实施"两基"工作的意见》等政策法规性文件，为我县教育管理新体制的健康运行奠定了基础；同时，明确办学责任，落实责任目标，进一步理顺了教育局、乡镇和各级各类学校的管理关系，明确了县、乡、村三级办学责任，明确了机关各股室和各中小学校长的职责。

（二）全面贯彻教育方针，不断推进素质教育，教育质量大面积大幅度提升

教学质量是体现一个地方教育水准的重要参数，是学校赖以生存的基础，是教育工作的生命线。作为教育管理者，无论时间多紧，我总是坚持深入学校，深入课堂，和基层教育工作者研究教育教学工作。一是指导学校申报科研课题，一批重点科研课题落户我县并得到有效研究与实践。多所学校、课题组、先进教师受上级表彰；二是深入开展新课程改革实验与推广工作。对新课程改革实验工作进行了周密部署，明确了各科室的工作职能，新课程改革实验工作蓬勃开展。今年7月，组织500多名教师参加了新教材培训；各乡镇中心学校、县直各校组织了校本培训。市教育局年度目标管理考评组给予课改实验工作"起点高、工作实、探究深，研究成果很有价值"的高度评价；三是加强教学指导和教育督导，推荐评选了15所市级先进学校，14所县级先进学校，完成了15所学校的教育督导评估，完成了15所学校的实验普及验收，推进了素质教育进程。

全县各校教育教学质量均衡提升。今年高考，上线人数达1700人，比去年净增511人；截至九月底，重点本科录取199人，一般本科录取613人，共录取1558人，占报考人数的36.6%，比去年提高1.1个百分点。今年中考，全县10411人参考，高中录取4202人，其中昭一中110人，云天化中学60人，再次刷新了历史。初考23743人参考，录取20360人，总录取率86%。一年来，全县教师在各级各类报刊、杂志上发表论文600余篇，获市级以上优质课竞赛一、二等奖2人次，学生在教育行政主管部门举办的各类竞赛中共有60人次获奖。

（三）高度重视学校安全工作，强化食品卫生监管，积极化解学校债务，危改目标基本实现

学校安全工作，责任重于泰山。我始终将学校安全工作放在重中之重的

位置，工作机制上做到"三优先"：涉及学校安全工作的汇报优先听取，情况优先研究，经费优先保证，并多次深入学校指导安全工作。坚持预防为主，树立安全无小事的责任意识，认真落实责任制，着力整治校园周边文化环境，保证教学工作正常开展。建立和完善安全防范的制度和机制，认真落实领导责任制和"一岗双责"，做到分工明确，责任清楚，高度警惕，预防为主，严防重大责任事故发生。

与此同时，我还指导安全办制定了《××县学校重特大事故防范应急预案》，多次下校排查学校周边治安隐患，与相关部门协调，在部分城区学校建起了交通护学岗、标注了斑马线。充分利用禁毒日开展禁毒教育和预防艾滋病教育。重视和加强信访工作，认真查办案件，提高办案效率和办结率，信访办结率达100%，无群体上访事件发生。

全年撤并农村中小学17所，改造危旧校舍18074平方米。特别是在××镇×××小学和××镇×××小学的改造中，我多次深入到两所学校，与师生一起战斗在危改一线，不到两个月，两校的危改工作全面完成。今年，针对6625平方米的新增危房，我亲自带领班子成员与相关股室到校督办危改工作。今年上报"危改工程"规划投入8500万元，"普九攻坚项目"规划投入9000万元省市已经认可。2005年可望完成36个土建项目。

沉重的学校债务一直困扰着教育的发展。今年5月，我们核定全县学校债务2001万元，为保障学校正常的教育教学秩序，我多次向上级反映，并提出了化债建议，被县长办公会采纳，6月，县长办公会拟定了化债方案，并决定今年拿出700万元用于化解学校债务。

（四）筹划招商引资，发展教育经济，增强了自身的造血功能

坚实的经济基础是发展教育的强有力的后盾。今年，我始终将招商引资工作与教育教学管理放在同等重要的位置，创造性地选择一所城区中学做好学校"后勤社会化"或"民办公助"工作，发动全体教职员工摸商情、引商户，先后三次外出招商，确定引资兴建实验中学学生食堂、公寓、超市的思路。

（五）狠抓政务校务公开，教育行风明显好转

加强机关财务管理，按照"四个一"的财务管理要求，严格计划控制，严格控制收支范围和标准，严格审批程序，严格财务手续，实行民主理财，开源节流，特别是对机关的招待费、设备购置等都按要求报批，提高了资金

的使用效益。严格干部离任审计和学校经费审计制度，对 ×× 镇原中心小学校长进行了离任审计，对部分县直学校 2003 年的收支情况进行了审计。制定了《×× 县中小学财务财产管理制度（试行）》，建立了相应的内部制度。乡镇以中心学校为单位，组成有关代表参加的财经审核小组，负责对辖区学校的财务财产管理情况进行监督，推动了教育系统党风廉政建设的顺利开展。

坚持从严治理中小学乱收费行为。在历年的开学检查工作中，我们都对各校执行"一证一据一卡"情况作为检查的重点，纠正了少数学校收费偏高的问题，查处了极个别学校变相收取桌凳费和超标准收费的问题，全年共清退违规收费 60430 元。

四、认真落实党风廉政建设责任制，狠抓学习教育，强化制度建设，注重监督防范，筑牢了拒腐防变大堤

（一）加强政治理论、法律知识和教育理论学习

一年来，我认真系统地学习邓小平理论、"三个代表"重要思想，学习十六大及十六届三中全会精神，写了大量的学习笔记和心得体会，促进了政治理论与执政水平的提高，掌握了发展的思想利器。坚持政治理论学习例会制，先后组织班子成员、机关工作人员系统学习《中共中央关于加强和改进党的作风建设的决定》《党政领导干部选拔任用工作条例》，开展"四五"普法系列法律法规的学习，坚定了大家恪守兴教之责、兴办利教之事的工作责任感；深入钻研了教育法律法规并用于指导自己的工作，工作开展做到了有法可依。在学习的过程中，坚持一天学习一小时，一月通读一本书，一个季度撰写一篇学习心得或调研文章。自己认真撰写读书笔记，撰写的《忠实实践"三个代表"，加强党风廉政建设》《服务第一要务，抓好教育廉政》《以十六大精神为指针，加速镇雄教育创新发展》等多篇体会文章在有关媒体上发表和征文中获奖。

（二）大力实施"××先锋"工程

按照"五好五带头"的要求，紧紧围绕实施"××先锋"工程，明确了"抓党建、带团建、强工建、促妇建"的工作思路，把实施"××先锋"工程与教书育人、管理育人、服务育人紧密结合起来，围绕学校工作中心，加强党员的自我学习、自我教育，加强中青年教师的思想政治工作和学生的思想道德教育，增强了党组织的创造力、凝聚力、战斗力。教职工人心思

变，人心思上，人心思进，特别是党员职工思想观念、思维方式、生活方式以及精神文化需求都发生了变化，促进校风、教风、学风进一步转变，促进基层学校党组织建设进一步加强，促进"两基"攻坚工作进一步落实，促进教育教学质量进一步提高，做到了政治坚定方向明，教学科研创一流，为人师表当楷模，培养人才见成效。

（三）加强领导班子和机关作风建设

我积极带领班子开展"五好五带头"活动，加强班子建设，注重班子团结，不断增强领导班子的凝聚力和感召力。进一步完善了"民主集中制"和"领导班子议事规则"，坚持集体领导与个人分工负责相结合，班子成员相互尊重、相互支持，充分发挥班子成员的工作积极性、主动性和创造性。对招生、教师调配、教师职称评定、校长任免、评先表模、基建工程、大额资金的管理和使用等重大问题，都召开党组会或局长办公会，集体研究，共同决策。在机关管理上，我主持修订完善了机关会议制度、考勤制度、股室考评制度、干部考评制度、财务管理制度等九个规章制度，推行绩效管理，坚持制度管人，并带头遵照执行。同时全面推行"三办四要一负责制"，建立起了"行风承诺制""重要工作限时办结制"，促进了机关作风的明显好转和工作效率的明显提高。

（四）加强廉政建设

无论是日常生活与工作，八小时之内与之外，工作圈、生活圈与社交圈，自己始终严格自律、注重人格修养，把党性与人格结合起来，洁身立德砺品性。始终强化表率作用，凡是要求别人做到的，自己带头做到，凡是要求别人不做的，自己坚决不做，使个人的行为始终与中央《关于党风廉政建设责任制的规定》及《党员干部廉洁自律十不准》的要求保持一致。始终坚持行政原则，特别是在人、财、物的管理上，严格按政策、按程序办，凡符合政策规定的立即批办，并要求承办股室、承办责任人限时办结，凡违背原则行不正之风的，严厉批评，不留情面，不搞下不违例；三是管好"四种人"，即家属、子女、身边的工作人员和校级干部，经常教育，严格管理，使他们都能自觉地摆正自己的位置。这些年来，自己没有任何违规现象。四是切实加强各类考试的保密工作和考风考纪教育，改造扩大了试卷保密室，添置设备，完善设施，在试卷接运、保管、领用、回收等各环节坚持公安、保密人员全程参与，确保万无一失。

五、正视存在的问题，努力改进工作，不断开创我县教育新局面

通过这次述职，我有足够的理由为取得的成绩而自豪，但是没有任何理由自我陶醉。当前，我县教育与形势的发展，特别是与加快建设高水平的小康社会、率先基本实现现代化的要求相比，仍有一些不相适应之处，突出表现在三个方面：一是办学条件、教育质量还不适应人民群众普遍接受优质教育的要求。二是教育投入严重不足，经费短缺成为制约教育事业发展的重要因素。由于地方财政拮据，教育经费预算不足，不足的预算又不能及时足额到位，加上政策性收费渠道不畅，使得我县的教育投入距离《教育法》和《21世纪教育振兴行动计划》规定的目标相差较远，经费紧缺的矛盾十分突出。三是教师队伍的现状还不适应全面实施素质教育的要求。在工作中，我们也存在着一些问题和不足，主要是德育工作还缺少有效方法，针对性、实效性还不够强；课堂教育效率不高，体罚和变相体罚学生的现象尚未完全杜绝；个别学校还有巧立名目乱收费的行为。就我个人而言，工作作风过于严厉，可能会影响同志们的工作积极性。

针对存在的问题，在下步工作中决心努力做到"四个加强"：一是加强学习锻炼，全面提高作为"一把手"的能力素质，进一步增强统领全局、运筹指挥的本领，力求通过更称职的领导和管理把全县的教育工作做得更好、建设更快；二是加强组织协调，克服急躁情绪，注意和学会用正确有效的工作方法发挥好各个层次、各个岗位的积极性和创造性，调动全局的力量，形成合力干工作、搞建设、求发展；三是加强干事成事的能力，多为教育的发展做贡献。教育的现状要求必须加大发展力度、加快发展步伐，作为局长既要有干事的决心，更要有成事的能力，通过有力有效的领导力求多干事、干成事、干成大事；四是加强自我监督，严格自律，特别是要多向县委、县人大、县政府领导汇报，积极争取各个方面对教育工作的重视、支持，使全县教育工作再上新台阶、再做新贡献。

例文解析

县教育局在贯彻落实党和国家的各项方针政策法律法规的同时，还要对全县教育事业进行规划、管理教育经费、开展对中等及中等以下学校的督导评估和检查验收工作、规划指导县直学校党建工作和各级各类学校的思想政治教育工作、德育工作、体育卫生和艺术教育及国防教育工作、指导全县教育系统人事制度改革工作和主管全县教师工作。

本文的亮点在于使用了夹叙夹议的报告方式，贴近听众，态度诚恳，且述职中，写出"我"在任职期限内在领导活动中所发挥的作用、取得的成绩，以及对失误应负的责任。突出了"我"字，没有陷入以"组织"代"个人"的误区。

例文二：

××县××乡乡长述职报告

各位领导、同志们：

一年来，××乡在县委、县政府的正确领导下，按照"抓党建、促发展、保和谐"的工作思路，以解放思想、改革开放为契机，突破项目、做优特色、富民强乡，完善"两个园区"，调优产业结构，发展特色产业，推进项目建设，全乡各项工作高效稳步推进，经济社会实现跨越式发展。现将2013年工作情况汇报如下：

一、树牢意识，提升水平，党建工作上台阶

（一）牢记岗位责任，认真履行党建职责。一年以来，我始终坚持学习党的路线方针政策，践行科学发展观，认真履行党建第一责任人的职责，时刻把党建工作放在首位，部署任务时，用党的建设思想去指导。遇到困难时，用党的建设理论去解决；督导验收时，用党的建设标准去衡量，使党建工作贯穿在整个乡镇工作中，真正起到统领和指导作用。

（二）建强组织"龙头"，提升党委自身水平。充分发挥乡党委在农村基层党组织的龙头作用，坚持民主决策、坚持用制度管人管事、坚持领导班子每天通气、坚持学习不放松，进一步深化了党委内部民主议事制度和决策机制，实现了工作制度化、规范化建设，增强了班子团结力和战斗力，全面提升了班子自身素质，建成了坚强有力的领导集体。

（三）深入开展基层建设年活动。我亲自抓该项工作，全乡干部共同参与，工作组认真负责，顺利完成了××、×××、×××3个村"十件实事"。

特别是，××在××矿业集团的帮扶下，投资20万元新建村级组织场所一处，并配备了高标准的办公设施。投资34万元修出村道路1300米，解决了周边群众出行难问题。7月30日，三村代表××县接受了市县两级领导的观摩，得到上级领导肯定。

二、齐抓共管，稳步推进，环境整治工作成效显著

按照市县的统一部署，我乡积极开展环境整治工作。一是加大整治工作的宣传力度，营造全乡上下共同参与和齐抓共管的良好氛围；二是示范带动与整体推进相结合。以215沿线村和基层建设年村为示范，带动全乡29个村整体促进；三是村村打造一条靓丽街道；四是通过"四清四化"措施，各村逐步建立长效机制，确保环境整治效果不反弹。截至目前，全乡共动用人工20000余人次，大型机械300多小时，粉刷沿街墙壁4.3万平方米，建设垃圾池120个，对乡29个村进行了大力度的"四清"整治工作，有效地改善了农村群众的生活环境。

三、解决问题，化解矛盾，确保全乡持续稳定

一年来，我始终把维稳工作放在心上，抓在手上，安排在重要的议事日程上，实行了班子成员维稳工作"一岗双责"制度。把排查、化解矛盾工作任务细化分解，列入班子成员和各两委班的考核目标，明确任务，压死责任，对发生的上访案件实行挂账督办和责任倒查制度。我亲自调度并一线处理化解，使一些问题和矛盾及时化解在基层和萌芽状态。全乡没有形成大的信访案件，确保了我乡社会持续稳定，为发展创造了良好的社会环境。

四、建设园区平台，实现项目建设新突破

以十八届三中全会精神为指导，进一步加大招商引资力度，以建设"县第二园区"为目标，大力开展工业园区和农业科技园区建设，突破了项目发展瓶颈，带动全乡经济发展步入快车道和黄金期。

一是工业个园区产业聚集优势凸显。工业园区建设，突破了项目建设的土地问题，为农村剩余劳动力就地转化提供的条件。目前入驻园区企业有××制帽、××饲料等企业，总投资已达2.4亿元。目前，××制帽二期工程等产业升级项目投产达效，以××制帽、××饲料为龙头的乡镇工业园区经济效应辐射全县。

二是农业园区特色增收。农业园区以葡萄种植为主，现有葡萄种植

3000 亩基础上，真正形成规模化种植，规模效应和市场效益，葡萄成熟季节，开展采摘活动，引来很多游客观光采摘，成为远近闻名的葡萄种植乡。

三是成功引进××黄金碧玉食品项目。该项目总投资为 1.2 亿，占地 30 亩，主要以红薯、马铃薯优质纯天然淀粉为主要原料生产粉丝、粉条、粉皮等方便食品，是我乡今年引进的第一家食品加工企业。该项目采取与农户订单种植红薯等方式，实现农户＋公司模式。现已注册商标，并在县发改局审核备案，先期注册 3500 万元已通过验资，税务登记证等手续已基本办妥，目前该项目正在紧张建设中，项目建成后将为黄金堤乡的经济发展和群众致富起到极大的推动作用。

五、调整农业结构，农民收入持续增长

一是特色高效农业种植实现规模化发展。葡萄、大蒜等特色种植规模进一步扩大，形成了千亩葡萄园和万亩大蒜基地，优质品种和先进种植技术得到推广和应用，产业效益得到显著提高，农民增收大幅度提升，并形成了产业规模化、产业化效应，带动了相关产业发展。

二是"吨粮田"示范方实现规范化管理。按照"吨粮田"示范方管理要求，对万亩示范方 1 个、千亩示范方 2 个、13 个百亩样板田，粮食生产实施整地播种、统一种植品种、统一肥水管理、统一技术指导、统一病虫害防治、统一机械收获的"六统一"规范化管理，粮食产量稳步增收，夏粮亩产 540 公斤，秋季亩产达到 670 公斤，全乡粮食生产实现了十连增。

三是促进养殖业业规模化发展。以市场为导向，扩大商品鸭、蛋鸡等养殖规模，目前商品鸭存栏 10 万只，蛋鸡 20 万，初步实现了规模化发展。农业结构调整成效显著，农民收入大幅度提高。

六、加大工作力度，保质保量完成任务

我乡采取领导干部包片，一般干部包村，村干部包户，分清责任，明确任务，经过乡村两级干部的共同努力，我乡提前超额完成 2013 年新农保、新农合的征收任务。按照县政府的要求，我乡广泛宣传动员开展黄标车治理工作，第一阶段共完成黄标车治理 10 辆，圆满完成县政府安排的任务。

七、完善社会管理，创建平安和谐乡镇

坚持实行领导信访接待日和领导包案责任制，充分发挥"三位一体"调解的作用，结合群工站和各村群工室工作，实现"五个延伸、四个覆盖"，发挥村治安员作用，及时排查和化解各类社会矛盾，把问题和矛盾化解在源头和萌芽状态，做到小事不出村、大事不出片、难事不出乡。同时，认真落实信访责任制，加大投入资金，强化了维稳职能，充分利用司法所民间纠纷排查、普法宣传等业务职能，扎实有效开展了维稳工作。全年共排查信访隐患50起，成功调解处理50件，全乡未发生一起集体访、越级访，确保了全乡信访稳定。

八、2014 年工作谋划

2014 年，我乡将进一步解放思想，创新理念，以基层党组织建设牵引，围绕经济发展，加快产业结构调整，落实项目建设，更加关注民生，改善人民群众生产、生活环境，全力推进我乡各项事业的和谐发展。

一是深入开展群众路线教育实践活动。以狠抓班子、队伍和廉政建设为抓手，深入开展群众路线教育实践活动，转变作风，提升效能。以建强，进一步优化基层党组织。坚持和深化学习制度，进一步提高学习意识，巩固活动成果。

二是做好项目谋划和对接。谋划一个葡萄深加工项目，拓展葡萄种植产业链；谋划一个大蒜深加工项目，提高我乡大蒜附加值。（1）创优环境，抓好项目落实，实现工业园区跨越式发展。要加大对建成项目帮扶力度，调动传统项目对经济的拉动作用，充分发挥产业聚集效应，带动全乡经济跨越式发展；（2）要进一步加大招商引资力度，抽调人员，明确任务，积极与宝洁安集团接洽商谈，促进商品鸭深加工、特色养殖园区等项目落地投产，努力将我乡工业园区建成县第二园区。

三是全面深入开展农村面貌改造提升行动。全乡 29 个村进行认真梳理，分批、分类、分梯队启动农村面貌改造提升工作。选出 2-3 个基础好，条件成熟的村作为样板，集中人力、物力、财力实施样板打造过程。

四是充分利用"一事一议"等政策，积极争跑资金，改善农村基础条件，方便群众生产生活。积极争取扶贫开发项目，解决二村至 215 省道道路维修，解决交通障碍，繁荣农村商贸经济；加快自来水"村村通"工程，彻底解决群众吃水难问题。

五是认真解决群众合理诉求，构建稳定和谐发展环境。充分发挥群众工作站和群众工作室的作用，落实好接访制度，坚持"群众利益无小事"的原则，有效解决群众合理诉求，化解群众矛盾纠纷。充分利用文化场所，积极开展向上的文化活动，构建和谐氛围。

例文解析 ....

乡长主要主持乡、民族乡人民政府的工作；在本乡、民族乡范围内，行使法律规定的职权；代表乡、民族乡人民政府向乡、民族乡人民代表大会和上一级国家行政机关负责并报告工作。关心和团结全乡广大干部职工，调动干部职工的工作积极性，高效率完成工作任务，团结和带领全乡各族群众，坚持经济建设，加速全乡经济和社会发展。

例文标题撰写十分标准，正文从总的成效，主要做法，存在问题及努力方向、未来工作谋划四方面阐明了自己的工作职责、履行职责的指导思想、履行职责的方式、工作中遇到的问题、工作中是否称职等情况。内容充实，表达到位，不失为述职报告的一篇优秀范例。

例文三：

城乡规划局副局长 ××2012 年度述职报告

今年以来，本人紧紧围绕县委、县政府的工作大局，按照局统一安排，忠实履行职责，努力带领分管科室做好县城总体规划、村镇规划、审批管理、规划编制、重点工程的测绘等各项工作，在分管工作中努力工作，奋力拼搏，圆满地完成了全年的工作任务。

一、明确工作任务，抓重点、突时效

我始终坚持遵循城乡统筹、合理布局、节约土地、集约发展和先规划后建设的原则。在工作中我能摆正位置，正确处理好工作关系，服从党组织和局长安排的各项工作，认真履行职责，做到勤政务实。在政治思想上要求进步，提高政治思想素质，树立良好工作作风，加强党风廉政建设。在实际工作中，我十分注意抓重点来解决工作中的问题。这几年，国家改革进程进一步加快，对发展改革工作也提出了新的要求。近年来通过学习我能比较快速地适应新形势下发展改革的任务要求，通过领导们的指导和同志们的帮助，在规划中以抓相关的规划为重点，迅速掌握了工作的主动点。今年我重点

抓了县城总体规划的编制、基层建设帮扶村的规划编制和各项工程的审批等工作。

二、进展及完成工作情况

1. 规划编制：在规划编制中，县城总体规划（2011—2030）已完成规划成果编制，在全市率先通过专家评审，已将成果和相关文件等材料上报市政府和市局申请市政府批复。按照控详规全覆盖要求，我已联系委托规划设计单位完成了县城规划区 26.4 平方公里 13 个单元网络划分和基础资料调研，控制性详细规划、专项规划随总规编制同步进行。村庄规划编制中，在省住建厅现状地形图没有下达之前，我提前组织安排专人与规划设计单位的对接，带领人员加班加点深入 4 乡 4 镇 1 街道办事处对基层建设年 30 个帮扶村村庄开展了现状调研、实景拍照、基础资料收集、走访工作，和乡村两级干部沟通规划整治要点，加强和规划编制单位的联系，取得相关基础资料后，采取座谈、走访等多种方式，征求村民对村庄规划和村庄环境整治的意见。对村庄规划和村庄环境综合整治规划进行了多方案比较，广泛听取村民意见。4 月 15 日完成了 30 个村庄环境综合整治规划编制，比要求提前完成 15 天，6 月 25 日完成了村庄建设规划编制，比要求提前了 5 天完成，并组织征求村民意见和专家技术审查后报经县政府批准，所有成果已下发到相关乡镇、村庄。

2. 规划审批：为了充分发挥规划审批的龙头引领作用，维护县城建设秩序，针对每个环节制订了更加明确的审批标准。在实际操作过程中，明确职责、细化分工、对报批规划的全部方案资料手续进行了认真审查，对每项规划指标进行了详细审查、核对，按照先批后建的原则，严格控制各项指标，确保容积率、绿化率、建筑密度达标、公共设施、景观等打造到位。两次组织召开规委会，审批通过了 ×× 庄园、×× 华庭、×× 领秀、供电服务中心、×× 会堂等项目规划和县域总体规划，审批了各个项目的规划报批手续，出具规划设计条件 20 余份，规划选址意见 20 余份，规划证明 60 余份，办理建设用地规划许可 16 套，建设工程规划许可 14 套，累计审查温泉三期、原民政局地块改造、副食调料市场规划设计方案 40 余项次。

3. 测绘工作：完成了 ×× 街、×× 街、×× 街、×× 路南延等多处规划道路定线 12000 余米，完成 ×× 镇区、××× 轴承园区、×× 林场、

××瑞吉德、广播传媒大厦、人民公园等30余处，18000余亩的现状测绘，加班加点进行了业内制图，调查、摸清、完成文化广场、剧场等改造工程的基础情况，对××路南段改线项目进行了现场测量，拿出多套方案。

4. 其他工作：认真开展金凤街战线各项工作任务的督促、协调、推进和上报工作，先后组织召开10余次工作调度会，每周两次上报工作进度，加大、加快了工作进展，规划展馆开放运营，××银行大楼投入使用，电力服务中心主体已完工，××副食调料批发市场施工建设，××家具城主体完工，××停车场改造和部分违章建筑的拆除等工作先后见到了成效。积极协助局执法队做好对接，批后管理等各项工作任务，提供了有效的依据，制止、查处了多项违法建筑，保证了规划的严肃性和实施；配合其他部门和科室顺利完成了各项工作任务。

三、2013 年工作谋划

1. 控制性详细规划：在城市总体规划完成的基础上按照控详规全覆盖要求完成县城规划区 26.4 平方公里的控制性详细规划全覆盖。

2. 新城区设计：做好环公主湖、火车站周边等新城区城市设计，打造新城区，提升城市品位。

3. 规划审批：对小区规划及其他报批规划审批更加仔细，严格按要求控制各项指标，确保规划的严肃性。

4. 测绘工作：对下步的地块测绘、道路定线、重点项目的调查等更加提速，高效地完成各项任务。

5. 其他工作：在做好正常工作的情况下，更加细致、认真地做好和其他科室、部门的协助和配合，保证工作更加高效，更好地完成各项任务，为馆陶城乡规划与城市定位、城市发展、打造美好的明天。

总结一年来的工作，虽然取得了一定的成绩，但也存在一些不足，主要是思想解放程度还不够，学习、服务上还不够，和有经验的同事比较还有一定差距，在今后工作中，我一定认真总结经验，克服不足，努力把工作做得更好。

例文解析

城乡规划局贯彻执行国家、省关于城乡规划工作的法律、法规和方针、政策的同时研究起草全市有关城乡规划方面的规范性文件和技术管理规定，并对贯彻实施情况进行监督检查以及承担城乡规划的编制、调整和报批或审批工作；负责城乡规划设计、科研，组织开展城市发展战略性规划研究，参与制定城市建设近期目标和年度建设计划；参与建设工程的可行性研究和论证。

例文主要从明确工作任务到进展完成情况及下一年的工作计划三个方面进行述职。述职重点在于"该干什么、干了什么、干得怎么样。"真正做到了述职报告围绕一个"职"字，是述职中应当重点写作的地方。但是例文结构层次序数出现错误，应准确掌握和使用，即：第一层用"一、"，第二层用"（一）"，第三层用"1."，第四层用"（1）"。这个问题需要注意。

例文四：

县财政局副局长 ×× 述职述廉述法述德报告

各位领导、各位同志：

根据县委组织部统一安排，现将本人一年来思想政治状况、履行岗位职责、廉洁自律等情况汇报如下：

2012年，我在 × 局长等各位领导的帮助和指导下，在分管科室同志的支持和配合下，恪尽职守，严格自律，较好地完成了各项工作。

一、加强思想认识和业务学习，努力提高综合素质

多年来，本人利用工作之余开展政治理论学习，做好相关笔记，不断加强思想认识，提高理论与实践转化水平，始终同党中央保持高度一致，在一些大是大非面前展示共产党员的必备素质。在业务知识的学习上，能够认真学习上级文件精神，并和同事一起探讨，努力掌握上情，结合县情，争取宝应利益最大化。对于新分管科室，加强新的业务知识学习，还主动向科室科长学习，使自己做的事、说的话具备业务水平，从业务外行向内行转变，从而进一步提高了领导和协调能力。克服业务忙特殊情况，熟悉掌握党务工作、组织人事工作、工会工作业务知识，提高自己参与党建工作和机关文化建设的水平和能力。利用业余时间参加各级组织举办的培训活动，给自己充电、加压，不断提高自身综合素质。

二、注重尽职敬业尽力，努力提高工作成效

着力支持企业发展。深入企业开展调研，帮助企业申报科技贷款奖励资金、中小科技型企业发展专项引导资金、农村金融奖励补偿资金、工业转型升级专项引导资金、现代服务业（旅游产业）发展专项引导资金等扶持企业发展专项资金，共申报资金5000多万元，促进了企业科技创新。全力服务企业，外资企业财政登记实行"即到即登，即时发证、免费办理"，免费举办外商投资企业和民营企业财务人员培训班，免费赠送《外金财税法规选编》《外资企业适用会计制度》和《支持企业发展政策》等书籍，规范了企业财务行为，提高了财务管理水平。把挂钩培育企业作为服务经济工作的重中之重，针对康尔富精密电子（宝应）有限公司因一期厂房需提前竣工投产，而工程消防手续因时间关系不能及时审批的问题，我们积极联系县消防大队，通过县消防大队与省、市消防主管部门沟通，及时解决了消防审批问题，确保一期工程提前竣工；与县劳动就业主管部门联系，通过招工市场招录33名职工解决了用工问题；主动联系县职业教育集团，帮助协调明年毕业的两个班学生来该公司实习，以缓解劳动力紧缺问题；针对公司涉税问题，及时向地税局了解情况，在国家政策允许的范围内，处理了以前年度部分税收问题，同时也及时宣传了国家相关税法，促进了企业规避税收风险。

提高政务水平。一是强化学习教育。安排84名财务专管员赴××大学进行7天的脱产培训，系统接受财政专题、领导素养和红色教育三个版块的教育，进一步拓宽视野。在新四军江南指挥部旧址上了一堂生动的党课，增强了党员干部党性修养和做好本职工作的使命感。二是加强安全管理。每季度召开安全教育会议，督促驾驶员喝酒不驾车、驾车不喝酒，紧绷安全驾车这根弦。加强车辆维修保养，建立车辆维修、用油台帐。局机关安全工作进一步加强人防机防，安全保卫严格实行三班制，重大节假日安排机关工作人员轮流值班。三是完善内部管理。完善招待费、办公用品、库存物资领用、空调维修、固定资产等各类台帐，定期对物资、经费等实行内审、盘点，对财政所经费会计业务实行考核评比。严格公章使用，完善用印和对外担保用印台账。公开公平公正处置局公有资产，4间248平方米门市房拍得460万元高价。完善局二楼改造方案，保证局自身工程按照有关招投标规定执行。

四是坚持严管干部。突击检查上下班迟到早退情况等情况，转发县优化办有关严管干部的情况通报，进一步严明工作纪律，认真吸取被曝光单位、个人的教训。五是加强法治财政建设。利用法治财政建设契机，认真学习财政法律法规，牵头相关科室做好185个考核点的落实完善工作，力求考核达到要求、促进业务和行为规范，促进全系统及其工作人员依法行政、依法理财，为此我局获得2011年度××省法治财政建设先进集体称号。

积极服务三农。2012年财政支农预算14850万元，增幅32.95%。会同涉农部门成功申报项目80多项，争取财政补助资金3.4亿元，其中：财政部门争取补助资金8000多万元。认真落实农业保险政策，全年投入保费补贴资金3821万元，基本实现政策农业保险全覆盖。投资1715万元，兴建105座农桥。投入财政奖补资金1467万元，实施99个一事一议财政奖补项目建设。通过"一折通"发放项目38项，发放惠农补贴资金2.54亿元。

协助加强党建工作。一是积极组织文体、公益活动。职工体育活动正常开展，积极参加市财政部门、县机关工委组织的羽毛球、乒乓球、篮球、拔河等比赛，既增进了友谊，又增强了体质。重视环境保护工作，通过各种形式加强环境教育，完善卫生管理制度，严格落实节电节水措施。工会活动丰富多彩，开展职工子女"六.一"儿童联欢活动，举办老干部茶话会，节前慰问下岗职工家属，为全系统人员进行体检并建立健康档案，进一步凝聚了人心，营造了和谐。开展各项公益活动，正常开展慈善"一日捐"活动，组织志愿者深入包干路段开展义务劳动。二是扎实开展结对共建活动。利用部门优势，帮助××开展项目申报，累计成功申报1000多万元项目资金，促进了该镇项目建设和社会事业发展。加强同××镇××村的"1+1"结对共建工作，邀请村班子集体到我局共商结对共建工作。深入了解该村发展现状，资助1万元、为该村上争项目资金10万元，支持该村发展集体经济。利用春节时机开展访贫问苦活动，慰问特困户、困难党员。加强与安宜社区的共建关系，节日期间深入社区走访慰问困难群众。安排经费，支持社区街巷保洁和巡视、开展建党91周年活动。定期组织党员干部到社区开展义务劳动，促进了社区环境整洁。每季度同社区党支部召开座谈会，了解社区存在的困难和问题。安排经费4万元，支持社区提高办公水平，积极服务社区群众。

三、坚持清正廉洁，努力保持财政干部良好形象

始终牢记公务员以德为先的原则。平时工作中认真学习并严格执行《廉政准则》，主动接受干部群众的监督，淡泊名利，把握分寸，心存敬畏，努力做一名优秀的财政干部。

1. 严格落实"五个不许"规定，在工作和生活中，本人从没有违规收送现金、有价证券和支付凭证，从不收受服务单位的礼品，更谈不上礼金。一年多来，本人及家庭未发生应当报告的重大事项。

2. 受局长委托，本人虽代履行局机关经费审批工作，但从来没有报支过应由个人和家庭支付的费用，也没有用公款相互宴请，也从不参加用公款支付的高消费娱乐、健身活动。我局公务用车由办公室负责调度管理，我分管办公室工作，虽然调度使用车辆相对比较方便，但我能够严格执行局机关小车使用规定，从未发生擅自派车行为，也没有违反规定公车私用。

3. 严格执行中央纪委《关于严格禁止利用职务上的便利谋取不正当利益的若干规定》，对家属及子女严格管教，虽然个人的影响力不大，也能做到防止她们利用本人影响谋私利。严格执行工程招投标管理规定，规范操作系统内基建工程，没有为个人和亲友谋取任何私利。

4. 严格执行《干部任用条例》和组织部门的规定，在干部选拔的6项程序具体操作过程中，做到公道正派，按规范做事。

5. 作为一名班子成员，本人严格遵守党员干部不得参与赌博的规定，从不参与任何形式的赌博。注重个人党性修养，加强道德建设，不结交损友，确保做事光明磊落，做人公道正派。严格执行领导干部八小时以外管理规定和局各项规章制度，没有发生过任何违规违纪行为。

一年来，本人在现职岗位上做了一些工作，取得了一些成效。但在思想上、工作上、作风上还有许多不足，本人将在今后工作认真克服，切实改进，并做好以下几点：牢固树立终身学习理念，并且注重学以致用，做到真学、真懂、真用；牢固树立正确的世界观、人生观、价值观，不断强化党的宗旨意识，将为人民服务思想贯穿自身工作始终；牢固树立效率意识，雷厉风行，不拖泥带水，认真做好分管的各项工作，做到当日事当日毕，不断增强工作责任感和事业心；牢固树立廉洁自律意识，严格执行廉政各项规定，自觉抵制腐朽思想的侵蚀，做一名勤政廉政的财政干部。

例文解析 ....

　　财政局负责地方的财政工作，贯彻执行财务制度，按照政策组织财政收入，保证财政支出，管好用活地方的财政资金，促进工农业生产发展和各项事业发展；培训专职财会人员，提高科学理财的素质和企业财务管理水平；严肃财经纪律，提高经济效益；积极开发财源，为振兴地方经济服务。

　　财政局副局长主要是对加强思想认识和业务学习、提高工作成效及保持形象来进行总体述职。以陈述为主，夹叙夹议，也有说理论证的成分，也就是用事实来说明自己的主张和结论，真正做到了"述"。例文结构层次序数出现错误，应准确掌握和使用，即：第一层用"一、"，第二层用"（一）"，第三层用"1."，第四层用"（1）"。这种低级错误应当注意。

例文五：

2012 年述职述廉报告 ×× 区水利局局长 ××

　　2012 年，是我国社会主义发展进程中承前启后的一年，是我区"三新一城"与"四化一体"建设取得阶段性胜利的一年，也是全区水利事业突飞猛进的一年。一年来，在区委、区政府的正确领导下，在水利系统全体干部职工团结拼搏和支持配合下，以"民生之本、生态之基、城市名片"为主题的水利建设和管理取得长足进步，完成水利投资 3.6 亿元，各项考核指标全部完成或超额完成，党的建设、队伍建设不断加强，防洪安全、灌溉安全、饮水安全、水环境安全、水产品安全得到全面保障。我本人在工作中也得到了锻炼和考验，思想认识、业务素质、工作水平、廉政勤政等多方面均有一定的提高，较好地完成了区里交给的各项任务，不少工作得到了领导和社会认可。

一、考核指标完成情况

省级考核区政府的三项重点指标：

实际灌溉面积 45.5 万亩，完成任务 100%；

万元工业增加值取水量降幅 4.8%，完成任务 137%；

地下水位止降回升 1.01 米，完成任务 101%。

其他考核指标：

水保生态治理面积 4.5 万亩，完成任务 113%；

小流域治理 1.5 万亩，完成任务 100%；

新增有效灌溉面积 1.5 万亩，新增节水灌溉面积 0.5 万亩，完成任务 100%；

修建防渗渠 45.9 千米，埋设各类输水管道 31.04 千米，完成任务 100%；

解决 12 个乡镇 25 个村、5 所学校 1.4039 万人饮水安全问题，农村自来水入户率 80%，完成任务 100%；

发放移民补贴款 239.52 万元，完成任务 100%；

征收水资源费 624 万元，完成任务 104%。

二、水利建设和管理情况

1. 重点工程建设成绩喜人，完成和在建的水利重点工程有四项：

一是恢河综合治理五期工程。恢河综合治理五期工程中心导线长度 3 公里，治理长度 5 公里，模式为两岸堤顶生物保护、中间自溃坝分段蓄水，两侧设防洪堤防，总治理面积 4000 亩，增加水面 1300 亩，总投资 1.5 亿元。目前水利工程已全部完工，河道防洪标准由 20 年一遇提高到 50 年一遇。

二是雁家景观湖。雁家湖位于西山生态区五期工程的中心，由三座连续分级湖和生态景观区组成，生态景观绿化面积 1500 亩，水面面积 300 亩，蓄水量 30 万立方米，埋设 DN315mpvc 高压管道 3.5 公里，新建泵站一座，日供水能力 6100 立方米，工程总投资 1.1 亿元。至今年 10 月底，工程全部完工，标志着区委、区政府年初描绘的"恢河水上西山，雁家湖荡碧波"的蓝图变为现实，不仅改善了区域生态条件，更为西山生态区提供了可靠水源。

三是恢河一、二期改造维修工程。工程新建 100m 长溢流坝 2 座，加固处理防渗浆砌石堤岸 1300m，清淤疏浚和中隔墙拆除 500 米，清除湖中岛两处，新增水面 500 亩，总投资 3600 万元。

四是玉泉湖扩建工程。玉泉湖扩建工程治理面积 800 亩，新增水面面积 60 亩，蓄水量 10 万立方米，总投资 3000 万元。现正在建设中，预计 2013 年 6 月底完工。

2. 民生水利建设稳步推进，完成五个项目：

一是农村饮水安全项目解决了 12 个乡镇的 25 个村庄、5 所学校、

14039 口人、3796 头大畜的饮水问题，总投资 894 万元。

二是末级渠系配套工程完成 D80U 型渠 1 处，D60U 型渠 12 处，D40U 型渠 4 处，总长度 34.966km，涉及全区 6 个乡镇 16 个村庄，新增有效灌溉面积 1.5 万亩，新增节水灌溉面积 0.5 万亩，改善灌溉面积 2.92 万亩，总投资 423.51 万元。

三是大中型水库移民后期扶持工作，实施工程措施 9 处，涉及 4 个乡 6 个村，总投资 175 万元；发放移民补贴款 239。52 万元。

四是完成青钟水库除险加固工作，加固大坝两个、副坝两个，长度 406 米，新建溢洪道 1 处，总投资 225 万元。

五是实施山洪灾害防治非工程措施项目，总投资 515 万元，

建设预警平台 1 处，自动雨量站 15 个，自动雨量水位站 9 个，简易水位站 1 个，简易雨量站 129 个。

3. 生态水利建设成效显著，完成两个项目：

一是京津风沙源治理工程水利水保项目。治理小流域 2.25 万亩，建设水源工程 176 处，新建护岸坝 1100m，铺设 PVC 输水管 11.17 万 m，修建防渗渠 6.7 万 m，修建渠首浆砌石护砌 260m，完成投资 3293 万元。

二是巩固退耕还林水利配套项目。完成投资 320 万元，新打机井 6 眼，铺设 PVC 输水管 7150m。

4. 管理、执法与安全工作不断加强，完成六项工作：

一是制度建设。进一步完善了日常管理、工程管理、安全管理和社会服务各项制度，为圆满完成全年工作任务提供了可靠保证。

二是水利普查。全面完成了第一次全国水利普查八个大项（两个专项，六个普项）十二类普查任务，基本摸清了全区的水利现状，积累了大量的基础资料。

三是水利执法。查处水事违法行为 3 起，及时制止违法行为 24 起，纠正与方案不符的水土保持治理行为 2 起。今年 4 月，对破坏水保生态的违法行为进行查处，依法取缔非法煤场 54 家，取缔非法采砂场 86 处，可以恢复水保绿地 3000 亩，治理清洁小流域 4000 亩。

四是实施最严格的水资源管理制度。进一步强化取水许可监督管理，严格控制地下水开采，加强水资源保护，地下水位连续三年止降回升。经省级论证，我

区在今年一举摘掉了"地下水超采区"的帽子，为区域经济发展赢得先机。

五是征费工作。全年征收水资源费 624 万元，征收水土流失补偿费 70 万元，全部超额完成任务。

六是安全工作。制定了《××区水利局安全生产月活动工作方案》，完善了安全责任制和施工企业工地安全承诺制，做到"责任到人，不留死角"。在汛前、节假日加强安全隐患排查，在重点领域、重点区域、重点时段实行24 小时不间断巡查，全局无事故、无上访、无大的矛盾纠纷。

三、领导班子建设情况

我们水利局领导班子由局长、总工、四位副局长和纪检组长、工会主席组成，虽然年龄不等、兴趣不同，但在我来水利局这一年多来，大家合作得非常愉快、非常和谐。在日常工作中，我们从两个方面加强班子建设：一是建立健全集体领导和个人分工负责相结合的工作机制，在认真贯彻民主集中制原则和行政首长负责制的前提下，结合水利工作实际情况，把内务后勤、规划设计、水土保持、农田水利、农村供水和水产服务等各项工作分解落实到每位班子成员，让其充分发挥自己的主观能动性，自己决策，自己去解决问题，做到有责有权有利。重大问题，召开局务会议研究决定，集思广益，充分发挥集体的智慧。二是坚持民主生活会制度，作为班子成员总结工作、寻找差距、弥补不足、不断提高的重要举措。在会上，班子成员结合各自思想、学习、工作和廉政实际情况，认真开展批评和自我批评，增进交流沟通，维护了班子团结，形成了工作合力。

四、党的建设情况

我局现为总支，下设两个支部，全局共有党员 57 名。一年来，我局结合区委安排的中心工作，以"保持党的先进性教育活动"和"学习贯彻党的十八大精神"为主线，不断加强党的建设。一是利用机关党校阵地，对所有党员进行培训教育，开展丰富多彩的学习教育活动，大力加强思想道德建设。二是加强干部队伍建设，对素质较高的年轻干部压担子、严要求，帮助他们寻找差距，有 1 名先进青年光荣入党。在工作中充分发挥党员模范带头作用，水利局现在挑大梁的全部是党员，特别是机关支部书记×××同志，退而不休，尽管年龄偏大，家务事又多，但是局里、局外工作两不误，新党员培养、上下班考勤、防汛值班、机关安全无一不挂在心上，是我们学习的榜样。三是加强党风廉政建设，以保持党的纯洁性教育为契机，全面落实党风廉政建设各项制度，健全绩效目标管理责任制和风险防范机制，组织全局党员特别是班子成员观看警示片、开展专题教育活动，确保全局党员干部无违法违纪行为、无吃拿卡要行为。

五、本人学习廉政情况

我是去年八月来水利局工作的，至今已经一年零四个月。任局长一年多来，常思领导重托、深感责任重大，在工作上不敢有丝毫懈怠，每天不是办公室就是现场，基本放弃了节假日休息时间。虽然比较辛苦，但感觉很充实、很有干劲。一年来，我从三个方面不断提高自己的思想认识水平、业务技术水平、领导艺术水平和勤政廉政水平。

一是加强学习。在积极参加区里组织的各类学习培训的同时，组织并参加本局职工的各项政治和业务学习，先后学习了《公务员法》《领导干部廉洁从政若干准则》《行政诉讼法》《行政强制法》《行政许可法》《水法》及各种水利法规，对提高职工的法律意识和业务素质起到了较好的作用。十八大后，我局全体党员干部立即行动起来，积极投身于"学习十八大，再作新贡献"的学习实践活动中。水利工作专业性较强，水利工程从设计、施工到验收，技术要求比较高，因此，我在工作之余非常注重业务学习，全年作读书笔记 10 余万字，先后在××日报、××报及××新闻网发表文章 3 篇，并注意学以致用，以解决工作中的实际问题。

二是注重创新。创新是发展的动力，我在日常工作中不仅重视制度创新、方法创新，更重视观念创新，根据全区"四化一体"和"三新一城"建设的中心工作，跳出农业看水利，提出了"民生之本、生态之基、城市名片"的水利区域主题，围绕主题进一步提出"五协调六跟进"的工作思路。

三是廉洁勤政方面工作中我时时处处严格要求自己，严于律己，宽以待人，正确处理自己与班子成员、与普通职工以及与工作的关系。放手让副职工作的同时，与普通职工平等相处，在全局尽量营造和谐的氛围。在工作上严格要求职工，生活待遇上尽量关心照顾职工，大事小事尽量做到一碗水端平。

在工作中自己以身作则，勤勤恳恳，身先士卒，率先垂范。针对水利局的业务面向农村，面向农民，所以急农民所急，想农民所想，在抗旱期间，局里在经费紧张的情况下，积极筹资为乡村配置低压线、水泵及电器设备，有力地保证了春浇和旱情的缓解，为粮食增产奠定了基础。

在廉洁方面，建立健全了规章制度，结合廉政教育，着力改变衙门作风，杜绝吃、拿、卡、要。在工作交往中回避请吃，不接受馈赠，清清白白做人，踏踏实实做事。在局里较大的支出上，及时在局务会议上研究，公开结果。所有工程，均实行招投标制、合同制、法人制、监理制，杜绝豆腐渣工程。

回顾一年的工作，压力和动力同在，汗水与喜悦并存，成绩有目共睹，不足仍然存在，例如：水利干部职工的素质尤其是技术人员的业务水平有待于进一步提高；我本身由于工作太忙而学习不够、争先创新意识不是太强等等。今后工作中，我们要以党的"十八大"精神为指针，围绕"四化一体"建设，服务转型跨越发展，加强学习、提升素质、忘我工作、无私奉献，为我区率先发展提供可靠的水保障，为建设"美丽朔城区"作出新的更大的贡献。

例文解析

水利局主要搞水利工程建设管理，防汛抗旱，水资源管理，给排水，工程建设，河湖治理保护等。

例文述职者从考核指标完成情况；水利建设和管理情况；领导班子建设情况；党的建设情况；本人学习廉政情况进行述职。又在个人思想作风、个人工作作风上认真加以述职，找出问题，加以改进，以达到工作尽善尽美，真正做到了"述"。但例文例文结构层次序数出现错误，应准确掌握和使用，即：第一层用"一、"，第二层用"（一）"，第三层用"1."，第四层用"（1）"。这种错误应该避免。

例文六：

××县县长述职报告

各位代表：

现在，我代表县人民政府向大会报告工作，请予审议，并请县政协委员和其他列席会议的同志提出意见。

2013 年工作回顾

2013 年，在县委的坚强领导下，在县人大、县政协的监督支持下，县政府团结带领全县人民，攻坚克难，务实进取，圆满完成年度目标任务，在推进科学发展进程中迈出新的步伐。荣获全国科技进步先进县、全国群众体育先进单位、全省信访工作先进县、全省水资源管理规范化建设示范县、全省村级公路网化示范县等称号，被确定为国家智慧城市试点县、国家知识产权强县工程试点县和全国资源型城市 (成长型)。

经济持续健康发展。全县实现地区生产总值 238.5 亿元，增长 10.8%；完成公共财政预算收入 18 亿元，增长 10.2%，收入质量明显提升；完成固定资产投资 208.6 亿元，增长 19.1%；实现社会消费品零售总额 102.8 亿元，增长 16.5%；在岗职工平均工资、农民人均纯收入分别达到 42300 元、13037 元，增长 11% 和 12.6%。

产业转型深入推进。工业转型步伐加快。培植装备制造、黄金珠宝加工交易两个千亿级和新能源汽车 500 亿级产业，推进造纸包装、食品加工、精细化工等传统产业转型升级，加快蓝色经济特色产业园、昌乐 (滨海) 特色产业园建设，规模以上工业实现主营业务收入 825.9 亿元，其中过 50 亿元的企业 3 家，过 30 亿元的 7 家。新建博士后工作站 1 处、市级以上企业技术中心和研究中心 11 家，51 个项目列为省技术创新项目。新创省级以上名牌名标 10 件，新获专利授权 392 件。现代农业创新发展。规划建设现代农业示范园区 15 处，注册中国地理标志证明商标 2 件，认证"三品" 35 个。西瓜产业产值突破 15 亿元。农产品质量安全监管体系不断完善、力度不断加大。建成"合作社一条街"，搭建"合作社之家"，合作社达到 1229 家。实施农业基础设施项目 32 个，完成投入 3 亿元。服务业实现扩量增效。增加值占比提高 2.1 个百分点。××山群被确定为国家自然遗产和国家地质公园，××山旅游度假区被确定为省级旅游度假区，××火山口群文化旅游景区列为省重点建设项目，成功举办 2013 中国 (××) 国际宝石博览会。3 个项目列为省服务业载体项目。新引进银行 4 家，银行机构存贷款余额分别增长 20.9% 和 18.1%，3 家企业实现债券融资 7 亿元。房地产市场健康运行，交易面积增长 37.4%。企业主辅业分离任务超额完成，新增限额以上服务业企业 153 家。

新型城镇化体系不断完善。加快东部生态新城、方山路两侧、10 个重要节点组团开发建设，实施雨污管道配套、弱电管线下地、公共自行车系统等工程，新修改造 22 条道路，其中方山路贯通改造等 16 条道路建成通车，完成城建投资 33.8 亿元。××镇申报国家重点镇、全国卫生镇，××镇入选全省第二批"百镇建设示范行动"示范镇并评为国家特色景观旅游名镇，××镇评为省特色景观旅游名镇。规划 114 个农村新型社区，27 个示范社区加快建设。大力推进工作力量下沉，镇(街、区)70% 以上的干部吃住在社区、工作在社区、服务在社区。城市社区网格化管理加快推进。

改革开放继续深化。县人民医院综合改革试点顺利完成。农村集体资产股份制改造工作已完成 42% 的村，土地承包经营权确权登记颁证工作已完成 62.4% 的村，被评为全省农村土地承包经营权确权登记颁证工作示范单位。农村宅基地确权登记颁证国家试点全面完成。国土资源部低丘缓坡开发利用试点加快推进，完成征地报批 4060 亩。××市安排我县承担的经济体制综合配套改革试点项目有序推进。招商引资市认定到位资金 34.2 亿元，利用外资 4634 万美元。完成进出口总额 18.5 亿美元，居全市第二位。

生态文明建设扎实推进。以壮士断腕的决心推进"三八六"环保行动，城区污水直排问题基本解决、6 吨/小时以下燃煤锅炉全部停用、自备井关闭率达到 85%，环境空气质量综合排名跃居全市前列。拆除环保不达标企业 152 家，万元 GDP 能耗下降 4.2%。启动"六河"生态修复工程，新建改造 7 处污水处理厂，城镇污水基本实现集中处理、达标排放。省市县土地开发整理项目全面完成，耕地总量连续 14 年保持动态平衡。启动全国绿化模范县创建，森林覆盖率达到 35.2%。"三托管"实现全覆盖，城乡环卫一体化考核连续三年居全市前三名。所有的镇街被评为省级以上生态镇街，83% 的村被评为市级生态村。

民生和社会事业持续改善。10 件民生实事如期完成。民生支出占公共财政支出比重达到 60% 以上。加快推进总投资 450 亿元的"十个一"工程，"一路、一园、一湖、一区、一体、一院、一中心"加快建设，"一校、一山、一城"正在完善规划。农村饮水安全工程提前两年实现全覆盖。新建8 处中小学、幼儿园，学前教育三年行动计划圆满完成。县养老中心投入使用。保障房建设任务超额完成。新农合大病医保全面启动。新增城镇就业1.1万人，转移农村劳动力1.5万人。社会保障水平大幅提高，被评为全省城乡居民社会养老保险工作先进单位。市民文化体育公园、县公共电子阅览室建成投用，昌乐传媒网获"全国地方网站最佳本土传播力品牌奖"。物价保持稳定，居民用热、用水、用气价格居全市较低水平。人口目标责任考核连续三年获全市一等奖第一名。完善社会治安防控体系，刑事案件发案数下降20%。积极开展矛盾纠纷集中化解行动，狠抓安全生产、食品药品安全，社会保持和谐稳定。双拥共建、妇女儿童、社会救助、老龄助残等取得新成绩，统计、审计、政府法制、外事侨务、史志、粮食、档案、气象等工作实现新进步。

政府自身建设进一步加强。自觉接受人大、政协及各方面监督，办理人大代表建议、政协委员提案338件。建立项目一站式办理"快车道"，审批时限压缩到7天；压减行政审批事项84项，43家中介机构全部与行政机关脱钩。建立6个电子监察平台，推进政府信息公开，权力运行更加公开透明。狠抓作风建设，查处作风问题113起，公务接待、办公用房等得到较好规范和治理。

去年的成绩来之不易。这是县委科学决策、正确领导的结果，是县人大、县政协和社会各界有效监督、大力支持的结果，是全县上下拼搏进取、创新实干的结果。在此，我代表县政府，向所有关心、支持、参与××改革发展的同志们、朋友们，表示衷心的感谢并致以崇高的敬意！

我们也清醒地看到，经济社会发展还存在许多矛盾和问题。主要是：经济总量偏小，服务业占比偏低，环保压力较大，转型发展任务仍十分艰巨；财政收支矛盾比较突出，民生保障水平需进一步提高；城乡发展不平衡，新型城镇化进程需进一步加快；融资难度加大、成本提高；资源约束增强，土地等要素供应面临很大压力；政府职能转变仍不够到位，履职能力和服务效能需进一步提升等。对此，我们将采取有力措施，认真加以解决。

2014 年工作任务

2014年，我们将深入贯彻落实党的十八大和十八届二中、三中全会精神，按照省委实现工作指导重大转变和省、市一系列决策部署，牢牢把握稳中求进、改革创新的核心要求，以提高发展质量和效益为中心，加快转方式调结构，着力保障改善民生，促进经济持续健康发展和社会和谐稳定，努力建设更高水平的富强生态幸福××。经济社会发展的主要目标是：地区生产总值增长9.5%，公共财政预算收入增长12%，固定资产投资增长18%，社会消费品零售总额增长14%，农民人均纯收入增长12%，城镇在岗职工平均工资增长11%，人口自然增长率控制在6.2‰以内，完成节能减排约束性指标。

（一）全力构建新型产业体系

加快推进工业转型升级。坚持工业立县、工业强县战略不动摇，以凤凰涅槃、浴火重生的决心，持续推动工业转型发展、创新发展、加快发展，规模以上工业主营业务收入达到930亿元，力争5家企业过50亿元，其中1家过100亿元。政府资源优先向工业倾斜，支持骨干企业做强做大。加快培植装备制造、黄金珠宝加工交易两个千亿级和新能源汽车500亿级产业，推动英轩重工及配套产业园、雷丁新能源汽车等项目达效，推进特种汽车、黄金加工产业园等项目开工建设。实施总投资227亿元的67个重点技改项目，加快推进造纸包装、食品加工、精细化工等产业向价值链高端和产业链两端延伸。支持骨干企业与国内外大企业集团开展战略合作，着力培育一批具有国际竞争力的龙头企业。大力培植新能源、新材料等战略性新兴产业，扶持科技型、成长型企业加快发展。加快蓝色经济特色产业园、××（滨海）特色产业园规划提升和基础设施配套，引导项目、企业入园发展。积极推进科技创新，引导企业与高校、科研院所开展产学研合作，共建科技创新平台，新增市级以上企业技术中心和研究中心7家；大力培育高新技术企业，加快科技成果转化，力争高新技术产业产值占规模以上工业总产值的比重达到23%以上。

加快发展现代农业。着力打造优质高效生态安全农业。提高西瓜产业发展水平，建成××西瓜科技示范园，提升西瓜专业市场，增强"××西瓜"品牌影响力。扶持发展新型农业经营主体，规范提升"合作社一条街"，加快建设有场所、有组织、有品牌的规范化合作社。推进重点农业龙头企业发展升级，延伸农产品加工产业链条。加快现代农业园区建设，每个镇（街、区）新建1处以上高标准示范园区。健全监管体系，狠抓农产品质量安全，做好全国畜产品质量安全示范县争创工作。鼓励"三品"认证，发展品牌农业。实施33个农业基础设施项目，改善农业生产条件。全面启动"××职业农民讲习所"，打造全国性的职业农民培训教育输出基地，探索构建新型农业经营体系"××模式"。

加快提升服务业水平。深入实施服务业发展提速计划，大力发展特色旅游、金融服务、现代物流、健康养老等重点产业，力争服务业增加值增长12%以上。扩大××山群国家自然遗产和国家地质公园品牌影响力，加快××湖扩容及综合开发、××火山口群文化旅游景区等项目建设；办好2014中国国际宝石博览会；规范提升宝石城经营管理，争创5A级旅游景区，推动火山宝石特色旅游实现新突破。鼓励引进金融机构，创新金融服务，年末银行机构各项贷款余额力争达到220亿元。推进"三区"建设物流园、企业总部基地公园等项目建设，大力发展现代物流、总部经济等现代服务业。加快××国际医疗中心、×××山养老产业功能区、老年康复中心等项目建设，全力打造国内一流的健康养老产业基地。

（二）着力加快新型城镇化步伐

努力提升城区建设水平。加快东部生态新城开发，完善污水、供热、道路等基础设施，全力推进××西部娱乐城等22个项目。完善提升北部城区功能和品位，加快方山路两侧开发、城市综合体等重点项目和重要节点组团建设，稳妥推进城中村改造。加快青年路宝通街至利民街段、流泉街西段、宝石街贯通等城区道路建设改造，完成孤山街等老旧路灯更换。加快"智慧昌乐"建设，抓好智慧应急、智慧交通、智慧城管等工程。做好迎接全国文明县城复查工作，不断提升城市管理水平。

加快建设特色小城镇。落实扩权强镇改革措施，全力支持××镇、××镇建设全省"百镇建设示范行动"示范镇，提升××镇、××镇综合实力，推进街区特色发展，力争财政总收入过亿元的镇（街、区）达到4个。完善小城镇道路、供排水、污水垃圾处理等基础设施，加快体育、卫生、市民服务场所配套，力争完成小城镇建设投资22亿元。

加强社区建设管理。细化优化农村新型社区总体布局规划和示范社区修建性详细规划。鼓励支持企业和社会资本参与农村新型社区建设。每个镇（街、区）至少新开工1处示范社区，已开工的示范社区力争早日达到入住条件。深入推进工作力量下沉农村社区，加快推进城市社区网格化管理，强化社区管理服务。结合农村新型社区规划，搞好农房建设和危房改造。

（三）强力推进生态文明建设

全面加强环境保护。力争在全市率先完成"三八六"环保行动任务。加快城区 3 个污水处理厂应急调节池、中水回用等设施建设，加强污水处理厂运行监管，推动城镇污水全收集处理、全循环回用。搞好 15 个重点项目异味治理，完成 3 家重点企业烟气脱硝工程，拆除或改造城区 10 吨／小时以下燃煤锅炉，加强城市扬尘污染防控，加快淘汰黄标车，进一步改善环境空气质量。严格落实分时段逐步加严排放标准，淘汰一批高耗能、高排放项目，遏制超标准消耗、超标准排放现象。开展土壤污染状况调查，争取全国土壤治理与修复试点。实施 15 个农业源减排项目，普及测土配方施肥，优化养殖业增量，基本消除面源污染。

大力加强生态建设。实施治水修山植绿工程，争创省级生态县。加快"六河"生态修复，汛期前完成滧×河、×河、××河、××河河道生态修复和×河湿地建设，启动×河河道生态修复工程。加强××湖等饮用水源地生态保护。加快矿山生态环境恢复治理，推进工矿废弃地复垦利用。实施五大造林绿化工程，森林覆盖率达到 36%，做好国家园林县城、全国绿化模范县争创工作。加快生态文明乡村建设，巩固提升"三托管"成果。

积极推进资源节约和保护。落实最严格的耕地保护制度。加强矿产资源管理，规范开发利用秩序。加快推进低丘缓坡开发利用试点和城乡建设用地增减挂钩项目，力争完成 3000 亩低丘缓坡试点土地开发建设，全面完成 2009 年以来的增减挂钩项目。严格水资源管理，全面推进自备井整治。实施五大重点节能工程，加强养殖场废弃物综合利用和无害化处理，推进资源节约和循环利用。

（四）努力深化改革开放

积极有序推进改革。加快行政管理体制改革。全面完成县政府机构改革；推进食品药品监管体制改革，强化全程无缝隙监管；按照"非禁即入""非禁即准"的原则，允许民间资本、国外资本与国有资本平等进入教育、医疗、文化、养老等公共领域和城乡公益设施、重大基础设施建设领域。深化农村改革。基本完成土地承包经营权确权登记颁证，加快农村集体资产股份制改造；落实集体所有权、稳定农户承包权、放活土地经营权，实现农民土地承包权和经营权分置并行；以土地托管、领办合作社为切入点，深化供销社改革。深化财税体制改革。健全财政资金管理监督制约机制，确保财政资金安全规范运行；加快投融资体制改革，加强政府性债务风险防控；调整完善县镇财税体制，激发镇域经济发展活力；清理规范县本级各类优惠政策；按照上级统一部署，推进税收制度改革，搞好"营改增"试点。推进金融改革。成立地方金融监管局；组建村镇银行、社区银行；设立民间资本管理机构、民间融资登记服务机构；进一步优化金融生态环境，防范和化解金融风险。推进事业单位分类改革。加快完善管办评分离的现代教育制度；推进机关事业单位养老保险制度改革和民办非营利性机构社会保障制度改革；推进基本医疗保险体制改革，建立城乡一体的居民基本医疗保险制度。改革土地征收办法，规范征地秩序，逐步建立城乡统一的建设用地市场。深化科技创新体系改革，建立"六四一一"公共技术服务平台。推进经济体制综合配套改革试点，增强发展动力，激发创新活力。

加快构建开放型经济体系。围绕重点产业转型升级推进招大商，着力引进一批投资规模大、产业关联度高、带动能力强的好项目。提高利用外资质量，利用外资3000万美元以上。改进外贸方式，新增进出口企业10家，实现进出口总额稳定增长。推进企业直接融资，力争1家企业在"新三板"挂牌，1家企业上市材料上报证监会，4家企业发行债券。搭建招才引智对接平台，引进高层次人才200人以上。

（五）持续发展民生事业

继续加大力度改善民生，以"十个一"工程建设为重点，着重做好4个方面工作，办好10件民生实事。

繁荣发展教育、卫生、文化等社会事业。推进中小学校舍标准化建设，搞好学校规划布局，争创全国义务教育发展基本均衡县。推广××二中"271"教育模式，提升××教育品牌，建设现代教育名城。加快职业教育发展，争创宝石中专国家中等职业教育改革发展示范学校。开展卫生系统"管理创新年"活动，加强卫生人才队伍建设和卫生技术培训，提升医疗服务水平。深入实施基本和重大公共卫生服务项目，促进城乡公共卫生服务均等化。落实社会主义核心价值体系建设的具体措施，倡树"一孝三实"新风正气，不断激发全社会向上的力量、向善的力量。完善现代公共文化服务体系，广泛开展群众性文化活动，建成县文化中心，创建1处市级文化产业示范园区、2处市级文化产业示范基地，推进镇（街、区）文化站和社区文化中心上档升级。

提升创业就业服务和社会保障水平。加大创业就业培训和政策支持力度，以创业带动就业。搭建创业服务平台，建设县创业孵化中心。积极开发公益性岗位，切实做好重点群体就业工作。规范劳动用工行为，提高各类企业职工劳动合同签订率和劳动保险缴纳率。搞好经济适用房等各类保障房建设，建成1233套、新开工652套。整合社会救助资源，建立政策统一、覆盖城乡的新型社会救助体系。提高城乡低保、农村五保供养和低保重度残疾人生活补贴标准，对80岁以上的低保老人发放政府补贴。建成20处农村幸福院，实现街道五保老人到县养老中心集中供养。提高城乡居民基本医疗保险政府补贴和大病医疗保障水平。

加快城乡公共基础设施建设。完成309国道东段罩面、××路城区段改线、××路改线及东扩、××路改线、××东路拓宽等39.7公里国省县乡道路和215公里农村公路建设改造，做好××路××路口至××院段、××路××段大修工程前期工作。建成生活垃圾资源化利用工程和县生活垃圾处理场，开工建设县工业垃圾处理场。完成8450户城镇居民用电"一户一表"改造和170个行政村中低压电网升级改造。增加城区公共自行车数量。城区新建10处水冲式公厕。完成农村广播电视"村村响、户户通"工程，创建"农村社区"频道。

创新社会综合治理。加强社会治安综合治理，提高"平安××"建设水平。加强和改进信访工作，积极化解各类社会矛盾。健全突发事件应急管理机制，有效预防和及时处置突发性公共事件。始终把安全摆到"高于一切、先于一切、重于一切"的位置，突出抓好生产安全、食品安全、防灾减灾能力建设，统筹做好舆情安全、社会安全工作，确保安全发展。开展"六五"普法，提高社会法治化水平。推动妇女儿童、老龄、慈善事业健康发展。做好拥军优属、国防动员、人民防空、民兵预备役等工作。

加强政府自身建设

适应全面深化改革的新形势和转变作风的新要求，大力加强政府自身建设，推进政府治理体系和治理能力现代化。

持续推动作风建设。扎实开展群众路线教育实践活动，严格执行改进作风各项规定，力戒"四风"，推进作风建设制度化、常态化。健全深入基层调研制度，完善"干部回家"帮扶发展和联系服务群众机制，深入实施县直部门包靠农村社区和重点村制度，俯首听民意，倾心惠民生。牢固树立正确的政绩观，多做打基础、利长远的事情。大兴务实之风，以踏石留印、抓铁有痕的劲头和"钉钉子"精神抓好各项工作落实。

全面加强法治建设。严格按照法定权限和程序行使权力、履行职责、管理事务。健全依法科学民主决策机制。发布政府部门权责清单，完善权力运行监督制约机制。加强行政执法监督，做到规范公正文明执法。自觉接受人大法律监督、工作监督和政协民主监督，做好人大代表建议和政协委员提案办理工作，广泛接受社会各方面监督。全面推进政务诚信建设，深入推进政务公开，以政务诚信示范引领全社会诚信建设。

加快转变政府职能。进一步理顺政府与市场的关系，简政放权，最大限度地减少政府对微观事务的管理，加强公共服务、市场监管、社会管理、环境保护职责。按照"八最"要求，进一步加大行政审批改革力度，继续压减审批事项，提高审批效率。适应转型发展和改革创新的任务要求，强化公务员职业素质建设指导，加强公务员岗位能力培训，提升公务员的履职能力和综合素质。按照省、市统一部署，开展公务员职业化建设制度试点工作，探索建立以职业化为目标的机关事业单位岗位分类管理制度。

进一步加强廉政建设。严格落实廉政建设责任制，严守廉洁从政各项规定，推进惩治和预防腐败体系建设，做到干部清正、政府清廉。坚持勤俭办一切事业，厉行节约，反对浪费，"三公"经费预算在去年压减10%的基础上再压减5%。强化权力运行的制约监督，确保权力在阳光下运行。

各位代表，时代赋予重任，实干成就辉煌。让我们紧密团结在以习近平同志为总书记的党中央周围，在县委的坚强领导下，凝心聚力、锐意改革、奋发进取、埋头实干，为谱写富强生态幸福昌乐建设的新篇章而努力奋斗！

例 文 解 析 ....

例文主要从两个部分进行述职，2013工作回顾、2014工作任务。在工作回顾的结尾处，对这一年做出的成绩进行了反思。文章真正做到了准确、朴实、通俗。内容充实，表达到位，不失为述职报告的一篇优秀范例。

例文七：

××市副市长2014年述职报告

2014年以来，按照市委分工，我先后担任市委常委、宣传部部长，副市长，协助市长分管商贸流通和文体广电旅游工作。根据考核要求，现将2014年来的工作情况述职如下：

（一）宣传思想工作

我市宣传思想工作围绕中心，服务大局，为全市经济社会发展营造了良好的舆论氛围，提供了思想保证、精神动力和智力支持。

1. 狠抓理论武装工作，发挥理论指导实践作用。一是切实加强各级党委理论中心组学习，提高各级领导班子和领导干部的政策理论水平。二是认真开展基层党委理论中心组示范点创建活动，培养树立了一批创新形式、讲求效果的学习典型。三是精心打造了××发展论坛、理论学习园地和调研成果展示三个有效平台，强化了理论对工作实践的指导作用。

2. 抓好新闻宣传工作，为加快发展营造良好的舆论氛围。充分利用三个载体，开展了三个宣传战役和五个专题宣传，使全市广大干部群众的注意力和兴奋点集中到了加快发展上来。

3. 抓好对外宣传工作，努力提高××市知名度。坚持攻大报、上大台、争头版、上要闻，注重构建大外宣格局，注重加强与上级新闻媒体的交流与合作，注重展开攻坚性宣传，围绕工业经济、项目建设、社会发展等工作，推出了一批有份量、有深度的外宣作品，树立了××市良好的对外形象。

4. 坚持以人为本，大力推进精神文明建设工作。一是通过实施以文明新风进城乡、良好形象进机关、优质服务进网络、园林绿化进街巷、群众文化进广场、传统美德进家庭为主要内容的六进工程，着力提升全市精神文明创建整体水平。二是以社会主义荣辱观学习教育为契机，借助公民道德建设宣传月和第四个公民道德建设宣传日，开展丰富多彩的活动，努力提高公民道德素质。三是精心组织开展三下乡、消夏演唱会等活动，丰富城乡人民文化生活，引导树立积极向上的精神风尚。四是牵头组织研究制定实施方案，全力做好明年全市两个文明建设经验交流会和 2014 年自治市两个文明建设经验交流会的各项筹备工作。

（二）政府主要工作

6 月份，我被任命为市政府副市长，协助市长分管商贸流通、文体广电旅游工作。几年来，商贸流通工作积极推进体制改革，全力构筑市场载体，为我市第三产业发展打下良好基础。文体广电旅游工作注重基础设施建设，不断拓宽文化产业发展空间，推进了和谐××建设进程。几个月来，我重点抓了以下几个方面工作：

全力做好市场建设工作。一是××市场建设。组织实施并完成了农机市场拆迁工作，完成了××路和××路 622 延长米路面建设，完成了××街、××路和市场步行街的土方工程和砂砾垫层，完成了 5 条城市街路公用管线铺设。积极开展市场招商引资，目前已有 50 多家商户入驻市场。二是××商贸物流园项目。多次协调市有关单位，完成了商贸物流园建设规划、城市路网规划以及立项的前期准备工作。协调组织完成了物流园市内的××钢材市场、木材市场建设，完成水、电、路等基础设施建设投资 600 多万元，目前，已有 50 多家商户进入市场建设经营。三是××路商业步行街建设项目。全面启动了商业步行街开发项目，协调有关部门完成了开发项目的土地详查、评估等工作，已经办理了建设用地审批书和土地批复，正在办理拆迁手续，近期启动拆迁工作。四是××新城农贸市场建设项目。协调解决市场建设中存在的问题，成立了市场经营管理董事会，全力开展市场招商，目前已入驻商家 500 多户，市场已于 9 月份投入运营，为新城居民的生活提供了方便。

例文解析

述职者由于既是宣传部部长又是市长，因此述职报告分成了两个部分。宣传部是市委主管宣传思想文化工作的职能部门，负责指导全市理论学习、理论宣传、理论研究工作；负责做好党员教育工作；负责引导社会舆论的指导、协调工作；负责全市网络文化建设和管理工作的宏观协调和指导，负责全市互联网新闻宣传工作等。副市长协助市长分管商贸流通、文体广电旅游工作。

例文短小但内容丰富，用精湛的语言描述出两样职务的主要工作。例文反映本人在组织赋予的职、权、责内进行的一系列实践活动，主要叙述自己开展的主要工作及取得的主要成绩，但并没有谈及不足以及今后的反思。这一点需要我们注意。

第三节　社会团体中层领导述职报告

例文一：

2013 年残联理事长述职述廉报告

2013 年是 ×× 市残疾人事业发展 "×××" 规划实施的关键一年。在市委、政府的直接领导和地区残联的具体指导下，在同志们的帮助和支持下，在主持市残联全盘工作中，我能够坚持贯彻党的 "×× 届六中全会" 和 "×× 大" 精神，全面落实科学发展观，立足本市实际，与时俱进，开拓创新，真抓实干，尽职尽责，与全体残疾人工作者团结一心，不断提高为残疾人服务的能力，加大宣传执法力度，提高依法行政水平，抓康复、重就业、攻扶贫、强基层，各项工作稳步推进，残疾人事业蒸蒸日上。努力完成了组织交给的各项工作任务，现将一年来所做的工作述职如下：

一、加强理论学习，提高执政能力，全心全意为残疾人服务

1. 为了打实本人的政治理论基础，提高为残疾人群众的服务能力，我采取了集中和自学相结合的方式，重点学习了邓小平理论、"××××" 重要思想、党的 ×× 大报告、×× 届四中、五中全会精神和 ×× 同志关于 "××××" 重要思想学习的重要讲话。同时，要求与全体干部共同认真学习了市场经济理论、现代科技、法律等方面的知识。始终把党规政纪有关条款作为约束全体干部的行为规范，按照"八个坚持，八个反对"和全心全意为人民服务的宗旨严格要求，我在工作中时刻牢记"两个务必"，坚持从群众中来，到群众中去的群众路线，深入开展批评与自我批评，始终以是否符合党的方针、政策，人民群众是否满意，做为衡量自己工作的标准，经常听取各方面的意见，正确行使党和人民赋予的权力，以国家、集体和人民群众的利益为重，注重铸造个人的政治品德和增强理论水平。在实际工作中，我做到了心胸襟怀坦白，作风公道正派，工作坚持原则，自身严守纪律，处事谦虚谨慎，对己克己奉公，自觉遵守社会公德和职业道德，按照做最广大人民群众根本利益忠实代表的要求，自觉抵制拜金主义，个人主义和腐朽生活方式的侵蚀，严于律己，勤政廉洁，全心全意为残疾人服务。

通过学习，我掌握了马克思主义的一些新思想、新观点，提高了认识水平和工作能力。能自觉地运用这些思想、观点分析解决实际问题，并把理论与实际有机地结合起来，解放思想，更新观念，在政治理论的指导和市场经济知识的武装下创造性地开展各项工作，圆满完成了各项工作任务。

2. 实践中坚定政治立场。我在政治上、思想上和行动上始终与党中央保持高度一致，坚决贯彻执行市委、政府的决议、决定。班子团结，配合默契，能够充分发扬民主集中制原则。工作中刻苦学习法律、法规知识，不断增强法制观念，严格依法办事。在反对民族分裂主义和非法宗教活动中，自觉维护安定团结的社会政治局面，始终做到旗帜十分鲜明、立场十分坚定。

3. 在工作中把践行"×××"重要思想，时刻履行全心全意为人民服务的宗旨作为出发点，正确行使人民赋予我的权力，坚持群众观点和走群众路线，深入基层，调查研究，做到了"权为残疾人所用、情为残疾人所系、利为残疾人所谋"。

4. 按照××市2013年党风廉政建设和反腐败斗争的总体要求和主要任务，结合单位实际，我年初制定了关于残联加强领导干部廉政学习的实施意见和党风廉政建设和反腐败工作领导责任制，并发动党员、干部积极签订了党风廉政建设和反腐败工作目标责任书。通过大家共同努力和积极配合，今年市残联召开党风廉政建设和反腐败工作专题会议2次，学习讨论3次，通过学习交流不断提高了党员干部的自身素质。今年我会为充分发挥党风廉政建设义务监督员的作用，继续聘请了 3 名义务监督员，进一步建立和完善了义务监督员工作制度，不断提高了残疾人工作的透明度。通过认真贯彻落实党风廉政建设和纠风责任制，单位成员的综合素质得到提高，政治立场更加坚定，团结协作，廉洁勤政，有力推进了我会"五型"班子建设。

5. 生活中注重铸造政治品德和增强理论品质。我能够做到心胸襟怀坦白，关心残疾人疾苦，作风公道正派，工作中坚持原则，自身严守纪律、处事谦虚谨慎，克己奉公，自觉遵守社会公德和职业道德，在精神文明建设中始终发挥着表率作用。

6. 在绩效考核工作中，以"共建社区大家园"为主题，以"共同利益、共同需求、共同目标"为纽带，增强党员党性、提高党员思想政治素质，调动在职党员、干部共同参与社区建设的积极性，充分发挥党员的先锋模范作用，实现富民、便民、乐民、安民为主要内容的为民利民工程，不断提高参与率，实现资源共享。

二、业务工作进展和取得的成绩

（1）认真做好残疾人生活状况的监测工作。今年 5 月 20 日～6 月 10 日，根据第二次全国残疾人抽样调查工作安排，我们对×××办事处×××社区第四小区的 37 名残疾人进行了生活状况监测，圆满完成了今年的监测任务。

（2）注重爱心宣传，活动组织有力，成效显著。今年我们加大"爱耳日""爱眼日""全国助残日"宣传工作力度，共悬挂大型横幅 36 幅，出展黑板报 35 块，设置咨询点 7 次，出动宣传车 3 辆次，通过电视宣传 3 周，广播电视宣传报道 30 余条。

5 月 19 日，在第十七次全国助残日前夕，我们成功举办了"保障残疾人权益，共建和谐社会"残疾人大型文艺演出。7 月 5 日，我们资助地区特殊教育学校再次举办了"关爱残疾儿童，共建和谐社会"残疾人专场文艺晚会。8 月 19 日，由自治区党委宣传部、自治区文化厅、残联共同组织新疆残疾人艺术团进行的"共享蓝天"送文化下基层演出活动在××文化中心隆重举行。这些活动的开展增进了社会对残疾人事业的理解、关注和支持，丰富了残疾人的精神文化生活，也为残联工作开展创造了良好的舆论、宣传环境。

（3）法制建设工作更加规范，残疾人维权服务体系日趋完善。

一是充分利用各种宣传媒体，加大法制宣传力度，基本形成了法制宣传"电台有声，荧屏有像，报刊有文"的立体宣传格局。

二是重视做好残疾人信访工作，坚持把普法工作与处理热点、难点问题相结合，紧贴新农村建设、农村税费改革、村（居）换届选举、市场经济秩序整顿等工作，开展针对性的法制宣传教育，为促进各项中心工作的顺利开展起到了积极作用。

三是重视加强市乡两级残联干部队伍学法、用法、依法维权的执法意识，坚持把学法与依法行政相结合，自觉依法规范自身行为，先后有14人次参加自治区、地区级业务培训。

四是积极推进服务型政府建设，严格《残疾人证》的审核、发放工作，遵守办理程序，认真执行残疾评定标准。拓展政务公开渠道，规范政务公开内容，全面清理规范性文件，残联机关办事效率进一步提高，推进了执法责任制的深入开展。

通过上下一致努力，××市残联全体干部依法办事的自觉性、执法人员的依法行政意识、各族残疾人群众的法律素质和运用法律维护自身权利的意识进一步增强。市残疾人法律援助服务中心和在各乡（镇）场、街道办事处成立的12个残疾人法律援助服务所受理侵害残疾人案件7起，调解民事纠纷9起，有效地维护了残疾人合法权益，维护了国家法律、法规的正确贯彻实施。

（4）重视加强残疾人康复服务工作，进一步提高残疾人参与社会生活的能力。认真做好残疾人需求用品调查、产品介绍、配置服务，完善了××市残疾人用品用具供应服务体系。全市筛查3-15岁儿童听力8人，为全市听力残疾人验配助听器11部；筛查贫困肢体残疾儿童矫治手术15人；购买发放轮椅27辆，配发拐杖及其他代步工具17件（套）；安装修配假肢12人，其中安装大腿假肢2条；筛查需要制作矫形器7人，并完成1例的制作工作；筛查白内障患者169人，在今年8月开展的"新疆三星爱之光行动"中实施免费手术56人61例（其中做双眼11人），为贫困的白内障患者排忧解难；在市医院残疾人康复指导训练中心，争取自治区残联康复器材16件套，价值3万余元；为了有效保护和改善广大青少年的视力健康，我会新建立了

"××市残疾人低视力康保中心"，填补了我市在视力残疾康复上没有专业机构的空白；新建立健全2个残疾人康复站，购买完善器材支付资金4.6万元；发放残疾预防知识宣传单近3万份。

（5）认真贯彻落实普通高等学校招收残疾学考生政策，积极争取资金发展特殊教育。我们组织专人在全市所有中摸底调查××年残疾考生5名；协调减免贫困残疾人子女、残疾学生学费，补助特困残疾学生、残疾人家庭子女学费2万余元；为地区特殊教育学校20名聋哑学生争取彩票助学公益金3.2万元。

（6）以实际行动认真贯彻落实《残疾人就业条例》，采取扶持和保护措施，规范残疾人就业服务体系，形成残疾人就业多渠道、多层次、多形式，实现新突破，取得好成绩。

一是认真贯彻执行《中华人民共和国残疾人保障法》《残疾人就业条例》《新疆维吾尔自治区残疾人就业保障金征收管理暂行办法》，依法全面推进残疾人按比例就业，多措并举，克服征缴难度，加大残保金由地税部门代征工作力度，拓宽残疾人就业保障金征收渠道，依托市建设局、工商局、市农机局、××养路费征稽所，加大征收残疾人就业保障金力度。目前，已征收残疾人就业保障金61万元。

二是拓宽社会就业渠道，内引外联，以集中就业、劳务派遣等形式，先后安排100余名残疾人到×××天盛实业公司工作，实现47名残疾人稳定集中就业。

三是积极协调相关部门，从残保金中拿出2万元扶助5名残疾人创办经济实体和个体从业，帮助基本解决温饱的残疾人提高经济收入。

四是积极开展残疾人职业技能、实用技术培训。围绕种植、养殖、农副产品加工等实用技术培训农村残疾人135名，依托地区技工学校，组织18名残疾人参加各类职业技能培训；扶持1名盲人到×市从事按摩学习，补助学费5000余元。

（7）继续把残疾人扶贫纳入各级政府扶贫计划中，加大对残疾人优惠政策贯彻落实力度。

一是采取"单位包村，干部包户""一帮一"结对子的办法，使全市76名残疾人得到长期有效帮扶，城镇485名特困低收入残疾人纳入社会保障体系。

二是高度重视农村贫困残疾人危房改造项目。市残联在争取到50名贫困残疾人危房改造任务后，及时向市委、政府主管领导反映，得到了他们的大力支持，市委、政府多次召开专门会议研究部署任务所在乡（场）的落实情况，各乡（场）党委、政府采取层层分解的办法，狠抓落实。首先，从贫困残疾人户数的筛查、确定上，严格把关，采取公开申报、张榜公布的方法优先解决贫困的无房、危房残疾人家庭的住房问题。其次，采取集中规划，严格标准，统一施工的方法严把质量关，确保工程进度。此外，各任务所在乡（场）从财力、物资上千方百计为残疾人解决实际问题。如×××和×××劳牧场给每户补助资金1000元、红砖10000块、水泥2吨，其他乡（场）也从建房资金、材料、人工上给以力所能及的支持。从而，使得我市齐×××集中建造残疾人防震安居房36户、××村建造9户、××民族乡建造4户、××乡建造1的户工作任务顺利实施。据统计，我市50户残疾人危房改造户共获得各级补助每户都在15000元以上，为贫困残疾人解决了大问题。

三是在元旦、春节、古尔邦节、助残日期间，我们重视做好送温暖活动，共组织走访慰问各类残疾人近200户，发放面粉、清油、大米及日常生活用品达2万余元。

（8）加强组织建设，围绕残疾人基本需求，做好残疾人工作。

一是重视做好换届选举工作，积极做好换届选举基础性工作，计划在今年11月各乡（镇）、场、街道办事处换届选举完后召开残联代表大会，圆满完成换届任务，以实际行动贯彻党的××大的精神。

二是继续加强社区残疾人协会工作，实现全市所有社区、村（队）167个残疾人协会卓有成效地开展工作，使残疾人工作的整体效能得到跨越性提高。

三是根据我市实际，做好各级助残志愿者的组织、登记工作，不断壮大残疾人志愿者队伍，有效开展志愿者助残服务。

三、我在工作中的主要特点和做法

一年来，××市残联组织措施得力，重点突出，整体推进残疾人工作的不断发展，社会各界更加理解、支持残疾人工作的发展，我市残疾人事业呈现出更加蓬勃发展的趋势。主要得益于以下几个方面：一是党政领导更加重视和关心残疾人工作，抓重点、突难点，继续把残疾人工作列入全市"双文明"考核之中，推动残疾人事业的全面发展；二是重视抓好残联组织建设，努力提高残联队伍整体工作效能；三是重视残疾人法制建设，依法推进全市残疾人事业的健康发展。

四、工作中存在的问题和今后努力的方向

（1）理论知识和业务知识学习还不够。

（2）逐村调查摸底少，对残疾人基本状况了解还不够全面。

今后我将在取得成绩基础上，继续巩固和保持共产党员先进性教育成果，认真践行"××××"重要思想，努力学习，深入基层，继续坚持为残疾人办实事，办好事，解难事的工作作风，进一步加强残疾人工作，为政府分忧，为残疾人解愁，为维护××市大局稳定，构建社会主义和谐社会和市经济社会发展作出应有的贡献。

例文解析 ··

残联是政府倡导成立的以保障残疾群众基本权利、维护残疾群众合法利益的社会组织，是我国残疾人权益保障的主要机构。残联工作要突出残疾人合法权利的保护和残疾人在社会基本利益的公正和平等。

写述职报告的根本目的，不只是为了肯定成绩、找出问题，更重要的是为了吸取以往的经验和教训，做好当前以及今后的工作。例文第三部分进行了工作特点做法总结，行文新颖且突出了重点，但例文结构层次序数出现错误，应准确掌握和使用，即：第一层用"一、"，第二层用"（一）"，第三层用"1."，第四层用"（1）"。这种低级错误应在行文中避免。

例文二：▶

××市侨联 2013 年度重点工作述职报告

2013 年，在市委、市政府的领导和省侨联及外办党组指导下，市侨联认真学习贯彻党的十八大和十八届三中全会精神，围绕中心、服务大局，以凝聚侨心、汇集侨智、发挥侨力、维护侨益为主线，积极开展形式多样、富有特色的活动，较好地完成了 2013 年的工作任务，并荣获全国侨联系统先进集体。作为市侨联驻会主席，现就本人一年来在领导班子、县区侨联组织建设、作用发挥、问题和原因分析、明年工作打算等情况，述职如下：

一、2013 年主要工作

（一）加强学习提升班子和县区侨联建设，为科学发展提供组织保障。一年来，我会认真贯彻落实省委、省政府及市委、市政府《关于加强新时期侨联工作的意见》，2013 年全市二县四区侨联已成立，在加强县区侨联组织建设方面，我市侨联做法得到省侨联的充分肯定。

（二）加强对外联谊，引资引智工作有新进展。6 月 14 日至 18 日，我会应邀参加 ×× 永春侨代会，期间走访厦门、福州等地侨联，并参加了"2013 海峡两岸和平发展论坛"，此次活动先后拜会海外侨领及当地知名侨资企业家 150 多人次，与侨乡建立起深厚的友谊。6 月 4 日，利用 ××× 大学 ××× 教授回 × 探亲的机会，在 ×× 学院开展学术交流活动并邀请市外国专家局、×× 有限公司负责人与 × 教授进行座谈，就校企合作和留学生回国创业进行广泛探讨。7 月 17 日，×× 华侨 ××× 女士在我会负责同志陪同下考察我市老年公寓并有意将 ×× 先进的养老服务引进我市。8 月 2 日，13 岁的美籍华人 ×× 一家人利用回国探亲机会，来到 ×× 镇工农中心小学，看望其资助的困难学子 ×× 同学，随后与该校部分学生就 ×× 小学生课程设置、校园文化等方面进行座谈交流，此次活动为 ×× 两国孩子搭建了一个互相学习、互相了解、增进友谊的平台。8 月 7 日，市侨联会同相关部门赴 ×× 高新区留学生创业园就留学生创业孵化和相关扶持政策考察学习。11 月 21 日应我会邀请，××× 华侨 ×× 先生到我市长 ×× 镇 ×× 村考察鹌鹑养殖情况，并就鹌鹑蛋出口 ××× 事项与当地鹌鹑专业养殖合作社达成初步合作意向。

（三）举侨助困送温暖，侨爱心工程扎实推进。今年我市共引进海内外华侨华人及侨资企业家捐助款物达 210 余万元，资助困难学子 157 人。2 月 7 日，我会组织侨资企员工到市老年公寓开展"迎新春，送温暖"慰问活动。活动中 15 名技工为养老院的老人修脚、按摩，并送去 2000 多元的生活用品。4 月 21 日，四川雅安地震发生第二天，全国抗震救灾模范、市侨联副主席 ××× 紧急调集抗震救灾设备，再次前往灾区开展救援。2013 年 ×× 主席捐资 100 余万元修建高新区新城口村乡村道路，资助该村大学生 60 多万元，慰问敬老院老人款物20余万元。5月6日，我会在×××区工农小学举行全美华侨华人教育基金会助学金发放仪式，发放资助金8000元，19名贫困学子受助。5月9日，我会在××县××中心小学举行××华侨华人第八批助学金发放仪式，发放资助金84000元，120名贫困学子受助。

（四）以侨为本，为侨服务成效明显。密切侨界群众是我们工作的根本所在，今年来，我们始终以活动为牵引，用活动来增强了解、融洽感情，形成温暖、和谐的侨界大家庭。3月18日，我会邀请××华侨××教授在市老年大学为归侨侨眷和老年大学学员100余人，做了一场题为《从刑事诉讼法的修改看中国人权的进步》的法律讲座。5月4日，我会组织部分委员来到××学校，与学员一大队广大官兵开展了以庆祝"五四"青年节为主题的双拥共建活动。今年8月，时值酷暑我会开展"送清凉进侨企"活动。先后来到××××集团滨湖新区项目工地、××××技术有限公司生产车间、××房地产有限公司项目现场为顶着高温作业的工人送去绿豆、白糖、毛巾、花露水等防暑降温用品。

（五）推进文化宣传，营造特色鲜明的侨界文化。今年我会成立"××市侨声艺术团"，还组织多场文化活动来丰富侨界群众生活，扩大侨联的社会宣传。1月19日，我会与相关部门联合举办《××馆师生贺岁画展》，百余幅丹青佳作亮相市图书馆展览中心，在新年到来前为市民送上新春文化大餐。4月21日，由我会主办，市美术家协会等单位承办的庆"五一"春光溢彩×××、×××父子画展在市会展中心举行。部分市领导及国内部分知名画家到会祝贺，来自我市的数百名归侨侨眷及上千名市民走进展馆观看画展。9月16日上午，由我会与侨办等部门开展"××市侨界迎中秋'三下乡'服务美好乡村建设活动"在××镇×××村举行，我市侨界为乡村百姓送上了文化、科技和医药等内容的实惠项目。省纪委副书记、省侨联副主席××与市委副书记××、市委副秘书长××、市政府副秘书长××等市领导参加活动并为侨声艺术团揭牌。随后，侨声艺术团为×××村献上了首场演出。10月12日，我会与××区文化馆等部门在××大剧院联合举办古辞新××个人音乐会为我市归侨侨眷及老年朋友们奉献了一场高质量的古典诗词音乐会。12月19日我会作为协办单位与市委宣传部等部门联合举办纪念毛泽东诞辰120周年长征组歌音乐会，省侨联秘书长××、省侨联联络部部长×××观看演出。9月底，我市开通"侨讯通"短信平台，通过该平台向我市侨联委员、基层侨联组织、知名侨领侨商以及侨界重要人士等发布侨联动态、宣传涉侨法律法规。今年我会还会同市教育局组织我市中小学生参加第十五届世界华人学生作文大赛活动，活动共收集作品1000多篇，选送200篇作品参赛。今年我会报送各类信息40多篇，省侨联网站采用10篇，中国侨联采用4篇，居地市侨联前列。

二、存在的问题和原因分析

运用理论指导工作的实践还不够，在创新服务于侨，充分发挥侨联海外特色，服务××振兴崛起上还需下功夫、见实效。在今后的工作中，我将继续加强理论学习，提高自身的理论素养，开拓创新，积极探索凝聚侨心，汇集侨力的新思路，新办法，努力使我市侨联的工作再上新台阶。

三、2014年目标和打算

一是深入学习贯彻党的十八届三中全会精神，扎实开展党的群众路线教育实践活动。二是紧紧围绕主题主线，为促进我市经济社会快速发展献计出力。三是弘扬侨爱，做大做强"侨爱心工程"。四是活跃侨界群众文化生活，组织开展形式多样的侨界群众活动。五是夯实组织基础，进一步加强侨联组织自身建设。

例文解析

侨联主要负责联络海外华侨和华人，做好海外华侨华人与本地的联系和对接，对华侨服务好，努力为本地经济社会发展注入新的活力。侨联主席的述职报告要强调联络性和服务性。

例文条理清晰、述职内容明确，将下一阶段的工作计划融入了述职报告当中也未尝不可，但述职报告毕竟不同于工作计划，更多的还是强调对过去工作的回顾。所以，我们要注意结尾尽量简活凝练，同时予人以希望即可。

例文三：

2014年文联主席个人述职述廉报告

2014年度，××文联在市委、市政府、市委宣传部的正确领导下，在省文联及××文联的亲切关怀和指导下，各项工作继续稳步推进，文学艺术创作有新的收获，各学会协会活动不断，比学赶创，各项工作都取得了新进展，整体工作平稳推进。

一、"一县一品"，做大做强。

2014年，我们围绕"××水墨漫画"这个文化品牌的创建做了许多工作，锻炼了队伍，推出了作品，扩大了影响。

一是成功举办了××水墨漫画××展览。为进一步推动××"一县一品"文化品牌创建工作，改变××水墨漫画"墙内开花墙外香"的现状，我们积极工作，经过多方协调和紧张筹备，取得了省文联、××市财政局、××市国税局、××市文化馆等单位的大力支持，于9月8日在××美术院美术馆举办了中国漫画之乡××水墨漫画院水墨漫画作品展。此次展览共展出我市骨干作者28人的作品150余幅，是继××××水墨漫画展、全国水墨漫画理论研讨会××水墨漫画展、××水墨漫画进京展之后的再一次集中展示，也是××水墨漫画第一次在××亮相。××省文联党组书记、常务副主席××，原××省政协副主席××，原《××日报》报业集团社长、董事长、党委书记×××，原××美术院院长、著名国画家××，××大学艺术学院美术馆馆长、理论家××，××市漫画研究会会长××，××市漫画研究会常务副会长××，××市漫画研究会副会长兼秘书长×××，××市漫画研究会副秘书长××，××美院副教授××，著名篆刻家、西泠印社会员、中国书协会员×××，湖北××画院院长××，××省××馆《文艺指导》主编××，××省民间文艺家协会副主席××等嘉宾出席开幕式并参观了漫画展。展览原定9月11日撤展，鉴于观众要求，展馆决定免费延展一周。本次展览取得了较大的社会影响和很高的专家评价，××日报、××金报、××都市报、××网等媒体报道了这一活动。

二是成功承办了××市"一县一品"工作会议。7月20日，××市"一县一品"文化品牌创建工作会议在××市召开。本次会议由××市委宣传部、××市委、市政府主办，××市委宣传部、××市文联承办。××市委常委、宣传部部长××、市政府副秘书长××、市委宣传部副部长××，市文体新局局长××、市文联主席××，市财政局副局长××、市文联副主席××，××市委书记××、市长××，各县市区委常委、宣传部长，分管文化工作副县市（区长）及各地文体新局局长、文联主席出席了会议。会议传达了省委、省政府在潜江召开的"一县一品"文化品牌创建工作会议精神，并从抓住特色，确立"一县一品"文化品牌；加强管理，成立"一县一品"文化品牌组织机构；整合力量，发挥"一县一品"文化品牌资源优势；挖掘素材，抓好"一县一品"文化品牌的特色文化创作；开展活动，搭建"一县一品"文化品牌创建载体五个方面介绍了我市"一县一品"文化品牌创建工作情况。各县市区委常委、宣传部长就"一县一品"文化品牌创建工作作了交流发言，详细介绍了各自创建工作的开展情况，深入和探讨了"一县一品"文化品牌创建工作经验。会议期间，全体与会人员参观了××市水墨漫画成果展示、展演。此次会议标志着××市"一县一品"文化品牌创建工作经由全市文联系统、宣传文化系统重点工作之后，上升为全市统筹推进，助力××文化大发展大繁荣全局性发展战略的一项工作。

三是高质量完成了"一县一品"文化品牌创建申报。按照××省、××市"一县一品"文化品牌创建工作的有关文件要求，我们根据以往经验，为凸显特色，将去年申报的"诗画××"重新调整为"××水墨漫画"，在全面收集资料的基础上，形成了工作方案，并填报了相关申报，制作了高水准的申报文本，按时完成了申报工作，得到了××市文联的充分肯定和表扬。

六是进军南方，占领桥头堡。2014年10月18日上午，××省××画院成立暨首届名家邀请展在位于万达广场内的××画院拉开帷幕。原××省省长×××为邀请展题词"×××××"，中国美术家协会主席、著名书画家×××，为××省××画院题匾。××水墨漫画院院长×××受聘担任副院长，这是××漫画家进军南方，占领文化市场桥头堡的重要标志，将极大地推进××漫画产业化进程。

二、文艺创作，再获丰收。

今年××与省文学院签约，成为连续四届签约作家，其长篇小说《××》被列入省作协重点扶持项目。今年我市文学艺术多人获奖：××、××获第一届"××杯"全国水墨漫画大奖赛大奖，××、××、××、××获优秀奖；××等9人获"××省第十五届中小学幼儿美术书法作品比赛"金奖，××等10人获银奖，××等10人获铜奖；××获××省委办公厅举办的廉政书画展一等奖；××书法作品入展"全国职工书法大赛""全国齐白石书法大展"；××书法作品入选"全国傅抱石书法大展"；××摄影作品获"第二届中国银杏节摄影大赛"三等奖；××摄影作品获××摄影月赛二等奖；××、××等获月赛三等奖；××、××获"第二届××杯摄影大赛"优秀奖。

三、学会活动，丰富多彩。

作协活动：

1.5月，作家协会首个创作基地在府城文化站挂牌，并举办×××中篇小说集《越狱》首发式；

2.组织本土作者先后到××、××等地采风；

3.邀请知名作家、编辑××、×××、××、×××等来××讲学交流；

4.先后多次组织作者到××、××参加大型文学活动，与众多知名作者、编辑、作家交流，促进本土作者共同提高。

5.5月，××知名作家××、××在××似水年华茶艺坊对话××文学，分别以《××经典》《××××××下××××》给"××论坛"网民作了一次精彩的文学讲演，并与网友进行了轻松愉快的互动。

6.5月，××纪念馆馆长××在似水年华茶楼深情解读××。近30名网友聆听了××先生"古今尊国士，中外仰诗仙"的并进行了互动交流。

7.7月份，邀请本市知名文学评论学者××对全市文学现状及存在的问题进行评论，并提出指导性意见和建议，得到广大作者一致好评。

8.11月份，成功举办××报告文学集《××传奇》首发式。

9.12月份，成功承办××作协第四届理事会第二次全会。我市作协主席×××当选××市作协副主席。

书协活动：

1.4月，聘请×××将军为××书法协会荣誉主席，并在××文化馆举办了小型书法笔会；

2.6月，在××文化馆三楼展厅隆重举行××市"××杯"纪念建党九十周年书法展。此次共展出书法篆刻作品近百幅，全市书法爱好者及热心观众百余人参加了开幕式；

3.7月，××××××印社××、×××等书家来××进行了书法切磋交流活动；

4.9月，×××山景区老总×××、艺术总监×××先生邀请，书画家×××、××、××、××、×××、×××、×××、×××等12人赴×××举行了笔会，还合作创作了《××》一画。

摄协活动：

1.10月，组织会员30余人赴××摄影采风活动；

诗词学会和水墨漫画院活动在前面已总结。此外，我市少儿音乐培训长盛不衰，自取得县（市）级考点资格以来，长年保持300名左右考生的规模，多名辅导老师被评为优秀辅导老师，××市文联2014年度被省音协和省考级委员会评为先进承办单位。

四、抓好学习，服务中心。

1.按照市委要求，2014年内共组织了胡总书记七一、党的十七届六中全会决议、集中观看电影《严大平》等专题学习，同时，坚持参加党政干部在线学习，3人已完成规定学时。

2.与市"610办"组成"三万"联合工作组，进驻××镇××和××两个村，按照统一要求，除完成规定工作外，还克服自身困难，挤出资金支援抗旱，受到驻村干部群众好评，被评为"先进工作组"。

3.自"治庸问责"工作开展以来，我们按要求，完成了制定工作方案、召开动员会议、组织学习讨论、专题民主生活会、开展公开承诺、形成整改报告等工作环节，目前已进入全面总结阶段。

但我们深知，由于各种原因，我们还面临着许多困难，我们的工作离十七届六中全会的精神，离市委市政府对我们的要求，离广大文艺工作者对我们的期盼还有很大的距离。在新的一年里，我们必须更加发奋努力，把我们的工作做好，坚守清贫，坚守德操，坚守性灵，坚持以科学的理论武装头脑，以优秀的作品鼓舞人民，以正确的舆论导向大众，以高尚的情操塑造自我。切实做好"联络、指导、协调、服务"工作，当好党和政府联系广大文艺工作者的桥梁和纽带，把文联办成文艺工作者之家。

在廉政建设方面，我一是重视学习，淡泊名利，见贤思齐。我善于从书本中、现实中、生活中汲取营养。懂得知足常乐。喜欢哲学、禅学，喜欢好人、清官，淡看功名利禄，探求生命本原的快乐，尽量不为物役、不为形役、不为心役，做自己的主人。以好人、清官为楷模，向他们学习、看齐，在思想深处努力培养自己做一个正直廉洁的人。

二是加强修养，洁身自好，少计得失。我重视人格尊严，注重修炼自己的品行，把清白和名誉放在首位，不怕吃亏上当，能够忍辱负重，不喜欢占人家的便宜，不喜欢占公家的便宜，喜欢自食其力，安于平凡俭朴。少跟别人比吃比穿比用比玩比排场，多在内心问自己，学问、品行、工作、修养做得怎么样？少计得失，多做事情。

三是两袖清风，知足常乐。文联是个清贫单位，无钱无权，只有几个固定工资，工作清贫清苦。一年的公用经费只有35500元，加上交通费2万元，要了一个工勤编一年15000元，总共费用7万多元，经费上十分困难。但我们安贫若素，心态平和。在这样困难的情况下我们还是非常乐观开朗地努力工作。我们几个人非常团结，单位很和谐，有事大家一起做，心情很愉快。我们编辑出版的《×××》得到社会各界一致好评。我们还开展了很多活动，以及很有影响的大活动。

四是勤俭节约，公私分明。我们一年到头很少招待来人来客，多是别人招待我们。实在因工作需要要招待客人，总是紧而又紧，尽量节约，一般都是在小馆子甚至在私人家里，酒坚持批发。感谢领导，为我们单位配了一辆车，为了节约费用，我们对小车管理较严，一般短途都是我们自己开，长途才请人，一年可节约费用2万多元。我们的财务管理都是公开的，所有的支出都是先商量后开支，量入为出，精打细算。

我是一个平凡人，也有七情六欲，也喜欢财富，喜欢表扬，喜欢进步。扪心自问，还有很多地方做得不好，还需要改进和克服。与×××、×××比，我还相差很远很远。我的精神境界、思想境界还有许多俗的东西，还有许多贪心欲望。还要按照中央提出的"常修为政之德，常思贪欲之害，常怀律己之心"，努力提升自己，做一个清正廉洁的好干部。

例文解析 ···

文联的主要工作是团结带领全市文艺工作者，贯彻落实党的文艺方针，组织、引导文艺工作者学习党的文艺理论，使全市文艺事业健康持续发展；

对团体会员进行组织、协调、联络、指导、服务，向有关方面反映团体会员的情况和要求；沟通党委、政府、社会各界与文艺界之间的民主协商渠道，充分调动文艺工作者创作积极性；与政府主管部门和其他有关部门、群众团体密切合作，开展文艺活动，共同发展全市文化艺术事业；组织、鼓励文艺工作者深入生活，勤奋创作，力争创作出优秀作品。

例文格式标准，结构明确，主席的述职报告强调联络性和服务性。但报告中有些叙述并无述职之意，如"××省文联党组书记、常务副主席××，原××省政协副主席××，原《××日报》报业集团社长、董事长、党委书记毕志伦……××省民间文艺家协会副主席××等嘉宾出席开幕式并参观了漫画展。"一段，类似这类文字不应该在述职报告中存在。

例文四：

市×××局落实2013年度党建工作责任制述职报告

2013年，我局在市委的正确领导和统一部署下，认真贯彻落实党的十八大精神，贯彻落实科学发展观，求真务实，开拓创新，全面推进机关党的思想、组织、作风、制度和反腐倡廉建设，使市×××局工作的科学化水平不断提高，局领导班子的凝聚力、战斗力和执政能力不断提高，尽管今年我市×××发展面临诸多的不利因素，但我市×××战线全体干部务实奋进，主动作为，以强化招商引资为主线，以优化企业服务为抓手，扎实推进外经贸各项工作。现将我局落实党建工作责任制的情况汇报如下：

一、以思想道德建设作为工作思路的引导

多年来，在党建工作中，我们一直把思想、道德建设放在首位，把打造一支学习型、服务型、创新型的马克思主义执政党作为战略任务来抓紧抓好。一是进一步建立健全学习制度，确保每个月集中学习一次。年初，我们制订了《2013年市×××局党组中心组理论学习安排》，并按年度计划组织安排学习，主要是学习党的《十八大报告》《中国共产党章程（修正案）》《科学发展观学习纲要》，学习习近平总书记在党的十八大以来的一系列重要讲话精神。还组织学习了中央政治局关于改进工作作风、密切联系群众的"八项规定"，学习了《2013反腐倡廉教育读本》等书籍，观看警示教育片

等。通过学习，进一步增强党员的理论素养、决策水平和工作本领，提高解决复杂矛盾和问题的能力，提高廉洁自律意识和拒腐防变的能力。二是建立和健全宣传报道、政务信息工作和新闻发言人制度，坚持党的路线、方针、政策，紧紧围绕各个时期的中心工作开展舆论宣传。三是坚持开展讲文明、讲礼貌、全心全意为企业、为群众服务。认真落实和完成《××市创建全国文明城市工作责任表》的任务，把创文工作作为重要工作来抓，按时、按质、按量完成各项任务。

二、支持各项工作的开展

（一）加强领导班子和干部队伍建设

1. 我们注重加强领导班子和干部队伍建设。年初，根据人员设置变动和工作需要，我局对部分领导工作分工进行了调整，明确了班子成员工作职责。完善各项管理制度，用制度约束和管好干部，在选拔任用干部工作中，我们认真贯彻执行好《党政领导干部选拔任用条例》，始终坚持严格的选人用人标准、从德、能、勤、绩、廉五个方面考核干部，坚持做到"三个注重"，一是注重思想政治素质。把是否具有共产主义的远大理想和中国特色的社会主义信念，能否经得起各种风浪的考验，能否始终与党中央保持高度一致，作为我们选人用人的第一标准；二是注重工作实绩。在选拔任用干部过程中，打破了过去论资排辈的传统观念，坚持看工作实绩和贡献。新提拔任用的正副科长（级）干部均是局机关及下属参公事业单位干部中的佼佼者，他们都在平凡的工作岗位中，埋头苦干，勤奋工作，做出不平凡的业绩，以优异的工作业绩和良好的作风赢得了干部职工的信赖；三是注重群众意见，注重群众"公认"。在选拔任用干部工作中，局党组坚持走群众路线，坚持民主推荐、民意测评、考察预告、任前公示，并把群众"公认"作为考察提拔干部的重要一环。

2. 加强监督，严格把好关。我们认真贯彻执行《中国共产党党内监督条例（试行）》，切实加强对权力运行的制约和监督，防止权力滥用，产生腐败。一是加强对领导干部的监督。坚持民主集中制原则，落实集体领导，民主集中，个别酝酿，会议决定的议事和决策基本制度；认真贯彻执行领导干部重大事项如实报告制度和党组研究干部选拔任用事前、事后报告制度，自觉接受监督；二是加强对人事任免的监督。今年共提拔任用了4名科级干部，均严格按照档案审核、竞争上岗、民主推荐、民主测评、任前公示等规范程序进行，有5名科级干部试用期满，我们也严格按程序进行述职、民主评议等步骤，做到发扬民主、体现民意，接受群众监督。三是继续推行政务公开。把办事指南、审批事项和程序、服务承诺、工作纪律向社会公开，接受群众监督。

3.组织领导班子成员及党员参加市委组织部安排的挂职学习3人次，参加党校各类主体班、专题研讨班学习以及新进班子任职培训等9人次，完成市委组织部分配我局选派干部培训任务。

（二）承担市委人才分解任务

根据××市人才工作责任落实机制，我局承担分解任务是："负责引进对外开放和经济发展人才；联合相关部门，研究出台引进海外高层次人才优惠政策，根据需要开展海外招才引智活动。"我们积极借助××市对口帮扶××人才工作的机遇，充分利用××市人才信息，为我市提供急需的境外高端人才信息，参与××市组团的境外人才招聘活动，为我市引进高端人才服务。我们起草了"关于鼓励海外高层次人才来×创业和工作的办法"（征求意见稿）提交市人社局审议。

（三）加强基层党组织建设，提升党组织战斗力

1.认真开展"双六"活动，扎实做好党建基础工作。当前，我局共有党员66人，党总支1个，党支部5个。年初，我们认真做好党建工作计划，完善各项工作制度，并按计划落实各项工作。认真开展民主评议党员工作。根据上级要求，我们于今年11月开展两年一度的民主评议党员活动，整个评议严格按照学习教育、自我评价、民主评议、组织考察、表彰和处理等五个步骤进行。我局党总支共有5个党支部，其中4个老干支部不参加评议，局机关支部共32名党员，党员参评率100%。民主评议结果:90分以上32人，无不合格党员。对照"六优党员"标准，评出10名"六优党员"，进行表彰，号召全体党员向优秀党员学习，营造团结和谐的氛围。

2.高度重视发展党员工作，教育、引导党外群众向党组织靠拢，今年培养入党积极分子2名。严格按照×组通〔2011〕42号文要求，执行党费的收缴使用和管理工作，各党支部按时、按标准收缴党费，未发生截留党费现象。

3. 做好党总支、党支部换届选举工作。根据市直工委×直组【2013】34 号文《关于×××局党总支部及各党支部换届的批复》，我局于 2013 年 3 月 22 日召开全体党员大会，采用无记名投票方式进行差额选举。选举工作严格按照党总支、党支部换届选举相关程序进行，顺利完成了党总支、党支部换届选举工作。

（四）党建工作亮点纷呈

1. 开展"一支部一品牌"创建活动。按照市直工委《关于在基层党组织中开展"一支部一品牌"创建活动的通知》（×直发 [2013]03 号）对党建品牌创建工作的部署要求，我们结合自身实际，从今年 4 月份开始投入该项工作。经过充分酝酿，确定以"情系×××"为我局机关党支部的党建品牌。目的是充分发挥党员的特长和优势，情系×××，同心协力谋发展，使党支部和党员打造成推动全市×××外经贸及全市经济社会更好更快发展的坚强保垒和时代先锋。在局党组的正确领导下，全局上下的不懈努力下，我局机关党支部创建党建品牌活动已经顺利推进，切实发挥出了"品牌"的示范、引导、激励效应，促进了全市×××工作的健康发展。

2. 推进外商投资企业党建工作。加强外商投资企业党的建设是"两新"组织党建工作一项重要内容，我局党组高度重视，根据省×××厅和市直工委的工作要求，迅速成立了以党组书记××同志为组长的"××市×××局推进外商投资企业党建工作领导小组"，明确工作重点，配合省厅和市"两新"组织做好全市外商投资企业党建工作全面摸查，摸清外商投资企业党建底数和基本情况，并推荐我市××有限公司作为省外商投资企业党建工作示范点和联系点，为今后全市外商投资企业党建工作开展打下良好基础。

（五）围绕×××中心工作开展党组织活动

1. 积极筹备党的群众路线教育实践活动。局党组高度重视党的群众路线教育实践活动，认真学习贯彻中央精神和市委部署，做到先学起来、先准备起来、先改起来，扎实做好各项筹备工作。一是迅速成立了以党组书记任组长的党的群众路线教育实践活动筹备工作领导小组，明确了工作职责及主要任务，并做好党的群众路线教育实践活动筹备工作时间表，按照时间表落实具体工作。二是认真学习，统一思想，为加强党的群众路线教育实践活动做好思想和行动准备。广泛听取了党员、干部、群众和服务对象对局班子和领导干部在作风建设、落实中央八项规定、反对"四风"等方面的意见和建议。普遍开展谈心。通过谈心进一步沟通思想、交换意见、增进共识，认真解决思想和作风上存在的问题。三是组织开展调研活动，深入基层，倾听企业声音，为企业做好服务，通过走访企业，切实解决企业生产经营中遇到的问题；开展联合送服务、送政策到企业活动，采取"赴企走访、现场宣讲、政策释疑、交流座谈"等方式，深入企业送政策、促交流、优服务、解难题，帮助企业用足用好用活政策。四是围绕"为民务实清廉"这一主题开好民主生活会，先改起来。我局于11月25日召开了2013年度党员领导干部民主生活会。会议紧紧围绕"为民务实清廉"这一主题进行，局班子及成员分别就遵守党的政治纪律，贯彻中央八项规定、转变工作作风等方面的基本情况，"四风"方面存在的突出问题，特别是对群众反映强烈的"车轮上的铺张""人情消费""职务消费""三公"经费开支等方面，逐一对照检查，梳理出存在问题，分析原因并提出整改措施。

2. 促×××中心工作落实。2013年是贯彻落实党的十八大精神的开局之年，也是我市深入实施"桥头堡"战略，大力推进工作落实的重要一年。局党组认真谋划、科学统筹，将全年工作分解为10个大类近30项具体工作内容，对每一项工作均指定责任人。对每个月的工作开展情况、完成情况进行认真的总结梳理，及时统筹处理遇到的问题和困难，制定相应的应对措施。

(1)下大力气，有序推进重点工作任务。一是稳步推进"××××"项目规划建设与招商。二是加快××××码头升级改造进程，使码头恢复口岸功能，目前××港已式投入运营。

(2)创新理念，提升招商引资质量和水平。利用国家、省的各种经贸活动平台，精心组织，周密筹划促招商。

(3)巧用政策，加快推进转型升级。以鼓励企业设立研发中心和创建品牌为突破口，引导企业发展壮大，引导企业完善质量责任管理，推动×××转变发展方式。

(4)服务优化，营造良好投资经营环境。加强与各商会、行会、协会以及各外经贸相关部门的沟通，帮助企业解决实际问题，改善投资经营环境，力求为企业提供更便捷的服务。

(5)优化××平台搭建，助企业以展促贸。一是抓好重要展会参筹展组织工作。着重做好广交会的组织工作。二是做好境内外专业展会的发动工作。积极组织企业开展境内外各种经济贸易交流活动，如专业展会、商业洽谈会等。三是积极探索推进电子商务平台发展。积极鼓励我市贸易企业充分利用阿里巴巴、中国制造网、网上广交会等 B2B、B2C 电商新途径和平台。

三、以作风建设督促工作的落实

（一）多措并举，大力抓好机关作风和效能建设

1.进一步建立和完善了各项制度，通过制度约束，进一步改进工作作风，杜绝奢侈浪费现象。按照市委市政府统一部署，我局认真做好"正风"行动和"公述民评"各项工作。进一步完善和全面推进岗位责任制、首问责任制、服务承诺制、限时办结制、一次性告知制、办事回执制、责任追究制等制度，增强局领导班子和广大干部的履职尽责意识。认真贯彻落实中央"八项规定"，重新修订财务制度，公务接待制度，车辆管理制度，严格控制"三公"经费预算规模，严格各项支出的审批。加大从源头上治理公款"大吃大喝"的力度，没有出现铺张浪费、大吃大喝等违反"八项规定"现象，取得较好的效果。

2.进一步落实党务公开和政务公开制度，不断充实《公开目录》，扩大政务公开的广度。在服务窗口、网站公布办事指南、行政审批事项、办事程序、服务承诺等内容，方便群众咨询、办事和监督。扎实开展党务公开工作，党务公开效果较为明显，群众比较满意。

（二）加强领导，认真做好党风廉政建设工作

我局高度重视党风廉政建设工作，始终把党风廉政建设工作摆上重要议事日程。切实抓好从源头上预防和治理腐败工作，有力地推动了党风廉政建设和反腐败工作的深入开展。我局研究制定了《市外×××2013年党风廉政建设和反腐败工作要点》，对全年党风廉政建设工作任务进行了责任分工和同步部署，与各科室分别签订了党风廉政建设责任书。局党组严格落实"一岗双责"制度，严格履行党风廉政建设责任制，整顿治理"慵懒散软"各种不良作风。为严肃党廉工作纪律、强化队伍管理、提高廉洁自律自觉性和树立勤政为民意识提供了有力保证。

四、存在的不足和今后努力方向

一年来，我局在党建工作中取得了一定成绩，但与上级组织的要求相比还有许多不足。一是党建工作与×××工作结合的深度不够；二是党建工作的创新意识不够；三是对老干部支部工作研究不够深入，指导不够具体等。今后，我们将以"五级联述联评联考"为契机，以强化招商引资为主线，以优化企业服务为抓手，充分发挥党组织的优势，调动全体党员干部的积极性，真抓实干，奋力进取，扎实推进×××各项工作。

例文解析

外贸局的主要职责是为我国企业开拓国际市场提供相关服务，促进中外企业间的双向交流与合作，扩大我国产品在国际市场上的知名度和份额；承担中央外贸发展基金相关项目的组织评审事宜以及中国与中东欧地区企业家经贸交流资助资金项目的具体实施工作；与境外贸易促进机构和有关组织开展合作与交流；联系"中国投资开发贸易促进中心"；支持我国企业、产品进行国际市场的推广活动；组织品牌商品的对外宣传推介活动，推行品牌战略；组织实施技术贸易、高新技术出口产品等促进活动等。

例文主要从工作思路的引导；开展各项工作；督促工作落实；存在的不足和今后努力的方向四个方面进行写作。格式标准，述职明确，仔细把握过去工作中的每一个细节，既不以偏盖全，也不顾此失彼，从全局出发，对过去的工作进行整体的评估，使其从各个角度来说都是全面的，有参考的意义。

例文五：

2014年律师协会述职报告

各位理事：

过去的一年，为了更好的组织会员进行学习交流，不断提高深圳律师的专业素质和服务水平，开拓深圳律师业务，我们以规范专业委员会的工作，积极探索加强执业律师业务培训的途径，不断开拓律师业务为核心，根据年初的工作安排开展了以下的工作：

一、继续完善相应规章制度，加强工作的计划性和规范化，落实教育培训考核工作

根据我们规划的规范体系，本年度，我们通过深圳律师网广泛征询了全市律师的意见和建议，先后制定并实施了《××市律师事务所教育培训实施办法》（试行）《××市律师协会专业委员会工作细则》、《××市律师协会业务培训费用使用标准》，对律师事务所内部培训、专业委员会的日常工作、经费使用进行了具体规定，继续建立和完善业务培训各项规章制度。同时，发展委员会、各专业委员会都制定了年度工作计划，并能很好的实施，工作的规范化建设取得了较大的成效。

本年度是《××市律师协会业务培训计分办法》实施的第一个年度，我们对平时的考核登录都作了具体要求，在今年年检注册前，我们对全年的情况进行了统计，统计显示大部分律师都能积极参与、认真完成《计分办法》的各项要求。但是，也有一些律师未能完成继续教育的积分要求，甚至有个别律师全年没有参加过一次培训。为此，我们紧急召开了发展委员会主任会议进行协商，把律协全年组织的培训情况向全市律师进行通报，并组织律师进行补课，在规范考核工作的情况下，保证了年检注册工作的顺利进行。

二、加强实习律师岗前培训和执业律师继续教育，积极探索全面加强律师业务培训的途径和方式，构建多层次培训体系

（一）2014年9月，我们举办了为期五天的"2014年度实习律师岗前教育培训"，我们坚持高标准、严要求，对新执业的律师进行了系统化专项培训，这次岗前培训包括3名香港律师在内共有290名实习律师参加并全部通过了结业考试。我们还就培训课程设置、任课教师授课效果等进行了问卷调查，收集意见和建议，为进一步改进工作提供依据。

本年度共举办由专家学者针对新法颁布、理论前沿、律师实务热点等重大课题所作的大型讲座22场，各专业委员会研讨会28场。公司、知识产权、劳动与社会保障法律业务委员会这方面的工作比较突出，另外刑事法律业务委员会积极参与进行刑事律师的执业环境的改善工作，反垄断、反不正当竞争、金融法律业务委员会对零售商与银联的纠纷把握时机及时召开研讨会讨论都取得了良好的效果。全市大部分律师事务所都提交了教育培训计划，业务部也参加了一些律师事务所的内部培训，基本上已经通过《深圳市律师事务所教育培训实施办法》（试行）把律师事务所内部培训纳入到律协业务培训体系

已经初步形成了以实习律师岗前培训、大型讲座、专业委员会研讨会、律师事务所内部业务培训为主线，并且通过《业务培训学分计分办法》鼓励律师参加全国性、地区性业务培训、研讨的多层次、多方位培训体系。

（二）本年度，我们加强了涉外法律业务的培训交流和研讨，先后邀请香港国际仲裁中心主席、副主席，联系×国××××大学法学院研究生部主任、×国×××县高等法院法官分别进行了国际仲裁、英美证据法、公司法及美国律师制度的主题讲座，与×国律师协会等机构联合举办了房地产交易研讨会等。特别值得一提的是，这些讲座大多数主讲人都不要报酬，是作为相互交流进行的。另外，我们还开展了关于深圳律师留学人员情况问卷调查，希望在律师队伍中发现、培养一批涉外法律及法律英语的师资人才。

（三）为更好地服务会员，我们联系中法图深圳分公司在举办大型讲座时进行主讲人专著及与专题讲座相关的著作展销。中法图还现场向律师免费赠送会员卡，对购书的律师进行 8.5 折优惠，并向律协资料室赠送了一批价值近 2000 元的法律图书，为律师购买专业图书、到会所查阅资料提供了便利条件，受到律师们的欢迎。

2014 年 8 月，我们面向全市律师进行了 2014 年度大型讲座综和评价问卷调查和业务培训征询意见问卷调查，共收回问卷 1000 余份，律师对一年来律协组织的业务培训认为满意的为 68.8%，对律协的培训工作不满意的为2.2%。业务部及时对相关数据进行了统计，我们对数据进行了分析，为下一步工作的开展提供了依据。

三、加强对律师的业务指导，积极开拓律师业务新领域

我们不断加强专业委员会对律师的业务指导，组织专业委员会对一些疑难案件进行研讨，提供咨询意见。同时，推动制定律师业务操作规范和律师收费指引。我们还确立了以律师在国企改制，农村城市化建设中发挥作用，提供相应的法律服务为切入点逐步确定重点课题深入研究、不断拓展深圳律师业务新领域。我们向市政府、国资委提交了《关于申请律师参与国有企业

改制，提供全程法律服务的请示报告》《律师在国企改革中的具体业务规范》《关于充分发挥律师在国有企业改革中的重要作用，依法推进国企改革的报告》。目前，国资委正在起草《××市人民政府国有资产监督管理委员会中介机构聘用管理暂行规定》，我们也组织专业委员会对草案提出了修改意见。我们计划联络深圳国资委联合举办一次关于深圳律师参与国企改革方面的研讨会，加强双方的沟通积极推进深圳律师参与国企改革。我们通过组织律师为行业协会和市民讲课，专业委员会联系各行业协会举办研讨会、律师所参加香港"中小企国际市场推广日"博览会等方式，扩大交流，为开拓律师业务创造条件。我们推荐律师参加深圳市政府采购专家团，扩大深圳律师影响面，积极开拓律师业务新领域。

例文解析

律师协会主要职责为保障律师依法执业，维护律师的合法权益，总结、交流律师工作经验，组织律师业务培训，进行律师职业道德和执业纪律的教育，检查和监督以及组织律师开展对外交流，调解律师执业活动中发生的纠纷等。

例文主要从继续完善相应规章制度，加强工作的计划性和规范化，落实教育培训考核工作；加强实习律师岗前培训和执业律师继续教育，积极探索全面加强律师业务培训的途径和方式，构建多层次培训体系；加强对律师的业务指导，积极开拓律师业务新领域三个方面进行述职。但是通过对未来的展望，总结经验教训，提出改进工作方法、解决实际问题的办法或针对存在问题和差距提出今后设想或打算并没有突出出来。这样就丧失了其针对性和真实性。这一点在以后的写作中我们需要注意。

第四节　事业单位中层领导述职报告

例文一：

2013 年 ×× 校长述职报告

2013 年，在 ×× 市教育局的正确领导下，按照我校 2013 年工作计划，围绕年初制定的"三项核心指标"和"四项重要指标"要求，经过全校教职工的共同努力，我校各项工作均取得一定成绩，下面我代表领导班子从 8 个层面 46 小点汇报如下：

一、稳步推进示范校建设，取得了阶段性成果

1.修改制定了《专业带头人管理办法》《通讯设备使用暂行规定》《校企合作实施方案》《现金管理制度》等 60 多项暂行规定、管理办法。再次完善岗位职责，细化工作岗位，让工作有据可依，有章可循，形成了"事事有人管，时时有人做"的良好局面。

2.探索集团化办学和校企合作长效机制，稳步推进"政府主导、学校主体、行业指导、企业参与"的"四轮驱动"办学模式和集团化办学模式改革。医药职教集团增加了 47 家理事单位，平面专业与大马设计、蓝韵视觉、上层品牌等签订协议，共同开发课程。通信专业与 ×× 大学东北院合作，共同建设商教两用实训中心。

3.护理、平面、通信专业的人才培养方案已修改并且接受了 2 次省市专家的指导，得到了专家的充分肯定和好评。今年暑假利用两周时间，将全校教师分 25 个组，每组 4-5 人，设组长一名，带着调研提纲到企业、行业搞调研，组长负责撰写调研报告，专业主任负责起草专业人才培养方案初稿，再请专家修订、审定等，为制定人才培养方案提供了第一手材料。

4.深入探索护理专业"三段一评"教学模式、平面设计专业"双主体、两段式"专业实训课程教学模式、通信运营服务专业"任务驱动、理论教学和模拟实训系统实训教学相结合"教学模式改革。

5.增强了示范专业建设辐射作用。在原有国家、省、市三级示范专业的基础上，增加了2个省级示范专业和2个市级示范专业。

6.核心课程软件开发、校本教材初步成型。与××××签订了200万元护理、平面专业软件开发项目。正在编辑出版护理、平面、通信专业11本校本教材，预计明年4月份公开出版。

7.以省市立项课题为基础，开展精品课实验研究，已立项的国家级共建共享精品课程4门，市级精品课程19门。与××捷成公司共同开发了《招贴广告设计》等6门精品课程。市课题立项20项，结题省级5项，国家级课题子课题2项，公开发表论文38篇。获奖论文、调研报告5篇。

二、大力加强队伍建设，发挥了榜样带动作用

8.加强了干部队伍建设。今年暑假，全员中层干部改选，完成了新老中层顺利交接。成立了医药卫生专业部、信息技术专业部和文化基础部，主任为中层建制。按1∶1比例建立了中层后备干部队伍。实行了中层干部"以会代培"制度、年终大会述职考核制度。选派优秀干部到国内、国外培训学习，提升理论水平、思想境界和执政能力。

9.加强了党员队伍建设。注重党员的培养、考察、发展、教育和管理工作。开展了"党员教师优质课""党员教师基本功比赛"等活动，召开党员大会认真学习了"十八大"精神和党的群众路线实践教育活动，发挥党员先锋模范作用，营造良好政治氛围和舆论氛围。

10.加强了专业带头人和骨干教师队伍建设。按4321比例建设校、市、省、国家四级骨干教师队伍。今年通过笔试、面试等环节选拔了6名校内专业带头人，5名校内骨干教师。开展了专业带头人说专业、骨干教师说课程的市级选拔活动，优秀选手参加国家省市技能竞赛。外聘行业、企业的专家和技术骨干任教，构建素质优良、技艺精湛的"双师型"教师队伍和优秀的教学团队。今年共派出1人去德国培训，选派6名优秀教师参加国家培训。

11.加强了教职工队伍建设。通过开展汇报课、竞赛课、说课比赛、技能比武等活动，提高教师业务素质和技能。聘请国家示范校专家、省学院职教所所长××教授到校做专题报告，聘请高职校×××教授两次到校做报告，广大职工近距离聆听了专家的指导，深受教育，倍受鼓舞。

12.加强了班主任队伍建设。实行了班主任"拜师结对"工程，发挥优秀班主任传帮带作用。实行了周例会制度，完善班级量化考核细则。加大培训投入力度，选派优秀班主任参加国内外学习培训。

三、开展各种竞赛活动，提升了内涵建设

13. 开展了各种教学设计评比活动。开展信息化教学设计大赛活动，并推选优秀教师参加省市比赛。对青年教师进行"两字一话""多媒体教学技术"等教学基本功达标验收活动。

14. 开展了师生技能竞赛活动。年初组建教师团队5个，学生团队10个，备战各级各类比赛；教师竞赛省市获奖56人次。指导教师获奖23人次。学生竞赛个人获国家级奖1个；获省级奖26人次；获市级奖29人次；学生团体获省级奖2个；获市级奖4个。

15. 开展了"学习标兵、学科状元"评选活动。在开学典礼上为技能竞赛获奖者、学习标兵、学科状元颁发奖金共计2.3万元。

16. 连续三年承担了××省护理大赛，并获得团体一等奖，今年××、××代表××省参加全国护理大赛，我校学生××获得三等奖，团体获得全国护理技能大赛第三名，实现了历史性突破。

四、构建"四五二"德育体系，呈现了良好发展态势

17. 利用开学典礼、毕业典礼、技能月、体育节、教师节、校园文化节等传统教育活动，增强了集体荣誉感和团结合作精神，形成了良好的校园文化氛围。学生军训百人方队获得××市比赛一等奖。

18. 依据国家政策制定了我校国家免学费和助学金资助工作方案和管理办法，并按流程发放。本年度获得了××省国家助学金免学费先进单位。

19. 分专业、分年级及分层次开展文明爱校教育、专业理想教育和心理健康教育等成效显著的德育主题教育活动。在广大师生中开展"我为示范校建设做什么？"主题大讨论活动。

20. 开展住宿生"温馨寝室"评比活动，发挥同学集体智慧，自主确定个性化的舍名、舍训，美化寝室环境，展现寝室特色文化，营造学生温馨之家。

21. 召开了2次家长委员会会议，2次班级家长会，以QQ群联络、电话访谈、家庭访谈等方式，对学生进行职业道德教育。中秋节那天，由校级领导带队、科长、班主任陪同深入外五县、外地区进行家访，了解家庭状况，送去慰问金，效果较好。

五、超额完成招生计划，实现了招生再次腾飞

22. 以专业特色、就业优势、严格管理宣传学校。制定了春秋两次招生方案，改版了校园外网，开通了全国免费400、800招生热线，加大了投资力度，为招生做了充足的准备。

23. 确定了以××地区招生为主、外地区为辅，以秋招为主、春招为辅的招生原则，重点地区重点宣传，生源基地反复宣传。2013年计划招生850人，实际招生1112人，超额完成了招生计划。

24. 涉外护理专业实行了英语考试入学，对口升学改为入学考试。今年对口升学招两个班且生源质量有所提高。其他专业采取面试方式帮助学生选择适合自己的专业方向。

25. 中高职相衔接改革实验进入实质性进程。首次成立护理专业4年制本科助学班。明年与××高专合作进行中高职衔接实验。计划在普通护理、康复技术和涉外护理合作，采取"五年一贯制和3+3模式"；与长职院在平面设计专业采用2+3模式合作。

26. 与省市妇联开办"春蕾女童"扶助项目。按照省市妇联"春蕾女童"项目要求，制定了符合我校实际的管理办法，今年招生30人且圆满完成计划。明年将扩大招生规模，预计招200人。

六、就业稳定率稳步提升，培训就业有了新突破

27. 与新××学院、×××××医疗集团深度合作，积极探索国际合作项目，开拓国外就业市场有了实质性进展。目前12级和13级共两个班开设日语课程。

28. 成功举办了2013年护理专业毕业生招聘会，93家用人单位提供护士、导诊、医生助理等岗位600多个，与学生达成用人意向约500人，取得了非常好的效果。还召开5次信息类专业校园小型招聘会，把企业请进校园，帮助学生推荐就业。

29. 制定了校企合作章程，成立校企合作办公室，规范校企合作管理。校内与校外实训分离，将原来护理实训中心的校外实训归口就业办，真正实现了就业指导办公室的职能。

30. 成功申办了康复技术专业、眼视光与配镜专业的自考助学大专项目，成功获批计算机等级考试 v 二中专考点。

31. 成功获批××省高等教育自学考试××二中专学习服务中心改革实验校，与××护理学院、××继教学院合作，进行3年制护理专科、4年制护理本科的自考助学项目实验，学校两次在省自考办总结交流大会上做典型发言，得到了省自考办高度赞扬。

32. 省市红十字会在我校建立"应急救护培训基地"。制定《××市中小学校医应急救护知识培训承办方案》，并对××地区中小学校医、保健教师1400名教师开展了应急救护知识培训考核活动。

七、加强党组织建设，提升了教职工思想境界

33. 认真学习十八大、十八届三中全会精神，全面落实中央八项规定及我省"四风一顽症"教育活动，积极构建学习型、创新型、和谐型的领导集体，增强领导集体的战斗力和凝聚力。

34. 开展法律法规、政策解读、师德建设等方面学习活动，提高全体职工的政治觉悟和理论素质。开展了"教书育人"师德楷模评选活动，树立典型，发挥榜样作用。

35. 开展了"书香校园""读书漂流"活动，营造良好的学习氛围，构建和谐校园、文化校园，打造"示范二中专、文明二中专、印象二中专、和谐二中专、幸福二中专"等五个特色二中专活动。

36. 制定了党风廉政建设和反腐倡廉的预防机制和流程，全员签订"廉洁从政从教责任书"，建设一支一心为公、廉洁从教的教工队伍，领导率先垂范，以身作则，形成健康向上的校园环境。

37. 开展了"创先争优""文明科室"评选活动。实施了"六个一"工程，做好职工"扶贫、扶困"工作。在××××湖召开了"七一"表彰会，对30年党龄党员和优秀党员进行了表彰。今年学校党委获得了局先进党组织称号。

38. 关注弱势群体，开展送温暖、献爱心活动。领导班子利用教师节慰问病号5人，带着慰问金和水果，送温暖、送情谊。今年10月学校出资为全体教师进行了体检，兑现了两年一检的承诺。无条件接收地震灾区10名护理学生到我校读书。

39. 成功办刊《现代技能教育》5期。退休的×××书记给予了很高的评价，并撰写散文发表在2013年第三期上，发挥了校刊的辐射作用，给广大师生提供了锻炼和交流的平台，文章质量逐期有所提高。

八、加强了基础能力建设，提高了服务民生质量

40. 加强实训基地建设，实现"产学研"一体化。投资30万改造1个机房。依托通信专业，投资150万建设了100席位的商教两用实训中心，现已投入使用。

41. 2013年正常经费收入壹仟伍佰柒拾万元（1570万）；支出壹仟肆佰捌拾肆万元（1484万）；本年度结余捌拾肆万元（84万元）。

42. 完成了学校网站升级和改版工作。增加校园网服务器容量，增加外网带宽10兆，投资135万建设数字校园实训平台，投资53万建设平面设计专业理实一体化教室，现进入公开招标阶段。

43. 加强了图书馆电子图书的利用率和纸质刊物的借阅率，今年投资4.5万购置纸质图书1000册，投资4.5万购买报刊杂志134种。阅览室对全校师生开放，特别是对校刊小记者随时可以借阅。

44. 加强校园安全工作，落实岗位职责制。制定了全校师生突发事件应急预案，今年进行5次的消防应急演练、寝室夜间突发事件疏散演练、地震避险逃生演练等，实施安全工作"一票否决"制，保证了学校的安全稳定。

45. 加强了学校资产管理工作。做到了"责任到部门、责任到岗、责任到人。"坚持"谁主管谁负责"原则，科室、教室、寝室、会议室等座椅板凳、柜柜箱箱等重新编号，为明年搬家做好充分的准备。

46. 完善了奖惩机制，召开了两次教代会，讨论通过了绩效工资发放办法、聘任教职工实施方案、中层竞聘工作方案。加强了过程考核，把实现目标、完成任务与绩效奖挂钩，奖勤罚懒，提高了效能。

一年来，学校就像一艘乘风破浪的大船，在建设国家示范校的大旗指引下，不断践行"润德尚行、博技致用"校训，取得了一些点滴成绩。诚然，我们所做的与局里要求、职工期望、社会反响可能还有一段距离，但我坚信"事在人为"的人生信条，请领导放心，请职工放心，我们有信心，有决心，也有能力带领全校教职工同舟共济，攻坚克难，努力实现新的更大的突破！

例文解析

学校的工作要突出对教学质量的重视和对学生负责的态度。为了保障学校的健康发展和学生质量的不断提高，学校校长的述职报告中陈述了稳步推进示范校建设，取得了阶段性成果；大力加强队伍建设，发挥了榜样带动作用；开展各种竞赛活动，提升了内涵建设；构建"四五二"德育体系，呈现了良好发展态势；超额完成招生计划，实现了招生再次腾飞；就业稳定率稳步提升，培训就业有了新突破；加强党组织建设，提升了教职工思想境界；加强了基础能力建设，提高了服务民生质量。

例文述职内容全面，结构清晰，但例文基本上是将各部门的工作总结"块块拼凑"而成，甚至可以说是一本齐备的年度档案，可是这些档案始终无法代替个人的成绩。述职报告本是讲自己本职工作情况的，但例文将集体代个人。通篇提不到自己的"角色"，使人难以辨出述职者的"清晰图象"，更像是一篇年度的总结。

例文二：

2013××市××实验中学校长述职报告

现将 2013 年在学校工作的情况报告如下：

一、树立群众观念和理想信念，不断提升道德水平和精神境界

认真学习十八大和十八届三中全会精神，牢固树立群众观念，深入群众，了解群众，相信群众，依靠群众，为了群众，凡事先征求群众意见，通过召开座谈会、征集金点子、民意测评等了解民意，不拍脑袋，不拍胸脯，不放马后炮。致力团结同志，尊重同志，带领同志一起工作。树立教育理想，丰盈教育情怀，着力教好每一个学生，发展好每一个教师，办人民满意的学校，带着灵魂前行——质量是教育的灵魂，文化是学校的灵魂，精神是人的灵魂，始终把质量与公平当成办学的核心，深化改革，积极进取，敢于担当，无私无畏，向着美的方向奔跑。

二、加强学习，不断提升决策水平和协调能力

学校工作与机关工作的性质不一样，处长与校长的职能不一样，到学校工作后，我虚心向班子成员学习，学习他们的工作方法和思维方式，向老师们学习各学科教学的艺术与智慧，丰富自己的知识与能力结构。年初参加市局组织的卓越教师培养工程，先后到北京、台湾、无锡、南通等地高中学校参访学习，聆听专家报告，对提高学校管理和教科研能力起到了重要作用。坚持读书读报，《人民教育》《××教育》《××教育科研》等近10种杂志每期必看，适当做读书笔记。作为一校之长，关键在于决策，在于统筹谋划，在于考核评估。学校先后出台了学校发展六大工程实施方案、学校文化建设一揽子方案等带有全局性、机制性的文件，建立完善了学校年度目标管理系统、教学质量监控系统、立体化考核体系，改革了职称评审机制、评先评优机制、绩效考核机制，列出了近20个改革创新项目，新举措激发了教职工工作的积极性。在学校决策过程中，充分发扬民主，坚持个别酝酿、集体决策，校长办公会和行政办公会正常召开。

三、尽心尽力，不断提升履职能力

到学校工作后，我常常告诫自己"三不"——不埋怨、不懈怠、不冒进，唯有勤勉工作，夙兴夜寐，艰苦奋斗，才能不辜负这所有着辉煌历史的学校，才能不辜负1700名师生员工的期望。我努力用高标准、严要求要求自己，要求老师做到的，自己首先做到，要求老师不做的，自己首先不做，事事争取做得更好，时时不忘肩负重任。我坚持每天早早到校，巡视校园，了解学生到校和常规管理情况，坚持每天至少听一节课，至少和一位老师、学生谈心，至少读一本杂志。暑期几乎没有休息，和其他同志一道处理学校繁杂的事务。不空喊口号，不搞形式主义，求真务实是我追求的管理境界。

四、抓好落实，以工作的新业绩凝聚人心

坚持以质量为核心，以教学为中心，强化管理，各项工作取得新成绩。高一新生报到率、高二学测全科合格率创历史最好水平，高考再创佳绩，增幅列市直学校前列，学校办学经验在今年的全市高中教育教学工作座谈会、市直高中教育工作会议上介绍，得到与会领导专家的好评，学校被评为市直学校"高考质量考核一等奖"。在省、市各级各类竞赛中我校师生频频获奖，获奖级别和人数较以往有大幅提升。

坚持德育为先，通过开展"缅怀革命烈士暨团员重温入团誓言"活动、五四表彰大会、中学生辩论赛、以"青春与责任同行·人生随梦想远航"为主题的十八岁成人宣誓仪式、田家炳精神系列教育活动、主题班会活动，加强班级文化建设，举办运动会、艺术节、班主任节等，提高德育工作的实效性。

加强师德师风建设，开展师德教育月活动，组织"立德树人，同心共筑中国梦"教师节表彰大会，表彰"师德标兵"和优秀班主任。着力打造骨干教师队伍，启动实施新生代骨干教师培养项目，聘请校外专家作为导师，引领青年教师成长；组织教师参加省、市级优质课评比和教师基本功大赛，组织教师外出参观学习，与××市实验中学举办"同课异构"活动，借鉴兄弟学校的教育教学经验。邀请省教科院、南京名人艺术研究院专家来校讲学指导。3个省级课题正式立项，实现省级课题新突破。

坚守课堂教学主阵地，改革课堂教学模式，探索实践基于问题的三问三学思维课堂研究，举办教学开放日活动；守住教学底线，制定了教学违规处理10条意见；加强对教学工作的过程监控，推行了抽签听课制度、"学生评教"制度、"推门听课"制度、教学巡课制度等等。党建、共青团、工会等工作也取得了明显成效。

五、廉洁自律，不断提升自身免疫力

前事不忘，后事之师。坚决执行党风廉政建设责任制，筑牢防腐拒变的防线，不该拿的钱坚决不拿，不该享受的待遇坚决不享受，时时算亲情账、前途账、人生账，在用车、接待、人情往来上严格按照中央八项规定执行，倡导厉行节约，反对铺张浪费，用过硬的作风赢取威信。同时，建立完善党风廉政建设制度，在招生、基建、采购、报销等关键环节上强化监督、制度约束，把权力关进笼子。把廉政建设作为干部培训的重要内容，严格要求其他干部清白做官，干净做事，诚恳为人。

一年来，我和同事们一起做了一些工作，也取得了一些成绩，但是，距离领导、群众对学校的要求还有不小的差距，在自身建设上也存在一些需要改进的地方，比如有时比较急躁，工作方法有时比较简单，对学校的人文环境还需适应等等。展望未来，路漫修远，任重道远，我将付出更大的努力和更多的汗水，为实现田中梦作出新贡献。

例文解析

学校的工作要突出对教学质量的重视和对学生负责的态度。为了保障学校的健康发展和学生质量的不断提高，学校校长的述职报告中树立群众观念和理想信念，不断提升道德水平和精神境界；加强学习，不断提升决策水平和协调能力；尽心尽力，不断提升履职能力；抓好落实，以工作的新业绩凝聚人心，廉洁自律，不断提升自身免疫力。

例文格式标准，结构明确，将述职者所做工作事无巨细地报告出来，充分反映出了作者对资料的充分利用，但行文缺乏精巧的构思，仅靠时间的线索揭示文章的条理性，对于工作成果的简单罗列，也使报告缺乏说服力。

例文三：

县广播电视台台长 2013 年述职述廉报告

××年，在县委、县政府的正确领导下，在台党总支的关心支持和班子成员的热情帮助下，团结带领全台干部职工，以××大精神、"××××"重要思想、科学发展观为指导，认真贯彻落实中央和省市有关党风廉政建设和廉洁自律的各项规定，与班子各位成员一起，努力学习，认真履行职责，狠抓工作落实，较好地完成了各项目标任务。

一、履行职责情况

（一）加强学习，提高认识，切实增强廉洁自律意识和拒腐防变的能力

一年来，自己把加强学习，提高素质作为加强自身廉政建设的一项重要内容，认真学习"××××"重要思想，学习党的××大和××届六中全会精神，尤其把学习好、贯彻落实好科学发展观做为重中之重，加深对科学发展观精神实质的理解和把握，增强以实际行动践行"××××"重要思想的自觉性和主动性，在此基础上认真学习了《中国共产党员领导干部廉洁从政若干准则》《中国共产党纪律处分条例》和党的××大报告中关于反腐倡廉的有关内容，从思想上深刻认识新形势下搞好党风廉政建设的重要意义，增强了贯彻落实好党风廉政建设的紧迫感和责任感。与此同时，对于纪委安排的各种形式的党风廉政建设教育、收听收看反腐败警示录电视专题片等都能做到积极参加，并带领全台党员干部认真进行学习，通过学习教育，进一步树立了"立党为公、执政为民"的思想意识，提高了廉洁从政的自觉性和拒腐防变的能力。

（二）牢牢把握舆论导向，新闻宣传成效显著

紧紧围绕县委、县政府的中心工作、中心任务，牢牢把握贯彻和落实科

学发展观，把握正确的舆论导向，对我县经济建设和社会各项事业的健康发展进行了重点报道，收到了良好的效果。

1.认真做好重大政治、经济活动的宣传报道。与台总支一班人精心策划、精心组织、创新形式、突出主题，对学习实践科学发展观和"执政为民、廉洁高效"等重大活动进行行全方位、多侧面的报道。同时，还对人大、政协两会、××县全民才艺大赛和"我要上春晚"等大型政治、文化活动进行了全方位报道，均收到良好效果，受到了县委宣传部和广大观众的一致好评。

2.积极做好××的宣传报道。××年，县广播电视台紧紧围绕县委、县政府的中心工作和不同阶段的工作部署，以《××新闻》为载体，积极宣传我县在经济建设和社会各项事业中所取得的伟大成就。一年来，《××新闻》共编辑稿件310组，播报本地新闻近3000条。在新闻容量和新闻质量上有了新的突破。

3.注重节目质量，创新创优再上台阶。××年我台进一步强化精品意识，积极推进节目精品化发展战略，创新创优取得优异成绩。今年以来，先后推出了《公民与法制》《科普大风车》《政务面对面》《话说××》《心连心》《银铃之窗》《我是小明星》等系列自办栏目，特别是小明星栏目，无论从制作水平和播出效果都得到了观众的一直好评。今年以来，我台共制作各类专题138个；创建的××电视台网站，也赢得了广大观众的一致好评，收视率明显提高。今年适逢中国共产党建党90周年，是值得怀念和庆祝的一年。按照县委和县委宣传部的要求，在新闻节目和专题节目中开辟了"××党旗红、先锋促发展""优秀共产党员风采"和"加强城市管理共建美好家园""心连心"等专栏，对我党建党90年来领导全国人民奋发进取、努力拼搏所带来的伟大成就进行了全面、深入细致的报道，对我县经济和社会发展所取得的日新月异的变化进行了深入报道，对我县各行各业所涌现出的优秀党员了进行了全方位的宣传，在全县广大观众中引起强烈反响。

（二）充分挖掘自身潜力，外宣工作保持良好势头

今年以来，面对外宣工作竞争激烈，难度加大的形势，在工作中，主动变压力为动力，进一步调整思路，创新手段。在征求班子意见的基础上，采取新闻部记者派驻省市电视台帮助工作的同时，学习上级台的采录编技巧和

经验，及时沟通信息，编发××的稿件。今年以来，有 2 条稿件被中央电视台采用，省电视台采用稿件 20 条，在市电视台得分 580 多分，稳居全市前三名。同时，××广播电视台还成功消化负面报道 40 余条。

（三）调整思路，改善结构，创收工作稳步推进

广告创收是我台事业发展的主要资金来源，为此，在工作中首先逐步实行广告代理制，引进有实力的广告公司进行频道、行业及栏目代理，强化创收。二是规范操作流程，完善工作制度，加强广告管理，提升服务水平。三是对广告资源市场进行科学的分析，开发新的广告资源，占领行业市场。在全台职工的共同努力下，共实现广告创收 400 多万元，超额完成了年初制定的创收任务。

（四）强化技术支撑，推进事业发展

××年，进一步完善各项制度，狠抓制度落实，规范技术操作程序，加强设备维护，强化技术人员培训，提高技术人员素质。同时，还与山东青年政治学院合作成立了新闻播音教学实习基地，不断培养编辑记者和播音主持业务能力，为办好节目、提高质量打下了良好基础。通过这些措施的实施，圆满完成了"元旦""五一"和"国庆节"期间等广播电视安全播出保证期的技术保障工作，没有发生任何安全播出事故，全年播出无故障率已达到 99.6%。

××年，又多方筹资，新进摄像机两台，新进、改造非线性编辑机四台，新进发射机两台。对 2 个频道的发射天线进行了更换，实现了县域开路100% 覆盖。还配合省局新上了手持电视，目前设备已调试完毕，省局正在协调市台进行光缆传输，近期即将开通。

（五）招商引资工作成效显著

××年，县广播电视台党总支按照县委、县政府的部署，大力加强招商引资工作，积极为全县经济建设贡献力量，取得了卓有成效的经济效益和社会效益。全年完成招商项目 3 个，已经落实的投资项目达 3.2 亿元。

二、思想工作方面

一年来，按照县委、县政府及台党总支的安排和要求，加强政治理论和业务知识的学习，不断提高自己的思想觉悟、政治素养和政策水平。在积极参加台党总支组织的理论学习的同时，坚持挤时间搞好自学，学习党的

××大和××届六中全会精神，认真学习践行科学发展观，努力提高自身的执政能力。根据县委的统一要求，在广播电视台党总支的具体指导下，广泛深入地开展"执政为民、廉洁高效"集中教育活动，积极参加换位思考活动，撰写了《换位体验工作日记》。

三、工作作风方面

加强领导干部作风建设是我们党长期的历史课题和重大战略任务，也是当前我县广电系统实现"坚持科学发展、构建和谐广电"的迫切需要。作为一名领导干部，我在工作中能切实做到为民、务实、清廉、勤奋学习、学以致用；能顾全大局、民主团结，增强学习的紧迫感，使自己努力成为一名学习型领导干部。作为一名广电工作者，心系百姓、勤政为民、关注民生是最基本的思想作风和工作作风。因此，工作中能在感情上贴近群众，思想上尊重群众，行动上深入群众。日常工作中，严格要求自己，求真务实、真抓实干，坚持以科学发展观统领广播电视工作，把握正确舆论导向，实现广电事业、产业协调发展。

四、党风廉政建设方面

（一）严格履行党风廉政建设责任制职责

在日常工作中，能够严格按制度办事，从源头上杜绝腐败。坚持党总支议事制度，坚持集体领导与个人分工负责相结合，坚持"四个服从"，不断增强班子的团结统一。对重大事件的宣传报道、人事调整、事业发展、重大财务开支、涉及干部职工切身利益等重大问题的决策，都坚持事先征求班子成员意见，严格按照程序，坚持集体研究，不搞个人说了算。今年以来，我台没有发生违法违纪事件。

（二）不断强化廉洁自律意识

在日常工作中，始终坚持按《廉政准则》办事，带头执行民主集中制，凡属重大问题都由党总支集体讨论决定；严格执行财务纪律，定期向班子成员通报财务收支情况，杜绝奢侈浪费；涉及设备购置和事业发展的项目，都要和班子成员或分管领导反复研究，保证每个过程都互相监督。以身作则，认真执行《领导干部廉洁自律若干规定》和《廉洁从政若干准则》，在坐车、住房等方面没有违犯规定搞特殊化，个人和亲属没有参与投资经商办企业，也没有在企业兼职领取报酬；没有收受有关单位和个人的礼金礼品、有价证券和安排的健身、旅游和高消费活动；没有用公款支付应由个人支付的费用；没有用公款为个人购买商业保险；没有公款旅游；没有参与赌博活动。

总之，一年来，在县委、县政府的正确领导下，在纪检监察部门的教育监督下，严格遵守党的政治纪律，组织纪律、经济工作纪律和群众工作纪律，同党中央保持高度一致，不阳奉阴违，自行其是；认真遵守民主集中制，不独断专行、软弱放任；依法行使权力，不滥用职权、玩忽职守；公道正派用人，不任人唯亲，营私舞弊；艰苦奋斗、不奢侈浪费、贪图享受；务实为民，不弄虚作假、与民争利。实际工作中，自己能够按照党风廉政建设的规定，坚持重大事项报告制度。在管好自己，管好身边工作人员的同时，十分注意管好自己的配偶和子女。任职以来，自己从未利用职权违反规定干预和插手经济活动，为自己和亲友谋取私利，也从未收受任何单位和个人的礼金、礼品、有价证券和安排高消费活动。

五、存在的不足和今后打算

回顾一年来的工作，虽然取得了一定的成绩，但还存在一些问题和不足。一是改革创新的力度还不够大。二是创收工作虽然比去年有所提高，但是增长幅度不大。三是认识还有待进一步提高，对新形势下党风廉政建设所出现的新情况、新问题认识不深，研究不够。这些问题需要在以后工作中加以克服。

新的一年，自己将进一步加强理论学习，进一步锤炼自己的党性修养，牢记"三个代表"重要思想，坚持以科学发展观为指导，进一步严格执行党中央《关于实行党风廉政建设责任制的规定》和上级有关要求，紧跟时代步伐，密切联系群众，清正廉洁，求真务实，恪尽职守做好本职工作，努力做一名让县委放心、群众满意的好党员、好带头人。为实现××广播电视事业又好又快的发展做出应有的贡献。

例文解析

广播电视台是广播电视事业单位，属于在文化领域从事研究创作、精神产品生产和文化公共服务的文化事业单位，更是党政机关和群众沟通的桥梁，其耳目喉舌作用不可小视。

例文语言简明扼要，但内容上给人感觉都是泛泛之谈。述职报告侧重于写领导干部在一定时期内履行岗位职责的思考过程和自己的能力等，必须回答自己是否称职的相关问题，而例文恰巧缺乏思考过程，仅仅是作者广电事业工作成果的简单罗列，过于套话，不够诚恳，也没有明确给出自己是否称职的答复，这是述职报告的一大忌讳，值得我们注意。

例文四：

2013年××医院院长的述职述廉报告

各位领导，各位评议员：

现在，我把2013年的思想工作情况向各位作一个简要汇报。请予审查与评议。

一、履行本职工作情况

我是2013年3月份从县二医院调到县人民医院担任院长职务的。一年多来，在县委、县政府及主管局的正确领导下，以"三个代表"重要思想为指导，带领全院干部职工，开拓创新，与时俱进，创造性地开展工作，较好地完成了各项工作任务。回顾总结一年来的工作，主要有以下几个方面：

（一）以创建"群众满意医院"为契机，着力加强全院职工的服务意识，品牌意识。

今年4月份，省卫生厅倡导在全省医疗卫生单位，开展创建"群众满意医院"活动，该项活动对于提高服务质量，树立医院形象，促进医院发展是一个非常好的举措。为了扎实有效地开展这项活动，推动医院各项工作上台阶，我们主要在以下四个方面下功夫：

一是在提高医疗质量上下功夫，努力提高医疗质量意识，形成"质量兴院"的良好风气。建立健全了"层次分明、职责清晰、功能到位"的必备医疗质量管理组织，完善了各项医疗制度并形成了严格的督查奖惩机制，实施了一系列保证医疗质量的措施和方法。业务院长每周至少到一个临床科室进行业务查房，有关职能科室每周下病房，查医疗质量制度落实情况。活动开展以来，医疗质量明显提高，全年未发生一起医疗事故。医院业务量也有较快的增长，今年门诊、住院人次分别比去年同期增长10%和21%。

二是在改进医疗服务上下功夫，为使创建活动认识到位、措施到位和效果到位，医院把创建活动作为一项"民心工程"和"实事工程"来抓，为病人提供最温馨的"人性化服务"，展开了换位思考，把自己置身于病人的角度，从病人的思维出发，提倡医患零距离接触，推出了 40 多项便民利民措施，将人性化服务贯穿于医疗服务的全过程。同时每月进行一次服务质量调查、召开一次患者亲属座谈会，广泛了解病友及家属的要求和意见，自觉接受社会监督，医院聘请了 10 名义务监督员，并在醒目位置设立投诉箱、意见箱，公布投诉电话，本着"闻过则喜"的态度，虚心接受，只要要求可行，意见合情，医院就全力解决，认真整改，直至病人和家属满意。

三是在控制医疗费用上下功夫，使患者以最低的费用享受到最优质的服务，今年我们将一百多个价格高，有普通药品可以替代的新药品种清理出医院药架，同时对所有药品实行了竞价采购，有效地降低了药品成本，降低了药品价格，平均降价幅度达到 40%，据不完全统计，医院让利群众达 160 多万元。同时要求各科室坚持合理检查、合理用药、合理治疗，提倡成本低、效果好的"朴素治疗"，纠正滥开检查、开大处方的行为，为此制定了以常用药物为主的《基本用药目录》，在用药结构和用药范围上，对临床用药进行指导和控制，建立临床用药三线三级管理制度，严格控制进口、贵重药品的使用，使药品在医院总收入比例由 2002 年的 62% 降到 50% 以下，有效控制了药品费用的不合理增长。

为了规范医院的收费行为，成立了医院内部审计科，对医院各科室收费进行不定期的专项审计，对超标准收费、分解项目收费的，除费用退回患者外，给当事人予以经济处罚，并实行了医院收费电脑管理及住院病人费用一日清单制，通过一年来的努力，医院每门诊人次费用和每住院床日费分别比去年同期下降 7.6% 和 11%。

四是在加强卫生行业作风建设上下功夫，按照卫生部的"八项行业纪律"和省卫生厅的"六个不准"的要求，完善医德医风考评制度，考评结果与医务人员的工资、职称晋升和评先评优挂钩，加大了对违规违纪行为的查处力度，对群众反映医德医风不好的实行"一次投诉待岗"制度。今年医院处理了 5 起违规违纪的人和事，其中有 2 人次受到待岗处理。

自活动开展以来，群众的投诉逐渐减少，满意度逐渐提高，省、市、县群众满意医院创建活动督查组分别来我院进行了全面的督查。通过采取听汇报、看资料、现场考评、走访科室、调查患者、召开座谈会等形式的检查，对我院的创建工作给予了充分肯定，综合测评中门诊患者的满意度为90%，住院患者的满意度为95%。10月底我院已顺利通过县卫生局评审，荣获县级"群众满意医院"，已申报市级"群众满意医院"。

（二）突出重点，加强学科建设，着力打造医院的人才结构。

抓好学科建设是提高医疗质量的基础，是医院发展的重要保证。针对我院目前学科建设不甚规范，专科优势和特色尚不明显，人才出现断档的现象，根据当代医学技术发展方向和各科室的实际情况，充分发挥市场的调节作用，对学科进行了结构性调整，突出重点，发展强项，扶持特色。在人才培养上，医院采取多种形式提升医务人员的技术水平，并把重点转移到培养专科人才和学科带头人上来。今年已选派10余名业务精、工作能力强的年轻医生到北京、上海等地的著名医院进修学习，为完善我院人才结构，提高我院专科技术水平和医疗管理水平打下了一定的基础，同时，正筹备年内将外科由两个科分为三个科，妇产科分为妇科和产科，逐步形成人有专业，科有重点的格局，提升医院医疗技术的核心竞争力。

（三）加大科技投入，进一步完善医疗基础设施。

要在医疗市场激烈竞争中占有一席之地，不但应该拥有一支高素质、高水平、高质量的医疗队伍，而且医疗配套设备应紧跟临床需要。今年，在医院资金异常紧张的情况下，想方设法筹措资金，投资200余万元，购置美国产贝克曼全自动生化仪、韩国产立斯特C臂机、日本产东芝B超等一大批先进医疗设备。使医院的科技含量得到进一步提升。

（四）未雨绸缪，拓展医院发展空间。

由于历史的原因，我院目前业务用地面积仅有23亩，已经不能满足医疗需要，且周边已无拓展可能，更制约了今后医院的发展。为使人民群众医疗保健的环境得到进一步改善，也为医院的发展奠定基础，今年医院审时度势，从长远发展结合城市建设、方便群众就医角度出发，自筹资金350万元，在于银大道旁购置土地65亩，用于筹建人民医院分院。目前征地工作已接近尾声，正准备开山修路及平整土地。

（五）创新服务思路，拓宽医疗服务市场。

本着"以人为本"的理念，创新思路，在全县首创了集医保、社区服务、健康体检三位一体的健康服务中心。把医疗服务延伸到社区，以社区为基础，家庭为单位，居民个人为中心，以健康促进为目标，向社区提供一体化服务。形成了社区为医院发掘病人，住院病人康复期转到社区中心的新型医疗模式，初步探索了一条既能满足社会健康需求，又能节约医疗资源的发展道路，目前健康服务中心为群众体检咨询3000余人次，取得了良好的社会效益，得到了群众的好评。

（六）积极参加我县创建文明卫生城市活动。

为策应"对接长珠闽、融入全球化、呼应新××、建设新于都"的发展战略，积极投入到省级文明卫生城市活动，医院成立了创建领导小组，成立创建办公室，配备专职人员二名，制定了具体工作方案。医院投入2万余元，完善了院内及院外责任区的卫生基础设施，如：铺设地砖、疏通下水道、地面硬化及绿化等，对院外责任区的脏乱差进行了全面治理，创建工作达到了上级的要求。

二、廉政廉洁自律情况

医院的发展，关键是医院班子是否具有凝聚力和战斗力。为了不辜负组织的重托和全院干部职工的殷切期望，上任后首先是抓好了班子建设，并在工作中做到三个带头：

一是带头搞好党政领导班子团结。一方面团结和依靠医院党支部去做工作，充分发挥党组织在医院改革和建设中的政治核心和战斗堡垒作用，并在工作中注重尊重党支部领导，做到"思想上多交流，工作上多通气，决策上多商量"。另一方面，团结和带领副职领导努力工作，充分发挥副职领导的作用，与班子领导相处做到平时多交心，工作先交底，同时根据副职领导的特点和专长分配其分管具体工作，并且做到权力下放，日常工作中注意维护他们的威信，让他们在各自的职责范围内，独立自主地大胆开展工作。

二是带头执行"四大纪律八项要求"，坚持民主决策。对重大决策、干部任免、重要项目安排和大额资金使用都经过领导班子集体讨论决定。我院所有万元以上设备的购置，均先由使用科室申请并附可行性报告，以避免盲目性，经院务会批准后，由有关科室进行论证考察，听取有关专家及使用人员的意见，然后报政府采购办组织招标。在药品的采购方面，医院实行药事管理委员会、药剂科、采购人员逐级把关的做法，所有新药购入均由药事委员会讨论审批，医院每半年进行一次药品竞争性询价采购，按最低价采购的原则购入，避免采购中的不正之风。其它大宗物品的购置也由专门的采购领导小组进行，采取定点购置、公开招标的办法。为把好物资采购关，设立了内部审计科，专门负责了解市场行情，增加监督环节。

三是带头廉洁自律。在日常生活与工作中，始终严格自律，注重人格修养，不滥用职权，强化表率作用，凡是要求别人做到的，自己带头做到，凡是要求别人不做的，自己坚决不做。作为人民医院的院长，平时面对的诱惑很多，自律、自爱非常重要，为此上任伊始便自己给家人定下规矩，公事一律在办公室谈，凡到家里拜访的，一律不开门，从而减少了许多不必要的麻烦。

这次参加述职述廉评议，是各位领导、各位评议员对我工作的监督和关心，在履行职责中难免还有不足之处，恳请各位领导和各位评议员提出批评意见，我将虚心接受，认真整改。我决心在县委、县政府和主管局的领导下，在县人大及常委会的监督指导下，团结并带领全院干部职工扎实地做好每一项工作，为全县人民的医疗保健工作作出新的努力。

谢谢各位领导、各位评议员！

例文解析

医院院长主要职责是在上级的领导下，根据党的方针政策全面负责医院管理工作，包括医疗、教学、科研、预防、行政、人事、财务、后勤和基建等工作；领导制定医院中长期发展规划、工作计划和改革方案，按期布置、检查、总结工作；教育职工树立全心全意为人民服务的思想和良好的医德，加强职工思想政治工作，改进医疗作风和工作作风，改善服务态度，开展优质服务，促进医院精神文明建设；加强对后勤工作的领导，检查督促财务收入开支，审查预决算，对开支较大的物资采购计划要严格审查把关，关心职工，创造条件改善职工生活和福利设施等。

例文述职内容全面，结构清晰，但作为一名合格的国家干部，应排除私心杂念，以群众的利益为重，下不瞒群众，上不欺领导，正确处理好个人与集体、主观与客观的关系，时刻保持头脑清醒，分清功过是非，做任何事都不抢头功，做到实事求是。在肯定自己成绩的同时，也要敢于承担责任，使述职报告真正全面地反映出自己的德、能、勤、绩、廉五个方面的情况。述职者并没有对工作的不足进行总结，也没有对下一阶段的工作进行展望。这一点需要引起我们的注意。

第五节　其他部门中层领导述职报告

例文一

镇人大代表述职报告

根据镇人大的工作安排，今天在我们 ×× 村召开镇人大代表向选民述职会议，确定由我向各位进行述职，第一次开展这样的活动，很荣幸，讲得不妥的地方请各位选民提出宝贵意见。

一年来，在镇党委、镇人大的领导下，在镇政府、有关部门及同志们的支持和帮助下，我始终坚持中国特色社会主义基本理论，坚持科学发展观，不断学习理论知识、学习贯彻十八大和十八届三中全会精神，总结工作经验，培养自身修养，努力提高综合素质，严格遵守各项规章制度，较好地完成了自身工作职责，同时也推动了村里各项工作的开展，现将履行职责和工作情况简要述职如下：

一、加强业务学习，不断提高业务素质，努力为全村、全镇经济发展做贡献

通过对十八大和十八届三中全会精神的学习，以及习近平十八大以后一系列重要讲话精神的学习，我清楚地认识到自己肩负的责任，我积极投身到全面建设小康社会和新农村建设的工作中去，勤勤恳恳、尽职尽责、踏踏实实地完成自己的本职工作。在平时工作中，我一直坚持学习《宪法》《代表法》《地方组织法》《选举法》以及开展本职工作所涉及的法律法规，深刻理解中国特色社会主义基本理论和党中央、国务院关于"三农"问题的方针政策，积极探索新思路、研究新情况、总结新经验，主动联系工作、及时沟通情况为开展本职工作、依法做好各项事务、抓好执法监督和工作监督打好基础。首先，为保证宪法、法律、法规、上级人大及其常委会的决议、决定在本镇得到遵守和执行，有计划、有目得地开展了执法检查并及时向政府和有关执法部门提出意见和建议。其次，在对政府的监督工作中，始终抓住经济社会发展中的问题实施监督，如参加镇人大组织的村村通视察，民生工程视察等，通过视察调研，发现了问题，提出了建议，改进了工作。再次，突出重点。紧紧围绕农业、农民增收计划、民政救济发放、计划生育等工作实施监督，确保了各项工作得到稳步推进。围绕群众关心的热点、难点问题，以及迫切要求解决的问题开展监督工作。

二、工作中，严以律己，宽以待人，向身边的党员模范学习，发挥模范带头作用

在平时工作中，始终以一个共产党员的标准严格要求自己，模范遵守镇村的各项规章制度，力求时刻检讨自己，不等不靠、有条不紊地安排好各项工作，身体力行、努力起到表率作用，协助镇领导开展各项工作。我认真坚持镇内的学习制度，积极参加各项学习，以学习十八大报告为契机，深刻领会十八大和十八届三中全会精神内涵，在政治思想觉悟和对党的认识上均得到了进一步提高。通过系统的学习与批评和自我批评活动，我的思想得到了净化，工作的责任心得到了加强。大家都知道，我是2011年村两委换届时到村任支部书记的，村里的工作千头万绪，很是繁杂，而原来又没有在村工作经验，一开始很是吃力，但经过一段时间加强学习、熟悉工作后，现在可以基本胜任。这当然包括在座的各位选民支持，也包括村里老党员老村干们的支持。工作中能够与其他村干部们搞好关系，合作共事，共同推动村里各项工作的开展。

三、作为一名镇人大工作者，为人民代言是我的基本职责

在实际工作中，始终提倡任劳任怨、自觉刻苦、默默无闻的工作精神，一切从全局出发，重团结、讲实效、不推诿。今年以来，我在做好本职工作的同时，为做好人大执法工作，我时刻以为人民服务为宗旨，利用帮扶农村脱贫致富和农村政策法规宣传之机，深入田间地头，深入农户家中，广泛听取群众意见，收集实时信息，及时反馈，努力解决农民实际困难。积极参加镇十七届人大的二次、三次会议，大会上踊跃发言，针对社会热点问题和群众关心的问题积极建言献策，每年召开的人大会上，我都会向大会秘书处提交有关我村建设与发展的建议和议案，有的得到了有关领导的高度重视，并切实得到了实际解决。如在二次会议上，提出加强农村电网建设，改善群众生产生活条件，不久便得到了解决，现在，上土市境内10KV变电所建设预计将于今年10月竣工，届时将大大缓解上土市境内用电紧张矛盾。如提出加强村村通水泥路建设，改善群众出行条件，也得到了上级有关部门领导的高度重视，2013年利用县委书记在我村扶贫契机，积极争取有关部门支持，我村建成了8公里之多的水泥路，投入资金近250万元，大大改善了群众出行条件。

四、切实维护代表形象，廉洁自律、清廉从政

作为一名基层人大代表，在完成本职工作的同时，更主要的是要多到基层去，多到群众中去走一走，看一看，了解群众的所思所想，所盼所需，并把他们的呼声向上级反映，争取有关政府部门的重视，使他们反映的问题能够得到解决，能够给群众带来真正的实惠。每年我都抽出很多时间主动到群众中去，了解他们的呼声，然后写成建议或议案，三年来，共撰写议案4篇，提出建议2条。积极参加镇人大组织的学习培训，提升自己履职水平。自觉加强党性、党风、党纪和廉政方面的学习，时刻常思贪欲之害，常怀律己之心，常排非分之念，常修为仕之德，坚持把轻名利、远是非、躲酒场、正心态和纳言、敏行、轻诺作为自己的行为准则，努力朝这个方向去实践、去争取。

到村工作已有三年时间，由于本人能力水平有限，再加上年龄大等因素，村里还有很多工作需要去做，群众反映的很多问题还没有得到很好解决。工作的同时，发现自己还存在许多这样那样的问题和不足。对一些存在的问题没有勇气提出来，怕得罪人，存在得过且过你好我也好的思想。今后要切切实实把党的十八大精神带到群众中去，扎扎实实抓好学习，认认真真做好工作，踏踏实实解决群众的实际困难，为全村的父老相亲服务好，多为村民办实事办好事。

例文解析 ··

人大是国家的权力机关，人大领导的工作计划要突出人大工作的全局性和广泛的代表性。作为人民群众意志的集中体现者，人大是各种问题的聚言堂，也是各种问题的解决和监督的主体。人大主任的述职报告要突出监督和自我监督。

例文开头建议加上"特此汇报"之类语言，以免与正文衔接突兀。整篇文章虽然格式工整，但缺乏清晰地逻辑主线，正文有些主次不分，混乱无序。述职报告本应反映本人在组织赋予的职、权、责内进行的一系列实践活动，以叙述自己开展的主要工作及取得的主要成绩为主，各种例行小事不应该不加筛选的写到述职报告中来，应该有所侧重，突出重点，做到思路清晰，条理分明。

例文二：

××县检察院检察长×××述职述廉报告

2013年，在县委和市院的领导下，充分履行"一岗双责"职责，紧紧围绕"抓班子、带队伍、强职能、为大局"的工作思路，大力加强领导班子和检察队伍建设，全面履行监察职能，各项检察工作取得新进步，现将我本人一年来的工作和廉政情况汇报如下：

一、抓好政治业务学习，不断提升履职能力

采取集中组织学习、个人自学、集体讨论、撰写调研报告等形式，系统深入学习了习近平同志重要讲话、十八大报告及十八届三中全会公报等讲话会议精神，不断提高政治敏锐性和鉴别力，牢固树立正确的世界观、人生观、价值观。加大修改后的刑事诉讼法、民事诉讼法、检察机关执法工作规范、人民检察院刑事诉讼规则等业务知识的学习力度，提升自身业务能力和水平。通过政治业务学习，提升了理论水平、业务能力、大局意识和决策能力。在实际工作中，能够坚持贯彻党的路线方针政策不动摇，能够坚决贯彻落实上级院各项部署、决议、决定、指示，充分发挥检察职能作用，服务经济社会发展大局，不断推进各项检察工作向前发展。

二、抓好领导班子建设，努力发挥表率作用

一年来，我高度重视党组班子整体功能作用的发挥，注重与班子成员的团结协作，始终做到讲大局、讲工作、讲原则、始终做到讲党性，重品行，做表率。在工作中、在决策中能够坚持民主集中制，对重要问题、重大事项、干部任用、大额开支等坚持与班子成员多沟通、多商量，坚持党组集体讨论决定，提高班子科学决策水平，党组凝聚力和战斗力不断提高。班子成员能够在工作、学习、办案等各个方面严格要求自己，自觉遵守各项规定，起到表率作用，积极带领全院干警拼搏向上，形成了良好的风气。实现了我对班子建设达到"政治坚定、服务大局、团结和谐、作风优良"的总体要求和目标。

三、抓好检察队伍建设，努力提高整体素质

坚持把队伍建设作为一项基础性、根本性的任务来抓，努力提高队伍整体素质和执法水平。以公正执法为核心，加强专业队伍建设。抓好干警的专业技能培训、岗位培训，营造良好的学习氛围，组织干警参加上级院组织的公诉、侦监、民行业务竞赛等活动，提升了干警的业务能力。坚持从严治检方针，加强纪律作风建设。按照从严治检的要求，加强廉政思想教育，开展廉政文化建设，干警廉洁从检意识进一步提高，多年来全院干警无一人办关系案、人情案、金钱案，无一起违法违纪事件发生。

四、抓好检察业务建设，全面履行检察职责

一是严厉打击刑事犯罪，维护社会稳定。共受理批捕案件373件455人，依法批准逮捕205件267人，受理移送起诉案件530件726人，依法向人民法院提起公诉436件658人。

二是大力查办职务犯罪，营造勤廉环境。共立案侦查贪污贿赂犯罪11件17人，渎职侵权案件1件1人。其中贪污5万元以上的大案1件5人，受贿50万元以上重大案件2件2人，挪用公款15万元以上大案2件2人。

三是全面强化诉讼监督，维护公平正义。依法监督公安机关立案34人、撤案55人，纠正漏捕11件12人，纠正漏罪40件、纠正漏犯106人，纠正违法侦查行为11起，发出检察建议书4份。对量刑不当、适用法律错误等刑事判决，依法提出抗诉12件23人。受理民事、行政申诉案件29件，向法院发出再审检察建议书4件，作执行和解和息诉处理25件，就审查发现的问题向有关部门发出检察建议书8份。对监管场所进行安全防范检查16次，向监管场所发出《检察建议书》4份。

五、抓好党风廉政建设，树立公正廉洁形象

在工作和生活中，我严格按照县委和市院党风廉政建设的要求，始终保持清醒的头脑，恪尽职守，廉洁自律，努力在全院营造勤政廉洁的工作环境。

一是严于律己，廉洁自律。认真学习贯彻中央关于加强党风廉政建设的有关规定，深入开展党风廉政教育，严格执行廉政准则，认真落实党风廉政建设责任制，不断增强廉洁自律的自觉性，要求别人做到的自己首先做到，要求别人不做的自己首先不做，用良好的政治品质和廉洁形象去影响人和感染人。

二是立检为公，廉洁执法。在执法办案中，严格执行办案纪律规定，将反腐倡廉工作变为自觉行动，融入日常生活、工作之中，坚持廉洁从政，始终践行领导干部廉洁自律的有关规定，做到以身作则，严于律己。

三是遵章守制，依法履职。落实领导干部廉洁从政若干准则、重大事项报告制度、领导干部廉洁自律等各项规定，实行检务公开，自觉接受上级领导、人大监督及社会监督，依法履职。

六、抓好作风建设，密切干警检民关系

作为检察长，我不断地提醒自己，一定要谦虚谨慎，戒骄戒躁，以高尚的人格力量团结带领全院干警。

一是实行科学决策，民主决策，民主管理。对单位的各项重大事项工作，无论是党组议事，还是对重大案件的讨论决定，都严格按照议事规则和办案规程办理，坚持贯彻执行民主集中制，尊重班子成员意见，从不搞一言堂。

二是树立宗旨意识，转变工作作风。认真学习贯彻落实中央八项规定和上级院有关规定，严格执行《××县人民检察院关于改进工作作风，密切联系群众的实施意见》，牢固树立全心全意为人民服务的宗旨意识，切实转变工作作风，改进工作方法，大力开展检务公开，检察长接待日，检察长一对一帮扶企业，文明单位结对帮扶等活动，送平安、送服务、送法律、送温暖进企业、进乡村。

三是充分发扬民主，接受干警群众监督。坚持不定期与干警进行交心谈心活动，以接受批评和开展自我批评的诚意，引导干警坦诚相见，畅所欲言。对待群众的意见，都能从促进工作健康发展的高度，以"有则改之，无则加勉"的积极态度虚心接受，认真对待。

七、存在的不足及整改措施

本人在努力工作、取得一定成绩的同时，也深感自己还存在许多不足，主要表现为：一是政治理论学习不够系统全面，理论联系实践的能力有待进一步提升。二是开展工作前瞻性不强，创新能力有待进一步增强。三是在抓规章制度落实上尚有欠缺，有时失之于宽、失之于软。

在今后的工作中，我将从以下几个方面努力整改：一是进一步加强政治理论学习和研究，不断提高自身的政治素质和理论水平。二是进一步改进工作方式，健全各项规章制度，从优待检，从严治警。三是自觉贯彻执行廉洁从检的各项规定和党风廉政建设责任制，管好自己，带好队伍，踏实工作，为 ×× 县的发展稳定创造良好的外部环境。

例文解析

检察院是国家法律监督机关，检察权在宪政中独立的地位，反映了党和人民对检察机关加强法律监督、维护司法公正的期望和要求。检察院检察长述职报告强调技术专业性和工作公正性。

例文开头简洁明了，正文结构清晰，重点突出，从提高领导水平，完善自我；抓班子、带队伍，求真务实；从严治警，从优待检，从解决队伍纪律作风入手，狠抓检察队伍建设；廉洁从检，公正执法，服务大局等各项检察业务工作落笔。建议结尾可以简述自我评价，表明态度，对未来作出展望，也可以针对过去工作的连贯性和现有的条件与环境对未来的工作进行初步的规划，这也是对工作的一种高度负责。

例文三：

2014 年军人述职报告范文

回顾这一年的工作，在所领导的关心培养和战友的帮助下较好地完成了所领导交给的各项工作任务。一年来自己能够认真地服从上级领导的指示，听从所领导的安排，履行工作职责。把精力全身心地投入到为老干部服务上和自我学习上，我将我一年来的工作总结如下：

思想和行动上，时刻与党中央保持高度一致。在今年三月份开展军人核心价值观的学习期间认真做笔记写感想，收看相关的新闻报道等，积极参加支部的学习和活动。平时注重对政治理论的积累，积极参加各级组织的政治思想教育，加强了自己的人生观、价值观、世界观的改造。针对近年来军队出现的各种政策，能够克服个人家庭各种矛盾，思想稳定，热爱军队，安心服役。

加强了献身国防，干好工作的信心和决心。加强自身修养，提高思想觉悟。

热爱本职工作，爱岗敬业，责任心强。并做到忠诚于国防事业，牢固树立以所为家，当兵尽义务的思想，始终坚持在部队这个大学校中摔打磨练自己，不断加强世界观、人生观改造，有较强的事业心和责任感，具有高尚的道德情操和思想品质。思想端正，工作扎实，任劳任怨，为人忠诚，谦虚谨慎，团结协作精神好。全心全意为老干部服务。

做为一名司机一年来担负着较重的出车任务，出车量大远途车较多但始终牢记一句话：千重要，万重要，安全行车最重要。在今年的建国60周年之际能够严格要求自己，一年来安全行驶一万五千多公里，一年中零违章零事故并多次受首长表扬。今年五月份以来受甲流感的影响，单位应上级领导的要求对我们士兵队进行封闭式管理，针对疫情做了应急预案和应急小组等。让我们正确看待甲流感疫情，学习防范措施。特别是在司机出车执行任务这方面做了大量的准备工作，车辆消毒、出车带口罩、不要去人员密集的场所、无特殊情况不要下车、定期清洗车辆保持车内外的整洁卫生。每次出车前认真检查车辆保持良好的车况上路，没有派车单不外出，做好车辆使用统计，保持军车军容严整等。遵守交通法规和交警的指挥，认真学习交通安全法和总政配发的安全文明行车守则，牢记十个不准八个不得，文明行车争当红旗车驾驶员，做首都文明行车标兵。

认真学习国家的法律、法规，自觉维护党和军队纪律的严肃性，一丝不苟地执行军队的条令、条例和各项规章制度，加强自控能力，注意作风纪律养成，努力树立良好的自身形象，发挥好骨干模范带头作用，在工作生活中注重个人卫生和军容风纪，平时的工作生活中和战友和睦相处，积极参加所里组织的各项文体活动。

只有不断地总结工作，积累工作经验，才能更好地干好今后的工作，在总结的同时也发现了自己的一些不足之处，存在的问题；

对政治理论学习，尤其是需要从思想深处去认识，领会精神实质和深刻内涵，下功夫还不够，用心不足，浅学辄止，笔记体会也不够认真扎实。工作中缺少创新精神，没能很好的运用科学发展观指导自己的思想，工作中还有放松要求的现象，对新知识的学习钻研上下的功夫还不够。在平时的工作中老兵思想比较重攀比心强，总会问为什么别人没出车我为什么出车的话。

一日生活制度坚持得不是太好，表现在有时不请假外出、跑顺路车，不按时熄灯就寝，有时出车没能按所领导的要求及时把车开到老干部的楼下，在今后的工作中改正自己的缺点借鉴别人的优点取长补短，服从领导的安排、认真完成领导交给的各项任务。加强服务意识、增强责任感、干好本职工作。全心全意为老干部服务，以更高的要求和标准对待今后的工作。

例文解析

军人，是对在国家军队中服役的军职人员的称呼，包括战斗人员和非战斗人员，类似古代的武士，骑士。其职责是保卫国家安全，保卫及守护国家边境，政府政权稳定，社会安定，有时亦参与非战斗性的包括救灾等工作。

例文主要从思想行动、本职工作、平时表现以及不足改正的逻辑顺序进行述职，但这种结构并不是很完美。述职报告本应反映本人在组织赋予的职、权、责内进行的一系列实践活动，主要叙述自己开展的主要工作及取得的主要成绩，我们不可能事无巨细，把鸡毛蒜皮的例行小事都写到述职报告中来，比如"不按时熄灯就寝，有时出车没能按所领导的要求及时把车开到老干部的楼下"这种话，使述职报告不仅观点不清，行文不畅，同时也会造成主次不分，混乱无序。这一点需要我们注意。

例文四：

××村书记 2014 年述职报告

回望 2014 年，在 ×× 镇党委的正确领导下，在广大党员、群众的支持下，我不断加强学习，努力工作，坚持一切从自己做起，自觉接受群众的监督，时刻不忘党和人民群众赋予的权利和义务，认真学习党和国家的方针、政策和法律、法规，严格要求自己，创新思路求发展，攻坚克难促发展，在班子其他成员的配合下，在全村人民的共同努力下，到 2014 年年底工作取得了一定成效。

一、加强学习，把握政策，不断提高自身素质

学习是履行好职责的基础。作为一名村支部书记，我深感责任大，压力大。为此，我始终坚持把学习作为提高素质，完善自我的首要任务。在学习方法上，坚持学以致用，把集中学习和个人自学相结合，努力做到工作学习两不误。

1. 加强党的方针政策和政治理论的学习，不断提高理论功底和政策水平。理论素质是支部书记思想政治素质的灵魂，为此，我认真学习毛泽东思想，邓小平理论、"三个代表"重要思想和党的十八届三中全会精神，进一步坚定理想信念，增强认真贯彻落实党的基本理论、基本路线的自觉性，强化立党为公、执政为民的理念。在大是大非问题上，做到立场坚定，态度鲜明，对党的方针政策和上级党委的指示，坚决贯彻执行，不搞阳奉阴违，坚持党性原则，自觉在政治上、思想上、行动上与以习近平为总书记的党中央和镇党委保持高度，深入贯彻落实科学发展观。

2. 加强法律法规学习。任职以来，我坚持把和自己履行职责相关的法律法规知识作为学习重点。先后学习了《行政许可法》《土地法》等法律法规，并在工作中自觉坚持依法行政。

3. 向实践学习，向其他干部群众学习，实践出真知。在向书本学习的同时，我始终注意观察和总结，注意向身边的有经验的同志请教学习，学习他们严谨的工作态度，果断处理问题的能力，较好的工作方法和领导才能。对工作中遇到的一些棘手或吃不准的问题，坚持向上级领导早请示、早通气，遇事敢于碰硬，不推诿扯皮，有效提高了工作效率和领导工作的能力。

二、勤奋工作，尽职尽责，努力提高工作成效

1. 注重民生，稳步发展社会事业。在经济发展的同时，积极发展社会事业，让广大人民群众真正享受到发展的实惠。积极响应党的方针政策，关注弱势群体的生产生活。对全村困难户、老人进行了摸底，发放补助资金，积极为他们解决生活中的困难。大力推进农村环境卫生整治工作，农村环境面貌得到明显改善，人民群众生活质量越来越好。

2. 统筹兼顾，切实加强党建精神文明建设。积极开展构建"和谐家庭"评比活动，全村160多户参与了和谐家庭的评选工作，村规民约日益成为村民生活的行为准则；高度重视稳定工作，积极做好民事调解工作，切实把矛盾扼制在萌芽状态，社会群防群治工作取得显著成效，为建设和谐社会、保护村民的安定生活发挥了很好的作用。计划生育工作先进，外来人口管理逐步规范。党员队伍不断壮大。目前，我们村共有党员同志16名。进一步健全组织生活，坚持"三会一课"制度，充分发挥党员在经济发展中带头建功立业，在社会事业建设中带头献计出策，在建设和谐社会，稳定村民生活中带头调解民事纠纷的作用，党员作用日趋明显，在三个文明建设中发挥了很好的先锋模范作用。

3.廉洁从政，严格要求自己。作为一名村党支部书记，我认为自身的一言一行都关乎党在人民群众中的形象。为此，在日常工作中我始终坚持严格要求自己，不该说的话不说，不该做的事不做。带头落实党风廉政建设责任制。作为草底铺村支部书记，我深感责任大、压力大。对一些敏感问题，特别是财务问题，我小心谨慎，坚持按制度办事，坚持清请白白做事，堂堂正正做人，不辜负组织的培养和信任。

总之，在今后的工作中，我将进一步团结全村人民努力实践"三个代表"重要思想，树立牢固的为人民服务的观念，坚决贯彻落实科学发展观，坚持党性原则，增强致富本领，起到带头作用，树好自身形象，发扬勤劳俭朴勇于拼搏的光荣传统，解放思想，抢抓机遇，求真务实，进一步增强组织观念，遵守党的章程和党纪党规，事事处处严格要求自己，努力工作，为实现富民强村做出我们应有的贡献。

例文解析

村党支部书记在村党支部委员会的集体领导下，按照支部党员大会、支委会的决议，主持党支部的日常工作，主要职责除结合本村实际情况，认真贯彻执行党的路线、方针、政策和政府的法令，以及上级的决议、指示之外，还要组织和带领全村党员干部和群众深入进行改革、负责村组干部、财务人员及村集体企业管理人员的教育管理和监督、搞好本村的社会主义精神文明建设、带领群众调整产业结构以及关心群众疾苦，维护群众的合法权益，切实减轻群众负担。

述职报告是总结述职者在工作岗位中的指导思想、组织领导、工作作风和工作方法等有什么经验和教训，评价自身以前做得怎么样，今后将怎样继续服好务。但例文对于评价自身以及今后将怎样做只是寥寥几笔的带过，前面大篇幅的讲述指导思想和工作方法与后面的几笔带过导致文章头重脚轻，也显示出述职者态度不诚恳，我们在写作中应该注意。

例文五：

××县人民法院工作报告

2013年1月6日在××县第十五届人民代表大会第二次会议上

××县人民法院院长 ××

各位代表：

现在，我代表县人民法院向大会报告工作，请予审议，并请县政协委员和其他列席人员提出意见。

2012年，县法院在县委的领导、县人大和上级法院的监督指导下，在县政府、县政协和社会各界的关心支持下，积极应对繁重的办案任务和复杂的司法环境，全面加强审判、执行工作和自身建设，各项工作取得新的进展。共新收各类案件8685件，办结8586件，同比分别增长21.7%和21.2%，解决诉讼标的18.62亿元，为我县社会经济平稳发展提供了有力的司法保障。

一、坚持把抓好执法办案作为立院之本

宽严相济惩治刑事犯罪，维护社会和谐稳定。始终把维护社会稳定作为首要任务，共审结刑事案件1384件，判处罪犯2140人，同比分别上升37.9%和38.1%。其中，判处五年以上有期徒刑266人。严厉打击故意杀人、黑恶势力、毒品、两抢一盗等严重危害社会治安的犯罪活动，审结642件，同比上升36.6%。依法强化对非法经营、集资诈骗、非法吸收公众存款、虚开增值税专用发票、侵犯知识产权罪等破坏社会主义市场经济秩序犯罪的打击力度，判处上述案件113件146人。审结贪污贿赂、渎职等犯罪案件6件，判处罪犯7人，推进我县反腐败斗争的深入开展。严格依法惩处醉驾犯罪，判处危险驾驶罪案件101件101人，对交通违法者起到了有力震慑作用。依法惩治新入刑的拒不支付劳动报酬犯罪，新收案件3件，审结3件4人。依法扩大非监禁刑的适用，对271名罪行轻微人员判处缓刑、管制和单处罚金刑。扩大刑事案件指定辩护工作，共为经济确有困难而没有委托辩护人的268名被告人依法指定辩护人。积极开展未成年犯罪预防帮教工作，在看守所设立帮教室、对未成年人犯罪档案进行封存等工作走在全市法院前列。

调判结合化解民商事纠纷，促进经济社会平稳发展。坚持"调解优先、调判结合"原则，努力从根本上化解矛盾、平息纠纷。在审结的 4367 件一审民商事案件中，调撤率达 62.3%。依法保护妇女、老人、儿童合法权益，共审结婚姻家庭纠纷案件 1415 件，经调解结案 1192 件，占 84.2%。积极应对经济波动对司法审判的影响，妥善审理加强涉企、涉金融案件。共审结追索劳动报酬案件 42 件，平均审限 13.31 天，结案标的 54.14 万元；审结民间借贷纠纷案件 1334 件，涉案标的 11.53 亿元，同比分别上升 57.3% 和 314.8%；审结金融案件 117 件，同比增长 138.8%，结案金额 1.38 亿元，是去年同期的 7.5 倍。

良性互动化解行政争议，监督和支持依法行政。坚持监督和支持并重原则，促进行政机关依法行政，依法保护公民、法人和其他组织的合法权益。共审结行政诉讼案件 42 件，其中，撤销、变更行政行为或确认行政行为违法、无效的占 38.1%，维持行政机关行政行为或驳回原告诉讼请求的占 14.3%。依法对 201 件行政非诉案件进行司法审查。推进行政诉讼简易程序试点工作，在减少当事人讼累方面做了积极探索。以"行政审判白皮书"方式，向政府通报审理中发现的突出问题，受到县政府的高度重视和积极反馈。向行政机关发出司法建议 17 件，并以联席会议、座谈会等形式进一步增进府院之间的良性互动。

综合治理解决执行难题，保障胜诉当事人权益。积极推进执行查控系统扩容升级，在全市基层法院率先实现辖区金融机构网上点对点查控的全覆盖；与县工商局、住建局、国税局、县招投标中心等单位建立"黑名单"协助机制，使拒不履行法律义务的被执行人在投融资、招投标、经营、置产等方面受到限制或禁止。通过执行曝光台、法院外网和执行微博曝光"老赖"178 人；向人行征信系统报送被执行人信息 1209 条，加大失信成本；以涉嫌拒不执行判决、裁定犯罪向公安机关移送 4 人，已对 1 人作出有罪判决，有效提升执行威慑力。共新收各类执行案件 2526 件，同比上升 29.3%，办结案件 2495 件，同比上升 25.9%，解决执行标的 1.4 亿元。

二、坚持把创新服务管理作为治院之要

细化便民利民司法服务机制。精心梳理 33 项工作要点，并择优整合制定 2012 年度"八大重点项目",丰富司法为民举措。其中,建立诉前委托鉴定评估机制、对特殊主体婚姻抚养案件试行补偿金分期投保等做法得到省高院 ×× 院长的批示肯定。成立金融维稳工作领导小组,建立经济金融涉稳信息"每周一报、每月一分析"工作机制,全面做好金融维稳工作。扎实开展"两排查一促进"和"进村入企"大走访活动,共走访行政村 70 个,排查化解矛盾纠纷 234 件。重视维护信访合理诉求,上级督办的 16 件重点涉诉信访案件已全部结案。加大对弱势群体的救济力度,共为 32 人依法减、缓、免收诉讼费 14.37 万元。

优化提质增效审判管理机制。制定《关于加强审判管理工作的若干意见》,健全精细化审判管理机制。将 17 项办案指标纳入目标考核,有力促进制度落实。建立审判执行运行态势监控分析机制,坚持每月召开审执态势专题分析会议,借助 PPT 演示方式,使动态管理更加直观。推行"质效数据抄告单"做法,强化均衡办案,为整体创优打下良好的基础。2012 年度综合绩效考核获全市同类法院第一名。

深化公开公信阳光司法机制。全面加强录音录像在庭审中的应用,有效提升法官规范意识,受到省高院的肯定。加强文书上网工作,已上网公布生效裁判文书 1300 余篇,有力促进审判结果公开。成功组织全市首例利用淘宝网平台零佣金司法拍卖,最大限度提升债权实现的经济性和透明度。规范新闻发布渠道,建立新闻发言人制度,组织对少年刑事审判等工作召开新闻发布会,营造了良好的舆论影响。

强化创先争优工作激励机制。修订完善了岗位目标考核机制和法官业绩评价机制,强化奖勤罚懒、竞争择优的评价导向。组织领导班子、中层干部到 ××× 法院、×× 二中院考察学习,从更高层次谋划法院发展,推动法院工作创先争优。院机关党委被 ×× 市委评为"全市创先争优先进基层党组织"。

三、坚持把加强文化建设作为兴院之策

推进法院文化品牌创建纵深化。巩固深化"全省法院文化示范单位"创建成果,以开展"比学赶超、创先争优"活动为载体,推进管理文化向部门延伸;以预防职务犯罪教育基地和青少年法制教育基地为平台,推进法制文化向社会延伸;以确定岩头法庭、瓯北法庭为政法文化示范点为契机,推进机关文化向法庭延伸；以阳光司法为抓手，推动审判文化向网络延伸。通过精心组织"第二届法院文化周"活动，编纂《法官手记》《调研文集》《审判志》和《制度汇编》等丛书、建设"当事人之家"等设施，进一步丰富了法院文化载体。

推进司法业务能力建设全面化。根据基层案件特点，通过下乡走访、资深法官传帮带、审判例会交流等形式，不断增强一线法官特别是年轻法官的群众工作能力、接访息诉能力、突发事件处置能力。扎实开展庭审评查和裁判文书评查"两评查"活动，受到市中院专门刊文推广。全面加强司法调研工作，在全市法院系统学术讨论会上，我院论文荣获全市一等奖；重点课题《关于委托行业协会调解的调研》在中国法学会青年论坛上获得全国二等奖。

推进司法队伍人才结构精良化。坚持择优用人，向县委推荐提任了2名副院长和1名审委会专职委员；通过公开竞岗，提任了3名中层正职和9名中层副职，切实将德才兼备、业绩突出的干警选拔到领导岗位。目前35岁以下干警占53.4%，中层干部平均年龄39.2岁，成为推进我院科学发展的中坚力量。

推进文化育廉促廉活动常态化。建立春节后上班第一周为"廉洁司法教育周"制度，开展创建"勤廉法院""510思廉日"和"司法作风严管周"等活动，进一步丰富廉政建设载体。全面疏理司法工作风险点，制定应对措施，深化廉政风险防控机制建设。开展"廉政进家庭"活动，邀请干警家属来院参观廉政文化、观看警示教育片，交流廉内助经验，共筑廉政防线。获评"××市廉政文化进机关示范点""全省法院纪检监察工作先进集体。"

四、坚持把务实基层基础作为强院之基

大力加强法庭建设。全面推进××法庭、××法庭、××法庭的重建、改建工程，进一步改善基层办公条件。为××审判站增配工作人员，确保工作常态化，有力支持桥下镇城乡统筹改革试点工作。全面推进法庭各项工作，不断提升服务基层的能力和水平，××法庭获评"省级模范五好法庭"，××法庭获评"全市人民法庭亮点创建工作先进集体"。

着力提升信息化水平。推进信息技术在审判执行中的广泛应用，通过配备"办案助手"、裁判文书纠错等系统软件，建成集远程视频和执行指挥中心于一体的多功能视频会议室，进一步强化了办案的科技支持。

全力改善安保设施。进一步加强法院安全保障工作，通过启用标准化羁押室、改造押解专用通道、增设羁押场所监控室、在押解通道安装安检门、将办公区域与审判区域相隔离等措施，确保审判工作安全、有序开展。

努力优化职权配置。进一步优化司法职权配置，在县委、县政府的大力支持下，我院相继获批增设少年刑事审判庭、民事审判第三庭和审判管理办公室等3个内设机构，有力提升了审判和审判管理的专业化水平。

五、坚持把接受外部监督作为正院之鉴

自觉接受人大、政协监督。坚持主动邀请人大、政协领导莅临法院参加重大活动和会议，全面了解法院工作；每季度向各代表、委员寄送《××法苑》院刊，定期召开座谈会，全面通报工作情况，听取批评、意见和建议。共邀请代表、委员参加庭审观摩9次，收集建议近50条，为我院改进工作提供了宝贵的参考意见。

依法接受检察机关法律监督。认真贯彻省人大常委会《关于加强检察机关法律监督工作的决定》，支持、配合检察机关依法履行法律监督职责。落实检察长列席审委会的规定，邀请检察长列席审委会参与重大疑难案件讨论，在保证法律统一正确实施方面取得了良好的效果。

广泛接受社会各界的监督。加强与社会各界的沟通联系，共举行公众开放日12次，接待人民群众到法院参与庭审观摩、参观法院文化1000余人次。充分发挥人民陪审员参与司法、监督司法的重要作用，人民陪审员参与审判案件1664件，陪审率为98.1%，高于全省平均数10.3个百分点。聘请社会各界担任廉政监督员，有效拓宽了监督渠道。

去年9月份，市中院对我院进行了司法巡查，巡查组对我院各方面工作给予了充分肯定。在市中院的年度考核中，我院综合绩效名列同类基层院第一，获评"全市法院先进集体"，被省高院评为"全省优秀法院"。在看到成绩的同时，我们也清醒地认识到现实存在的不足和困难：一是随着社会发展和宏观经济形势的变化，法院收案持续上升，审判任务愈加繁重；二是我县地域结构复杂、人口流动性大，法律文书难送达、被执行财产难查、难处置等情况严重制约了审判执行工作；三是由于工作瑕疵等对法院造成负面影响的情况仍未能完全杜绝，精细化管理有待进一步加强。对此，我们将在加强自身建设的基础上，努力争取各方支持加以改进。

2013 年及今后一段时期，我院的工作思路是：以党的"十八大"精神和县委实施"三大战略"部署为指导，通过深化队伍建设和文化建设，推进法院规范化、精细化管理，进一步提升司法公开、司法为民、公正司法的水平，努力打造一支"勤廉乐业"的法院队伍，为建设美丽永嘉×× 提供更加优质的司法服务和更加有力的司法保障。今后工作主要抓好以下几个方面：

一是围绕县委中心工作，进一步发挥司法职能作用。紧紧围绕县委关于"三生融合·幸福永嘉"建设各项重大决策部署，加强对经济发展方式转变过程中涉法问题的前瞻性研究，妥善处理因经济结构调整引发的矛盾纠纷，加大对战略性新兴产业、传统优势产业和中小微企业的司法保障力度，着力服务经济转型升级。严格执行修订后的刑事诉讼法，依法打击严重暴力犯罪、涉众型经济犯罪和重点领域职务犯罪，为我县经济社会发展提供良好的法治环境。充分发挥司法审判对社会秩序的规范、促进和保障作用，为加快建设旅游生态名城提供法律服务。

二是围绕社会管理创新，进一步拓展司法服务平台。拓展委托行业协会调解平台建设，充分利用行业协会优势，化解涉企纠纷。强化基层组织联动平台建设，加强人民法庭与公安派出所、司法所、村组织的联系，努力实现联动化解矛盾。完善府院信息共享平台建设，深化行政争议化解协调机制建设，促进群众权益保障机制建设、社会治安防控体系建设等工作的深入开展。健全执行"点对点"查控平台建设，在提升执行效率方面取得新的突破。不断深化"网格化管理、组团式服务"，加强未成年人犯罪帮教、社会矫正等工作，促进法治主导型的社会管理模式构建。

三是围绕审执前沿问题，进一步加强司法业务建设。贯彻落实新修订民事诉讼法，全力做好小额速裁等司法新业务，在便民司法上取得新成效。成立金融审判庭，探索建立金融审判联席会议机制，促进金融审判与行政监管的业务交流和良性互动；把握好民间借贷案件刑民交叉司法处置问题，促进民间融资市场的规范化和阳光化。以增设知识产权审判为契机，加大对我县知名品牌、驰名商标以及高新技术产业的保护力度，促进创新产业发展。推进执行工作机制整合创优改革，确保更加高效、规范执法。加强与政府的沟通协调，建立行政非诉执行案件"裁执分离"工作机制，妥善处理涉企、涉农等强制拆迁涉案问题。

四是围绕政法核心价值，进一步深化法院文化建设。深化政法干警核心价值观教育实践活动，通过"勤廉机关"建设、法院文化建设，在全院塑造一个风清气正的氛围、营造一个安心舒心的环境、打造一支敬业乐业的团队。全面推行青年法官导师、中层干部培训、"精品文书"、"精品庭审"评选等活动，深化"学习型法院"建设。积极开展"敬岗承诺"活动，推进"制度加科技"防腐新模式，进一步提升司法公信力。积极响应建设"美丽乡村"部署，推进法院文化向法庭延伸，努力营造更加富有人文关爱的诉讼环境。

五是围绕基层基础工作，进一步提高基层保障水平。积极争取党委政府支持，大力加强基层基础和信息化建设，想方设法解决法院在人员增配、"两庭"建设、装备、经费等方面的实际困难，进一步夯实法院工作基础。继续抓好碧莲法庭、桥头法庭等的基建工作，加大对基层信息化和安检设施、警用装备的投入力度，改善执法办案条件。以创建和巩固省级"模范五好法庭"为抓手，加强人民法庭建设，推进人民法庭科学发展。

各位代表，党的十八大对法院工作提出了以司法公开、公正、公信为核心的新部署新要求，为我们下步工作指明了方向。我们决心在县委的领导下，在人大及其常委会的监督下，解放思想、开拓进取、扎实工作，不断开创法院工作新局面，为保障社会和谐稳定、人民幸福安康作出更大的贡献！

例文解析

例文格式标准，结构明确，主体由三大部分组成，即"基本工作回顾"、"主要工作的做法和经验积累"（包括在工作中取得的经验教训、做出的各项措施、取得的各种成绩）、"问题及今后打算"等三部分，在结构安排上基本遵循"两头小，中间大"的原则，对总体工作进行总结性的概括，对工作细节进行详细阐述，详尽到每一个工作细节，对工作做到了全面的回顾和总结。值得我们借鉴和学习。

参考文献

[1] 王凯. 公文写作研究 [M]. 哈尔滨：黑龙江人民出版社，2004.

[2] 王凯. 新编公文教程 [M]. 哈尔滨：黑龙江人民出版社，2002.

[3] 唐伯学. 公文 [M]. 北京：教育科学出版社，1992.

[4] 候士真. 公文 [M]. 长春：吉林教育出版社，1987.

[5] 傅西路. 公文处理规范 [M]. 北京：人民日报出版社，2003.

[6] 杨明生. 公文处理规范与实务 [M]. 北京：中国金融出版社，2003.

[7] 张佐邦，周婉华. 公文学 [M]. 北京：档案出版社，1997.

[8] 王铭. 公文选读 [M]. 沈阳：辽宁大学出版社，2000.

[9] 刘雨樵，彭树楷. 公文逻辑 [M]. 北京：档案出版社，1987.

[10] 任承佑. 公文与公文写作 [M]. 重庆：西南师范大学出版社，1995.

[11] 崔伯涛，白山. 公文写作指南 [M]. 济南：济南出版社，2004.

[12] 陈文清. 公文写作教程 [M]. 呼和浩特：内蒙古人民出版社，1987.

[13] 王列生. 公文写作教程 [M]. 合肥：安徽人民出版社，1990.

[14] 岳海翔. 公文写作教程 [M]. 北京：高等教育出版社，2005.

[15] 罗方新. 公文写作范例 [M]. 贵阳：贵州人民出版社，1989.

[16] 张保忠，岳海翔. 公文写作规范指南 [M]. 广州：广东经济出版社，2006.

[17] 张保忠. 公文写作评改与答疑 [M]. 广州：广东经济出版社，2004.